STRONG

관광학개론

한권으로 끝내기

시대에듀

2025 시대에듀 관광통역안내사 필기 4과목 관광학개론

Always **with you**

사람의 인연은 길에서 우연하게 만나거나 함께 살아가는 것만을 의미하지는 않습니다.
책을 펴내는 출판사와 그 책을 읽는 독자의 만남도 소중한 인연입니다.
시대에듀는 항상 독자의 마음을 헤아리기 위해 노력하고 있습니다. 늘 독자와 함께하겠습니다.

저 자 **시대관광교육연구소**

시대관광교육연구소는 관광종사원을 꿈꾸는
수험생 여러분들을 위해 시대에듀(시대고시
기획)에서 야심차게 구성한 관광 전문 연구진
입니다. 관광교육에 대한 24년 전통과 경험을
바탕으로 수험생 여러분의 쉽고 빠른 합격을
위해 밤낮으로 연구에 매진하고 있습니다.

머리말 PREFACE

관광문화산업은 나라를 지탱하는 국가의 주요 산업입니다. 풍요로운 생활과 정보통신의 발달로 개인의 여가시간이 늘어남에 따라 현대인들은 양질의 삶을 추구하고 있습니다. 특히 지구촌 일일생활권 시대가 다가옴으로써 관광문화산업의 비중은 점차 확대되었고, 선진국들은 차세대 지식기반 중점사업으로 선정하여 발전시켜 왔습니다.

우리나라도 21세기 국가 기간산업으로 관광산업에 집중적으로 투자하여 '관광 한국' 시대를 대비해 홍보와 투자를 아끼지 않고 있습니다. 반만년의 유구한 역사를 지닌 우리나라는 유명한 사적지와 풍부한 관광자원을 집중적으로 육성해 세계 속의 문화 관광 국가로 도약하는 기틀을 마련하고 있으며, 세계 여러 나라에서는 홍보와 마케팅을 통해 관광객을 유치하고자 끝없는 전쟁을 하고 있다고 해도 과언이 아닙니다. 따라서 세계 각지에서 들어오는 관광객들을 안내하고 정해진 시간 내에 효율적으로 관광할 수 있도록 돕는 우수한 안내자가 절대적으로 필요하므로 관광종사원은 한 나라의 민간 외교관에 견줄 수 있는 중요한 위치에 있습니다.

2022년까지는 코로나19 바이러스의 여파가 이어졌으나, 이제는 코로나가 종식된 '코로나 엔데믹' 시대가 도래했습니다. 국내·해외여행을 막론하고 관광산업도 점차 제자리를 찾을 것으로 보이며, 실제 항공사 등 관광과 밀접한 관련이 있는 업계도 다시금 활기를 띠고 있습니다. 이에 저희 편저자 일동은 관광종사원의 양성을 위해 본 도서를 출간하게 되었습니다.

방대한 이론에 대한 학습의 부담감을 줄일 수 있도록 알차면서도 최대한 간결하게 구성하였으므로, 수험생 여러분들이 어느 한 곳도 놓치지 않고 꼼꼼히 학습하여 합격에 한 걸음 더 가까이 갈 수 있습니다.

도서의 특징

❶ 관광학개론 과목의 기초적인 이론과 실제 응용 분야를 한 권에 아우르고 있습니다.
❷ 파트마다 핵심 실전 문제와 상세한 해설을 수록하여 실력점검은 물론 반복 학습까지 할 수 있도록 하였습니다.
❸ 실전 감각을 익힐 수 있도록 5개년(2020~2024) 실제 기출문제를 수록하였습니다.
❹ 출제 경향을 쉽게 알 수 있도록 출제 키워드를 특별부록으로 수록하였습니다.

본 도서가 여러분들의 꿈을 이루는 데 좋은 길잡이가 될 수 있기를 바라며, 관광종사원 시험을 준비하는 모든 수험생 여러분들의 합격을 진심으로 기원합니다. 그와 더불어 수험생 여러분의 인생이 늘 새로운 희망과 모험들로 가득하기를 기원합니다.

편저자 올림

이 책의 구성과 특징 STRUCTURES

다양한 학습 장치로 더 쉽고 더 깊게 이해하는 핵심 이론

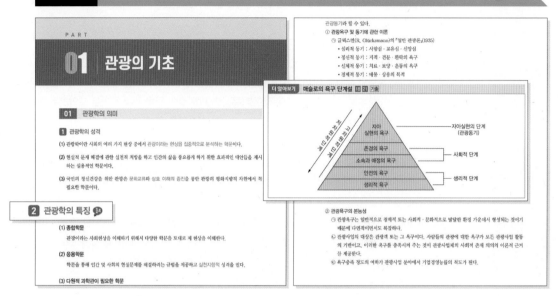

▶ 중요한 이론 옆에는 **출제** 표를, 빈출되는 개념 옆에는 기출 연도를 표기하였습니다.
▶ 이론과 더불어 심화 학습을 할 수 있도록 '더 알아보기' 박스를 수록하여 심도 있게 학습할 수 있습니다.

핵심 실전 문제로 유형 익히기

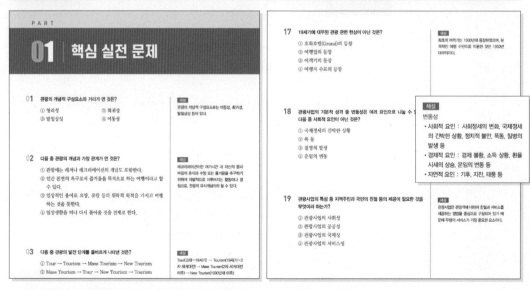

▶ 이론 뒤에 수록한 핵심 실전 문제를 풀어보며 이론을 복습하고 실력을 점검할 수 있습니다.
▶ 출제 가능성이 높은 다양한 유형의 문제와 상세한 해설로 학습의 부족함을 채우고 시험에 빈틈없이 대비할 수 있습니다.

STEP 3 | 5개년(2020년~2024년) 실제 기출문제로 실전 대비

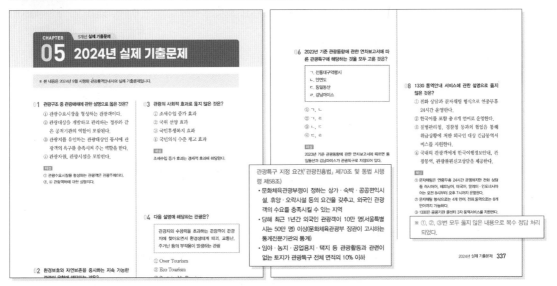

▶ 자격증 시험을 준비하면서 실제 기출문제를 풀어보는 것만큼 효율적인 학습법은 없습니다. 친절한 해설이 더해진 5개년 실제 기출문제를 통해 실제 출제 경향을 파악할 수 있습니다.

▶ 법령 개정 사항 및 출제상의 오류 등도 함께 실어 학습에 제동을 거는 요소들을 배제하였습니다.

STEP 4 | 벼락합격 Booster 관광학개론 기출족보

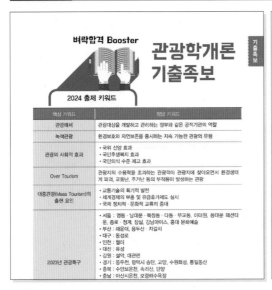

▶ 실제 기출문제에서 핵심 키워드만 추려낸 소책자를 제공합니다. 출제 키워드와 정답 키워드를 함께 실었습니다.

▶ 이동할 때, 시험장에서 대기할 때 등의 자투리 시간에 활용하시면 더욱 좋습니다.

이 책의 적중률 TEST CHECK

시대에듀의 〈2024 관광통역안내사 기본서〉 4종으로 학습하셨다면?

평균 88점으로 합격하셨습니다!(관광통역안내사 배점비율 기준)

관광학개론 적중률
76%
2024 관광학개론 기준

2025년 시험도
한 방 합격에 도전해 보세요!

자사 도서 25P

더 알아보기

과잉관광(Over Tourism) 22 기출
- 관광객이 관광지의 수용력을 초과 방문하여 발생하는 관광현
- 지역 주민들의 사생활 침해, 환경 오염 등의 문제 발생

녹색관광(Green Tourism) 23 기출
- 녹음이 풍부하고 자연이 아름다운 장소에서 하는 여행
- 휴양과 자연관찰뿐만 아니라 촌락의 문화와 교류를 꾀함

생태관광(Eco Tourism)

2024년 기출문제 4번

04 다음 설명에 해당하는 관광은?

> 관광지의 수용력을 초과하는 관광객이 관광지에 찾아오면서 환경생태계 파괴, 교통난, 주거난 등의 부작용이 발생하는 관광

① Over Tourism
② Eco Tourism
③ Sustainable Tourism
④ Dark Tourism

자사 도서 251P

(5) ASTA(American Society of Travel Advisors, 미국여행업협회) 17

설립 목적	• 미주지역 여행업자 권익보호와 전문성 제고를 목적 • 세계 140개국 2만여 명에 달하는 회원을 거느린 세계 최대의
연 혁	• 1931년에 설립 • 1973년 한국관광공사가 준회원으로 가입, 1979년 ASTA 한국 • 2018년 American Society of Travel Advisors로 명칭 변경
주요 활동	• 회원들의 전문성 제고와 판촉기회를 확대하기 위하여 연례행사, 즈페스트 등을 실시 • 각국 NTO와 관광업계의 판촉활동의 장을 마련하고 업계 동향 육 프로그램을 제공

2024년 기출문제 7번

07 국제관광 관련 국제기구의 약자와 명칭의 연결이 옳지 않은 것은?

① ASTA – 아시아태평양관광협회
② WTTC – 세계여행관광협회
③ EATA – 동아시아관광협회
④ IATA – 국제항공운송협회

자사 도서 106P

ㄹ Triple Room : 싱글 베드가 3개 또는 트윈에 엑스트라 베드(Extra Bed)가 추가된 형태
ㅁ Quard Room : 4명이 잘 수 있도록 트리플 룸에 엑스트라 베드가 하나 더 추가된 객실
ㅂ Studio Room : 더블이나 트윈 룸에 소파형의 베드가 들어가 있는 객실, 소파형 베드는 접으면 소파가 되고 길거
ㅅ Connecting Room : 객실 2개가 연결되어 내부의 문을 어
ㅇ Suite Room : 침실에 거실이 딸린 호화 객실

2024년 기출문제 15번

15 다음 설명에 해당하는 호텔 객실의 유형은?

> 객실이나 침대를 변형시킬 수 있는 형태로 주간에는 응접실(소파), 야간에는 침실(침대)로 만들어 사용할 수 있는 객실

① Studio Room
② Executive Floor Room
③ Triple Room
④ Connecting Room

자사 도서 181P

더 알아보기 카지노 게임의 종류 15 16 18 19 23 기출

- 바카라 : Banker와 Player 중 카드 합이 9에 가까운 쪽이
- 블랙잭 : 카드 숫자의 합이 21을 넘지 않는 한도 내에서 가
  이스는 1 또는 11로 계산되며, 그림카드는 10으로 계산된
  지 않으면 '스테이'라고 한다.
- 다이 사이 : 베팅한 숫자 또는 숫자의 조합이 셰이커(주사
  에 의해 배당금이 지급되는 게임이다.
- 빅 휠 : 휠이 멈추었을 때 휠 위의 가죽띠가 멈출 곳을 예
  이 표시되어 있으며 당첨금은 최고 40배까지 지급된다.

2024년 기출문제 17번

17 다음 설명에 해당하는 카지노 게임은?

> 플레이어(Player)와 뱅커(Banker) 가운데 카드의 합이 9에 가까운 쪽에 베팅한 사람이 이기는 게임

① 다이 사이
② 룰렛 게임
③ 블랙잭
④ 바카라

자사 도서 125P

해설

호텔업의 종류(관광진흥법 시행령 제2조 제1항 제2호 참조)
- 관광호텔업
- 수상관광호텔업
- 한국전통호텔업
- 가족호텔업
- 호스텔업
- 소형호텔업
- 의료관광호텔업

시험에 출제된 내용 중 도서 내의 핵심 실전 문제에 수록된 내용도 있습니다.

2024년 기출문제 19번

19 관광진흥법령상 호텔업에 해당하지 않는 것은?

① 소형호텔업
② 의료관광호텔업
③ 관광펜션업
④ 수상관광호텔업

시험에 출제된 내용 중 도서 내의 소책자에 수록된 내용도 있습니다.

자사 도서 소책자 15P

문화체육관광부 선정 대한민국 테마여행 10선

- 평화역사 이야기여행 : 인천·
- 드라마틱 강원여행 : 평창·강청
- 위대한 금강역사여행 : 대전·
- 중부내륙 힐링여행 : 단양·제
- 시간여행101 : 전주·군산·부여
- 남도맛기행 : 광주·목포·담양
- 선비이야기 여행 : 대구·안동
- 해돋이역사 기행 : 울산·포항
- 남쪽빛감성여행 : 부산·거제·
- 남도바닷길 : 여수·순천·보성

2024년 기출문제 22번

22 문화체육관광부가 선정한 대한민국 테마여행 10선 권역 명칭에 해당하지 않는 것은?

① 드라마틱강원여행
② 추억과함께하는낭만여행
③ 평화역사이야기여행
④ 시간여행101

❖ 지면 관계상 일부 문제만 수록하였습니다. 이론 내 기출 표기를 통해서도 24년도에 출제된 내용을 확인하실 수 있습니다.

◇ 자격 개요

관광도 하나의 산업으로서 국가 경제에 미치는 영향이 크다는 판단하에 문화체육관광부에서 실시하는 통역 분야의 유일한 국가 공인 자격으로서 외국인 관광객에게 국내 여행안내 및 한국의 문화를 소개하는 역할을 함

◇ 시험 진행

구 분	개 요
시행처	• 주관 : 문화체육관광부　　　　　• 시행 : 한국산업인력공단
응시자격	제한 없음
직무적합진단	• Q-net(www.q-net.or.kr) 자격별 홈페이지에서 접수 • 인터넷 원서접수 시 최근 6개월 이내에 촬영한 탈모 상반신 사진(JPG, JPEG)을 파일로 첨부하여 인터넷 회원가입 후 접수 • 원서접수 마감 시까지 접수 완료 및 응시 수수료를 결제 완료하고 수험표를 출력해야 함 • 제1 · 2차 시험 동시 접수에 따라 제2차 시험에만 응시하는 경우에도 해당 기간에 접수해야 함

◇ 시험 과목 및 시간

구 분	1차 필기					2차 면접	
	과 목	배점 비율	문항 수	시험 시간		평가 사항	시험 시간
				일반 응시	과목 면제		
관광 통역 안내사	국 사	40	25	09:30~11:10 (100분)		• 국가관 · 사명감 등 정신 자세 • 전문 지식과 응용 능력 • 예의 · 품행 및 성실성 • 의사발표의 정확성과 논리성	1인당 10~15분 내외
	관광자원해설	20	25				
	관광법규	20	25				
	관광학개론	20	25				
국내 여행 안내사	국 사	30	15	09:30~11:10 (100분)		• 국가관 · 사명감 등 정신 자세 • 전문 지식과 응용 능력 • 예의 · 품행 및 성실성 • 의사발표의 정확성과 논리성	1인당 5~10분 내외
	관광자원해설	20	10				
	관광법규	20	10				
	관광학개론	30	15				

◇ 시험 일정 및 장소

자격명	1차 필기	2차 면접
관광통역안내사	09.07(토)	11.23(토) ~ 11.24(일)
	서울, 부산, 대구, 인천, 대전, 제주	
국내여행안내사	11.02(토)	12.14(토)
	서 울	서울, 부산, 대구, 인천, 광주, 대전, 경기, 제주

※ 2025년 시험 일정이 아직 공개되지 않은 관계로 2024년도 시험 일정을 수록하였습니다.
※ 2025년 시험의 시행일 및 시행장소, 시험 규정 등의 자세한 내용은 큐넷 홈페이지(www.q-net.or.kr)를 확인하십시오.

◇ 합격자 결정 기준

구 분	내 용
1차 필기	매 과목 4할 이상, 전 과목의 점수가 배점 비율로 환산하여 6할 이상을 득점한 자
2차 면접	총점의 6할 이상을 득점한 자

◇ 필기 시험 취득 현황

연 도	응시(명)	합격(명)	합격률(%)
2024	1,867	1,277	68.4
2023	1,629	1,033	63.4
2022	1,498	947	63.2
2021	1,574	997	63.3
2020	2,358	1,676	71.1

자격 시험 안내 INFORMATION

◈ **시험 응시에 필요한 공인 어학 성적**

언 어	어학 시험	기준 점수
영 어	토플(TOEFL) PBT	584점 이상
	토플(TOEFL) IBT	81점 이상
	토익(TOEIC)	760점 이상
	텝스(TEPS)	372점 이상
	지텔프(G-TELP)	레벨2 74점 이상
	플렉스(FLEX)	776점 이상
	아이엘츠(IELTS)	5점 이상
일본어	일본어능력시험(JPT)	740점 이상
	일본어검정시험(日検, NIKKEN)	750점 이상
	플렉스(FLEX)	776점 이상
	일본어능력시험(JLPT)	N1 이상
중국어	한어수평고시(HSK)	5급 이상
	플렉스(FLEX)	776점 이상
	실용중국어시험(BCT) (B)	181점 이상
	실용중국어시험(BCT) (B)L&R	601점 이상
	중국어실용능력시험(CPT)	750점 이상
	대만중국어실용능력시험(TOCFL)	5급(유리) 이상
프랑스어	플렉스(FLEX)	776점 이상
	델프/달프(DELF/DALF)	델프(DELF) B2 이상
독일어	플렉스(FLEX)	776점 이상
	괴테어학검정시험(Goethe Zertifikat)	B1(ZD) 이상
스페인어	플렉스(FLEX)	776점 이상
	델레(DELE)	B2 이상
러시아어	플렉스(FLEX)	776점 이상
	토르플(TORFL)	1단계 이상
이탈리아아어	칠스(CILS)	레벨2-B2(Livello Due-B2) 이상
	첼리(CELI)	첼리(CELI) 3 이상
태국어, 베트남어, 말레이 · 인도네시아어, 아랍어	플렉스(FLEX)	600점 이상

※ 2021년도 시험부터 아이엘츠(IELTS)가 추가되었습니다. 공인 어학 성적 기준은 시행처 사정에 따라 변경될 수 있으므로 접수 전 해당 회차 시험공고를 반드시 확인하시기를 바랍니다.

※ 국내여행안내사는 해당 사항 없습니다.

◇ 출제 경향

관광학개론은 관광종사원이 기본적으로 숙지해야 할 사항과 관광에 대한 기본 개념 및 실무지식에 대한 이해 여부를 묻는 문제가 출제됩니다. 관광종사원으로서 숙지해야 할 필수적인 내용을 이해하고 있는 지를 측정하는 데 중점을 두며, 최근 관광이슈와 관광트렌드 변화를 파악할 수 있는 문제도 출제됩니다. 관광의 기초, 관광여행업, 관광숙박업, 국제관광 및 관광정책 등에서 문제가 출제되며, 이 중에서도 교재 내 '제1장 관광의 기초'의 출제 비중이 32%로 가장 높습니다. 아래의 도표는 최근 5개년(2020~2024) 관광학개론 과목의 출제 비중을 교재의 단원별로 산출한 것으로, 단원별 출제 비중의 차이를 한눈에 파악할 수 있습니다. 이를 참고하여 2025년의 시험을 준비하시기를 바랍니다.

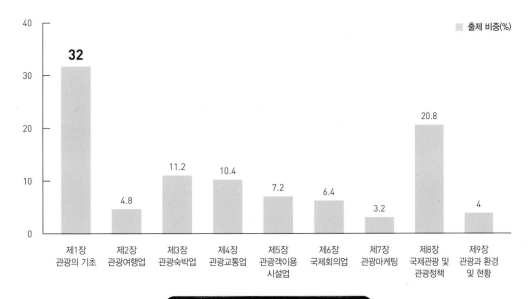

2020년~2024년 관광통역안내사 관광학개론

학습방법

관광학개론은 기본 이론과 개념이 가장 중요한 과목으로, 관광 · 호텔 · 회의 · 마케팅 · 정책 등 관련 이론과 용어의 개념을 확실하게 정리해 두어야 하는 과목입니다. 특히 어떠한 개념의 여러 가지 유형이나 서로 비슷해 보이는 개념의 명칭을 구분하는 문제가 많이 출제됩니다. 이러한 기본적인 문제 외에도 정부의 관광정책이나 관광통계 · 관광객의 성향 · 관광축제 등 다양한 현황문제가 출제되고 있습니다. 수험서를 바탕으로 학습하면서, 주기적으로 문화체육관광부(www.mcst.go.kr)나 한국관광공사 홈페이지(www.visitkorea.or.kr)에서 공식 보도 자료나 관광 · 여행업 관련 기사들을 꾸준히 살펴보는 것을 권장합니다. 관광법규와 관련된 문제도 종종 출제되고 있으니, 관광법규와 함께 학습하면 일석이조의 효과를 얻을 수 있습니다.

관광통역안내사 자격시험은 연간 몇 회 시행하나요?

필기시험과 면접시험 각 연 1회씩 시행하고 있습니다. 필기시험은 8~9월경에, 면접시험은 11월경에 시행됩니다. 시험 일정은 변경될 수 있으므로 큐넷(Q-net) 홈페이지를 정기적으로 확인하시기를 바랍니다.

방문 또는 우편으로 원서를 접수할 수 있나요?

원서는 큐넷 홈페이지(www.q-net.or.kr)에서 인터넷으로만 접수할 수 있습니다. 인터넷 활용에 어려움을 겪는 수험자를 위해 전국의 한국산업인력공단 지부지사에서 원서접수 도우미 제도를 운영하고 있으니 참고하시기를 바랍니다.

원서접수 기간은 어떻게 되나요?

2020년부터 원서접수 기간이 단축되었습니다. 기존 10일간 진행되던 접수가 5일간으로 단축되었으니, 접수 일자를 꼼꼼하게 확인하셔야 합니다.

응시 수수료는 얼마인가요?

「관광진흥법」 제79조에 따라 관광종사원 자격 시험에 응시하려는 자의 응시 수수료는 20,000원(1 · 2차 동시 접수)입니다.

시험 준비물이 따로 있나요?

시험 준비물로 신분증, 수험표, 검은색 사인펜을 반드시 지참하여야 합니다. 시험 당일 인정 신분증을 지참하지 않으면 당해 시험은 응시 정지(퇴실) 및 무효 처리됩니다. 이 외에도 시험 전 최종 점검을 위한 학습 자료, 시험 시간 관리를 위한 개인용 손목시계 등이 있습니다.

자격증 발급 신청은 어디에서 해야 하나요?

관광통역안내사 자격증은 관광인 홈페이지(academy.visitkorea.or.kr)에서 발급받으실 수 있습니다.

그 외에 시험 관련 유의 사항이 또 있나요?

- 수험 원서 또는 제출 서류 등의 허위 작성 · 위조 · 오기 · 누락 및 연락 불능으로 인해 발생하는 불이익은 전적으로 수험자의 책임입니다. 큐넷의 회원 정보를 반드시 연락할 수 있는 전화번호로 수정하시기를 바랍니다.
- 수험자는 시험 시행 전까지 시험장 위치 및 교통편을 확인하여야 합니다.
- 시험 당일 교시별 입실 시간까지 신분증, 수험표, 필기구를 지참하시고 해당 시험실의 지정된 좌석에 착석하여야 합니다

관광통역안내사 한번에! 최종 합격 후기

작성자 양＊예

"핵심만 쏙쏙! 강의와 함께한 합격을 향한 여정"

안녕하세요, 2022년 관광통역안내사(영어) 최종 합격 경험과 시대에듀 인강 후기를 남기고자 글을 씁니다.

저는 필기 시험 준비를 시대에듀의 관광종사원 인강으로 독학하였습니다. 이후에 강의료가 아깝지 않도록 제대로 덕을 보자는 생각으로 기본 진도 강의는 2회씩 수강하였습니다. 그리고 문제 풀이와 이외의 강의는 한 번씩 들으며 잘 알지 못했던 부분의 설명만 정리해 두었습니다. 강사님들께서 핵심 부분을 잘 짚어 주시니, 설명해 주신 부분을 잘 정리하고 충분히 암기하고, 문제를 풀며 그 외의 조금 더 깊은 지식이 나오면 연결하여서 추가로 암기하시면 됩니다. 강의를 부지런히 수강하시고 본인의 스타일에 맞게 정리하시고, 문제집의 문제를 반복적으로 풀며 암기하시면 필기 합격할 수 있으시리라 봅니다! 저는 개인적으로 시대에듀 인강의 도움을 충분히 받았기에, 미래의 관광통역안내사 여러분들께도 망설임 없이 추천해 드립니다!

짧게 면접 이야기도 드리자면, 저는 면접도 독학하였습니다. 여건이 되지 않아 스터디도 제대로 하지 못하였습니다. 우선 책으로는 시대에듀의 2022 관광통역안내사 2차 면접 핵심기출 100제를 사용하였습니다. 처음은 이 책의 질문 정도는 내 것으로 만들어야겠다는 생각으로 100제 대부분을 암기하였고, 2회 암기 때에는 제가 자주 사용하는 영어 표현, 단어로 재구성하여 간단하고 쉽게 답안을 짜면서 자연스럽게 답하며 연습했습니다. 그렇게 전체 반복을 여러 번 하고 나서, 책을 무작위로 펴 나오는 질문에 답하는 연습을 하였습니다. 그 이후엔 인터넷에 검색하여 책에 실려 있지 않은 다른 기출 질문을 찾아보았습니다. 그 결과 합격이라는 쾌거를 이루었습니다.

이 후기를 보고 계신 미래의 관광통역안내사 여러분의 최종 합격을 기원합니다!

이 책의 차례 CONTENTS

제1장 관광의 기초

제1절 관광학의 의미 ···················· 3
제2절 관광의 개념 ······················ 6
제3절 관광행동의 결정 ················ 15
제4절 관광의 발전사 ·················· 18
제5절 관광사업의 이해 ················ 26
제6절 관광자원의 개발 ················ 37
핵심 실전 문제 ·························· 43

제2장 관광여행업

제1절 여행업의 개념 ·················· 59
제2절 여행의 종류 및 형태 ·········· 66
제3절 여행업의 마케팅 ················ 69
제4절 여행실무 ························· 72
핵심 실전 문제 ·························· 76

제3장 관광숙박업

제1절 관광숙박업의 개념 및 발전과정 ··· 89
제2절 호텔경영 ························· 93
제3절 호텔실무 ························ 100
제4절 관광숙박업의 발전방안 및 전망 ·· 111
핵심 실전 문제 ························ 114

제4장 관광교통업

제1절 관광과 교통 ··················· 129
제2절 분야별 관광교통사업 ·········· 134
핵심 실전 문제 ······················· 147

제5장 관광객이용시설업

제1절 관광객이용시설업의 법적 규정 ····· 157
제2절 주제공원 ······················· 164
제3절 외식사업 ······················· 171
제4절 관광쇼핑업 ····················· 176
제5절 오락 · 스포츠시설업 ··········· 179
핵심 실전 문제 ······················· 186

제6장 국제회의업

제1절 국제회의 ······················· 199
제2절 국제회의업 ····················· 204
핵심 실전 문제 ······················· 213

이 책의 차례 CONTENTS

제7장 관광마케팅

제1절 마케팅의 개념 ···················· 221

제2절 관광마케팅 전략 ·················· 225

제3절 관광선전 ·························· 233

핵심 실전 문제 ·························· 235

5개년 실제 기출 문제

2020년 실제 기출문제 ················· 311

2021년 실제 기출문제 ················· 317

2022년 실제 기출문제 ················· 323

2023년 실제 기출문제 ················· 329

2024년 실제 기출문제 ················· 336

제8장 국제관광 및 관광정책

제1절 국제관광 ·························· 245

제2절 관광정책 ·························· 254

핵심 실전 문제 ·························· 270

특별부록

벼락합격 Booster 관광학개론 기출족보

제9장 관광과 환경

제1절 관광과 환경과의 관계 ············· 281

제2절 환경친화적 관광 ·················· 283

제3절 지역개발과 환경보전 ············· 301

핵심 실전 문제 ·························· 303

PART 1
관광의 기초

CHAPTER 01   관광학의 의미

CHAPTER 02   관광의 개념

CHAPTER 03   관광행동의 결정

CHAPTER 04   관광의 발전사

CHAPTER 05   관광사업의 이해

CHAPTER 06   관광자원의 개발

핵심 실전 문제

관광의 기초 중요도 ★★★

관광통역안내사 관광학개론 기출 빈도표

출제 영역	2024년	2023년	2022년	2021년	2020년
관광의 기초	6	9	10	8	7
관광여행업	1	1	1	1	2
관광숙박업	5	2	2	2	3
관광교통업	–	5	3	1	4
관광객이용시설업	2	2	2	2	1
국제회의업	2	1	1	3	1
관광마케팅	1	1	–	1	1
국제관광 및 관광정책	8	2	6	6	4
관광과 환경	–	–	–	1	2
현황 문제	–	2	–	–	–
합 계	25	25	25	25	25

관광의 기초에서는 관광의 개념과 구조 및 유형을 이해하고, 관광사업과 관광자원의 분류와 특성 등에 대해 학습합니다. 출제 비중이 32%로 가장 높은 영역이므로 중점적으로 학습해야 합니다. 특히 관광의 개념 · 구조 · 분류 · 효과, 관광객, 관광사에 대한 출제빈도가 매우 높은 편이므로 더욱 심도 있게 학습해야 합니다. 또한 타 과목과 연계된 내용으로 관광법규, 문헌, 유네스코 등재유산 등의 문제가 출제된 이력이 있다는 점도 유념해야 합니다.

01 관광의 기초

01 관광학의 의미

1 관광학의 성격

(1) 관광학이란 사회의 여러 가지 현상 중에서 관광이라는 현상을 집중적으로 분석하는 학문이다.

(2) 현실적 문제 해결에 관한 실천적 처방을 하고 인간의 삶을 풍요롭게 하기 위한 효과적인 대안들을 제시하는 실용적인 학문이다.

(3) 국민의 정신건강을 위한 관광은 문화교류와 상호 이해의 증진을 통한 관광의 평화지향적 차원에서 꼭 필요한 학문이다.

2 관광학의 특징 💬

(1) 종합학문

관광이라는 사회현상을 이해하기 위해서 다양한 학문을 토대로 제 현상을 이해한다.

(2) 응용학문

학문을 통해 인간 및 사회의 현실문제를 해결하려는 규범을 제공하고 실천지향적 성격을 띤다.

(3) 다원적 과학관이 필요한 학문

관광학도 하나의 학문이기에 과학적 연구에 우선 가치를 두고 있다.

(4) 학제적 · 간학문적 성격을 띠는 학문

복잡한 관광현상을 종합적으로 이해하기 위해 다양한 시각에서 총체적으로 연구할 필요가 있다.

(5) 전문화 · 세분화되어 있는 학문

점차 다양해지는 관광현상을 이해하기 위해 전문화 · 세분화되어 있다.

3 관광학의 학문적 체계

(1) 종합 사회과학적 관광론

① 베르네커(P. Bernecker) : 관광학의 체계를 관광원론, 관광관계론, 관광정책론으로 크게 분류하여 관광의 주체는 인간이고, 인간은 그들의 욕구 · 소망 · 기대 · 관념을 관광으로 실현시키며, 그 과정에서 야기되는 총체적 경제현상과 종합현상인 사회현상을 관광이라 하였다.

② 베르토리노(A. Bertolino) : 관광의 기본적 측면을 정신적 질서와 경제적 질서로 나누고 관광은 다양한 생활양식과 사고방식이 만남으로써 상이점과 유사점이 명백해지고 서로 자극하여 사람들의 인격 완성에 영향을 끼친다고 하였다.

(2) 개별 응용과학으로서의 관광학

① 관광경제학 : 스위스의 크라프(K. Krapf)는 경제원리와 관광과의 함수관계 및 관광수요의 성격을 분석하였다.

② 관광지리학 : 관광시장과의 거리관계를 중심으로 관광지의 입지 · 형태 · 성격을 연구하는 관광입지에 관한 연구와 관광지의 분포 · 자원 · 산업구조 · 관광 유동성으로 본 관광지의 성격, 유형 등을 기초로 각 지역을 비교하는 연구로 구별된다. 대표적 학자는 드페르(P. Defert), 맥머리(C. A. McMurry), 토트(H. Todt) 등이다.

③ 관광경영학 : 관광경영은 관광재와 관광용역을 경제원칙에 입각하여 생산수단의 계속적 결합 속에서 행하는 경제행위이다. 대표적 학자는 훈지커(W. Hunziker)로 관광경영의 연구영역을 체재경영, 여행경영, 여행과 체재에 따른 급부(給付)경영으로 분리하였다.

④ 관광사회학 : 관광현상이 복잡 · 다양해지면서 관광의 중요성이 인식되어 사회학으로도 접근하게 되었다. 대표적 학자는 크네벨(H. J. Knebel), 푀슐(A. E. Pöschl) 등이다.

4 관광학의 발전과제

(1) 관광학이 학문으로 자리매김하기 위해서는 연구대상과 연구범위의 명확화, 개념 체계의 확립, 방법론의 개발이 우선적으로 이루어져야 한다.

(2) 학문적으로 균형적인 발전과 연구 분야의 다변화에 발맞추기 위해서는 특정 분야에 편중된 시각이 아닌 균형잡힌 접근방향으로 나아가야 한다.

(3) 학문적 이론이 합리적인 실천으로 거듭나기 위해서는 학문적 실용성을 반드시 추구해야 한다. 이를 위해서는 관광교통업이나 주제공원 등 응용 분야의 다각화가 요구된다.

(4) 계량화할 수 있는 분야는 계량적인 연구방법을 추구하고 계량화할 수 없는 가치관 등은 그에 적절한 질적 연구를 병행하는 것이 효과적이다.

(5) 연구법의 측면에서 표본조사법, 문헌연구법뿐만 아니라 다양한 지식을 창출할 수 있는 현지연구법, 사례연구 등 세부기법의 충실화가 요구된다. 즉, 단순한 연구방법에서 다양한 연구방법으로 발전해 나가야 학문적 체계를 발전시킬 수 있다.

5 관광학의 연구

(1) 관광학은 관광산업의 전문가를 길러 내기 위한 응용사회과학 분야의 학문이다. 관광산업 분야에 종사하는 것은 관광안내사에서부터 관광기획·설계, 관광산업 경영자에 이르기까지 다양한 분야가 해당된다.

(2) 관광자원을 이해하기 위해서는 인문·지리·자연지리적 소양에서부터 역사·미술·국가유산·미학 등 다양한 인문학적 소양이 필요하고, 외국인의 한국 관광 안내 또는 해외 관광자원의 이해를 위해서는 어학적 소양도 필수적이다.

(3) 관광산업을 경영하기 위해서는 법규와 경영학에 관한 지식이 요구되며, 관광자원의 개발을 위해서는 전체 국토와 자연환경을 생각하는 안목, 관광산업에 대한 전반적인 경제학적 이해도 필요하다.

(4) 관광학은 아직 학문으로서의 역사가 길지 않아 인접 학문의 도움을 많이 받아야 한다.

(5) 관광학의 역사는 1963년 경기초급대학과 경희초급대학(경희호텔전문대학)에 관광과가 개설되면서 시작되었고, 1982년 경기대에 관광경영학과 대학원이 신설되기까지 많은 대학들이 관광학과를 신설하였다. 이러한 대학들은 어학교육에 치중하기보다는 기술에 근거를 이루는 학문을 추구하며 발전해 왔다.

[경희대 호텔관광대학]

02 관광의 개념 ¹⁵ ²¹ 기출

관광이란, 사람이 다시 돌아올 예정으로 일상의 생활권을 떠나 타국이나 타지역의 풍물 · 제도 · 문물 등을 관찰하여 견문을 넓히고 자연풍경 등을 감상 · 유람할 목적으로 여행하는 것을 말한다. 관광의 개념을 규정하는 데는 다음과 같은 사항을 고려해야 한다.

첫째, 일상의 상용관례에 크게 벗어나지 않아야 한다.

둘째, 관광학의 저명한 학자가 정립한 개념규정을 충분히 참고해야 한다.

셋째, 규정된 개념은 누구나 이용하기 쉽게 배려해야 한다.

더 알아보기

관광의 뜻

본질은 이동이고, 이동 목적은 레크리에이션을 추구하고 일상생활을 떠나는 소비활동이며, 반드시 돌아오는 것을 전제로 한다.

관광의 개념적 구성요소 13 기출

이동성, 회귀성, 탈일상성 등

관광과 유사한 의미의 용어 14 18 기출

여행, 여가, 소풍, 유람, 기행, 피서, 방랑, 레저, 레크리에이션 등

---

1 관광의 어원

(1) 동 양

① '관광'의 어원은 중국 주나라 때 간행된 「주역(周易)」의 '관국지광 이용빈우왕(觀國之光 利用賓于王)' 이다.

② 한 나라의 발전상(光)을 보러(觀) 간다는 것은 그 나라의 풍속, 제도, 문물 등의 실정을 시찰하고 견문을 넓힌다는 것을 의미한다.

(2) 서 양

① 관광에 해당하는 'Tourism'은 라틴어 'Tornus'에서 유래한 Tour의 파생어이다.

② 'Tourism'이란 말이 처음 쓰인 것은 1811년 영국의 스포츠 월간 잡지 「The Sporting Magazine」이었으며, 19세기 중엽 아편전쟁(1842)을 계기로 아시아에 도입되었다.

③ 관광(Tourism)과 유사한 용어인 '여행(Travel)'이라는 단어는 유럽에서 여행이 힘들고 위험했던 중세의 암흑기 이후에 생겨난 것으로, 중노동을 뜻하는 'Travail(수고, 노동)'에서 파생된 용어이다.

2 여러 학자들의 관광에 대한 정의

(1) 글뤽스만(R. Glücksmann)

① 「일반관광론」(1935)에서 관광학의 체계화를 시도하였다.
② 관광이란 어떤 지역에 일시적으로 체재하고 있는 사람과 그 지역 사람들과의 사이에서 생기는 제관계의 총체이다.

(2) 뵈르만(A. Börmann)

① 「관광론」(1931)에서 사회·경제적 요인 분석을 시도하였다.
② 관광이란 기분전환, 위락, 업무 등의 목적을 위하여 정주지를 일시적으로 떠나는 여행의 총체적인 개념이다.

(3) 마리오티(A. Mariotti)

「관광경제학 강의」(1927)에서 관광을 외국인 관광객의 이동으로 단정하고 그 이동이 안겨 주는 경제적 의의를 해명하려 노력하였다.

(4) 오길비(F. W. Ogilvie)

「관광객이동론」(1933)에서 관광(객)이란 1년을 넘지 않는 기간 동안 집을 떠나 관광지에서 금전을 소비하는 것이며 그 돈은 관광지에서 취득한 것이 아닐 것을 조건으로 주장하였다.

(5) 훈지커(W. Hunziker)

「일반관광론 개요」(1959)에서 관광이란 사람이 통상의 거주지로부터 타소에 이동하고 체재한다는 사상과 그들의 관계의 총체적 개념이라고 설명하였다.

(6) 베르네커(P. Bernecker)

① 「관광학원론」(1962)에서 관광의 윤리를 강조하는 동시에 관광의 경제적 질서와 정신적 질서의 중요성을 강조하였다.
② 관광이란 상용상 혹은 직업상의 이유와 관계없이 일시적이면서, 자유의사에 따른 전지(轉地)라는 사실과 결부된 제관계 및 제결과를 가리킨다.

(7) 푀슐(A. E. Pöschl)

「관광과 관광정책」(1962)에서 관광의 발전법칙을 발표하였다.
① 발전의 교체법칙 : 관광의 발전은 어떤 신시설의 도입 등에 따라 계단형 또는 폭발적으로 전개된다.
② 관광에서의 중력과 원심력의 법칙 : 도시와 농촌을 두 개의 극으로 생각하고 도시가 클수록 사람을 흡인하는 중력이 강해지는 데 반하여 사람들이 농촌으로 도피하려는 원심력도 강해져 이 두 가지의 현상이 계속적으로 반복된다.

③ 한계생산력의 법칙 : 현대 관광의 본래의 목적이라 볼 수 있는 요양은 여러 가지 요소의 결합에 의해 달성되므로 그 한계 원리에 따른 한계 생산력의 최적 결합점이 문제가 된다.

(8) 드페르(P. Defert)

「관광입지론」(1966)에서 관광지의 수송비, 관광지의 다양한 교통수송, 사람의 이동론, 관광상품의 독점성을 강조하면서 관광입지론의 실증적 연구를 완성하였다.

(9) 이노우에 만주조(井上万壽藏)

관광사업이란 관광왕래에 대처하고, 이것을 수용 또는 촉진하기 위하여 행하는 모든 인간활동의 총체이다.

(10) 다나카 기이치(田中喜一)

관광사업이란 관광왕래를 유발하는 각종 요소에 대해 조화적 발달을 도모함과 함께 일반적 이용을 촉진함으로써 경제적·사회적 효과를 기대하는 조직 활동이다.

> **더 알아보기** 우리나라 관광사업의 정의(「관광진흥법」 제2조 제1호)
>
> 관광사업이란 관광객을 위하여 운송, 숙박, 음식, 운동, 오락, 휴양 또는 용역을 제공하거나 그 밖에 관광에 딸린 시설을 갖추어 이를 이용하게 하는 업을 말한다.

3 관광의 구조 및 유형

(1) 관광의 구조 중요 14 15 16 17 18 19 23 24 기출

① 관광욕구 : 일반적으로 관광행동을 일으키는 데 필요한 심리적인 원동력을 관광욕구라 하고, 관광행동으로 옮기게 하는 심리적 에너지를 관광동기라 한다. 사람은 누구나 관광욕구와 관광동기를 가지고 있기 때문에 관광의 수요자 또는 소비자가 되며, 크게 관광수요시장을 구성한다.
② 관광대상 : 관광객의 다양한 욕구를 환기시키거나 충족시켜 주는 대상이 필요한데 이를 관광객체라고도 한다.
　㉠ 관광자원 : 아름답고 풍부한 자연환경이 훌륭한 관광자원임은 두말할 나위가 없으며, 이러한 자연적 자원뿐만 아니라 인정, 풍습, 예절, 국민성, 민족성과 같은 무형적인 것도 포함된다.
　㉡ 관광시설 : 관광자원을 살려서 관광객의 욕구충족에 직접적으로 기여하는 숙박시설 등의 관광시설과 그에 부수된 서비스 등도 포함된다.
③ 관광매체 : 관광욕구와 관광대상을 결부시켜 주는 기능을 담당한다. 20 기출
　㉠ 공간적 매체 : 교통시설(도로, 수송수단) 등
　㉡ 시간적 매체 : 휴게시설, 숙박시설 등
　㉢ 기능적 매체 : 관광가이드 등의 통역안내원, 여행알선업자 및 관광기념품 판매업자 등

[관광의 구조 및 구성요소] 🌟중요

관광주체	관광객체	관광매체
관광객 ↓ (관광욕구) 관광동기 ↓ 관광행동 (관광수요시장)	관광대상 ↓ (관광자원, 관광시설) (관광공급시장)	• 공간적 매체 : 교통기관, 도로 · 운송시설 등 • 시간적 매체 : 숙박, 휴게실 등 • 기능적 매체 : 관광알선, 통역안내, 관광선전 등

(2) 관광의 유형

① 마리오티(A. Mariotti)의 분류

　㉠ 견학 관광 : 큰 상업 중심지, 격전지, 동굴 및 명승 고적 등을 시찰 · 견학

　㉡ 스포츠 관광 : 자동차여행, 비행, 승마, 등산 및 경기 대회에 참가하고 관람

　㉢ 교화적 관광 : 수학여행, 고고학적 답사를 위한 관광

　㉣ 종교적 관광 : 성지순례, 성당 탐방 등을 위한 관광

　㉤ 예술적 관광 : 연주여행, 음악회 및 기타 공연을 감상하기 위한 관광

　㉥ 상업적 관광 : 상품전시회, 견본시, 시장 및 출장 판매를 위한 여행

　㉦ 보건적 관광 : 온천 입욕, 요양 등을 위한 관광

② 베르네커(P. Bernecker)의 분류

　㉠ 요양적 관광 : 전지(轉地) 요양 포함

　㉡ 문화적 관광 : 수학여행, 견학, 종교행사 참가를 위한 여행

　㉢ 사회적 관광 : 신혼여행, 친목여행 등

　㉣ 스포츠 관광 : 월드컵, 올림픽 게임 등

　㉤ 정치적 관광 : 정치적 행사를 보러 가는 것

　㉥ 경제적 관광 : 견본시, 전시회의 관람 등

③ 일반적인 분류

　㉠ 감상 관광 : 자연 풍경 · 사적 · 문화 · 예술 작품의 감상을 위한 여행

　㉡ 문화적 관광 : 수학여행, 학회 또는 연구를 위한 출장, 전람회 · 박물관 등의 견학, 산업시설의 시찰 등을 위한 여행

　㉢ 스포츠 관광 : 경기대회 참가 및 관람, 수영 · 스키 · 등산 · 골프 등을 위한 여행과 각종 오락장 · 오락시설을 이용하기 위한 여행

　㉣ 종교적 관광 : 사찰 · 성당 참배 및 성지순례를 위한 여행

　㉤ 보건적 관광 : 온천 입욕 · 요양과 피한 · 피서를 위한 체재 및 여행

　㉥ 상업적 관광 : 쇼핑, 사업상의 계약을 위한 여행

④ 국적과 국경에 의한 관광의 분류 18 19 22 기출

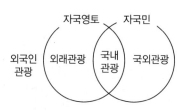

  ㉠ 국내관광(Domestic Tourism) : 자국민이 자국 내에서 관광
  ㉡ 국외관광(Outbound Tourism) : 자국민이 타국에서 관광
  ㉢ 외래관광(Inbound Tourism) : 외국인이 자국 내에서 관광
  ㉣ 외국인관광(Overseas Tourism) : 외국인이 외국에서 관광

> **더 알아보기** **UNWTO의 국적과 국경에 의한 관광 분류(1994)** 17 23 기출
>
> • Internal Tourism : Domestic Tourism + Inbound Tourism
> • National Tourism : Domestic Tourism + Outbound Tourism
> • International Tourism : Outbound Tourism + Inbound Tourism

(3) 관광의 수요

① 관광수요의 개념 : 관광활동에 참가할 수 있는 관광객을 가리키며 관광의 주체이다.
② 관광수요의 특성
  ㉠ 유효수요 : 케인즈의 거시경제학에서 주장, 사람들이 마음속에 지니고 있는 욕망이 아니라 실제 관광활동을 할 수 있는 여행경비 · 시간 등이 주어져 관광활동에 참가할 수 있는 수요이다.
  ㉡ 현지수요 : 여행경비 · 시간 등이 주어져 현실적으로 나타나고 있는 수요로 현지 관광지에서 관광활동을 하고 있는 수요이다.
  ㉢ 잠재수요 : 현재의 수요가 아니라 개인적 능력과 관광지와 관련된 여건(관광시설, 교통조건, 관광정보체계)이 주어진다면 여행에 참가할 수 있는 수요이다.
  ㉣ 유도수요 : 관광할 수 있는 조건은 주어져 관광활동을 하고 있으나 관광홍보나 연수활동을 통해 그 이용형태를 변화시킬 수 있는 수요이다.
③ 수요예측의 필요성
  ㉠ 관광정책 수립 기초 자료로 활용
  ㉡ 관광투자에 대한 예산 규모 결정
  ㉢ 관광상품 가격 결정
  ㉣ 마케팅 전략 수립 자료
④ 수요측정방법 중요 15 기출
  ㉠ 정량적(양적) 방법
    • 시계열분석법 : 과거 시계열 자료의 구조나 양상이 미래에도 지속될 것으로 본다. 예측기법을 적용하여 과거의 구조나 양상을 발견하고 이를 미래로 연장시켜 예측하는 방법이다.
    • 인과모형 분석법 : 자료를 분석하여 수요요인과 그 요인에 따른 결과 간의 관계를 찾아 이를 이용하는 방법으로, 급속한 변화시점에 대한 예측이 다른 기법보다 뛰어나 장기적인 예측에 이용된다.

- 회귀분석법 : 둘 또는 그 이상의 변수들 간의 관계를 파악함으로써 어떤 특정한 변수의 값을 다른 한 개 또는 그 이상의 변수들로부터 설명하고 예측하는 통계적 기법이다.
    ⓒ 정성적(질적) 예측방법 : 주관적 평가법, 기술적 추정법, 역사적 예측방법(과거의 사례를 참고하여 미래에 대한 판단 도출), 전문가 패널(분임토의 형식), 델파이법, 시나리오 설정법

4 여가활동과 관광

(1) 여가의 정의

여가란 개인이 직장, 가정, 사회에서 부과된 의무로부터 해방되었을 때에 휴식, 기분전환을 위하여 또는 이득과는 관계없이 지식과 능력의 배양, 자발적인 사회적 참가, 자유로운 창조력의 발휘를 위하여 임의적으로 행하는 활동의 총체이다.

[산 정상의 풍경]

(2) 여가의 기능 🗣

① 휴식의 기능 : 일상생활, 특히 근로생활의 압력에 의한 육체적 · 정신적 소모를 보완 · 회복시켜 주는 기능을 한다.
② 기분전환의 기능 : 기분전환은 인간을 권태로부터 구출한다.
③ 자기실현의 기능 : 여가는 자동기계적인 일상적 사고와 행동으로부터 개인을 해방시키고 보다 폭넓고 자유로운 사회적 활동에 대한 참가와 실무적 · 기술적인 훈련 이상의 순수한 의미를 가진 육체 · 감정 · 이성의 도야를 가능하게 한다.

(3) 여가활동으로서의 관광

여가활동에는 휴식적인 것, 교양 · 취미에 관한 것, 스포츠와 야외활동, 사교와 봉사활동, 관광여행 등 그 종류와 내용이 다양하다. 이 중에서 관광은 인간의 기본욕구를 충족시킬 수 있는 가장 이상적인 여가활동이라고 할 수 있다. 관광은 일상생활의 단조로움과 업무로 인한 스트레스를 해소해 주고, 자신만의 세계를 가질 수 있으며, 삶의 에너지를 재충전할 수 있는 수단으로서 현대인의 여가활동 중에서 가장 중요한 요소의 하나가 되고 있다.

더 알아보기	여가활동의 증대 배경

- 고학력사회의 출현
- 여성의 직장 진출 증가
- 가사노동시간의 단축과 주부의 사회적 제 활동
- 생활을 적극적으로 즐기려는 가치관의 보급

5 관광의 현대적 의의

(1) 대중사회와 관광

1960년대에 들어서 사회 · 경제적 조건의 급격한 변화와 함께 관광의 대중화가 이루어지게 되었다. 관광의 대중화는 관광에 참여하는 사람의 계층이 확대되었을 뿐만 아니라 관광횟수의 증가, 관광거리의 연장, 관광목적지에서의 체재기간의 증가, 활동내용의 다양화 등의 경향이 나타나고 있다.

> **더 알아보기** **관광의 대중화가 이루어진 배경**
>
> - 각국의 경제발전에 따른 가처분소득의 증대
> - 인간의 사회적 지위 향상에 따른 여가시간의 증대
> - 생활을 적극적으로 즐기려는 가치관의 정착
> - 산업화 · 도시화의 급속한 진전으로 인한 생활환경의 악화

(2) 탈공업화 사회와 관광

① 공업과 같은 제조업 중심인 제2차 산업이 약화되고 관광사업과 같은 서비스업 중심인 제3차 산업 위주로 산업구조가 바뀌고 있다. 즉, 관광 · 여가 · 레크리에이션 · 건강 · 교육 등 인간의 삶의 질에 관련된 서비스업의 발달과 더불어 산업구조도 서비스 생산 위주로 조직 · 운영되면서 관광 · 여가 · 외식업과 같은 산업들은 최대 유망사업으로 부상하고 있다.

② 직업분포에서 제조업의 반숙련 노동자와 기술자(블루 칼라)의 비중이 줄어들고, 전문직과 기술관료, 연구직(화이트 칼라)의 비율이 증대되고 있다. 이러한 화이트 칼라 집단의 부상으로 관광활동도 '보이는 관광, 단순히 휴식하는 관광'에서 벗어나 자신이 관심을 갖는 분야에 초점을 맞추어 직접 경험하고 참여할 수 있는 교육관광, 예술과 유적관광, 자연관광, 건강관광, 모험관광 등 특정관심분야관광(SIT ; Special Interest Tourism)이 각광받고 있다.

③ 자본과 노동이 중심이었던 전통사회와 산업사회의 관광동기는 피로회복 · 휴식과 같이 노동지향적 관광시장에서 비롯한 것과 쾌락 · 스트레스 해소 · 놀이 등과 같이 쾌락추구적 생활양식에서 비롯한 것이 대부분이었으나, 탈공업화 사회는 일과 여가의 양극성이 축소되면서 가격보다는 품질을 지향하며 표준화되고 획일적인 패키지 상품보다는 개성화되고 다양한 관광활동을 통하여 많은 지식과 정보를 획득할 수 있는 창조적 관광상품을 요구하고 있다.

(3) 정보화 사회와 관광

① 정보화 사회는 정보전달이 쌍방향성이라는 특징으로 인하여 관광정보를 제공하는 관광사업자와 수신자인 관광객 간에 의견교환을 도모할 수 있다. 관광사업에서 관광상품의 무형성, 서비스의 다양성, 비저장성, 모방의 용이성 등과 같은 특성으로 비추어 볼 때 관광객들의 상품선택 행동은 관광사업자가 제공하는 각종 관광정보에 결정적인 영향을 받는다.

② 정보화 사회는 관광활동을 원하는 잠재적 관광객에게 교통, 숙박, 관광자원, 시설, 날씨 등과 같은 다양한 관광정보를 신속하게 제공하여 관광편의를 도모하고 관광지 집중현상을 사전에 방지함으로써 쾌적한 관광활동을 보장해 주는 역할을 할 수 있다.

[기존의 관광형태와 새로운 관광형태의 비교] 🗨

구 분	Old Tourism	New Tourism
관광객	• 패키지 관광상품과 유명목적지 추구 • 관광경험이 적음 • 정적 관광과 안정감 추구	• 새로운 관광상품과 관광지 추구 • 관광경험이 풍부함 • 관광을 통한 자기표현 추구
정보통신기술	• 일방통행형 기술 • 제한된 기술 • 단독 기술	• 상호 대화형 기술 • 모든 사용자가 이용 가능한 기술 • 통합 기술
상품개발	• 가격경쟁 • 규모의 경제 • 수직 · 수평통합	• 혁신을 통한 경쟁 • 규모와 범위의 경제 • 대각선통합
기업경영	• 노동력을 생산비용으로 간주 • 수요극대화 추구 • 판매 중시	• 노동력을 서비스 질의 핵심으로 간주 • 수급관리균형 추구 • 고객의 욕구파악 중시
산업여건	• 규 제 • 경제적 성장 중시 • 양적 성장	• 규제 완화 • 산업구조 조정 • 질적 성장

6 관광객의 개념

(1) 관광객의 의미

관광객은 일상생활영역(심리적 영역)을 떠나 다시 있던 자리로 돌아올 예정으로 이동 · 체재하면서 정신적 · 육체적 즐거움을 추구하는 관광소비자이다.

(2) 관광객의 최초 정의 🗨

① ILO(국제노동기구, 1937) : 관광객을 24시간 또는 그 이상의 기간 동안 거주지가 아닌 다른 나라를 방문하는 사람으로 규정(국제관광객)
② OECD(경제협력개발기구) : 국제관광객과 일시 방문객으로 구분하여 정의 18 기출
  ㉠ 국제관광객 : 24시간 이상 6개월 이내의 기간 동안 체재하는 자
  ㉡ 일시 방문객 : 24시간 이상 3개월 이내의 체재자

③ UNWTO(United Nations World Tourism Organization, 세계관광기구) : 1975년 Tourism(관광)이란 용어를 공식적으로 통일, 관광객을 관광통계에 포함되는 자와 포함되지 않는 자로 구분 `14` `16` `20` `21` `22` `24` `기출`

　　㉠ 관광객 : 방문국에서 1박 이상 체재하는 사람(비거주자, 해외교포, 항공기 승무원 포함)

　　㉡ 비관광객 : 국경통근자, 유목민, 군인, 외교관, 통과객, 일시적 및 영구적 이주자 등

④ **국제관광연맹(IUOTO ; International Union of Official Travel Organizations)** : 'Travel'이란 표현을 최초로 공식 사용한 기관

(3) 관광객과 비관광객

① **관광객**

　　㉠ 위안, 가정 사정, 건강상의 이유로 국외에 여행하는 자

　　㉡ 회의 참석의 목적 또는 과학, 행정, 외교, 종교, 스포츠 등의 대표자 또는 수행원의 자격으로 회의 겸 여행하는 자

　　㉢ 상용목적으로 한 상담여행자

　　㉣ 호화선박으로 각지에 주유 중 입국하는 자

　　㉤ 일국의 교육기관에 견학 및 시찰의 목적으로 입국하는 자 등

② **비관광객**

　　㉠ 계약유무에 관계없이 취직 또는 영업을 하기 위해 입국하는 자

　　㉡ 일국에 잠깐 거주할 목적으로 입국하는 자

　　㉢ 국경지대에 거주하면서 인접국에 자주 출입국하는 자

　　㉣ 24시간을 경과할지라도 일국에 체재하지 않고 공항 내에서 통과하는 여행자

(4) 관광객의 윤리

① 관광헌장은 도의적 규약으로 관광질서 확립이 목적

② 관광객이 인간으로서 지켜야 할 공중 도덕을 지킬 것

③ 관광지 내에서는 행동 면에서 남에게 피해를 주지 않을 것

④ 문화유산 등을 훼손하지 말아야 하고 쓰레기를 함부로 버리지 않을 것

1 관광동기

(1) 관광욕구 및 동기

사람이 관광을 하는 이유가 인간의 본능, 기본적 욕구라는 견해는 상당히 보편적이다. 이때 일반적으로 관광행동을 일으키는 심리적 원동력을 관광욕구라 하며, 이를 행동으로 나타나게 하는 심리적 에너지를 관광동기라 할 수 있다.

① 관광욕구 및 동기에 관한 이론

　㉠ 글뤽스만(R. Glücksmann)의 「일반관광론」(1935)

　　• 심리적 동기 : 사향심·교유심·신앙심

　　• 정신적 동기 : 지적·견문·환락의 욕구

　　• 신체적 동기 : 치료·보양·운동의 욕구

　　• 경제적 동기 : 매물·상용의 목적

　㉡ 매슬로의 욕구 단계설(A. H. Maslow) : 매슬로는 생리적 욕구가 충족되면 다음 단계의 욕구가 생겨나고, 그 욕구가 충족되면 또다시 그보다 높은 차원의 욕구가 나타나 마지막에는 자아실현의 욕구가 가장 강한 힘을 가지게 된다고 주장하였다.

더 알아보기 **매슬로의 욕구 단계설** 18 21 기출

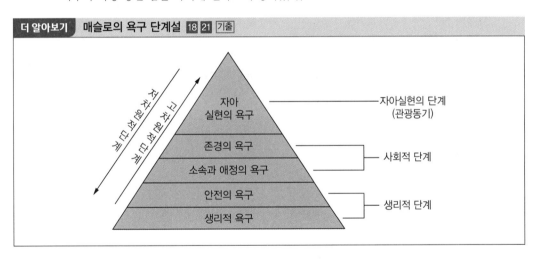

② 관광욕구의 본능성

　㉠ 관광욕구는 일반적으로 경제적 또는 사회적·문화적으로 발달한 환경 가운데서 형성되는 것이기 때문에 다면적이면서도 복잡하다.

　㉡ 관광사업의 대상은 관광객 또는 그 욕구이다. 사람들의 관광에 대한 욕구가 모든 관광사업 활동의 기반이고, 이러한 욕구를 충족시켜 주는 것이 관광사업체의 사회적 존재 의의의 이론적 근거를 제공한다.

　㉢ 욕구충족 정도의 여하가 관광사업 분야에서 기업경영능률의 척도가 된다.

(2) 관광동기의 유발요인 🌱

관광동기는 인간의 내면에 잠재해 있는 관광욕구에 어떤 자극이 가해져 관광행동으로 나타나는 것으로, 즉 실제 행동으로 옮기게 하는 여러 가지 힘이다. 관광동기를 알아보는 것은 소비행동과 함께 관광관련 기업의 사업대상일 뿐만 아니라 모든 관광관계기관의 판촉계획 대상이 된다.

① 교육 · 문화적 동기
② 휴양 · 오락동기
③ 망향적 동기
④ 기타의 동기

    ㉠ 기후적 동기   ㉡ 건강유지적 동기
    ㉢ 스포츠적 동기   ㉣ 경제적 동기
    ㉤ 모험적 동기   ㉥ 종교적 동기
    ㉦ 심신단련적 동기   ㉧ 역사적 동기
    ㉨ 사회적 동기

더 알아보기   **관광동기의 4가지 분류(매킨토시)** 15 16 기출

신체적 · 물리적 동기	문화적 동기	대인적 동기	지위 · 위세 동기
• 육체 · 정신적 기분전환 • 건강목적 추구 • 스포츠 행사 참여	• 외국, 관광지에 대한 호기심 • 역사적인 유적지에 대한 관심 • 미술, 음악, 건축 등에 대한 관심 • 국제적인 행사 참석	• 친인척 방문 또는 새로운 사람과의 교류 • 새롭고 색다른 체험 • 자신의 사회적 환경으로부터 탈출	• 교육, 학습, 사업, 직업적 목적 추구 • 취미활동 추구 • 자아 향상

2 관광동기의 결정요인

관광욕구 · 동기는 관광여행을 일으키는 심리상의 요건이지만 구체적으로 행동이 성립되기 위해서는 비용, 시간, 정보 등의 세 가지 요건이 모두 갖추어져 있어야 한다. 또한 행동의 목적이 되는 관광대상과 관광주체를 결합시켜 주는 기능이 없다면 관광행동이 존재할 수 없다.

(1) 비용 · 시간

인간 행동의 배경에는 매슬로(A. H. Maslow)가 제시한 욕구 구조의 존재가 상정되고 있다. 이는 사회적 영향을 받아 구체적인 행동과 결합되어 나타난다. 그러나 제 욕구만으로는 행동이 구체화되지 않으며 비용이나 시간과 같은 기본적 조건이 충족되면서 관광소비와 같은 구체적 행동이 완성된다.

(2) 관광정보와 관광목적지

① **관광정보의 의미** : 관광정보란 관광대상에 대한 정보뿐만 아니라, 관광사업 및 사회일반으로서의 정보를 지칭한다. 정보는 결정된 관광행동을 임의대로 유도하며 관광에 관계되는 욕구 자체에도 작용하여 관광의욕을 높인다.

② **관광목적지의 영향** : 관광목적지는 관광욕구를 더 많이 충족시켜 주는 적절한 관광지 선정과 밀접하게 관련된다. 실제로 관광 마케팅 활동에 관광지가 당연히 결합되고 있는 것을 볼 수 있는데 내포한 자원과 서비스 등에 관계없이 장소 자체가 관광행동의 결정요인으로 작용하기도 한다.

더 알아보기

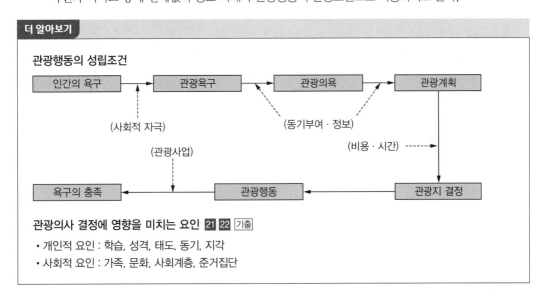

관광행동의 성립조건

관광의사 결정에 영향을 미치는 요인 21 22 기출
- 개인적 요인 : 학습, 성격, 태도, 동기, 지각
- 사회적 요인 : 가족, 문화, 사회계층, 준거집단

---

(3) 관광의 효과

① **긍정적 효과** 15 18 19 20 21 23 24 기출
   ㉠ 경제적 효과 : 높은 외화 가득률로 국가경제 및 국제수지 개선에 기여, 국민소득 · 조세수입 · 고용 창출 증대에 기여
   ㉡ 사회적 효과 : 국제친선 도모와 민간외교, 직업구조 다양화, 국민후생복지 효과
   ㉢ 문화적 효과 : 역사 유적 등의 보존 · 보호
   ㉣ 그 밖에 환경적 효과와 국가안보적 효과

② **부정적 효과**
   ㉠ 경제적 효과에 대한 부정적 입장 : 물가 상승, 고용 불안정성, 산업구조 불안정성, 기반 시설 투자에 대한 위험 부담 등
   ㉡ 사회적 효과에 대한 부정적 입장 : 주민 소득의 양극화, 범죄율 상승, 가족 구조 파괴, 세대 간 갈등 심화 등
   ㉢ 문화적 효과에 대한 부정적 입장 : 토착문화 소멸, 문화유산의 파괴 및 상실 등
   ㉣ 환경적 효과에 대한 부정적 입장 : 자연환경 파괴, 야생동물 멸종, 환경오염 문제 발생 등

04 관광의 발전사

1 고대 그리스와 로마 시대

(1) 고대 그리스 시대의 관광 13 기출

고대 그리스, 이집트 역사의 내용 중 BC 5세기부터의 관광에 관한 기록에 따르면 최초의 관광동기는 신앙이 중심이었다고 전해진다. 즉, 당시의 형태는 신앙, 체육(올림픽 경기), 요양, 종교(신전 참배) 등의 모습으로 나타났음을 알 수 있으며, 이때의 여행자는 보통 민가에 숙박하였는데, 신성한 사람으로 여겨져 후대하는 관습이 생겨 지금의 서비스 정신으로 이어지고 있다.

[라오콘 군상]

(2) 로마 시대의 관광

① 성격 : 관광여행이 근대와 유사한 모습을 띠는 것은 로마 시대에 와서 비로소 나타나게 되는데, 이때는 관광목적 또한 다양해져서 종교 · 요양 · 예술 · 등산 · 식도락 등의 내용을 담게 되었다. 로마 관광 발전의 큰 특징은 군사적 사회발전으로 사방으로 뻗은 도로가 그대로 관광사업에 이용될 수 있었다는 것이다. 그러나 그 다양함과 활발함에도 불구하고 전반적으로 일부 특권 계층에 한정되어 있었다.

> **더 알아보기**   **로마 시대 관광 동기의 다양성**
>
> - 신전 참배
> - 미식가(Gastronomia)식 여행 : 각 지방에서 생산되는 포도주를 마시며 식사를 즐기는 여행
> - 요양 : 비만 예방 및 온천 이용, 카지노와 연극 공연 감상
> - 예술 : 고적 탐방
> - 등산 : 신전 탐방
> - 과학적 연구 : 화산 연구 등

② 사회적 변화의 영향 : BC 4세기에 건설된 수로를 비롯한 해상 교통로, 군사목적을 띠는 도로, 군인을 위한 숙박시설 등은 모두 여행객을 위한 관광시설로 각광받았다. 이 영향으로 순전히 여행객만을 위한 숙박시설도 즐비하였으나, 로마 제국의 멸망 후 도로의 파괴와 사회상의 혼란으로 여행은 성지순례 정도로 전락해 버렸다. → 관광의 공백 시대 돌입

③ 로마 시대에 관광여행이 가능했던 원인 23 기출
  ㉠ 군사용 도로의 정비
  ㉡ 치안 유지 완벽
  ㉢ 화폐 경제의 보급 → 행동 반경 증대
  ㉣ 학문의 발달과 지식 수준의 향상으로 미지의 세계에 대한 동경 증가
  ㉤ 관광사업의 등장 → 교통 발달, 도로 정비, 숙박시설

2 중세 유럽 17 18 21 기출

(1) 관광의 암흑기

① 중세에 들어 유럽의 사회조직은 혼란 상태에 빠졌고 로마 시대에 건설한 도로도 모두 파괴되어 관광 여행은 자취를 감추었다.
② 동시에 숙박업도 자취를 감추었고 소수의 여행객을 위한 숙소로서 수도원, 교회가 이용되었다.

(2) 십자군 원정

1096년부터 1270년까지 계속된 십자군 원정은 관광부활의 계기가 되었는데, 육로 및 해로의 개발은 물론 동방에 대한 지식과 관심을 높이고 동·서양의 교류를 확대했다는 데서 큰 의미를 갖는다.

(3) 중세 유럽관광의 특징

① 동방의 비잔틴·회교문화가 유럽인의 견문에 자극을 주었다.
② 세계가 로마 교황을 정점으로 한 기독교문화 공동체였던 탓에 종교관광이 성황을 이루었다.

[이스라엘 바위의 돔]

3 근대 유럽

(1) 근대 유럽의 시대상황

① **산업혁명(1760년대, 영국)** : 산업혁명의 진전에 따라 교통수단의 발달과 경제 활성화에 힘입은 부의 축적으로 경제적 동기에 따른 여행이 빈번해지게 되었다.

② **상업의 발달** : 상업의 발달로 여행객의 성격은 상업을 위한 것이 많아지게 되었고, 그에 따라 숙박시설도 정비되기 시작하였다.

③ **과학의 진전** : 증기선의 출현, 철도산업의 발달, 도로교통의 발달 등 과학의 진전은 교통수단의 급속한 발전을 이루어 냈고, 버스회사인 제너럴 옴니버스사가 설립되어 여행을 더욱 용이하게 하였다.

> **더 알아보기   교양관광(Grand Tour)의 시대 🗣 15 22 기출**
>
> 17세기 중반부터 19세기 초반까지 유럽의 상류층 자제들이 지식과 견문을 넓히기 위하여 유럽의 여러 나라를 순방하는 것이 크게 유행했다.

(2) 관광사업의 발전

① **해외여행** : 교통의 발달로 관광여행객의 수가 크게 늘어났으며, 해외여행도 활기를 띠게 되었다. 즉, 선박운송사업이 증대되어 대륙 간 여행이 번창하였으며 안락하고 쾌적하게 인식되어 관광욕구를 더욱 자극하게 되었다.

② **숙박시설(Hotel)** : 19세기 중엽부터 관광량의 증대와 유산 계급의 출현으로 숙박시설이 고급화되었는데, 바로 호텔(Hotel)의 출현이었다. 호텔은 신흥 부유 계층을 위한 사교장으로 자리잡았으며, 숙박업이 근대 기업으로 전환되는 계기를 만들었다.

　㉠ 호텔이 들어선 장소 : 파리, 런던, 루체른, 바덴바덴, 니스 등

　㉡ 그랜드호텔(Grand Hotel, 1850) : 고급 호텔의 대명사

　㉢ 리츠호텔(Ritz Hotel, 1897) : 고객이 요구하는 모든 것은 최고의 서비스로 제공한다는 이념

　㉣ 세자르 리츠(Cesar Ritz) : 호화로운 호텔경영을 완성시킨 인물

③ **여행알선업** 🗣 : 1841년 영국의 토마스 쿡(Thomas Cook, 1808~1892)이 광고를 내어 여행단을 모집하고 단체 전세 열차의 운행을 시도하여 성공을 거둔 데서 비롯되었다. 쿡은 역사상 최초로 영리를 목적으로 단체여행을 조직했다는 점에서 '근대 관광산업의 아버지'라는 칭호를 얻었다.

> **더 알아보기   19세기에 대두된 관광 관련 현상 13 기출**
>
> • 호화호텔(Grand)의 등장
> • 여행업의 등장
> • 여행자 수표의 등장

4 근대 미국

미국의 관광산업 발달사에서 가장 뚜렷한 발자취를 남기고 있는 것은 호텔이며, 오늘날도 미국 관광산업의 중심을 차지하고 있다.

(1) 태번(Tavern)

유럽에서 옛날에는 술을 파는 주점이었으나 그 후 목로주점으로 바뀌었다가 요리를 제공하고 침실을 구비하여 숙박시설로서의 기능을 발휘하게 되었다. 그것이 미국에 전해져서 당초부터 식당 겸 숙박시설로 건설되었다. 태번은 19세기에 이르러 호텔로 명칭이 바뀌었다.

(2) 커머셜호텔(Commercial Hotel)

스타틀러(E. M. Statler, 1863~1928)는 1908년 '버펄로 스타틀러호텔(Buffalo Statler Hotel)'을 건설했는데, '서민이 부담할 수 있는 가격으로 세계 최고의 서비스를 제공할 것'을 호텔경영의 이념으로 삼았다. 또한 힐튼(C. N. Hilton, 1887~1979)과 같은 호텔 경영자에 의해서 미국 호텔은 대형화 · 근대화되어 갔다.

5 우리나라의 관광발전사

(1) 광복 전(~1945년)

① 고대~조선 초
  ㉠ 신라 시대의 관광이나 여행은 종교 · 민속관광이 주된 관광형태였다.
  ㉡ 통일신라 시대 후기 청해진은 신라, 당나라, 일본의 중계무역 중심지로서 무역기능을 갖췄을 뿐만 아니라 숙박시설로 청해관이 설치되어 있었다.
  ㉢ 고려 시대에는 사신들의 숙소로 신창관(新倉館)을 운영하였다.
  ㉣ 조선 시대에는 관용 여행자가 이용하는 역, 평민들을 위한 여사, 가난한 자에게 음식을 제공하고 여행자에게는 약을 제공하는 원이 있었다.
  ㉤ 대불호텔 : 1888년 인천에 세워진 우리나라 최초의 서양식 호텔이다.
  ㉥ 손탁호텔(Sontag Hotel) : 1902년 서울에 세워진 서양식 숙박시설로 독일여성 손탁이 건립하였다.
② 일제강점기
  ㉠ 일제통치하에서 일본은 대륙침략의 목적으로 철도를 부설하였는데, 철도여객의 숙박을 위해 주요 철도역에 철도호텔을 세웠다. 1912년 부산과 신의주에 최초의 철도호텔이 세워졌다.
  ㉡ 러 · 일전쟁 후 일본에서는 관광사업에 대한 국민외교 및 국가경제상의 중요성이 널리 인식되어 재팬투어리스트 뷰로(JTB ; Japan Tourist Bureau, 일본교통공사의 전신)를 창립하였는데, 1914년에는 한국지사가 개설되어 일본인의 여행편의를 제공하였다.

ⓒ 관광사업의 유망성을 인식한 일본은 외국인의 내방을 늘리기 위해 한반도 각지에 호텔을 세웠다.
- 1914년 : 조선호텔
- 1915년 : 금강산호텔, 장안사호텔
- 1925년 : 평양철도호텔
- 1936년 : 반도호텔(당시 최대규모)

ⓓ 일제강점기의 관광은 일본인 등 외국인을 위한 관광이었을 뿐 우리 국민의 여행은 극도로 제한되어 있었고, 관광사업 역시 일본인이 독점하고 있었기 때문에 참된 의미에서 우리의 관광사업이라 볼 수 없다.

(2) 해방 후(1945년~현재) 13 14 19 20 21 22 23 기출

연 도	발전 내용
1948	• 최초의 외국인 관광단(Royal Asiatic Society) 내방 • 미국의 노스웨스트 항공사, 팬 아메리칸 항공사 영업 개시
1950	교통부 직영 관광호텔 등장(온양 · 대구 · 설악산 · 서귀포 · 무등산 · 해운대), 6 · 25로 폐업
1953	모든 근로자에게 연간 12일간의 유급 휴가를 보장하는 법적 근거 마련(「근로기준법」 제정 및 공포)
1954	교통부 육운국 내에 관광과를 설치
1957	IUOTO(UNWTO의 전신)에 교통부 정회원으로 가입
1958	• 중앙 관광 위원회(교통부 장관 자문) • 지방 관광 위원회(도지사 자문)
1961	「관광사업진흥법」 제정 및 공포(08.22)
1962	국제관광공사가 발족, 통역안내원 시험제도 실시(교통부 주관)
1963	• 교통부 관광국 승격(1961년 관광 공로국 관광과) • 대한관광협회 발족, 워커힐 개관 • 전문 관광교육시설 신설(경기대, 경희대 설치)
1964	일본의 해외여행 자유화(해외 관광 시장의 전환기)
1965	• 한 · 일 국교 정상화(일본인 관광객으로 관광 호황을 이룸) • 제14차 태평양지역관광협회(PATA ; Pacific Area Tourism Association, 현 아시아태평양관광협회) 총회 개최 • 관광호텔종사원 자격시험제도 실시 • 관광정책심의회 설치
1966	외국인 전문가에 의한 최초의 관광지 진단
1967	최초의 국립공원 지정(지리산)
1970	• 경부고속도로 개통(07.07) • 관광호텔 등급제 적용, 관광호텔지배인제도 실시
1971	전국의 관광지 10대 관광권 설정(수도권, 부산권, 경주권, 제주권, 부여 · 공주권, 한려수도권, 속리 · 무주권, 설악산권, 내장산권, 지리산권)
1972	한국관광학회 설립, 「관광진흥개발기금법」 개정

1973	• 국제관광공사를 진흥 체제로 전환 → 영리 사업은 민영화 • 대한관광협회 중앙회를 한국관광협회로 개명
1974	「한국관광개발조사보고서」 제출(Boeing Report)
1975	• 관광사업의 국가 전략사업화, 「관광단지개발촉진법」 제정(04.04) • 「관광사업진흥법」(최초의 관광법규)의 분리(「관광기본법」, 「관광사업법」)
1978	외래관광객 100만 명 돌파
1979	제28차 PATA 총회, 제5차 EATA 총회 개최
1980년대	• 제주도를 입국사증 면제 지역으로 지정 • 야간 통행 금지 해제(1982), 제53차 ASTA 총회 개최(1983), 아시안 게임(1986), 「관광진흥법」 제정(1987), 서울올림픽(1988), 해외여행 완전 자유화(1989)
1990년대	• 전국관광지 5대권 분류(1990)(중부관광권, 충청관광권, 서남관광권, 동남해안권, 제주관광권) • 제19차 EATA 총회 유치(1993), 대전엑스포 개최(1993), 한국 방문의 해(1994) • 관광업무 담당부처가 교통부에서 문화체육부로 이관(1994) • 광주 비엔날레 창설(1995) • 부산 국제영화제(BIFF) 개최(1996) • 금강산 관광에 크루즈 도입(1998)
2000년대	• 외래관광객 500만 명 유치(2000), ASEM 회의 개최(2000) • 세계관광기구(UNWTO)총회와 한국방문의 해 개최(2001) • 한일 월드컵 공동 개최(2002) • 부산 아시안 게임 개최(2002) • Korean Wave 개최(2004) • 제53차 PATA연차총회 개최(2004) • 경부고속철도 1단계 개통(2004) • 한일 공동방문의 해(2005) • 세계관광기구(UNWTO)집행 이사회 의장국 선출(2005) • 관광산업 경쟁력 강화회의(2008) • 의료관광 활성화 법적근거마련(2009) • 한국 MICE 육성협의회 출범(2009)
2010년대	• UNWTO 총회 경주 유치(2011) • 여수 세계 박람회 개최(2012) • 외래관광객 1,000만 명 돌파(2012) • 관광경찰출범(2013) • 인천 아시안 게임 개최(2014) • 평창 동계올림픽 개최(2018) • 코리아 유니크베뉴 20선 선정(2018) • 외래관광객 1,750만 명 돌파(2019)

단 계 \ 구 분	시 기	관광 계층	관광동기	조직자	조직 동기
Tour 시대 (자연 발생적)	고대~ 1830년대 말	특권계층(귀족, 승려, 무사)과 일부 부유층의 평민	종교심	교 회	신앙심 향상
Tourism 시대 (매개 서비스적)	1840년대 초~ 제2차 세계대전	특권층과 부유층의 평민	지식욕	기 업	이윤 추구
Mass Tourism 시대 (Social Tourism) (개발 조직적)	제2차 세계대전 이후~현대	일반 대중을 포함한 국민	• 보 양 • 오 락	• 민간기업 • 공공단체 • 국 가	• 이윤 추구 • 국민후생의 증대
New Tourism 시대	1990년대 이후	전국민	관광의 생활화	• 개 인 • 가 족	• 특정 주제에 대한 열망 • 개성 추구

6 현대의 관광사업

(1) 현대 관광사업의 특색

현대에 들어오면서 관광사업의 가장 큰 특징은 관광의 대중화(Mass Tourism) 현상이 나타났다는 점이다. 이것은 종래의 전통적인 경영전략과는 전혀 다른 양상을 보이기 시작했는데, 그 원인을 살펴보면 다음과 같다.

① 지방 문화, 예술의 발달에 의하여 관광활동의 내용이 풍부해졌다.

② 인간의 잠재적인 욕구의 자극으로 말미암아 대중관광이 촉진되었다.

③ 교통수단의 발달로 신속 · 편리 · 쾌적한 여행이 가능해졌다.

④ 정치 · 경제 · 사회 · 문화의 발전으로 관광여행의 목적이 다양해졌으며, 생활 의식이 변화하고 소득이 증가하면서 관광이 보편화되었다.

(2) 현대 관광의 형태 중요 20 23 24 기출

① 복지관광(Social Tourism) : 대중의 정서 함양과 보건 증진을 위하여 저소득층에게 국내관광을 즐길 수 있도록 권장함과 동시에 이를 실현할 수 있도록 특별 지원과 공적 시설 확충, 유급 휴가제도 실시와 같은 사회복지적 정책을 추진하였다.

② 국제관광 : 세계 각국의 긴장 완화로 자국의 경제력 회복을 위한 외화 소득 수단으로서 국제관광을 개발하기 시작하였다. 그 결과 관광 왕래가 쉬워져 국제관광이 급속하게 진전하였고, 관광사업 또한 이에 영향을 받아 대형화 · 근대화 · 경영의 합리화가 추진되었다.

③ 대중관광(Mass Tourism) : 교통수단의 발달, 노동시간 단축에 따른 자유시간 증대, 관광에 대한 인식 변화, 소득증대, 매스컴의 발달에 따른 풍부한 정보 등을 배경으로 대중이 참여하는 대규모 관광이다.

④ 대안관광 : 대량 관광 행위로 인해 환경에 미치는 영향과 사회 · 문화적 영향을 최소화하려는 것으로 사회적으로 책임성 있고 환경을 인식하는 새로운 형태이다.

⑤ 공정관광(Fair Tourism) : 책임관광, 녹색관광, 생태관광을 포함하는 개념으로 여행자와 여행대상국의 국민이 평등한 관계를 맺는 여행이다. 우리나라는 2007년 「사회적 기업육성법」 제정으로 활성화되었다. 14 기출

더 알아보기 **여행바우처(Voucher) 제도(문화누리카드)** 중요

• 의미 : 경제적 어려움 때문에 여행을 가지 못하는 저소득 근로자에게 국내여행경비의 일부분을 지원하는 제도
• 목 적
  – 국민관광 활성화 및 지역 균형발전 도모, 근로자 복지 지원 및 휴가분산 유도
  – 국내여행상품에 대한 신뢰도와 안전성 제고를 통한 국내관광 경쟁력 확보
  – 국내관광업계의 다양한 국내여행 상품 발굴 및 개발 촉진 유도
  – 국민의 사전예약문화 정착 유도 및 관광에 대한 이미지 개선
• 우리나라의 여행바우처 제도는 기존의 문화 · 스포츠 관람 이용권과 통합되어 지난 2014년 문화누리카드(통합문화이용권)로 도입됨

더 알아보기

과잉관광(Over Tourism) 22 24 기출
• 관광객이 관광지의 수용력을 초과 방문하여 발생하는 관광현상
• 지역 주민들의 사생활 침해, 환경 오염 등의 문제 발생

녹색관광(Green Tourism) 23 24 기출
• 녹음이 풍부하고 자연이 아름다운 장소에서 하는 여행
• 휴양과 자연관찰뿐만 아니라 촌락의 문화와 교류를 꾀함

생태관광(Eco Tourism)
• 환경에 대한 위해를 최소화하면서 자연에 대한 이해도를 높이고 자연을 즐기는 여행
• 환경보전과 동시에 지역경제 활성화를 꾀할 수 있음

지속가능한 관광(Sustainable Tourism)
• 환경 및 미래 세대에 장기적인 위해를 가하지 않는 수준에서 관광 수준을 유지하는 여행
• 지속가능한 개발의 일환임

다크투어리즘(Dark Tourism) 18 기출
• 비극적인 역사, 재난, 참사의 현장을 돌아보며 교훈을 얻기 위하여 떠나는 관광
• 기억 산업의 하나임

05 관광사업의 이해

1 관광사업의 의의

(1) 관광사업의 개념

① 관광사업이란 관광수요를 창출하고 다양한 관광행동에 적합한 사업활동을 통하여 관광의 다각적인 효과를 거두려는 인류의 평화와 복지를 위한 사업이다.

② 관광의 효용과 그 문화적·사회적·경제적 효과를 목적으로 하는 조직적 활동으로서 관광왕래를 대상으로 한 서비스산업의 총칭이다.

③ 관광사업 자체가 사회공공성을 띠고 있고 다양한 관광행동과 관광현상에 대처하여야 하기 때문에 다각적인 기능과 성격, 구성 및 역할이 요구된다.

④ 관광왕래라는 자연 발생의 흐름을 방관하지 않고 적극적으로 관광수요의 창출에 나서야 한다.

⑤ 관광왕래를 원활하게 하는 모든 요소가 조직적 발달을 도모해 나가야 한다.

⑥ 관광사업은 관광객의 다양한 관광행동에 대하여 재화나 서비스를 비롯한 모든 편의를 제공함으로써 관광왕래를 촉진시키며 그 증강·발전에 기여한다.

⑦ 관광사업은 공공성을 내포하고 있고 다른 사업과 달리 입지의존성·변동성을 특질로 하는 사업이며 한 나라에는 물론 국제사회에 대하여 경제적·문화적 공헌을 한다.

⑧ 관광사업의 주체

    ㉠ 관광사업의 주체는 정부와 지방공공기관(지방자치단체) 등의 공적 기관과 영리를 목적으로 하는 민간기업이다.

    ㉡ 정부와 지방공공기관에서 실행하는 관광사업을 관광행정(Tourism Administration)이라 하며, 민간기업의 관광사업을 관광경영(Tourism Management)이라 부른다. 관광사업은 이와 같이 관광행정과 관광경영으로 구성되어 있다.

⑨ 관광사업의 내용

    ㉠ 관광자원의 보호·보존에 관한 사업

    ㉡ 관광시설의 정비·이용 증진에 관한 사업

    ㉢ 관광객 유치 선전에 관한 사업

    ㉣ 관광객 접대 알선에 관한 사업

(2) 관광과 관광사업

관광과 관광사업의 개념상 차이는 양자 간의 구조상 차이점을 살펴봄으로써 알 수 있다. 즉, 관광은 관광주체, 관광객체, 관광매체의 3자로 이루어지며, 이들은 서로 유기적이다. 따라서 관광주체와 관광객체 사이에 성립되는 관광의 효용성은 관광매체인 관광사업을 개입시키면서 증대되며 관광수요도 증가한다.

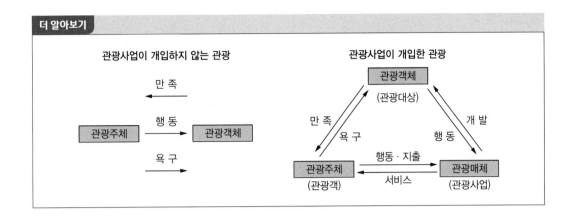

(3) 관광사업의 구성

관광사업을 추진하는 사업주체는 정부와 지방자치단체 등의 공적 기관이 담당하는 공적 사업과 민간기업이 참여하여 담당하는 사적 사업으로 분류된다.

① 관광의 공적 사업

ㄱ 대내적 : 국민경제의 발전과 국민복지의 증진 향상

ㄴ 대외적 : 국위 선양과 국제경제의 발전을 위하여 정책적으로 추진

② 관광의 사적 사업 : 영리를 목적으로 하는 민간의 기업활동을 말한다. 즉, 영리의 추구를 제1차적인 목적으로 하여 관광객에게 재화나 서비스를 생산·제공하고 그 대가를 받아 사업을 경영해 나가는 것이다.

2 관광사업의 특성 🚿 13 22 기출

(1) 복합성

① 사업주체의 복합성 : 사업주체란 사업을 주관하며 자신의 목적을 달성하는 조직을 말하는데, 관광사업은 정부 및 지방자치단체 등의 공공기관과 민간기업이 분담하여 추진하는 사업으로, 주관과 달성의 과정에 있어 복합성이 현저하게 나타난다(자연공원의 유지 관리, 숙박시설의 확충 등).

② 사업내용의 복합성 : 관광사업은 여러 가지 업종이 모여 하나의 통합된 사업을 완성시킨다는 특징이 있다. 관광서비스를 제공한다는 공통된 목적으로 출판업·방송업·여행업·교통업·박물관업·스포츠기념품판매업 등의 각각의 활동이 관광사업의 일부를 구성하는데, 이를 사업내용의 복합성으로 인지할 수 있다. 즉, 각각의 사업활동은 관광사업의 일익을 담당하는 동시에 자기 고유의 존재 의의를 가진다.

(2) 입지의존성

관광지는 유·무형의 관광자원을 소재로 하여 형성되기 때문에 입지의존성은 필연적인 결과이다. 즉, 관광지의 유형과 기후, 관광자원의 우열, 교통사정의 여하에 따라 의존하는 바가 크며, 경영적 환경(시장의 규모·체재지의 유무·현지조달가능 재료·인력공급면 등)과 수요의 질(관광객의 소비성향)에 크게 영향을 받는다.

① **불연속 생산활동형** : 관광객은 관광지의 입지조건에 따라 계층이 다르고, 소비활동은 소비시기에 따라 변동이 크며, 관광여행은 성격상 관광객의 임의적 행동에 좌우된다. 더욱이 관광행동은 경기변동, 일기, 국민생활의 안정에 따라 영향을 받기 때문에 관광상품의 생산활동이 불연속적일 수밖에 없다.

② **생산·소비의 동시 완결형** : 관광사업은 순간생산, 순간소비의 형태가 기본적 특징이다. 이는 생산과 소비가 동시에 완결적으로 이루어지는 것을 말하는데, 예를 들어 호텔의 객실이나 식사 등은 저장이 불가능하며 경영상의 탄력성이 없다. 결과적으로 호텔 경영의 목표는 모든 객실이 수용되는 것이고, 1인당 소비액이 높아야 한다는 불리한 조건이 존재한다.

③ **노동장비율의 상승** : 경영 합리화의 일환으로 이윤을 추구하기 위한 노력이 관광사업의 대형화, 고급화로 나타나 경영 효율을 높일 수 있는 노동장비율(유형 고정자산액 / 종업원 수)이 상승하게 된다.

(3) 변동성

관광욕구의 충족은 생활 필수적인 것이 아니고 임의적 성격을 띠기 때문에 관광여행 자체가 외부 사정의 변동에 매우 민감하게 영향을 받는다.

① **사회적 요인** : 사회정세의 변화, 국제정세의 긴박한 상황, 정치적 불안, 폭동, 그 밖의 인간의 안전을 위협하는 것 등

② **경제적 요인** : 경제 불황, 소득 상황, 환율 시세의 상승, 운임의 변동, 관광여행 시의 외화 사용 제한 등의 조치 등

③ **자연적 요인** : 기후, 지진, 태풍, 폭풍우 등의 파괴적 자연현상

(4) 공익성 19 기출

관광사업은 공사의 여러 관련 사업으로 이루어진 복합체라는 특징으로 인해 기업이라 할지라도 이윤 추구만을 목적으로 할 수 없다. 관광사업에서 공익적 측면은 사회·문화적인 측면과 경제적인 측면에서 기대할 수 있다.

① **사회·문화적 측면** : 국위 선양, 상호 이해를 통한 국제친선의 증진, 국제문화의 교류, 국민의 보건 향상, 근로의욕의 증진, 교양의 향상 등을 들 수 있다.

② **경제적 측면** : 외화 획득과 경제 발전, 기술 협력과 국제무역의 증진효과를 기대할 수 있으며(국민경제), 소득효과, 고용효과, 산업연관효과, 주민 후생 복지의 증진, 생활환경의 개선 및 지역개발의 효과를 기대할 수 있다(지역경제).

③ **발전방향** : 관광사업활동의 내용은 점차적으로 공익적인 면을 중요시하는 추세이며 그 영역은 사회·문화·경제를 넘어 종교·자연·정치 등의 분야에까지 넓혀지고 있다. 따라서 개별 기업활동의 특징을 살리면서도 공익적 효과를 높일 수 있는 공익성과 수익성의 조화 발전을 도모해야 한다.

- 관광효과 ┬ 국제관광 → 국제친선 증진, 국제문화교류 촉진
            └ 국내관광 → 보건 증진, 근로의욕 증진, 교양 향상

- 관광경제효과 ┬ 국민경제효과 → 외화 획득
               └ 지역경제효과 ┬ 고용효과, 소득효과
                              ├ 관련사업효과, 조세효과
                              └ 산업기반시설 정비효과

(5) 서비스성

관광사업은 관광객에게 서비스를 제공하는 영업을 중심으로 구성되어 있기 때문에 무형의 서비스가 가장 중요하다. 따라서 관광사업종사자뿐만 아니라 지역 주민과 국민의 친절과 건전한 서비스 제공이 필수적이며 이를 위해 관광에 대한 인식을 적극적으로 계몽하여야 한다.

(6) 기 타

① 양면성 : 수동적(관광자원 개발, 관광시설 설치, 정비), 능동적(여행상품 개발 등)
② 매체성 : 주체인 관광객과 객체인 관광대상을 결합하는 매체를 제공
③ 경립성, 지역성, 다면성 등
　* 경립성 : 관광지 간 경쟁을 하는 동시에, 관광루트를 형성하여 집단적 이익을 창출하는 특성

3 관광사업의 분류

(1) 관광객 중심의 관광사업 분류

① 1차 관광사업 : 직접제공자
관광객에게 재화나 서비스를 직접 제공하는 관광사업으로 호텔, 여행사, 식당, 소매상, 항공사, 모든 교통수단 등을 말한다.
② 2차 관광사업 : 보조서비스
직접제공자 또는 1차 관광사업에 재화나 서비스를 직접 제공하거나 관광객에게 간접 제공하는 관광사업으로 계약에 의한 식품서비스, 세탁업, 식품제공자, 여행도매업자, 관광출판물업체 등을 말한다.
③ 3차 관광사업 : 관광개발
1차 관광사업 및 2차 관광사업과 관광자에게 직 · 간접적으로 영향을 주는 사업으로서 계획자, 정부기관, 금융기관, 부동산 개발업자, 교육과 직업훈련 교육기관 등을 말한다.

(2) 법률적 관광사업 분류(관광진흥법 제3조 및 시행령 제2조) 💬 20 기출

① **여행업** : 여행자 또는 운송시설·숙박시설, 그 밖에 여행에 딸리는 시설의 경영자 등을 위하여 시설 이용 알선이나 계약 체결의 대리, 여행에 관한 안내, 그 밖의 여행 편의를 제공하는 업으로서 종합여행업, 국내외여행업, 국내여행업이 있다.

② **관광숙박업**

　㉠ 호텔업 : 관광객의 숙박에 적합한 시설을 갖추어 이를 관광객에게 제공하거나 숙박에 딸리는 음식·운동·오락·휴양·공연 또는 연수에 적합한 시설 등을 함께 갖추어 이를 이용하게 하는 업으로서 관광호텔업, 수상관광호텔업, 한국전통호텔업, 가족호텔업, 호스텔업, 소형호텔업, 의료관광호텔업이 있다.

　㉡ 휴양콘도미니엄업 : 관광객의 숙박과 취사에 적합한 시설을 갖추어 이를 그 시설의 회원이나 소유자 등, 그 밖의 관광객에게 제공하거나 숙박에 포함되는 음식·운동·오락·휴양·공연 또는 연수에 적합한 시설 등을 함께 갖추어 이를 이용하게 하는 업이다.

더 알아보기 휴양콘도미니엄 소유형태 20 기출

- 휴양콘도미니엄은 소유형태에 따라 공유제와 회원제로 구분
- 공유제는 시설에 대한 지분소유권이 있고, 회원제는 지분소유권이 없음
- 공유제는 평생소유 가능하며 취득세·등록세·재산세 등의 대상이 됨
- 회원제는 소유권은 없지만 시설이용권을 가지고 있는 것으로, 취득세의 부과 대상이 되지만 등록세·재산세의 부과 대상은 되지 않음

---

③ **관광객이용시설업**

　㉠ 관광객을 위해 음식·운동·오락·휴양·문화·예술 또는 레저 등에 적합한 시설을 갖추어 이를 관광객에게 이용하게 하는 업이다.

　㉡ 대통령령으로 정하는 2종 이상의 시설과 관광숙박업의 시설 등을 함께 갖추어 이를 회원이나 그 밖의 관광객에게 이용하게 하는 업이다.

　㉢ 야영장업 : 야영에 적합한 시설 및 설비 등을 갖추고 야영편의를 제공하는 시설(청소년야영장 제외)을 관광객에게 이용하게 하는 업이다.

　㉣ 종류에는 전문휴양업, 종합휴양업(제1종 종합휴양업, 제2종 종합휴양업), 야영장업(일반야영장업, 자동차야영장업), 관광유람선업(일반관광유람선업, 크루즈업), 관광공연장업, 외국인관광 도시민박업, 한옥체험업 등이 있다.

④ **국제회의업** : 대규모 관광수요를 유발하는 국제회의(세미나·토론회·전시회 등을 포함)를 개최할 수 있는 시설을 설치·운영하거나 국제회의의 계획·준비·진행 등의 업무를 위탁받아 대행하는 업으로서 국제회의시설업과 국제회의기획업으로 구분된다.

⑤ 카지노업 : 전문 영업장을 갖추고 주사위 · 트럼프 · 슬롯머신 등 특정한 기구 등을 이용하여 우연의 결과에 따라 특정인에게 재산상의 이익을 주고 다른 참가자에게 손실을 주는 행위를 하는 업을 말한다 (1994년 12월 관광사업 규정).

[카지노업]

⑥ 테마파크업 : 테마파크시설을 갖추어 이를 관광객에게 이용하게 하는 업(다른 영업을 경영하면서 관광객의 유치 또는 광고 등을 목적으로 테마파크시설을 설치하여 이를 이용하게 하는 경우 포함)으로 종합테마파크업, 일반테마파크업, 기타테마파크업으로 구분된다.

⑦ 관광편의시설업 : ①~⑥ 외에 관광진흥에 이바지할 수 있는 사업이나 시설을 운영하는 사업으로 관광사진업, 여객자동차터미널시설업, 관광식당업, 외국인전용 유흥음식점업, 관광유흥음식점업, 관광극장유흥업, 관광순환버스업, 관광펜션업, 관광궤도업, 관광면세업, 관광지원서비스업 등이 있다.

(3) 주체별 관광사업 분류

① 관광기업 : 관광개념에서 관광객 활동과정 중에 직접적으로 관계되어 영리를 목적으로 한 사적 관광사업으로 1차 관광사업이 포함되는 개념이다. 관광기업의 주요 업종으로는 여행업, 관광숙박업, 관광객이용시설업, 주제공원, 국제회의업 등이 있으며, 교통업 가운데 전세버스업과 항공업, 토산품 또는 기념품판매업, 유람선업, 순항유람선업, 관광지 내의 기타 업종 등도 포함된다.

② 관광관련기업 : 2차 관광사업 또는 간접관광사업이 포함된 의미로 재화나 서비스를 관광객에게 간접적으로 제공하거나 관광기업에 직접 제공해 주는 사적 관광사업을 말한다. 호텔에 서비스를 제공해 주는 세탁업자, 식품업자, 각종 납품업자와 용역업자, 관광출판물업자, 여행도매업자 등을 말한다.

③ 관광행정기관 : 관광사업 중 공적 관광사업으로서 관광정책 · 관광행정의 기구를 뜻한다. 국가, 정부, 지방자치단체 등 관광관계 행정기관으로 관광자 · 관광기업 · 관광관련기업과 직간접적으로 영향을 주고받으며 관광개발과 육성업무를 행한다.

④ 관광공익단체 : 공적 관광사업으로 관광공사, 관광협회 등 공익법인과 관광인력을 양성하는 교육기관, 관광관련 연구소 등을 말한다.

더 알아보기 섹터별 관광개발 주체 22 기출

- 제1섹터 방식 : 공공 주도
- 제2섹터 방식 : 민간 주도
- 제3섹터 방식 : 공공 + 민간 주도
- 혼합섹터 방식 : 공공 + 민간 + 지역센터 주도

---

(4) 현상적 관광사업 분류

우리나라의 경우 「관광진흥법」제3조 및 시행령 제2조에 의해 여행업, 관광숙박업, 관광객이용시설업, 국제회의업, 카지노업, 테마파크업, 관광편의시설업에 해당하는 업종으로 규정할 수 있다. 하지만 관광자의 욕구변화에 따라 다양성과 급변성을 띠고 있어 범위를 한정하는 데는 무리가 있으며, 앞으로도 새로운 분야가 편입될 가능성이 많다.

[관광사업의 구분]

구 분	법률적 업종(「관광진흥법」)	일반적 업종
여행업	• 국내여행업 • 국내외여행업 • 종합여행업	기존의 3개 업종의 여행업 이외에 외국여행사 한국사무소, 랜드사 등
관광숙박업	• 관광호텔업 • 수상관광호텔업 • 가족호텔업 • 휴양콘도미니엄업 • 한국전통호텔업 • 호스텔업 • 소형호텔업 • 의료관광호텔업	일반 호텔과 갑종 · 을종 여관, 유스호스텔, 여인숙, 민박 등
관광교통업	관광유람선업	전세버스업, 자동차대여업, 철도, 항공사 등
식음료사업	• 관광유흥음식점업 • 관광식당업 • 외국인전용 유흥음식점업	내 · 외국인 관광객이 이용할 수 있는 모든 식음료 사업으로 체인 전문식당, 패밀리레스토랑, 외국 음식점 등
여가활동사업	• 전문휴양업 • 종합휴양업	박물관, 식물원, 놀이시설, 민속촌, 스키, 승마, 골프, 낚시, 등산, 카지노, 수렵, 경마, 스쿠버다이빙, 놀이기구이용업(소규모) 등
직접 관광서비스사업	• 국제회의업 • 야영장업 • 카지노업, 관광사진업 • 여객자동차터미널시설업	특정 목적의 관광객이 이용할 수 있거나, 간접 서비스 사업보다도 관광객의 이용률이 높은 관광사업으로 각종 이벤트업 등이 이에 해당함
간접 관광서비스사업	법률적 규정은 없음	일반인과 같이 관광객이 이용할 수 있으나, 관광자의 이용률이 낮은 관련사업으로 약국, 각종 도소매업, 잡화점 등을 지칭할 수 있음

4 관광사업의 사회적 영향

(1) 경제적 측면

① **외화 획득** : 관광수입은 수출 무역에 따른 수입과 대비되며, 무역 외 수입의 일종으로 많은 나라들의 관광수입은 전체 무역수입의 적지 않은 비율을 차지하고 있다. 관광사업 진흥의 제1목적은 외화 획득에 있으며, 외국인 관광객의 유치계획을 추진하고 있는 것은 세계 각국의 공통된 현상이다.

② **국내 산업의 진흥** : 관광인구의 증가는 관광투자, 관광소비 등의 증가에 의하여 관광 관련 산업과 아울러 국내 모든 산업의 진흥에 기여하여 결과적으로 한 나라의 경제 발전에 공헌하게 된다. 즉, 관광산업의 경제는 복합성을 띠기 때문에 관광업체가 획득한 외화는 재투자되어 연관 산업의 생산활동을 높이게 된다.

> **더 알아보기**   체키 리포트(Cheki Report)
>
> '태평양·극동 지역에 있어서 관광사업의 장래'라는 관광조사보고서(PATA ; 아시아태평양관광협회)에서 국민소득에 대한 관광소득은 3.2~4.3배의 승수효과를 나타내는 것으로 밝혀졌다.

③ **지역경제 개발효과** : 관광객에 의한 관광소비는 직접적인 관광수입을 형성함과 동시에 지역 내에서의 노동력 및 자재의 수요를 증대시켜 새로운 자본투자가 형성된다. 이로 인해 지역주민의 소득이 안정되어 인구의 유출을 막아 주는 효과와 교통 발달의 결과를 가져온다. 그러므로 지역개발의 수단으로서의 관광개발은 효과가 크다고 할 수 있다.

④ **교통자본의 고도 이용**

    ㉠ 교통시설의 이용률이 낮아지면 교통사업 경영의 유지가 곤란하기 때문에 교통자본의 고도 이용은 한 나라의 경제 및 교통사업에서 매우 중요하다.

    ㉡ 관광여행의 촉진과 증가에 따라 교통기관의 집약적 이용이 이루어지면 교통 노무의 단가하락, 내용 개선 및 각종 기술 발전을 촉진시킴과 동시에 산업경제에 큰 영향을 미친다.

⑤ **고용의 증대** : 관광사업은 노동집약적인 성격을 띠기 때문에 밀도 높은 노동력이 필요하다. 또한 인적 서비스의 질적 수준도 훌륭한 관광상품이기 때문에 관광사업의 확대에 따른 고용효과는 매우 크다.

⑥ **비용의 확대** : 자연환경 파괴와 훼손, 생활환경의 질 저하, 관광관련 이용시설 유지 등의 직접 비용과 관광수요증가로 인한 물가상승, 지가상승, 생산과 고용의 계절성 등의 간접비용이 확대될 수 있다.

(2) 사회·문화적 측면 19 기출

① **사회적 효과** : 관광사업이 미치는 사회적 효과는 우선적으로 부의 분배에 따른 변화를 생각해 볼 수 있으며, 사회적 구조 변경과 이동으로 나타난다. 이런 현상은 도시보다는 농촌·어촌·산촌 지역일 경우 더욱 현저하여 관광개발로 지역이 발전하는 경우도 있으나, 경우에 따라 파괴적인 측면이 강하게 나타나는 경우도 적지 않아 이에 따른 현명한 대책이 강구되기도 한다.

② **문화적 효과** : 관광사업이 인간의 정신활동에 미치는 영향을 총칭하여 문화적 효과라 하는데, 이때 문화는 질적·양적인 변화를 거치게 된다. 즉, 관광에 의하여 습득된 지식과 문화는 다른 사람에게 전해지면서 막대한 영향을 미치게 되는데, 이는 뛰어난 교육효과를 지니고 있는 반면 오해와 편견을 일으킬 수도 있다.

(3) 그 밖의 효과

① **국민후생적 효과** : 관광을 통하여 피로를 풀어 활력을 증강하는 효과가 있다.
② **국제친선 효과** : 국제교류를 통해 얻어지는 효과로, 지역 및 국가 간의 여행을 통해 상호간의 지역성, 국민성, 습관 등을 이해하고, 나아가 신뢰의 단계를 거쳐 국가 간의 긴장 완화와 평화 촉진에 기여할 수 있다.

5 관광사업의 전망

(1) 관광환경과 전망

① **인구와 사회환경 변화**
　㉠ 일반적으로 인구고령화와 더불어 전후의 베이비붐 세대가 여행을 증가시킬 수 있는 연령층(50대 전후)에 도달하였다.
　㉡ 취업여성의 증가, 늦은 결혼 연령, 자녀 없는 부부의 증가와 함께 여행지출을 많이 하는 계층이 늘고 있다.
　㉢ 유급휴가 증가, 근로시간 단축, 이민과 출입국 절차의 간소화로 인한 여행 여건 개선과 국제화·세계화로 인해 국제여행이 지속적으로 증가하고 있다.
　㉣ 환경문제와 자연보호에 대한 인식이 중요시되어 생태계보호, 대기와 수질보존을 전제로 한 관광자원 개발이 활발해질 것이다.
② **경제환경** : 21세기 경제질서는 자국의 경제 이익을 최고 가치로 삼는 경제블록화 현상이 최고조에 달할 것으로 보여 관광사업에서도 기존의 자원 중심 패턴에서 시장 중심·자본 중심의 관광패턴으로 전환이 이루어지고 있다.
③ **정치환경** : 탈냉전 시대의 지역협력과 동반관계가 형성되면서 동서 진영 간 긴장이 해소되어 관광사업은 더욱 발전할 수 있을 것이다.
④ **기술혁신**
　㉠ 교통발달로 관광객들이 짧은 시간 내에 대륙 간 또는 국가 간 이동이 가능해지면 국내에서의 이동시간 단축도 필수적인 관광자원 공급의 요건이 될 것이다.
　㉡ 정보시스템에서의 기술혁신은 여행정보의 입수와 예약을 용이하게 하며 전산처리에 따른 인건비 절약으로 소비자에게 저렴한 여행비용을 제공한다.
⑤ **교통시설** : 공항·도로·철도와 같은 교통기반시설은 다른 어느 관광시설보다 공급부족 상태를 겪고 있다.

⑥ **여행안전** : 여행객의 증가와 여행인구의 노령화에 따라 여행안전의 문제는 그 중요성이 더욱 커지고 있다.

(2) 제4차 관광개발기본계획(2022~2031) 23 기출

① 향후 10년간 관광개발의 바람직한 미래상을 제시하는 관광개발 분야 최상위계획으로, 「관광진흥법」 제49조에 따라 수립되는 법정계획

② 목 적
　㉠ 사람 · 지역 중심의 미래 국가관광개발 비전 제시
　㉡ 국내외 여건 변화에 대응하여 국가관광경쟁력 제고
　㉢ 중장기 관광개발 방향의 제시로 지역관광 발전 견인
　㉣ 국가 단위 법정관광계획으로서 위상 재정립

③ 범 위
　㉠ 공간적 범위 : 전 국토
　㉡ 시간적 범위 : 2022~2031년(10개년)
　㉢ 내용적 범위
　　• 관광 여건과 관광 동향
　　• 관광 수요와 공급
　　• 관광자원의 보호 · 이용 · 개발 · 관리
　　• 관광권역의 설정

④ 성 격
　㉠ 행정계획이자 법정계획 : 국가관광개발의 위상을 정하고 있는 법정계획, 문화체육관광부 장관이 수립하여 신뢰할 수 있는 행정계획
　㉡ 미래지향적 종합계획 : 과학적 증거를 기반으로 하여 10년 후 국가관광개발 방향 설정
　㉢ 권역별 관광개발계획의 지침계획 : 사업 추진 방식을 제시하는 기능적 성격의 법정계획인 권역별 관광개발계획의 지침계획

⑤ 목표 및 전략
　㉠ 비전 : 미래를 여는 관광한국, 관광으로 행복한 국민
　㉡ 목 표
　　• 사람 · 지역이 동반 성장하는 상생 관광
　　• 질적 발전을 추구하는 스마트혁신 관광
　　• 미래세대와 공존하는 지속가능 관광

© 6대 추진전략
- 매력적 관광자원 발굴
- 지속가능 관광개발 가치 구현
- 편리한 관광편의 기반 확충
- 건강한 관광산업 생태계 구축
- 입체적 관광연계 · 협력 강화
- 혁신적 제도 · 관리 기반 마련
② 관광권역별 개발방향
- 수도 · 강원 · 제주권 : 글로벌 K관광 선도지대
- 충청권 : 과학기술 기반의 백제 · 중원문화관광지대
- 전라권 : 다도해 · 새만금을 품은 문화예술관광지대
- 대 · 경권 : 유교문화에 기반한 역사문화 · 생태관광지대
- 부 · 울 · 경권 : 산업 기반 해양레저 · 문화관광지대

※ 출처 : 문화체육관광부

더 알아보기 **관광개발기본계획(관광진흥법 제49조 참조)**

- 문화체육관광부장관은 관광자원을 효율적으로 개발하고 관리하기 위하여 전국을 대상으로 다음과 같은 사항을 포함하는 관광개발기본계획을 수립하여야 한다.
  - 전국의 관광 여건과 관광 동향(動向)에 관한 사항
  - 전국의 관광 수요와 공급에 관한 사항
  - 관광자원 보호 · 개발 · 이용 · 관리 등에 관한 기본적인 사항
  - 관광권역(觀光圈域)의 설정에 관한 사항
  - 관광권역별 관광개발의 기본방향에 관한 사항
  - 그 밖에 관광개발에 관한 사항
- 시 · 도지사(특별자치도지사는 제외한다)는 기본계획에 따라 구분된 권역을 대상으로 다음의 사항을 포함하는 권역별 관광개발계획을 수립하여야 한다.
  - 권역의 관광 여건과 관광 동향에 관한 사항
  - 권역의 관광 수요와 공급에 관한 사항
  - 관광자원의 보호 · 개발 · 이용 · 관리 등에 관한 사항
  - 관광지 및 관광단지의 조성 · 정비 · 보완 등에 관한 사항
  - 관광지 및 관광단지의 실적 평가에 관한 사항
  - 관광지 연계에 관한 사항
  - 관광사업의 추진에 관한 사항
  - 환경보전에 관한 사항
  - 그 밖에 그 권역의 관광자원의 개발, 관리 및 평가를 위하여 필요한 사항

06　관광자원의 개발

1　관광자원의 의의

(1) 관광자원이란 관광의 주체인 관광객으로 하여금 관광동기나 관광의욕을 일으키는 목적물인 관광대상을 가리키는 말이다.

(2) 유형물이든 무형물이든, 인공물이든 자연물이든 그것이 관광객을 유인할 수 있고 관광수입을 올릴 수 있는 경제성을 띠고 있다면 관광자원으로 볼 수 있다.

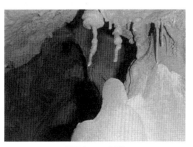

[천연동굴자원]

2　관광자원의 특성 🔊

(1) 매력성

관광자원은 관광욕구를 가지고 있는 사람의 마음을 사로잡을 수 있는 힘을 지니고 있어야 한다.

(2) 유인성(견인성)

매력성의 강도에 비례하여 유인성의 크기가 결정되지만 관광마케팅 활동을 통한 홍보가 자극요인이 되어 견인력을 높인다.

(3) 개발성

관광자원은 개발을 통하여 관광대상이 되므로 개발은 발전으로 가는 변화과정이다.

(4) 보호 · 보존요구성

관광욕구의 충족과 관광경험의 질을 유지하고 향상시키기 위하여 관광자원은 보호 · 보존되어야 한다.

(5) 가치의 변화성

관광자원은 시간의 흐름, 공간관계와 같은 입지 · 분포 및 상호작용에 의하여 가치의 변화를 가져온다.

(6) 범위의 다양성

관광자원의 가치변화는 관광자원의 범위를 광역화하고 다양하게 만든다.

(7) 자연과 인공의 상호작용

관광자원에는 자연적인 것뿐만 아니라 자연에 인공을 가미하여 얻어지는 문화적인 것, 사회적인 것, 산업적인 것, 위락적인 것도 있다.

3 관광자원의 분류 · 기준

(1) 관광자원의 분류 목적

① 관광지를 구성하는 여러 가지 환경 요인과 요소들을 대상으로 관광자원의 역할과 가치를 평가하여 미래의 관광수요에 대처한다.

② 자원의 잠재력을 평가할 기준을 만들어 관광자에 대한 견인력과 수용력을 측정한다.

(2) 관광자원의 분류

① 자연관광자원 : 산악, 해양, 온천, 동굴, 하천과 호수, 삼림 등

② 문화관광자원

　㉠ 문화유산관광 : 국가유산, 유적지, 고궁, 사찰, 박물관, 고분, 민속자료 등

　㉡ 예술관광 : 미술관, 문화센터, 전시관, 문화예술 축제, 이벤트, 공연, 전시 등

③ 사회관광자원 : 역사, 민속관, 풍습, 국민성과 민족성, 생활양식 등

④ 산업관광자원 : 농업관광자원(농원, 과수원, 목장, 어장 등), 공업관광자원(공장시설 견학, 생산기술 습득), 상업관광자원(재래시장, 백화점, 쇼핑관광)

⑤ 위락관광자원 : 주제공원, 카지노, 리조트, 스키, 골프 등 폭넓게 발달

더 알아보기

국가유산의 정의(국가유산기본법 제3조)

"국가유산"이란 인위적이거나 자연적으로 형성된 국가적 · 민족적 또는 세계적 유산으로서 역사적 · 예술적 · 학술적 또는 경관적 가치가 큰 문화유산 · 자연유산 · 무형유산을 말한다.

국가유산의 분류

- 문화유산 : 우리 역사와 전통의 산물로서 문화의 고유성, 겨레의 정체성 및 국민생활의 변화를 나타내는 유형의 문화적 유산으로 「문화유산법」에 의거해 지정 · 관리된다.
- 자연유산 : 동물 · 식물 · 지형 · 지질 등의 자연물 또는 자연환경과의 상호작용으로 조성된 문화적 유산으로 「자연유산법」에 의거해 지정 · 관리된다.
- 무형유산 : 여러 세대에 걸쳐 전승되어, 공동체 · 집단과 역사 · 환경의 상호작용으로 끊임없이 재창조된 무형의 문화적 유산으로 「무형유산법」에 의거해 지정 · 관리된다.

유 형	내 용
문화유산	• 유형문화유산 : 건조물, 전적, 서적, 고문서, 회화, 조각, 공예품 등 • 기념물 : 절터, 옛무덤, 조개무덤, 성터, 궁터, 가마터, 유물포함층 등의 사적지와 특별히 기념이 될 만한 시설물 • 민속문화유산 : 의식주, 생업, 신앙, 연중행사 등에 관한 풍속이나 관습에 사용되는 의복, 기구, 가옥 등
무형유산	전통적 공연 · 예술, 공예 · 미술 등에 관한 전통기술, 한의약 및 농경 · 어로 등에 관한 전통지식, 구전 전통 및 표현, 의식주 등 전통적 생활관습, 민간신앙 등 사회적 의식, 전통적 놀이 · 축제 및 기예 · 무예
자연유산	동물(해당 서식지, 번식지 및 도래지를 포함), 식물(해당 군락지 포함), 지형, 지질, 생물학적 생성물 또는 자연현상, 천연보호구역, 자연경관, 역사문화경관, 복합경관

(3) 관광 시설 분류

① 이동 관계 시설

② 체재 및 접객 관계 시설

③ 정보 관계 시설

④ 관광 레크리에이션 시설

4 관광자원의 관리

(1) 자연관광자원의 보호

자연자원이 관광자원에서 차지하는 몫은 대단히 크므로 관광사업의 유지발전과 관광입국을 위하여 자연보호는 절대적으로 필요하다.

(2) 문화관광자원의 보호

국민이 문화유산에 대한 올바른 인식과 이해로 문화민족의 긍지를 갖고 문화유산 보호에 앞장서야 한다.

더 알아보기   우리나라의 국가유산 및 자연보호 관련 법

- 「국가유산기본법」
- 「문화유산의 보존 및 활용에 관한 법률」
- 「자연유산의 보존 및 활용에 관한 법률」
- 「무형유산의 보전 및 진흥에 관한 법률」
- 「매장유산 보호 및 조사에 관한 법률」
- 「문화유산과 자연환경자산에 관한 국민신탁법」
- 「관광기본법」
- 「관광진흥법」
- 「국가유산보호기금법」
- 「자연환경보전법」
- 「국토기본법」

- 「산림기본법」
- 「백두대간 보호에 관한 법률」
- 「산림자원의 조성 및 관리에 관한 법률」
- 「자연공원법」
- 「도시공원 및 녹지 등에 관한 법률」
- 「야생생물 보호 및 관리에 관한 법률」
- 「한국진도개 보호 · 육성법」
- 「습지보전법」
- 「해양환경관리법」
- 「해양생태계의 보전 및 관리에 관한 법률」
- 「독도 등 도서지역의 생태계 보전에 관한 특별법」

(3) 관광자원 개발의 목적

① 레크리에이션 공간을 제공하여 국민보건향상과 정서 함양에 기여한다.

② 지역경제 발전 및 국가산업을 발전시킨다.

(4) 관광 개발 목적

① 국가는 관광객의 효과와 국민 경제적 효과를 포함한 종합적 효과를 추구한다.

② 지방자치단체는 경제효과를 위주로 한 지역의 관련 산업 발전 및 진흥을 목표로 한다.

> **더 알아보기** 세계자연보전연맹(IUCN)
>
> • 국제연합 유네스코의 후원하에 1948년 결성
> • 활 동
> - 자연보호에 관한 교육 및 인식보급
> - 연구조사
> - 학술 및 기술자료 제공
> - 각종국제협력
> - 자연자원의 균형적 이용 도모
> - 주 사업으로 경관계획, 토양과 물의 보전 등에 관한 생태학의 발전 등이 있음

5 관광지와 관광권

(1) 관광지

① 자연적 또는 문화적 관광자원을 갖추고 관광객을 위한 기본적인 편의시설을 설치하는 지역으로서 「관광진흥법」에 따라 지정된 곳을 말한다.

② 국민관광지 개발

국민복지관광정책의 일환으로 일반 국민들이 저렴한 비용으로 여가를 즐기고 휴식할 수 있도록 일정 지역을 정부차원에서 개발 조성한 관광지

ㄱ 제1단계 : 대도시 주변을 중심으로 야외 여가공원을 개발

ㄴ 제2단계 : 대도시 주변에 대단위 위락지구를 개발

ㄷ 제3단계 : 기존의 개발된 관광지에 대해 질적인 향상과 함께 신흥도시, 산업도시, 산간의 소도읍 등 관광수요가 예측되는 지역을 개발

> **더 알아보기** 관광거점도시(2020) 22 23 기출
>
> • 국제관광도시 : 부산광역시
> • 지역관광거점도시 : 강원 강릉시, 전북 전주시, 전남 목포시, 경북 안동시

(2) 관광단지 [15] [기출]

관광객의 다양한 관광 및 휴양을 위하여 각종 관광시설을 종합적으로 개발하는 관광 거점 지역으로서 「관광진흥법」에 따라 지정된 곳을 말한다.

(3) 관광특구 [20] [21] [기출]

① 외국인 관광객의 유치 촉진 등을 위하여 관광 활동과 관련된 관계 법령의 적용이 배제되거나 완화되고, 관광 활동과 관련된 서비스·안내 체계 및 홍보 등 관광 여건을 집중적으로 조성할 필요가 있는 지역으로, 「관광진흥법」에 따라 지정된 곳을 말한다.

[명 동]

② 다음의 요건을 모두 갖춘 지역 중에서 시장·군수·구청장의 신청(특별자치시 및 특별자치도의 경우 제외)에 따라 시·도지사가 지정한다.

　㉠ 외국인 관광객 수가 대통령령으로 정하는 기준[최근 1년간 외국인 관광객 수가 10만 명(서울특별시는 50만 명)] 이상일 것

　㉡ 문화체육관광부령으로 정하는 바에 따라 관광안내시설, 공공편익시설 및 숙박시설 등이 갖추어져 외국인 관광객의 관광수요를 충족시킬 수 있는 지역일 것

　㉢ 관광활동과 직접적인 관련성이 없는 토지의 비율이 대통령령으로 정하는 기준(10퍼센트)을 초과하지 아니할 것

　㉣ ㉠~㉢ 까지의 요건을 갖춘 지역이 서로 분리되어 있지 아니할 것

③ 특별자치시장·특별자치도지사·시장·군수·구청장은 관할 구역 내 관광특구를 방문하는 외국인 관광객의 유치 촉진 등을 위하여 관광특구진흥계획을 수립하고 시행하여야 한다.

④ 이 제도의 도입은 관광사업이 국민에게 건전한 여가선용의 기회를 제공하고 국가 경제에 기여하는 중요한 산업으로 정책당국에 의해 재인식되면서 이루어졌다.

(4) 관광권

① 일정 지역을 단위로 하면서 그 단위지역의 고유한 관광자원을 배경으로 관광자원의 보전·보호 및 다양화를 도모하여 관광객 유치에 큰 도움을 주는 것을 말한다.

② 관광권은 국토 공간의 합리적 이용과 생활 공간의 청결을 유지하며, 국민들의 정서 순화와 교화적 기능에 기여한다.

③ 설정의 전제조건은 목적의 명확화, 규모의 적정화, 시한성과 변천성 등이 포함된다.

(5) 생태 · 경관보전지역

① 자연상태가 원시성을 유지하고 있거나 생물다양성이 풍부하여 보전 및 학술적 연구가치가 큰 지역
② 지형 또는 지질이 특이하여 학술적 연구 또는 자연경관의 유지를 위하여 보전이 필요한 지역
③ 다양한 생태계를 대표할 수 있는 지역 또는 생태계의 표본 지역
④ 그 밖에 하천 · 산간계곡 등 자연경관이 수려하여 특별히 보전할 필요가 있는 지역으로서 대통령령이 정하는 지역

[창녕 우포늪]

더 알아보기 관광특구 지정현황 24 기출

시 · 도	특구명
서 울	명동 · 남대문 · 북창동 · 다동 · 무교동, 이태원, 동대문 패션타운, 종로 · 청계, 잠실, 강남마이스, 홍대 문화예술
부 산	해운대, 용두산 · 자갈치
대 구	동성로
인 천	월 미
대 전	유 성
강 원	설악, 대관령
경 기	동두천, 평택시 송탄, 고양, 수원화성, 통일동산
충 북	수안보온천, 속리산, 단양
충 남	아산시온천, 보령해수욕장
전 북	무주 구천동, 정읍 내장산
전 남	구례, 목포
경 북	경주시, 백암온천, 문경, 포항 영일만
경 남	부곡온천, 미륵도
제 주	제주도

※ 출처 : 문화체육관광부, 2024년 7월 22일 기준

01 | 핵심 실전 문제

01 관광의 개념적 구성요소와 거리가 먼 것은?

① 영리성　　　　② 회귀성
③ 탈일상성　　　④ 이동성

02 다음 중 관광의 개념과 가장 관계가 먼 것은?

① 관광에는 레저나 레크리에이션의 개념도 포함한다.
② 인간 본연의 욕구로서 즐거움을 목적으로 하는 여행이라고 할 수 있다.
③ 일상적인 용어로 요양, 유람 등의 위락적 목적을 가지고 여행 하는 것을 뜻한다.
④ 일상생활을 떠나 다시 돌아올 것을 전제로 한다.

03 다음 중 관광의 발전 단계를 올바르게 나타낸 것은?

① Tour → Tourism → Mass Tourism → New Tourism
② Mass Tourism → Tour → New Tourism → Tourism
③ Mass Tourism → Tourism → Tour → New Tourism
④ Tour → New Tourism → Tourism → Mass Tourism

04 다음 중 관광의 구조에 관한 내용으로 관계없는 것은?

① 관광욕구　　　② 관광대상
③ 관광시설　　　④ 관광목표

Grand Tour는 17세기 중반부터 19세기 초반까지 유럽 상류층 자제들 사이에서 유행한 여행으로, 주로 고대 그리스, 로마의 유적지와 이탈리아, 파리를 필수 코스로 밟았다.

매슬로는 '생리적 욕구 → 안전의 욕구 → 소속과 애정의 욕구 → 존경의 욕구 → 자아실현의 욕구' 순으로 인간의 욕구가 충족되어야 한다고 주장했다. 관광욕구는 이 가운데 자아실현의 욕구에 속한다.

교통기관은 관광매체 중 공간적 매체에 속한다.

관광욕구를 일으키는 관광동기의 유형
· 교육 · 문화적 동기
· 휴양 · 오락동기
· 망향적(심리적) 동기
· 기타 동기(기후적 동기, 건강유지적 동기, 스포츠적 동기, 경제적 동기, 모험적 동기, 종교적 동기, 심신단련적 동기, 역사적 동기, 사회적 동기)

05 'Grand Tour'란 무엇을 말하는가?

① 15~16세기의 미국 · 유럽인들의 여행
② 17~18세기 미국인들의 여행
③ 17세기 중반부터의 유럽인들의 여행
④ 19세기 이후의 인도인들의 여행

06 매슬로(Maslow)의 욕구 구조 중 관광객의 관광동기와 밀접한 연관성을 갖는 것은?

① 생리적 욕구
② 사회적 욕구
③ 자아실현욕구
④ 안전욕구

07 관광의 구성요소로서 그 관계가 옳지 못한 것은?

① 관광매체 − 여행알선
② 관광객체 − 관광자원과 관광시설
③ 관광대상 − 교통기관
④ 관광주체 − 관광객

08 관광의 결정 요인으로 관광욕구를 일으키는 동기와 가장 거리가 먼 것은?

① 교육적 동기
② 경제적 동기
③ 정치적 동기
④ 망향적 동기

정답 05 ③ 06 ③ 07 ③ 08 ③

09 관광발전의 요인과 가장 관계가 먼 사항은?

① 문화의 발달
② 여가의 증대
③ 국민소득의 증대
④ 교통기관의 발달

해설
관광발전의 요인
• 여가 증대
• 소득 증가
• 교통기관의 발달
• 교육 수준의 향상

10 관광산업이 경제에 미치는 효과 중 국민경제효과에 해당하는 사항은?

① 조세효과
② 고용효과
③ 외화 획득
④ 소득효과

해설
관광의 경제효과
• 국민경제효과 : 외화 획득 → 국제수지 개선
• 지역경제효과 : 고용효과, 소득효과, 조세효과, 관련사업효과, 산업기반시설 정비효과

11 다음 중 세계관광기구의 기준으로 관광객에 해당하는 것은?

① 외교관
② 군 인
③ 선박승객
④ 유목민

해설
세계관광기구(UNWTO)의 비관광객
국경통근자, 유목민, 군인, 외교관, 일시적·영구적 이주자 등

12 관광매체에 관한 설명으로 옳지 않은 것은?

① 관광객과 관광대상을 연결해 준다.
② 관광매체는 관광자원과 관광시설을 포함한다.
③ 관광매체는 공간·시간·기능매체로 나눌 수 있다.
④ 공간매체에는 교통기관, 도로, 운송시설 등이 있다.

해설
관광자원과 관광시설을 포함하는 것은 관광대상(관광객체)이다.

정답 09 ① 10 ③ 11 ③ 12 ②

해설

산업혁명에 따른 교통수단의 발달, 경제활동의 활성화에 따른 소득 및 인적 교류의 증대 그리고 이에 따른 숙박시설의 정비는 사람들의 경제적 동기에 따른 여행, 즉 상용여행을 급증시켰다.

13 관광산업이 획기적인 전환기를 맞게 해 준 시대상황은?

① 실크로드
② 산업혁명
③ 제1차 세계대전
④ 십자군 원정

해설

해외여행은 산업혁명으로 인한 소득 증대, 상업적 목적과 과학의 발달에 따라 중공업이 발달하면서 늘어난 여가 등의 요인으로 증가하였다.

14 일반관광객의 해외여행이 급격히 증가한 요인과 거리가 먼 것은?

① 소득의 증대
② 경공업의 발달
③ 여가의 증대
④ 여행의 자유화

해설

Grand Tour(교양관광 시대)
17세기 중반~19세기. 유럽의 귀족, 시인, 문장가들이 지식과 견문을 넓히기 위하여 유럽의 여러 나라를 여행하는 것이 크게 유행했던 시기를 일컫는다.

15 교양관광 시대를 나타내는 말로 가장 적당한 것은?

① Mass Tourism
② Social Tourism
③ Noble Tour
④ Grand Tour

해설

여행알선업은 1841년 영국의 토마스 쿡 (Thomas Cook)이 광고를 내어 여행단을 모집하고 단체 전세열차의 운행을 시도하여 성공을 거둔 데서 비롯되었다.

16 최초로 여행알선업을 시도했던 사람은?

① 스타틀러(E. M. Statler)
② 쿡(Thomas Cook)
③ 힐튼(Conrad N. Hilton)
④ 리츠(Cesar Ritz)

정답 13 ② 14 ② 15 ④ 16 ②

17 19세기에 대두된 관광 관련 현상이 아닌 것은?

① 호화호텔(Grand)의 등장
② 여행업의 등장
③ 여객기의 등장
④ 여행자 수표의 등장

해설
최초의 여객기는 1930년대 등장하였으며, 본격적인 여행 수단으로 이용된 것은 1950년대부터이다.

18 관광사업의 기본적 성격 중 변동성은 여러 요인으로 나눌 수 있다. 다음 중 사회적 요인이 아닌 것은?

① 국제정세의 긴박한 상황
② 폭 동
③ 질병의 발생
④ 운임의 변동

해설
변동성
• 사회적 요인 : 사회정세의 변화, 국제정세의 긴박한 상황, 정치적 불안, 폭동, 질병의 발생 등
• 경제적 요인 : 경제 불황, 소득 상황, 환율 시세의 상승, 운임의 변동 등
• 자연적 요인 : 기후, 지진, 태풍 등

19 관광사업의 특성 중 지역주민과 국민의 친절 등의 제공이 필요한 것을 무엇이라 하는가?

① 관광사업의 사회성
② 관광사업의 공공성
③ 관광사업의 국제성
④ 관광사업의 서비스성

해설
관광사업은 관광객에 대하여 친절과 서비스를 제공하는 영업을 중심으로 구성되어 있기 때문에 무형의 서비스가 가장 중요한 요소이다.

20 다음 중 우리나라 호텔의 설립 순서가 바르게 나열된 것은?

① 반도호텔 → 금강산호텔 → 조선호텔 → 신의주 철도호텔
② 손탁호텔 → 대불호텔 → 부산 철도호텔 → 반도호텔
③ 부산 철도호텔 → 하남호텔 → 반도호텔 → 장안사호텔
④ 대불호텔 → 손탁호텔 → 신의주 철도호텔 → 조선호텔

해설
• 대불호텔(1888) → 손탁호텔(1902) → 신의주 철도호텔(1912) → 조선호텔(1914)
• 하남호텔(1909), 부산 철도호텔(1912), 장안사호텔(1918), 반도호텔(1936), 금강산호텔(1988)

정답 17 ③ 18 ④ 19 ④ 20 ④

21 다음 중 관광사업의 주체적 구성요소가 아닌 사항은?

① 관광산업
② 관광기관
③ 관광대상
④ 행정기관

22 다음 관광사업의 특성 중 산업적·경영적 성격에 크게 영향을 받는 것은?

① 복합성
② 변동성
③ 공익성
④ 입지의존성

23 다음 설명에서 제시된 관광객 행동에 영향을 미치는 요인은 무엇인가?

> 어떤 개인의 행동, 구매행동 그리고 목표설정 시 그에게 개인적 가치의 표준이나 규범을 제공하는 요소이다. 즉, 학교나 직장 동료, 스포츠 동호회원 등을 말한다.

① 사회계층
② 준거집단
③ 오피니언리더
④ 촉매자

정답 21 ③ 22 ④ 23 ②

24 다음 중 관광사업의 공익적 특성 중 경제적인 측면에서의 효과가 아닌 것은?

① 기술 협력과 국제무역 증진
② 주민 후생 복지의 증진
③ 생활환경의 개선
④ 근로의욕의 증진

해설

관광사업의 공익성
• 사회 · 문화적 측면 : 국위 선양, 상호 이해를 통한 국제친선의 증진, 국제문화의 교류, 국민 보건의 향상, 근로의욕의 증진
• 경제적 측면 : 외화 획득과 경제 발전, 기술 협력과 국제무역의 증진효과, 소득효과, 고용효과, 주민 후생 복지의 증진, 생활환경 개선과 지역개발의 효과

25 다음에서 제시한 관광자원 중 유사한 유형으로 연결한 것이 아닌 것은?

ㄱ. 설악산	ㄴ. 경복궁
ㄷ. 자동차공장	ㄹ. 백화점
ㅁ. 캠프장	ㅂ. 해운대
ㅅ. 놀이공원	ㅇ. 식물원

① ㄱ, ㅂ
② ㄴ, ㅇ
③ ㄷ, ㄹ
④ ㅁ, ㅅ

해설

① 자연적 관광자원
③ 산업적 관광자원
④ 관광 · 레크레이션 관광자원

26 관광사업의 특성으로 볼 수 없는 것은?

① 관광상품의 무형성
② 서비스의 다양성
③ 저장성
④ 모방의 용이성

해설

관광상품은 생산과 소비과정이 동시에 발생하는 비저장성의 특징을 가진다.

정답 24 ④ 25 ② 26 ③

27 관광사업을 관광객 중심으로 분류할 때 1차 관광사업에 속하지 않는 것은?

① 호 텔
② 여행사
③ 소매상
④ 여행도매업자

28 다음 중 Social Tourism에 대한 설명 중 거리가 먼 것은?

① 관광이 가져올 국민 보건의 향상과 지역개발의 촉진현상에 착안한 것이다.
② 구석기 시대 이래 자연 발생적으로 형성된 대중의 대량 관광현상을 말한다.
③ 구체적으로 철도나 항공기 등의 운임할인제도, 유스호스텔이나 국민 휴가촌의 건설 등을 그 예로 들 수 있다.
④ 재정적으로 빈약한 계층을 위하여 대부분의 경우 특별한 사회적인 조직에 의해서 추진되는 관광현상이다.

29 「관광진흥법」상 관광사업의 종류에 속하지 않는 것은?

① 여행업
② 관광숙박업
③ 관광객이용시설업
④ 관광지원시설업

30 한국 최초의 호텔은?

① 손탁호텔
② 대불호텔
③ 신의주 철도호텔
④ 조선호텔

정답 27 ④ 28 ② 29 ④ 30 ②

31 주체별 관광사업 분류에 대한 설명이 아닌 것은?

① 관광기업은 1차 관광사업이 포함되는 개념이다.
② 관광관련기업은 공적 관광사업을 영위한다.
③ 관광행정기관은 공적 관광사업으로 관광정책·관광행정기구를 뜻한다.
④ 관광공익단체에는 관광공사나 관광협회 등이 있다.

해설
사적 관광사업은 관광기업과 관광관련기업으로 분류할 수 있다.

32 관광구조의 구성요소가 가장 복합적으로 형성되어 있는 경우는?

① 도심지 상용호텔
② 자동차여행
③ 크루즈여행
④ 놀이공원

해설
크루즈여행은 운송뿐만 아니라 식사, 숙박, 오락시설, 편의시설 등을 갖추고 서비스를 제공하기 때문에 가장 복합적이다.

33 다음 용어 중 세계관광기구의 약자는?

① UNWTO
② PATA
③ ASTA
④ WATA

해설
① UNWTO(United Nations World Tourism Organization, 세계관광기구)
② PATA(Pacific Asia Travel Association, 아시아태평양관광협회)
③ ASTA[American Society of Travel Agents(Advisors), 미국여행업협회]
④ WATA(World Association of Travel Agencies, 세계여행업자협회)

34 관광의 구성요소 중 관광객체로 옳은 것은?

① 관광자원
② 여행사
③ 관광자
④ 관광정보

해설
관광의 구성요소
• 관광주체 – 관광객(관광자)
• 관광객체 – 관광자원, 관광시설
• 관광매체 – 관광사업, 관광정보, 이동수단

정답 31 ② 32 ③ 33 ① 34 ①

35 관광의 사회 · 문화적 영향으로 옳지 않은 것은?

① 여성의 지위향상

② 지역문화 및 교육시설의 개선

③ 교통체증, 혼잡 및 소음

④ 지역의 전통적 관습, 가치관의 변화

36 관광상품의 특성과 관계가 먼 것은?

① 무형성

② 분리성

③ 소멸성

④ 비저장성

37 국제관광이 활발해지게 된 사회변화의 특성으로 옳지 않은 내용은?

① 인구의 고령화

② 유급휴가의 증가

③ 근로시간의 연장

④ 출입국 절차의 간소화

38 우리나라 제4차 관광개발기본계획의 추진전략으로 옳지 않은 것은?

① 매력적 관광자원 발굴

② 입체적 관광연계 협력 강화

③ 지속가능 관광개발 가치 구현

④ 글로벌 경쟁력을 갖춘 자연유산관광 및 MICE 산업의 중심

정답 35 ③ 36 ② 37 ③ 38 ④

39 관광자 행동에 영향을 미치는 사회 · 문화적 요인으로 옳지 않은 것은?

① 준거집단
② 성 격
③ 사회계층
④ 하위문화

PART 1

해설
관광자(관광객) 행동에 영향을 미치는
사회 · 문화적 요인
가족 등의 준거집단, 하위문화, 사회계층

40 다음 중 관광자원의 특성이 아닌 것은?

① 매력성
② 개발성
③ 고정성
④ 다양성

해설
관광자원의 특성
매력성, 유인성, 개발성, 보호 · 보존요구성,
가치의 변화성, 범위의 다양성, 자연과 인공
의 상호작용 등

41 관광자원의 개념으로 적절하지 못한 사항은?

① 관광동기를 일으킨다.
② 관광의욕을 충족시켜 준다.
③ 경제적 가치에 절대적 개념을 둔다.
④ 위락적 · 문화적 가치를 제공한다.

해설
관광자원의 개념
관광객의 관광동기와 관광행위를 유발하도록
매력과 유인성을 지닌 것으로 자연관광자원
과 인문관광자원으로 대별되며, 대개의 경우
보호 · 보전이 필요하고 관광객이 이용하더라
도 소모되지 않고 비이동성을 지닌 것이다.

42 다음 중 괄호 안에 들어갈 알맞은 말은?

> 관광자원은 관광객체로서 존재하는 것이므로 관광자원의 가치와 매
> 력 여부는 (   )에 의해 좌우된다.

① 관광수요
② 관광개발
③ 관광효과
④ 관광편의

해설
관광자원은 관광객체로서 존재하는 것이므로
관광자원의 가치와 매력 여부는 관광수요에
의해 좌우된다.

정답 39 ② 40 ③ 41 ③ 42 ①

43 다음 중 괄호 안에 들어갈 말로 알맞은 것은?

> 관광자원이란 관광의욕의 대상이 되며, (　　)의 목표가 되는 유·무형의 일체이다.

① 관광동기
② 관광현상
③ 관광사업
④ 관광행동

44 관광자원의 분류 중 자연관광자원이 아닌 것은?

① 국가유산
② 산 악
③ 동 굴
④ 온 천

45 의료관광의 성장요인으로 볼 수 없는 것은?

① 건강에 대한 관심의 증가
② 의료서비스 제도의 발전
③ 고령인구의 감소
④ 의료기술의 진보

46 관광사업의 특성에 해당하지 않는 것은?

① 복합성
② 서비스 의존성
③ 입지의존성
④ 장기성

47 고대 그리스 시대의 주요 관광동기로 옳지 않은 것은?

① 식도락   ② 종 교
③ 체 육   ④ 요 양

해설
관광동기에 식도락이 포함되기 시작한 것은 로마 시대에 해당한다.

48 우리나라 국민의 국외여행 전면 자유화 및 연령 제한이 폐지된 해는?

① 1986년
② 1987년
③ 1988년
④ 1989년

해설
1980년대 후반에 들어서 우리나라의 경제규모가 확장되고 생활수준이 향상되어, 1989년 해외여행의 전면 자유화가 시작되었다.

49 한국과 중국 간의 관광교류 현황 중 사실과 맞지 않는 것은?

① 1994년 한국 – 중국여행자유화
② 1996년 중국 단체 관광객의 제주도 무사증 입국 허용
③ 2006년 한국 – 중국 항공운항 자유화
④ 2004년 Korean Wave 개최(베이징)

해설
중국 단체 관광객의 제주도 무사증 입국이 허용된 것은 1998년이다(이후 2006년 중국인 개별 관광객의 제주도 무사증 입국 허용).

50 우리나라 관광정책에 관한 설명으로 옳은 것은?

① 1970년대 관광산업이 국가전략산업으로 지정되고, 관광기본법이 제정되면서 정부가 국민관광의 육성발전에 적극 대처하게 되었다.
② 1980년대 외국인 관광객을 유치하기 위한 외국인 전용 관광시설지구를 조성하기 위하여 대규모 국제관광단지의 개발방식을 채택하였다.
③ 1990년대 금강산 육로관광이 실시되면서 남북한 간의 관광교류가 시작되었다.
④ 2000년대 내국인이 카지노에 입장할 수 있는 법적 근거가 마련되었으며, 강원랜드를 설립하여 내국인도 카지노를 이용할 수 있게 되었다.

해설
1970년대는 우리나라의 관광산업이 국가전략산업으로 지정되며 관광정책이 획기적으로 발전한 시기이다. 관광진흥개발기금설립과 함께 국가적 차원의 관광개발계획이 수립되었다.
1970년대 주요관광정책
• 1970년 경부고속도로 개통 – 관광지 개발 촉진
• 1972년 「관광진흥개발기금법」 제정·공포 – 국가차원의 관광개발 계획수립 및 연계
• 1975년 「관광기본법」 및 「관광사업법」 제정·공포 – 국민관광 발전도모
• 1978년 외래관광객 유치 100만 명 돌파 등

정답 47 ①   48 ④   49 ②   50 ①

51 다음 중 우리나라 최초의 국립공원과 마지막으로 지정된 국립공원의 연결이 옳은 것은?

① 지리산 – 북한산

② 설악산 – 월악산

③ 지리산 – 팔공산

④ 설악산 – 주왕산

52 Popular Tourism과 거리가 먼 것은?

① 사람들에게 폭넓은 만족감을 줄 수 있는 관광활동

② 각자의 취향과 기호를 살리거나 저렴한 가격으로 이용할 수 있음

③ Mass Tourism과 달리 관광의 질적인 측면을 강조

④ Social Tourism과는 반대되는 개념

53 Social Tourism의 주요 대상자는?

① 부유층

② 사회지도층

③ 일반대중 및 소외계층

④ 청소년

54 Social Tourism의 추구이념과 가장 관계가 깊은 것은?

① 능률성

② 효과성

③ 생산성

④ 형평성

정답 51 ③ 52 ④ 53 ③ 54 ④

PART 2
관광여행업

CHAPTER 01 여행업의 개념

CHAPTER 02 여행의 종류 및 형태

CHAPTER 03 여행업의 마케팅

CHAPTER 04 여행실무

핵심 실전 문제

관광여행업 중요도 ★★★

관광통역안내사 관광학개론 기출 빈도표

출제 영역	2024년	2023년	2022년	2021년	2020년
관광의 기초	6	9	10	8	7
관광여행업	1	1	1	1	2
관광숙박업	5	2	2	2	3
관광교통업	–	5	3	1	4
관광객이용시설업	2	2	2	2	1
국제회의업	2	1	1	3	1
관광마케팅	1	1	–	1	1
국제관광 및 관광정책	8	2	6	6	4
관광과 환경	–	–	–	1	2
현황 문제	–	2	–	–	–
합 계	25	25	25	25	25

관광여행업에서는 여행업의 개념을 알아보고, 여행의 종류 및 형태, 여행 실무 등을 학습합니다. 출제비중은 1~2문항으로 적지만 여행업의 성격과 기능, 여행의 종류에 대한 출제빈도가 높은 편이므로 해당 부분을 숙지하도록 합니다.

02 | 관광여행업

01 여행업의 개념

1 여행업의 정의 및 업무내용

(1) 정 의

① **법률적 정의** : 여행자 또는 운송시설 · 숙박시설 · 그 밖에 여행에 딸리는 시설의 경영자 등을 위하여 그 시설 이용의 알선이나 계약 체결의 대리, 여행에 관한 안내, 그 밖의 여행의 편의를 제공하는 업을 말한다(「관광진흥법」 제3조 제1항).

② **현상적 정의** : 여행현상에 중점을 둔 여행업은 여러 학자들의 정의로 고찰할 수 있다.

학 자	여행업의 정의
오카니아 (1972)	여행준비와 여행실시상의 업무를 통해 수수료를 받아 경영되는 사업
이선희 · 박영호 (1979)	여행자와 여행시설업자 사이에서 거래상의 불편을 덜어주고 중개해줌으로써 그 대가를 받는 기업
와타나베 (1981)	여행자와 운수기관 · 숙박시설 사이에서 여행자에 대해 예약 · 수배 · 알선 등의 서비스를 제공하고 그 보수를 얻는 사업자
이나가키 (1981)	여행자와 교통 · 숙박업 등의 중간에서 각종 서비스를 대리 · 매개 · 알선하거나 혹은 여행자에 대해 도항 수속의 대행 · 상담 · 안내를 하는 업종
리코티시 (1985)	여행자들의 여행상담 및 교통기관이나 숙박기관을 예약하고 여행을 생산 · 창조하는 사업자
김진섭 (1986)	여행자와 교통기관 · 숙박시설 등 여행과 관계를 맺고 있는 사업의 중간에서 여행자에 대하여 예약 · 수배 · 알선 등 여행서비스를 제공하고 일정한 대가를 받아 영업하는 사업자
ASTA (1989)	여행관련업자를 대신하여 제3자와의 계약을 체결하고 이것을 취소 내지 변경할 수 있는 권한이 부여된 자
메델카 (1990)	개인 · 단체 · 회사에 여행상품을 판매하고 교통 · 숙박 · 음식 · 관광 등에 대한 서비스를 제공하는 기업
매킨토시 (1990)	여행자를 위해 여행에 필요한 제반요소를 알선하고 정보를 제공함으로써 관련 기관으로부터 수수료를 받는 중개업

(2) 업무내용

① **판매업무** : 항공권 · 승차권 등 교통시설의 표 판매, 쿠폰권류의 판매, 세트 · 여행상품의 판매, 여행자 수표의 발행

② **대행업무** : 해외여행에 대한 여권 · 사증 등 수속절차의 대행

③ **중개업무** : 여행상해보험의 취급, 환전(Exchanging Money)

④ **인수업무** : 청부여행의 인수

⑤ **안내업무** : 국외여행 및 통역 안내, 여행에 관한 정보 제공 및 문의 응답(여행 상담과 여행계획의 작성), 설명서와 안내서의 교부, 각종 여행 도서의 출판

⑥ **상담업무** : 전화상담, 카운터상담, 방문상담 등의 여행상담업무

⑦ **인솔업무** : 출국에서부터 입국할 때까지의 모든 일정을 관장하는 업무

2 여행업의 성격 및 기능

(1) 성 격

① 여행 자체가 요일이나 계절에 좌우되는 요소가 많기 때문에 이용자의 요일과 계절적 변화의 영향이 크다. 즉, 수요의 탄력성이 커서 여행업자의 수급조정이 곤란하다. 14 기출

② 생산과 소비가 동시에 이루어지기 때문에 저장이 불가능하다(모든 서비스업의 공통적 특징).

③ 교통수단과 숙박시설은 유형의 것이지만 관광 전체는 무형의 것이므로, 관광의 평가는 최종적으로 개인의 만족도라는 심리적 측면의 결정에 따르게 된다.

④ 여행상품권을 구성하고 있는 교통기관이나 숙박 등의 소재는 각각 단일 품목으로도 판매되기 때문에 교통과 숙박을 묶어서 여행상품을 만들어도 부가가치를 높이기 어려울 뿐만 아니라 독자적인 상품 조성도 힘들다.

⑤ 경영의 효율성이라는 문제가 대두되자 여행상담, 저렴한 숙박시설의 수배 등 수익성이 낮은 여행업자의 업무들은 점점 공공부분으로 넘어가고 있다.

> **더 알아보기**　**여행업자 이용 시 이점**
>
> • 신용 : 여행자의 심리적 안정감 유도
> • 정보 · 판단력 : 여러 매체를 통해 자신에게 알맞은 상품 판단
> • 시간 절약 : 계약 등의 대리업무로 시간 절약
> • 염가 : 패키지 여행 등으로 저렴한 여행 가능

(2) 기 능 17 20 24 기출

① **상담기능** : 각종 정보제공, 여행상담, 여행코스설정, 요금견적 등 여행자에게 필요한 각종 서비스를 제공하는 기능

② **예약 · 수배기능** : 여행에 필요한 예약, 변경, 취소 등을 행하는 기능

③ **판매기능** : 여행상품을 여행객에게 효과적으로 판매하는 기능으로 내부판매와 외부판매로 구분

④ 발권기능 : 여행관련시설업으로부터 판매위탁을 받아 항공권을 비롯하여 숙박권, 승차권 등의 각종 쿠폰류를 발행·제공하는 기능

⑤ 정산기능 : 여행비용의 청구, 지불, 견적에 필요한 기능

⑥ 수속대행기능 : 여권, 비자 등 여러 가지 수속에 필요한 일을 대행하는 기능

⑦ 여정관리기능 : 여행일정을 무리 없이 진행하는 기능

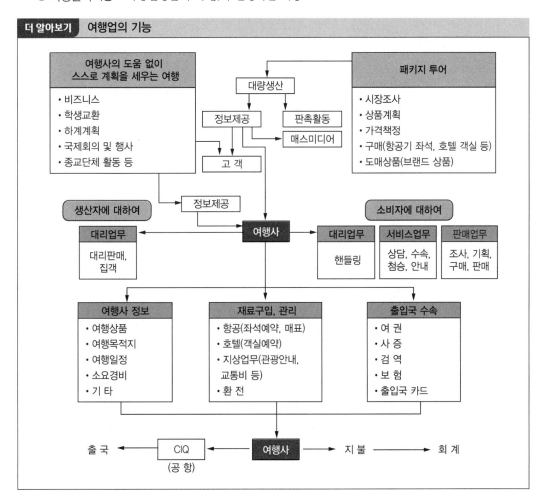

더 알아보기 여행업의 기능

3 여행업의 발전 및 현황

(1) 여행업의 발전

① 여행업의 출현 : 1841년 영국인 토마스 쿡(Thomas Cook, 1808~1892)에서 비롯되었다. 쿡은 1841년 금주대회 참석자들을 위해 러프버러(Lough-borough)역과 레스터(Leicester)역 사이의 철도여행을 기획·실시하였다. 1855년 영국에서 프랑스 파리의 산업박람회로의 국제여행을 최초로 기획하였고, 1856년에는 교양관광(Grand Tour)을 운영하였다. 또한 1872년 기선을 이용한 세계일주여행을 성공적으로 실시하였다.

- 관광여행은 가격에 대한 수요의 탄력성이 높기 때문에 요금을 내리면 수요는 증대한다.
- 교통기관과 숙박시설은 고정비의 비율이 높으므로 이용자를 늘리면 1인당 가격이 내려가더라도 수입은 올라간다.
- 단체할인요금제를 채택하면 이용자·교통업자·숙박업자 모두 만족할 만한 결실을 얻을 수 있다.

② 세계 각국의 여행업

회사명	연 도	내 용
토마스 쿡 여행사 (Thomas Cook & Son Ltd.)	1845	• 정식 여행사 운영, 각종 단체여행, 기획여행 실시 • 여행안내원(T/C ; Tour Conductor)의 배치, 팸플릿 작성, 수속절차 대행 • 영국의 관광회사
아메리칸 익스프레스 (American Express Co.)	1850	미국의 여행사
	1891	여행자 수표(Traveller's Cheque) 발행
	1958	신용카드(Credit Card) 실시, 신용판매 또는 크레디트 투어제도 실시
팬 아메리칸 항공 (PAN – American)	1954	운임후불제(Fly Now Pay Later System) 실시
독일 여행사 (Deutsche Reiseburo)	1918	세계적으로 유명한 독일의 여행사
이탈리아 여행사 (Compagnia Italiana Turismo)	1927	세계적으로 유명한 이탈리아의 여행사(CIT)
인투어리스트 (Intourist)	1927	러시아의 국영 여행사
일본교통공사 (Japan Travel Bureau)	1912	일본의 최대 여행사(JTB)

③ 우리나라의 여행업 22 기출

연 도	내 용
1912	일본여행협회(JATA) 조선 지사가 시초(일제 강점기)
1945	10월 1일 '조선여행사'로 개칭(해방 후)
1949	재단법인 '대한여행사'로 개편
1950	2월 서울교통공사 → 국내 여행알선업의 효시
1960	주식회사 세방여행사 설립
1961	「관광사업진흥법」 제정, 여행사 등록(등록제)
1962	통역안내원 자격시험 실시
1963	관광공사에 흡수
1971	허가제로 개정
1973	대한여행사 민영화(KTB : 한국여행사의 효시)

1982	등록제로 다시 개정
1983	만 50세 이상 관광 목적의 해외여행 자유화
1987	「관광진흥법」으로 개칭되면서 여행업을 일반 · 국외 · 국내여행업으로 분리(2021년 법령 개정으로 종합 · 국내외 · 국내여행업으로 변경)
1989	해외여행 완전 자유화
1990	대학생들의 해외배낭여행, 중 · 장년층의 해외여행 각광
2000	인터넷을 통해 쉽게 접할 수 있는 여행정보, 개별여행객의 증가, 여행구매 연령층의 확대, 생활수준 향상에 따른 여가문화 정착 등으로 여행시장 계속 확대
2005 ~2007	대형 패키지 여행사들의 조직 및 시스템 개편, 상장 등 선진형 여행업체로의 변신 시도 물결

더 알아보기 여행업의 발전요인

- 교통기관의 발달
  - 초기의 해외여행은 해상교통 중심
  - 제2차 세계대전 후 항공기의 대형화 · 고속화로 시간 절약, 요금의 저렴화가 이루어짐
- 생활수준 향상
- 여가시간의 증대 : 산업 발달로 근로시간 단축
- 관광여행 계층의 확대
  - 노년층 관광 증가
  - 청소년의 견문 욕구 증가
- 세계 교역 증가

---

(2) 여행업의 현황

① 영 국

　㉠ 패키지 투어를 만드는 여행도매업자(Tour Operator)와 여행소매업자(Retailer)로 명확히 구분되어 있으며, 여행 형태에 따라 비즈니스 전문여행사와 인센티브 전문여행사 등으로 전문화되고 있다.

　㉡ 영국의 토마스 쿡 여행사를 세계 최초의 근대적인 여행사로 보고 있다.

② 프랑스 : 여행업자의 형태는 여행도매업자, 소매업자, 외래여행업으로 구분되지만 법률로 업무내용을 규정하고 있지 않아 명확하게 구분되어 있지 않은 것이 특징이다.

③ 독일 : 영국과 마찬가지로 도 · 소매상의 구분이 명확하다.

④ 미 국

　㉠ 대형여행사는 상용고객 유치에 치중하는 반면, 소규모여행사는 개별 관광객을 취급하거나 여행도매업자와 거래하는 경우가 많다.

　㉡ 대형여행사에 대비하여 중 · 소여행사들은 연합 또는 프랜차이즈를 도모하고 있으며 ASTA 회원의 59%가 여행소매업단체에 가입하고 있다(1994년).

CHAPTER 01 여행업의 개념 **63**

더 알아보기	아메리칸 익스프레스사(American Express)

- 우편 업무만을 취급하였으나 금융업과 여행업으로 사업을 확장
- 아메리칸 익스프레스 여행자 수표를 도입(1891)
- 월부 여행
- 뉴욕에 별도 여행 부문 설립(1915)

⑤ 일 본

　㉠ 여행업 형태는 일반여행업, 여행대리점업 및 국내여행업으로 구성되어 있다.

　㉡ 1종 여행업은 해외영업 및 국내여행상품의 기획 · 판매, 2종 여행업은 해외여행상품의 판매와 국내여행상품의 기획 · 판매, 3종 여행업은 해외 및 국내여행의 판매를 전담하고 있다.

⑥ 우리나라

　㉠ 1971년 허가제이던 여행업이 1982년 법개정으로 등록제로 바뀌었고, 1987년에 일반여행업, 국외여행업, 국내여행업으로 구분되었다(2023년 현재 종합여행업, 국내외여행업, 국내여행업으로 구분).

　㉡ 2024년 6월 통계 기준 여행업 등록건수는 21,672건으로 집계되고 있다(한국관광협회중앙회 자료 참고).

　㉢ 대형여행사로는 하나투어, 모두투어, 롯데관광, 한진관광, 노랑풍선, 참좋은여행 등이 있다.

4 우리나라 여행업의 법률상 규정

(1) 여행업의 종류(「관광진흥법 시행령」 제2조 제1항 제1호) 23 기출

① 종합여행업 : 국내외를 여행하는 내국인 및 외국인을 대상으로 하는 여행업(사증을 받는 절차를 대행하는 행위 포함)

② 국내외여행업 : 국내외를 여행하는 내국인을 대상으로 하는 여행업(사증을 받는 절차를 대행하는 행위 포함)

③ 국내여행업 : 국내를 여행하는 내국인을 대상으로 하는 여행업

(2) 관광사업의 등록기준(「관광진흥법 시행령」 별표 1) 16 22 기출

① 종합여행업

　㉠ 자본금(개인의 경우에는 자산평가액) : 5천만 원 이상일 것

　㉡ 사무실 : 소유권이나 사용권이 있을 것

② 국내외여행업

　㉠ 자본금(개인의 경우에는 자산평가액) : 3천만 원 이상일 것

　㉡ 사무실 : 소유권이나 사용권이 있을 것

③ 국내여행업

　㉠ 자본금(개인의 경우에는 자산평가액) : 1천500만 원 이상일 것

　㉡ 사무실 : 소유권이나 사용권이 있을 것

(3) 보험가입(「관광진흥법」 제9조) 18 기출

관광사업자는 해당 사업과 관련하여 사고가 발생하거나 관광객에게 손해가 발생하면 피해자에게 보험금을 지급할 것을 내용으로 하는 보험 또는 공제에 가입하거나 영업보증금을 예치하여야 한다.

[보증보험 등 가입금액(영업보증금 예치금액) 기준]

여행업의 종류 (기획여행 포함) / 직전 사업연도 매출액	국내여행업	국내외여행업	종합여행업	국내외 여행업의 기획여행	종합여행업의 기획여행
1억 원 미만	20,000	30,000	50,000	200,000	200,000
1억 원 이상 5억 원 미만	30,000	40,000	65,000		
5억 원 이상 10억 원 미만	45,000	55,000	85,000		
10억 원 이상 50억 원 미만	85,000	100,000	150,000		
50억 원 이상 100억 원 미만	140,000	180,000	250,000	300,000	300,000
100억 원 이상 1,000억 원 미만	450,000	750,000	1,000,000	500,000	500,000
1,000억 원 이상	750,000	1,250,000	1,510,000	700,000	700,000

(단위 : 천원)

(4) 국외여행 인솔자의 자격요건(「관광진흥법 시행규칙」 제22조) 17 기출

① 관광통역안내사 자격을 취득할 것
② 여행업체에서 6개월 이상 근무하고 국외여행 경험이 있는 자로서 문화체육관광부장관이 정하는 소양교육을 이수할 것
③ 문화체육관광부장관이 지정하는 교육기관에서 국외여행 인솔에 필요한 양성교육을 이수할 것

02 여행의 종류 및 형태

1 여행의 종류

(1) 여행 목적에 의한 분류

① 겸목적 여행
  ㉠ 공용여행 : 공무 출장, 시찰, 회의 참석 등
  ㉡ 사용여행 : 경조, 연구, 조사, 방문 등
② 순목적 여행 : 개인의 오락, 레크리에이션, 견학, 보건, 휴양상의 여행

(2) 여행 규모에 의한 분류

① 개인여행 : 9인 이하의 여행을 말한다.
② 단체여행 : 10인 이상의 여행을 말한다.

> **더 알아보기** 개인여행과 단체여행의 특징 비교 🔑

구 분	개인여행	단체여행
여행자	• 개인의 의사에 따른 자유로운 행동이 가능함 • 일정 변경이 쉬움 • 여행 중 많은 시간이 소요됨 • 할인 혜택이 적음 • 값이 비싸짐 • 수배 절차가 복잡함	• 그룹 전체의 의사에 따라 행동함 • 일정 변경이 어려움 • 유효한 시간 사용이 가능함 • 할인 혜택이 많음 • 값이 싸짐 • 수배가 일괄적임
여행사	• 계절 변동이 적음 • 수입원이 안정적임 • 수익률이 낮음 • 업무가 번잡함	• 계절 변동이 심함 • 수입원에 불안정한 요소가 많음 • 수익률이 높음 • 업무가 쉬움

(3) 기획자에 따른 분류

① **주최여행** : 여행사가 여정 · 여행조건 · 여행비용 등을 사전에 기획하여 참가자들을 모집하는 단체여행
② **공최여행** : 여행사가 그룹 혹은 단체의 대표와 일정 · 여행조건 등을 사전 협의 후 결정하여 실시하는 여행
③ **청부여행(도급여행, 주문여행)** : 개인, 단체를 불문하고 특정객이나 단체의 주최자의 희망에 따라 여정을 작성하고, 이 여정에 의거한 여행조건 및 여행비를 산정하여 총비용을 제시하는 형식으로 주문을 맡아 실시하는 여행

(4) 안내 조건에 의한 분류 🗨 15 기출

① IIT(Inclusive Independent Tour) : 안내원이 관광지 안내만 서비스하고 그 외의 부분은 여행자가 단독으로 여행하는 방식으로, Local Guide System이라고도 한다.

② ICT(Inclusive Conducted Tour) : 안내원이 전체 여행기간을 책임지고 안내하는 방법으로 단체여행에 많이 이용된다.

(5) 여행안내원(T/C ; Tour Conductor)의 유무에 따른 분류 🗨 14 기출

① FIT(Foreign Independent Tour) : 여행안내원 없이 외국인이 개인적으로 여행하는 형태로 개인여행에서 많이 볼 수 있다(여행객 단독으로 여행하는 개별자유여행객).

② FCT(Foreign Conducted Tour) : 여행시작부터 완료까지 여행안내원이 동행하는 형태로 단체여행의 경우 대개 FCT 방식을 취하고 있다.

(6) 등급에 의한 분류

호텔 객실뿐만 아니라 식사, 교통기관 등에도 등급이 붙는데, Deluxe, Superior, Standard, Economy의 네 가지로 나뉘어진다.

(7) 판매 형태에 의한 분류

① Ready Made Tour : 여행사의 기획상품

② Order Made Tour : 고객의 주문에 의하여 여행에 관한 서비스를 제공하는 여행

③ Half Made(Easy Made) Tour : Ready Made Tour와 Order Made Tour의 중간 형태로 여행상 최저 한도의 숙박이나 교통편 등을 미리 수배하고 기타의 것은 고객이 취향에 따라 주문하는 여행의 형태

(8) 체재기간에 의한 분류

숙박의 유무에 따라서 당일여행과 숙박여행으로 나뉘고, 숙박여행은 단기숙박여행과 장기숙박여행으로 구분한다.

(9) 이용 교통기관에 의한 분류

교통기관을 이용하지 않는 도보여행과 이용 교통기관에 따라 자전거여행, 자동차여행, 철도여행, 선박여행, 항공기여행 등으로 나눌 수 있다.

(10) 출입국 수속에 의한 분류

① 기항지 상륙 여행(Shore Excursion) : 선박 또는 항공기가 그 항이나 도시에 도착한 후 출발할 때까지의 기간을 이용하여 일시 상륙의 허가를 얻은 고객이 그 부근 도시와 명승지 등을 관광하는 여행으로, 우리나라의 경우 72시간으로 정하고 있다.

② 통과 상륙 여행(Over Land Tour) : 동일 국가 내의 어느 기항지로부터 타 기항지까지 항해할 동안 통과 상륙의 허가를 얻어 행하는 3~7일 정도의 여행을 말하며, 동일 선박에 재승선할 때에 한한다.

③ 일반 관광 여행

(11) 여행 성격에 의한 분류 🗨️ 16 17 18 20 기출

① Package Tour : 주최여행의 전형적인 형태로서 모든 일정이 포괄적으로 실시되는 여행

② Series Tour : 동일한 유형, 목적, 기간, 코스로서 정기적으로 실시되는 여행

③ Cruise Tour : 유람선여행

④ Convention Tour : 국제회의여행

⑤ Charter Tour : 전세여행

⑥ Incentive Tour : 포상여행

⑦ Interline Tour : 항공회사가 가맹 Agent를 초대하는 여행

⑧ Familization Tour : 사전답사여행, Fam Tour라고도 하며, 주로 여행업체가 여행업자나 언론인 등을 초대하여 실시하는 여행

⑨ Dark Tour : 역사적으로 비극적인 사건이 일어났던 곳과 관련 있는 곳들을 여행하며 반성하고 교훈을 얻는 여행

더 알아보기

Educational Tourism 14 기출
관광객의 교양이나 자기개발을 주목적으로 하는 관광으로, 그랜드 투어나 수학여행을 포함하는 관광형태이다.

Ethnic Tourism(민족관광) 14 기출
다문화 관광의 일종으로 소수 민족의 문화 · 역사적 관광지 방문과 문화인과의 접촉을 통해 이민족의 독특한 생활문화를 체험할 수 있다.

---

2 여행의 형태 🗨️

(1) 피스톤형

여행객이 목적지에 가거나 돌아오는 동안 업무 이외에는 아무런 행동 시간을 갖지 않고 동일 코스로 직행하는 것이다.

(2) 스푼형

정주지에서 목적지까지 왕복은 동일 코스로 하고, 목적지에서는 휴식 등 여가시간이 있어 관광 또는 유람을 하는 것이다.

(3) 안전핀형

정주지에서 목적지까지 직행해서 목적지에서는 스푼형과 같이 자유로운 시간을 향유하다가 돌아올 때는 갈 때와는 다른 경로를 거쳐 돌아오는 것이다.

(4) 텀블링형(탬버린형)

정주지에서 하나의 유행·탐행 지역까지 직행하지 않고 회유를 반복하는 형태로, 숙박 및 체류기간이 길고 소비도 많은 것이 특색이다.

03 여행업의 마케팅

1 여행업 마케팅의 개념

관광의 수요·공급이 급증하는 과정에서 여행업자는 다양한 관광 수요의 처리와 내부 관리체제의 확립을 기하기 위해 대량생산·대량소비의 전략으로 여행상품을 발전시켜왔으며, 경영 효율을 더 높이기 위해 기획 여행상품을 고안하게 되었다. 즉, 기획·조성한 상품을 판매하는 등 적극적인 방법으로 전환하여 여행업계의 경영기반이 되게 하는 것을 여행업 마케팅이라 한다.

[계곡으로의 여행]

2 여행상품

(1) 개 념

여행자들이 이용하는 제반 상품으로 여행사 여행상품, 숙박상품 (호텔상품), 식사상품, 교통상품, 쇼핑상품 등이 이에 속한다.

(2) 특 징

① 무형의 상품이다.
② 재고 불가능의 상품이다(공급의 경직성).
③ 수요의 계절과 요일의 파동이 극심하다.
④ 효용의 개인차가 크다.
⑤ 복수의 동시소비가 불가능하다.
⑥ 조성에 소비되는 설비투자가 적게 든다.
⑦ 모방하기 쉽다.
⑧ 배달이 간단하다.
⑨ 상품의 차등화가 곤란하다.

[노보텔 엠베서더 부산]

(3) 종 류

① 기획상품

　　㉠ Package Tour : 여행사가 항공·숙박·음식점 등을 사전에 대량으로 예약하여 여행일정 및 가격을 책정하여 여행객을 모집하는 여행형태 **14** 기출

　　㉡ Ready Made Tour

> **더 알아보기** **기획상품의 이점**
>
> • 스스로 기획·조성한 상품을 판매하는 것은 기업의 체질을 '기다리는 상법'에서 '적극적인 상법'으로 전환시킨다.
> • 기획과 선전 여하에 따라서는 잠재수요, 특히 비수기(Off Season)의 수요를 창출하는 수단으로서 유효하다.
> • 대량 여행객으로 가격 인하가 가능하여 관광여행을 염가로 제공할 수 있다.
> • 숙박시설·교통편 등을 미리 예약해두기 때문에 품질관리가 가능하다.
> • 관광객의 입장에서는 각 회사의 기획상품을 비교·검토할 수 있다.
> • 대량 조성이기 때문에 인건비를 절감할 수 있다.

② 주문상품 : 청부여행, Order Made Tour

③ 국내여행상품

④ 국제(외래)여행상품

⑤ 국외여행상품

(4) 여행상품의 가격결정 요인 **19** 기출

① 관광여행의 기간 : 여행기간이 길면 가격이 높게 책정된다.

② 관광목적지의 거리 : 원거리일수록 고가의 비용이 든다.

③ 계절 : 성수기에는 고가격, 비수기에는 저가격을 설정한다.

④ 상품의 내용

　　㉠ 숙박시설

　　㉡ 이용하는 교통기관

　　㉢ 제공되는 식사의 내용 및 횟수

　　㉣ 방문하는 관광지의 횟수·시간

　　㉤ 단체의 규모

　　㉥ 관광일정

(5) 유통구조

① 생산자가 직접 판매하는 경우

② 중간업자(여행 대리점)를 통하는 경우

③ 상품을 생산하여 이를 소비자에게 직접 판매하지 않고 중간상인 대리점에 판매하는 경우

더 알아보기 여행상품의 유통경로

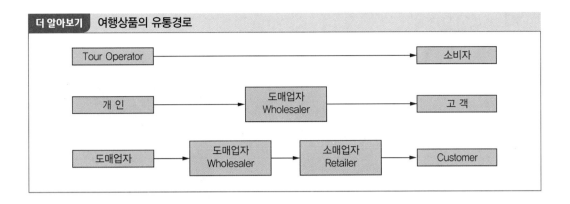

(6) 여행상품의 마케팅

① 점포 판매(카운터 판매)
  ㉠ 고객의 방문을 기다려 점포에서 판매하는 방법으로 중규모 이상의 여행업자가 채택하는 방법이다.
  ㉡ 영업소의 위치가 고객이 쉽게 방문할 수 있는 곳에 있어야 한다.
  ㉢ 고객을 위한 쾌적한 공간이나 여행상담에 편리한 시설을 갖추어야 하므로 자금과 비용이 많이 소요되나 수익률이 높지 못하다.

② 세일즈맨 판매
  ㉠ 세일즈맨에 의한 방문 판매는 영업소의 시설 부담을 줄일 수 있는 장점이 있으나 고객의 흥미를 유발할 수 있는 판매기술이 필요하다.
  ㉡ 단체여행이 주요 대상이 되며 개인여행에 비해 경제적 효과가 높으므로 경쟁이 치열하다.

더 알아보기 여행업의 경영특성 20 기출

- 고정자본투자가 적다.
- 인력의존도가 높다.
- 무형상품을 유형화해야 한다.
- 비수기와 성수기의 수요변화가 심하다.
- 인적 판매 비중이 높다.
- 여행상품에 관한 전문지식이 필수적이다.

1 해외여행 수속업무

(1) 수속절차

① 여권 등 국적증명취득수속
② 방문국의 입국수속허가취득수속
③ 국제예방접종증명서(Yellow Card)취득수속
④ 국제항공권, 승선권, 각종 쿠폰의 예약수속 및 발행수속
⑤ 외환수속

[항공사의 수속업무]

| 더 알아보기 | 항공예약을 위한 PNR의 구성 요소 |

필수 사항	• 여 정 • 승객 이름 • 전화번호	
선택 사항	• 특별서비스 • 기타 승객 정보 • 사전 좌석배정 • 마일리지카드	• 참고사항 • 예약 작성자 및 변경 의뢰자 • 항공권 정보

(2) 여행에 필요한 증명서

① 여권(Passport) : 각국 정부가 외국에 여행하는 사람의 국적이나 신분을 증명하고 상대국에 그 보호를 의뢰하는 공문서로 일반여권, 관용여권, 외교관여권 등으로 구분된다. 여권은 개인별로 발급받는 것이 통례이다.
② 사증(Visa) : 여행하고자 하는 나라로부터의 '입국을 허가한다'는 공문서로 상대국 대사관에서 받는다. 사용 횟수에 따라 단수사증, 복수사증 등으로 구분한다.

| 더 알아보기 | TWOV(Transit Without Visa) 중요 13 기출 |

승객이 일정한 조건을 갖추었다면 정식으로 입국허가(Visa)를 받지 않았더라도 일정 기간을 단기체류할 수 있는 제도로 다음 조건을 갖추어야 한다.
• 제3국으로 계속 여행할 수 있는 예약 확인된 항공권 소지자[일부 국가는 본국으로 돌아가는 항공권(Return Ticket) 소지자도 허용한다]
• 제3국으로 계속 여행할 수 있는 여행서류를 구비한 자
• 일반적으로 외교관계가 수립되어 있는 국가 간에만 허용

③ 국제공인예방접종증명서(Yellow Card or Vaccination Card) : 콜레라, 두창, 황열병 및 간염백신, 장티푸스, 신종인플루엔자 등의 예방 접종 카드를 제출해야 한다.

④ 출입국신고서 : 국제선으로 여행하는 모든 내·외국인은 출입국 관리 규정에 따라 출입국신고서(ED 카드)를 작성하여 신고하여야 한다.

[출입국신고서]

(3) 출입국수속절차

① 출국관리의 순서 : 여권·사증의 취득 → 항공권 구입 → 예방접종 → 탑승수속(카운터에 여권, 예방접종증명, 항공권 출입국 카드를 제시하고 탑승권을 받는다) → 세관수속 → 출국 확인 → 탑승

② 입국관리의 순서(QIC) : 검역(Quarantine) → 입국 확인(Immigration) → 세관(Customs)

2 수배업무

(1) 개 념

수배업무는 개별로 계약을 성사시켜 여행에 필요한 각 요소들을 확보함으로써 하나의 여행상품을 만들어내는 업무이다. 따라서 여행상품이 만들어지는 공정 중 가장 중요한 핵심부분이며, 올바른 수배는 판매촉진의 큰 요인이 된다.

(2) 기본적인 유의사항

① 고객의 희망사항을 정확히 이해 : 고객의 희망을 제대로 이해하고 이에 부응하기 위해 정확하고 풍부한 자료를 구비하고 대처하는 힘을 길러야 한다.

② 빈틈없는 준비 : 고객이 희망하는 운송회사·숙박시설과의 연결에 차질이 없게 한다.

(3) 원 칙

① 정 확
  ㉠ 수배서의 제 사항을 정확히 기록한다.
  ㉡ 자기 판단에 의한 수배업무 시행은 금지한다.
  ㉢ 말은 되도록 천천히, 정확하게 한다.

② 신 속
  ㉠ 수배의 순서를 정하여 시행하며, 보류는 금지한다.
  ㉡ 통신시설과 사전 사입상품을 이용한다.
  ㉢ 늦어지는 경우에는 중간 보고를 해야 한다.

③ 경비 절감 : 경제적으로 경비를 낮출 수 있게 한다.

④ 적절 : 고객의 희망에 맞는 수배를 한다.

⑤ 확인 : 요금, 시간표, 신청서를 확인한다.

3 여행경비의 산출

(1) 운임

① **운임의 결정** : 운임은 항공운임과 선박운임으로 나누어진다. 이때 통상 항공운임은 IATA 운송회의에서 결정되며, 보통 여행상품을 판매할 경우 교통수단, 숙박시설, 관광 등을 한꺼번에 판매한다(IT ; Inclusive Tour, 포괄여행). 선박운임은 각 선박별로 운임을 계산하여 왕복할인 여부, 안내원할인, 단체할인 등을 고려한다.

[공항주차 대행서비스]

② **IATA에 의한 IT의 원칙** 주요
　㉠ 여행 형태는 왕복 혹은 주유여행일 것
　㉡ 지상 수배는 출발 전에 완료할 것
　㉢ 선전활동으로 여객을 모집할 것
　㉣ 출발 전에 요금 지불이 완료될 것

> **더 알아보기** 항공여행과 관련된 제도
>
> • CRS(Computer Reservation System) : 항공예약 시스템
> • PTA(Prepaid Ticket Advice) : 항공여객 운임 선불제도
> • BSP(Billing Settlement Plan) : 항공사와 여행사 간의 항공권 판매대금 및 정산업무 등을 은행이 대신하는 정산제도

(2) 지상 경비

① **지상 경비의 내역**
　㉠ 숙박비(Accommodation Charge) : 장소, 시설, 등급, 규모상의 차이
　㉡ 식사비(Meals Charge) : 3식 기준
　㉢ 관광비(Sightseeing or Technical Visit Charge) : 관광여행, 시찰여행의 차이
　㉣ 지상 교통비(Ground Transportation Charge) : 기차, 버스, 선박, 렌트카
　㉤ 가이드료(Guide and Interpreter Charge)
　㉥ 첨승원 비용(Escort Charge)
　㉦ 트랜스퍼(Transfer, 비행장과 시내 요금) : 1인당 비용, 사용 횟수, 차량의 종류
　㉧ 포터(Porter, 수화물 운반자) : 사전에 지상 경비에 포함하는 것이 원칙임
　㉨ 세금(Tax, 각종 세금 – 유흥세, 공항세 등)
　㉩ 서비스료(Tip ; To Insure Promptness) : 사전에 정하는 것이 경제적이며, 이중 지불이 안 되도록 하는 것이 중요함
　㉪ 선전비

② 기타 비용

    ㉠ 투어 코스트에 포함되는 비용 : 출장경비, 안내원의 운임, 화물에 드는 보험료, 선전 인쇄비, 가방꼬리표 배포비용 등

    ㉡ 투어 코스트에 포함되지 않는 비용 : 여권대, 사증대, 예방주사대, 임의보험료, 개인적 여행비용 등

더 알아보기   **가이드(안내원) 업무**

- 안내원의 조건
  - 여행업무에 대한 해박한 지식   - 외국어
  - 지도력   - 일반 상식
  - 응급 조치 능력
- 안내원이 준비하는 것
  - 담당자와의 협의   - 서류 수령
  - 비용 수령   - 휴대품 준비

02 | 핵심 실전 문제

지상수배업자

여행사로부터 현지의 여행지 수배업무를 의뢰받아 전문적으로 수행하는 업자를 말한다. 현지정보의 수집 및 관리, 제공, 예약 등 현지수배기능을 수행하는 등 업무는 여행사와 거의 동일하나 직접 일반고객을 상대로 영업을 하지 않고 여행사를 대상으로 영업활동을 한다.

01 여행사가 만든 패키지 여행상품의 유통과정에 포함되지 않는 것은?

① 여행사
② 홈쇼핑매체
③ 지상수배업자
④ 온라인마켓플레이스

해설

Dark Tour(Tourism)는 일반적인 여행과는 다르게 재난·재해나 역사적인 비극이 일어난 곳을 찾아가 반성과 교훈을 얻는 여행이다.

02 역사적인 비극과 관련 있는 장소를 여행하며 반성과 교훈을 얻는 여행은?

① Fam Tour
② Dark Tour
③ Convention Tour
④ Incentive Tour

해설

일본여행협회(JATA) 지사(1912) → 조선여행사로 개칭(1945) → 대한여행사(1949)

03 다음 중 우리나라 여행사의 효시라고 볼 수 있는 여행사는?

① 한국여행사
② 일본교통공사
③ 대한여행사
④ 세방여행사

해설

①·③·④ 여행자 측면에서 본 개인여행의 단점이다.

04 고객 측면에서 본 단체여행의 단점은?

① 수배 절차가 복잡하다.
② 개인의 의사가 무시된다.
③ 값이 비싸진다.
④ 할인 혜택이 적다.

정답 01 ③ 02 ② 03 ③ 04 ②

05 여행자 측에서 본 개인여행과 단체여행의 장 · 단점에 관한 설명이 아닌 것은?

① 개인여행인 경우 개인의 의사에 따라 자유롭게 행동한다.
② 단체여행인 경우 시간을 유효하게 사용한다.
③ 개인여행인 경우 일정 변경이 곤란하다.
④ 단체여행인 경우 비용이 적게 든다.

개인여행은 개인의 의사에 따른 자유로운 행동과 일정 변경 등의 장점이 있는 반면, 비용이 많이 들고 시간을 유효하게 사용할 수 없다는 단점이 있다.

06 여행업의 기능으로 볼 수 없는 것은?

① 상담기능
② 판매기능
③ 발권기능
④ 휴양기능

휴양기능은 관광자원의 기능이다.

07 'Itinerary'란 무엇을 말하는가?

① 여행상 필요한 조건서
② 여행상품계약서
③ 여행일정표
④ 여행요금영수증

③ 여행일정표를 말한다.

08 다음 중 여행의 매체에 해당하는 것은?

① 관광객
② 관광시설
③ 관광서비스
④ 여행알선

• 관광객 : 여행 주체
• 관광시설, 서비스 : 여행 객체
• 여행알선 : 여행 매체

정답 05 ③ 06 ④ 07 ③ 08 ④

Incentive Tour(인센티브 투어)
보상여행, 포상관광의 의미로 주로 일반기업이나 단체 등에서 자사 자체상품의 판매 실적이 우수하거나 큰 공헌을 했을 때 크게 포상하여 여행을 시켜주는 것을 말한다.

09 Incentive Tour의 의미와 가장 가까운 것은?

① 의료여행
② 사전답사여행
③ 포상여행
④ 유람선여행

스스로 기획 · 조성한 상품을 판매하는 것은 기업의 체질을 기다리는 상법에서 적극적인 상법으로 전환시키는 것이다.

10 다음 여행상품의 종류 중 기획상품의 장점이 아닌 것은?

① 기획과 선전 여하에 따라서 잠재수요, 특히 비수기의 수요를 창출하는 수단으로서 유효하다.
② 대량 조성이기 때문에 인건비 절감이 유효하다.
③ 대량 여행객을 통해 저비용으로 관광여행을 할 수 있다.
④ 기업의 체질을 적극적인 상법에서 기다리는 상법으로 전환할 수 있다.

아메리칸 익스프레스(1850)는 미국 회사이며, 쿡 여행사(1845) 이후에 등장하였다.

11 토마스 쿡(Thomas Cook)과 관계가 먼 것은?

① 570명의 단체 여행객을 모집해서 세계 처음으로 Package Tour를 실시했다.
② 1808년 영국의 멜본 시에서 출생했다.
③ 세계 최초의 여행사 'Thomas Cook & Son Ltd.'를 창설했다.
④ 지금의 세계 최대의 여행사 'American Express'의 전신이 되었다.

임의관광(Optional Tour)
미리 정하지 않고 필요에 따라 정하는 관광으로, 서비스의 취사 선택이 가능하다.

12 다음 중 'Optional'이란?

① 여행알선업자를 말한다.
② 서비스의 취사 선택을 말한다.
③ 짧은 거리를 여행하는 데 사용되는 교통수단을 말한다.
④ 도착 및 출발 관광객에게 제공되는 서비스의 행위를 말한다.

정답 09 ③ 10 ④ 11 ④ 12 ②

13 여행업의 성격에 관한 내용으로 관계가 먼 것은?

① 경영적인 면에서 수요의 탄력성이 크다.
② 상품의 저장이 불가능하다.
③ 여행에 대한 최종적인 평가는 개인의 만족도에 따라 달라진다.
④ 독자적인 상품 조성과 부가가치의 형성이 용이하다.

14 순수 관광의 목적에 해당하는 것은?

① 수학여행
② 산업시찰여행
③ 지질조사여행
④ 상용여행

15 다음 중 여행사의 수요증가 요인과 가장 거리가 먼 것은?

① 관광여행 계층의 확대
② 생활수준의 향상
③ 여가시간의 부족
④ 교통기관의 발달

16 다음 중 안내원이 관광지 서비스만 하고 그 외의 부분은 여행자가 단독으로 여행하는 방식은?

① FIT
② ICT
③ IIT
④ FCT

17 여행업의 변화를 기술한 것으로 거리가 먼 것은?

① 항공사 발권수수료에 대한 의존도 심화
② 인수 · 합병을 통한 여행업의 외적성장 확대
③ 이종(異種) 경쟁 업체의 등장
④ 여행사의 사회적 마케팅 대두

18 패키지 여행(Package Tour)에 대한 설명으로 관계가 먼 것은?

① 여행업자가 여행계획을 작성한다.
② 관광객을 시장으로부터 모집한다.
③ 일정한 관광비용, 여정 및 조건서를 작성한 범위 내에서 관광을 실시한다.
④ 숙박 · 교통 · 관광 코스 등의 편의는 관광객의 의사에 따라 정한다.

19 다음 중 수배업무의 기본 원칙과 거리가 먼 것은?

① 경비 절감
② 신 속
③ 상 세
④ 적 절

20 여행사가 Group 또는 단체의 Organizer와 협의하여 여정 및 여행조건, 여행비용 등을 정하여 집객하는 여행은?

① 주최여행
② 공최여행
③ 주문여행
④ 기획여행

21 여행업의 주요 업무로 볼 수 없는 것은?

① 보험업무
② 대행업무
③ 판매업무
④ 안내업무

해설
②·③·④ 외에 중개업무(여행상해보험의 취급, 환전), 인수업무(청부여행의 인수) 등이 있다.

22 세계 각국의 여행사를 연결한 내용 중 옳지 않은 것은?

① 토마스 쿡 – 영국
② 아메리칸 익스프레스 – 미국
③ 인투어리스트 – 독일
④ 재팬 트래블 뷰로 – 일본

해설
인투어리스트(Intourist)는 러시아의 국영 여행 사이다.

23 「관광진흥법」상 여행업의 운영방식은?

① 허가제
② 인가제
③ 등록제
④ 신고제

해설
1961년 「관광사업진흥법」(현 「관광진흥법」) 제정 당시 여행사는 등록제로 명시되었으나, 1971년 허가제로 개정되었고, 1982년 다시 등록제로 개정되었다.

24 「관광진흥법」상 여행업의 종류가 아닌 것은?

① 보통여행업
② 국내여행업
③ 국내외여행업
④ 종합여행업

해설
여행업의 종류
종합여행업, 국내여행업, 국내외여행업

정답 21 ① 22 ③ 23 ③ 24 ①

해설

여행업의 종류별 자본금

• 종합여행업 : 5천만 원 이상일 것
• 국내외여행업 : 3천만 원 이상일 것
• 국내여행업 : 1천500만 원 이상일 것

25 여행업의 등록기준 중 자본금에 대한 설명으로 알맞은 것은?

① 종합여행업의 자본금은 3억 5천만 원 이상, 국내외여행업의 자본금은 1억 5천만 원 이상
② 국내외여행업의 자본금은 1억 5천만 원 이상, 종합여행업의 자본금은 3억 원 이상
③ 국내여행업의 자본금은 1천500만 원 이상, 종합여행업의 자본금은 5천만 원 이상
④ 국내여행업, 국내외여행업의 자본금은 모두 1억 원 이상

해설

IATA 규칙에 의한 IT의 가격은 통상 가격보다 저렴하며, ① · ② · ④ 이외에 출발 전 요금지불완료 규칙이 있다.

26 IATA 규칙에 의한 포괄여행(IT ; Inclusive Tour)이 아닌 것은?

① 여행 형태는 왕복 또는 주유여행일 것
② 지상 수배가 Operator에 의해 출발 전에 완료될 것
③ 요금결제는 후불도 가능할 것
④ 팸플릿에 의한 선전활동으로 여객을 공모할 것

해설

여행상품은 배달이 간단하다.

27 여행상품의 특징으로 볼 수 없는 것은?

① 무형의 상품
② 재고 불가능의 상품
③ 모방하기 쉬운 상품
④ 배달이 어려운 상품

해설

수배업무

전통적인 여행업자의 업무로 고객의 신청에 의해 고객이 원하는 숙박과 교통편에 대해 각각 예약을 행하는 업무

28 다음 중 여행사의 수배업무에 해당하는 것은?

① 관광상품 판매업무
② 관광예약업무
③ 여권발급 및 사증업무
④ 여정표 작성업무

정답 25 ③ 26 ③ 27 ④ 28 ②

29 TWOV(무사증통과)의 일반적인 조건이 아닌 것은?

① 제3국으로 계속 여행할 수 있는 예약 확인 항공권을 소지해야 한다.
② 제3국으로 계속 여행할 수 있는 여행서류를 구비해야 한다.
③ 본국으로 돌아간다는 왕복 확인 항공권을 소지해야 한다.
④ 외교관계가 수립되어 있는 국가 간에서만 이러한 규정이 적용되고 있다.

해설
TWOV(Transit WithOut Visa, 무사증통과)
승객이 일정한 조건을 갖추었다면 정식으로 허가(Visa)를 받지 않았더라도 일정 기간을 단기체류할 수 있도록 한 제도

30 입국관리의 순서로 올바른 것은?

① 검역 → 입국 확인 → 세관
② 검역 → 세관 → 입국 확인
③ 입국 확인 → 검역 → 세관
④ 입국 확인 → 세관 → 검역

해설
입국관리의 순서(QIC)
검역(Quarantine) → 입국 확인(Immigration) → 세관 검사(Customs)

31 여행상품 유통과정에서 여행상품(소재) 공급업자는?

① Wholesaler
② Principal
③ Retailer
④ Tourist

해설
프린서플(Principal)
일반적으로 '여행 소재 공급업자'라고 할 수 있으며, 여행서비스상품의 소재를 직접 생산하여 공급하는 공급자나 시설업자 등의 관광사업체를 말한다.

32 여행객이 여행을 하기 위한 출국 절차 순서로 옳은 것은?

ㄱ. 수하물 보안검사	ㄴ. CIQ 검사
ㄷ. 탑승수속	ㄹ. 탑승

① ㄱ － ㄴ － ㄷ － ㄹ
② ㄱ － ㄷ － ㄴ － ㄹ
③ ㄷ － ㄱ － ㄴ － ㄹ
④ ㄷ － ㄴ － ㄱ － ㄹ

해설
출국순서
탑승수속 → 수하물 보안검사 → CIQ → 출국라운지 대기 → 탑승

정답 29 ③ 30 ① 31 ② 32 ③

해설

FNPL은 'Fly Now Pay Later Plan'의 약자로 팬 아메리칸 항공에서 처음으로 실시하였다.

33 운임후불제(FNPL)에 대한 설명으로 알맞은 것은?

① Thomas Cook이 개발한 저렴한 여행
② 팬 아메리칸 항공에서 처음 실시한 여행제도
③ Tour Operator에 의한 여행
④ Credit Card의 일종

해설

①·②·③ 도매업(홀세일러) 방식, ④ 소매업(리테일러) 방식을 취하고 있다.

34 다음 여행사 중 상품판매 특성이 다른 것은?

① 하나투어
② 모두투어
③ 한진관광
④ 넥스투어

해설

여행은 일상 생활권을 벗어난 장소적 이동을 전제로 하며, 여행이 종료되면 주거지로 돌아오는 회귀성이 있다.

35 여행의 개념을 함축성 있게 가장 잘 표현한 것은?

① 이주활동행위
② 소비경제행위
③ 회귀이동행위
④ 여가활동행위

해설

Back to Back Charter
전세기가 일정구간을 정기적으로 또는 부정기적으로 왕복(연속하여) 운행하는 것

36 'Back to Back Charter'란?

① 분할대절
② 단체대절
③ 왕복연속대절
④ 정기편대절

정답 33 ② 34 ④ 35 ③ 36 ③

37 여행 형태 중 대행기관의 필요성이 높은 형태는?

① 피스톤형
② 안전핀형
③ 스푼형
④ 텀블링형

해설

텀블링형은 출발지에서 여러 목적지를 경유하므로 체류기간이 길고, 여행경비가 많이 든다. 따라서 대행기관을 이용하는 것이 적절하다.

PART 2

38 다음 중 여행업과 관련된 설명이 잘못된 것은?

① 여행을 사업으로서 최초로 시작한 사람은 영국인 토마스 쿡이다.
② 여행업을 경영하려면 문화체육관광부장관의 허가를 받아야 한다.
③ 여행자 수표에는 사용자의 서명란이 두 곳 있다.
④ 여행업자에 의해 대리되는 개인 또는 회사를 'Principal'이라 한다.

해설

여행업, 관광숙박업, 관광객이용시설업 및 국제회의업을 경영하려는 자는 특별자치시장 · 특별자치도지사 · 시장 · 군수 · 구청장에게 등록하여야 한다(관광진흥법 제4조 제1항 참조).

39 다음 중 Principal이라고 볼 수 없는 것은?

① 관광기업
② 여행업자
③ 숙박시설
④ 교통시설

해설

Principal
여행업자에 의하여 대리되는 회사 또는 개인 영업자로서 항공회사, 기선회사, 철도 · 버스회사, 호텔, 그 밖의 관광객을 대상으로 영업하는 모든 관광 관련 업체를 말한다.

정답 37 ④ 38 ② 39 ②

배우기만 하고 생각하지 않으면 얻는 것이 없고,

생각만 하고 배우지 않으면 위태롭다.

- 공 자 -

배우기만 하고 생각하지 않으면 얻는 것이 없고,
생각만 하고 배우지 않으면 위태롭다.

- 공 자 -

PART 3
관광숙박업

CHAPTER 01   관광숙박업의 개념 및 발전과정

CHAPTER 02   호텔경영

CHAPTER 03   호텔실무

CHAPTER 04   관광숙박업의 발전방안 및 전망

핵심 실전 문제

관광숙박업 중요도 ★☆☆

관광통역안내사 관광학개론 기출 빈도표

출제 영역	2024년	2023년	2022년	2021년	2020년
관광의 기초	6	9	10	8	7
관광여행업	1	1	1	1	2
관광숙박업	5	2	2	2	3
관광교통업	–	5	3	1	4
관광객이용시설업	2	2	2	2	1
국제회의업	2	1	1	3	1
관광마케팅	1	1	–	1	1
국제관광 및 관광정책	8	2	6	6	4
관광과 환경	–	–	–	1	2
현황 문제	–	2	–	–	–
합 계	25	25	25	25	25

관광숙박업에서는 관광숙박업의 개념 및 발전과정에 대해 이해하고, 호텔경영과 실무 등을 학습합니다. 관광숙박업은 매년 2~3문항 정도 출제되는 영역으로, 특히 호텔업의 분류와 객실부문 업무에 대한 출제빈도가 높은 편이므로 해당 부분을 꼼꼼히 학습하도록 합니다.

03 | 관광숙박업

01 관광숙박업의 개념 및 발전과정

1 숙박업의 의의

(1) 정 의

① 숙박시설의 건설과 운영을 목적으로 한 사업활동으로 일반 대중을 대상으로 숙면과 음식에 관계되는 인적·물적 서비스를 제공함으로써 목적지에서 체재를 가능하게 하는 시설을 말한다. 숙박업에는 호텔, 모텔, 콘도미니엄 그리고 공적 시설로서 유스호스텔, 가족휴가촌, 펜션(Pension) 등 다양한 시설이 존재한다.

② 관광숙박업(「관광진흥법」 제3조 제1항 제2호)

　㉠ 호텔업 : 관광객의 숙박에 적합한 시설을 갖추어 이를 관광객에게 제공하거나 숙박에 딸리는 음식·운동·오락·휴양·공연 또는 연수에 적합한 시설 등을 함께 갖추어 이를 이용하게 하는 업

　㉡ 휴양콘도미니엄업 : 관광객의 숙박과 취사에 적합한 시설을 갖추어 이를 그 시설의 회원이나 소유자 등, 그 밖의 관광객에게 제공하거나 숙박에 딸리는 음식·운동·오락·휴양·공연 또는 연수에 적합한 시설 등을 함께 갖추어 이를 이용하게 하는 업 **14 기출**

(2) 발전요인

① **여행의 양적·질적 변화** : 현대사회에 와서 관광이 양적으로 현저하게 증대되었고 질적으로 다양화되면서 숙박업의 규모가 커지고 내용도 복잡해졌다.

② **외부환경요인** : 외생적 요인에 의해 크게 영향을 받아왔는데, 건축기술의 진보는 고층호텔을 건축할 수 있게 하였고, 컴퓨터의 보급은 호텔의 업무처리방식을 크게 발전시켰다.

③ **숙박업에 종사하는 사람들의 창의와 연구** : 힐튼, 리츠와 같은 훌륭한 경영자의 출현과 경영관리에 관한 제 기술의 진보는 고객에게 저임금으로 양질의 서비스를 제공할 수 있게 하였다.

2 숙박업의 발전과정

(1) Inn(숙소)의 시대 😊

① 고대 로마 시대에는 도로가 정비되어 있어 여행이 성행하였는데, 여행자는 관청에서 발행하는 증명서를 제시하고 맨션(Mansions)이라는 숙박시설에서 숙박할 수 있었다.

② 고대 동양의 실크로드에는 대상들의 숙소로서 광장을 중심으로 많은 숙소가 모여든 형식의 캐러밴서리(Caravansary)가 생겨났다.

③ 1096년부터 시작된 십자군 원정을 계기로 성지순례 여행이 성행하였는데, 각지의 교회가 숙박시설로서의 기능을 맡았고 결국에는 이들 숙소가 독립하여 Inn으로 불리게 되었다.

④ 이 시대의 숙소는 시설이 매우 빈약하여 숙박시설에 대한 쾌적성보다는 수면 · 음식 · 생명 · 재산보호와 관련된 최저 필요조건을 확보하는 것이 중요하였다.

> **더 알아보기 호텔의 등장**
>
> 17세기 영국의 페더즈 호텔(Feathers Hotel)에서 유래

(2) 그랜드 호텔(Grand Hotel)의 시대 😊

① 19세기 중엽 유럽에서 호텔이란 명칭으로 숙박시설이 출현하였으며, 상류계급의 세련된 생활양식을 기초로 하여 호화로운 시설과 서비스를 특징으로 하였다.

② 숙박의 기능 그 자체보다 숙박과 음식에 관계되는 호화와 사치를 제공하는 장소로서, 왕후 · 귀족의 권력이 붕괴된 후에는 궁전을 대신하여 새로운 부유계층을 위한 사교장으로 탈바꿈하였다.

[그랜드 호텔]

③ 1850년 호텔경영에서는 최초의 숙박업으로서 파리의 그랜드 호텔이 건설되었고, 이 명칭은 오늘날에도 세계 각지의 고급 호텔의 대명사처럼 사용되고 있다.

④ 세자르 리츠(Cesar Ritz, 1850~1918)는 고급 호텔의 창시자로서 그랜드 호텔 시대를 완성시켰다.

> **더 알아보기 그랜드 호텔 시대의 호텔경영의 한계**
>
> • 호텔시장이 왕후 · 귀족에 한정되어 있었고, 모든 계층의 사람들에게 숙박기능을 제공해야 한다는 호텔 본연의 사명을 다하지 못했다.
> • 자본과 경영이 분리되어 있었으나 출자자에 대한 책임을 다했는지 의심스러웠다.
> • 호텔경영을 성립케 하는 요소 중의 하나인 종업원의 입장을 보장하지 않았다.

(3) 커머셜 호텔(Commercial Hotel)의 시대 13 기출

① 1760년대 영국에서 시작된 산업혁명의 영향으로 경제활동이 활발해짐으로써 급증하기 시작한 상용여행은 20세기에 더욱 늘어나 저렴하고 쾌적한 숙박시설에 대한 수요를 증대시켰다.

② 미국인 스타틀러(E. M. Statler, 1863~1928)는 일반 대중이 부담할 수 있는 가격으로 세계 최고의 서비스를 제공하는 호텔을 건설하여 일대 혁신을 이루었다. 스타틀러의 호텔이 저가임에도 성공할 수 있었던 이유는 경영자로서 탁월한 창조력, 고매한 경영이념, 오퍼레이션을 개선하기 위한 과학적인 방법, 집요한 일상적인 노력 때문이었다. 결국 스타틀러호텔은 현대에 이르기까지 미국 호텔업계의 시설·설비 그리고 서비스의 표본이 되었다.

> **더 알아보기 커머셜 호텔의 특징**
>
> • 호텔의 이용자가 일반 대중이었고 숙박객의 여행목적도 상용여행이었다.
> • 호텔건설의 목적 내지 투자의 목적에 있어 채산성(수입과 지출이 맞아서 이익이 나는 정도)을 충분히 고려하였다.
> • 경영방침으로서의 저가격을 실현하기 위하여 일정한 요금범위 내에서 어떻게 하면 질적으로 좋은 시설과 서비스를 제공할 수 있는가에 대한 방법을 연구하였다.

(4) 현대의 호텔

① 대규모 호텔 체인의 출현 : 2차 세계대전 후 미국에는 쉐라톤(Sheraton)과 힐튼(Hilton)이 등장하여 호텔업계를 체인화하였다.

② 힐튼(Hilton)의 호텔 : 1950년대에 힐튼은 호텔 객실에 대한 수요가 급증할 것이라 판단하여 이전에는 군사용으로 사용되어 온 시카고의 스티븐스(Stevens)호텔을 임차 운영하였으며, 곧이어 시카고의 팔머 하우스(Palmer House), 뉴욕의 플라자(Plaza)와 월도프(Waldorf), 로스엔젤레스의 타운 하우스(Town House) 등을 인수하였다. 이때 힐튼은 스타틀러와의 합병을 통해 체인경영을 시도하였다.

[힐튼 호텔]

> **더 알아보기 힐튼의 업적**
>
> • 호텔의 체인화 이론
> • 호텔산업을 국제적인 사업활동으로 끌어올림
> • 호텔 스페이스의 유효이용(아케이드 및 전문음식점 설치)
> • 호텔경영의 계수관리와 종업원에 대한 동작·시간연구 성과에 따른 철저한 능률주의 실천

③ 모텔의 대두 : 모텔업계에서 세계 최대의 체인조직을 구축한 '홀리데이 인'은 케몬스 윌슨(Kemmons Wilson)에 의해서 비롯되었다. 호텔이 도시의 중심지나 역전에 위치해 있었던 반면, 모텔은 도로변에 위치하여 충분한 주차장과 저렴한 요금으로 일반 대중을 만족시켰다.

> **더 알아보기** **모터호텔(Motor Hotel)** 중요
>
> 도심지에서 충분한 주차장을 설비하고 전통적인 호텔서비스를 제공하는 요금이 비싼 모텔을 일컫는다.

---

3 우리나라 숙박업의 발전과정

(1) 전통숙박시설의 출현

신라 시대에는 역(驛), 고려 시대에는 객사(客舍), 조선 시대에는 역ㆍ원(院) 또는 객주(客主)라는 형태로 불리며 발전하여 왔다.

(2) 근대적 숙박시설의 발전 중요

① 구한 말의 숙박시설

㉠ 1887년에 요정(料亭)과 숙박을 전문으로 하는 시천여관이 일본인에 의해 생겨난 것을 시작으로 남산 주변과 충무로 지역을 중심으로 숙박시설이 늘어났다.

㉡ 1908년에는 전국의 여관이 123개에 이르렀고, 1927년경에는 철도역을 중심으로 전국적으로 크게 확대되었으나 운영형태는 대부분 한식과 일식이었다.

② 서구식 호텔의 출현

㉠ 인천의 대불호텔(1888) : 우리나라 최초의 서양식 호텔

㉡ 손탁(Sontag)호텔(1902) : 중구 정동에 세워진 서양식 호텔로 독일여성 손탁이 건립

㉢ 하남호텔(1909)

㉣ 부산ㆍ신의주 철도호텔(1912)

㉤ 조선호텔(1914)

㉥ 금강산 장안사호텔(1915)

㉦ 평양 철도호텔(1925)

㉧ 반도호텔(1936) : 우리나라 최초의 상용호텔

(3) 현대적 호텔의 출현

① 상용호텔의 태동 : 1936년 개관한 반도호텔은 미국 스타틀러호텔의 경영방식을 도입, 일반 대중을 상대로 한 호텔이었으나 주로 일본인 등 외국인을 위한 시설이었다.

② 민영호텔의 출현

　　㉠ 대원호텔(1952) : 최초의 민영호텔

　　㉡ 그랜드 앰버서더 서울의 전신인 금수장호텔(1955)

　　㉢ 사보이호텔(1957)

③ 현대 호텔의 탄생 : 1963년 개관한 워커힐호텔은 현대적인 한국 극장식 호텔의 최초였으며, 1970년 개관한 조선호텔은 자본과 경영이 분리·운영된 호텔이었다.

④ 현대 호텔의 발전

　　㉠ 1976년 : 서울플라자호텔

　　㉡ 1978년 : 하얏트호텔, 부산조선비치호텔, 코모도호텔, 경주코오롱호텔

　　㉢ 1979~1980년 : 호텔신라, 호텔롯데, 경주도큐호텔, 부산서라벌호텔, 서울가든호텔

　　㉣ 1983년 : 힐튼호텔

　　㉤ 1986~1988년 : 스위스 그랜드호텔, 인터컨티넨탈호텔, 라마다호텔, 롯데월드호텔

　　㉥ 1990년 : 제주신라(리조트호텔)

02　호텔경영

1　호텔의 의의

(1) 정 의

[홀리데이 인 서울호텔]

① 일반적 정의 : 호텔이란 일정한 지불능력이 있는 사람에게 객실과 식사를 제공할 수 있는 시설을 갖추고 잘 교육된 예절이 바른 종사원이 조직적으로 봉사하여 그 대가를 받는 기업을 말한다.

② 웹스터 사전(Webster's Dictionary)의 정의 : 호텔은 대중을 위하여 숙박·식사와 서비스를 제공하는 건물이나 시설물이다.

(2) 호텔업의 특징 22 기출

① 인적 서비스에 대한 의존성 : 호텔기업의 운영은 제일 먼저 고객에 대한 서비스를 강조하게 된다.

② 부문 간 협동체제의 필요성 : 호텔은 각기 상이한 여러 부문의 기능을 가지고 있기 때문에 각 부서 간의 긴밀한 협동이 필수적이다.

③ 연중무휴영업 : 호텔은 집을 떠난 고객들의 가정생활기능을 상품으로 판매하는 곳이므로 하루 24시간, 연중무휴 365일 계속적으로 서비스가 제공되어야 한다.

④ 계절성 : 호텔기업은 계절적 영향으로 성수기와 비수기의 수입격차가 심하고, 주말과 주중의 수요·공급의 조화가 이루어지지 못하고 있다. 숙박업의 수입평가지표는 평균투숙률, 평균객실가격 등으로 결정된다.

⑤ **시설의 조기 노후화** : 일반적으로 다른 기업의 시설은 시설 자체가 부대적 성격을 갖고 있어 그 효용이 비교적 장기성을 갖는 데 반하여, 호텔은 시설 자체가 하나의 제품으로서 고객에게 어필(Appeal)되어야 하기 때문에 결과적으로 노후화가 빠르다.

⑥ **공공장소 유지** : 호텔은 로비(Lobby)와 같은 공공장소를 반드시 마련해야 한다.

⑦ **고정자산 과다** : 일반 기업과 달리 건물과 시설 자체가 하나의 상품으로 간주되기 때문에 고정자산의 점유율이 80~90%에 이른다.

⑧ **비저장성 상품** : 호텔제품의 생산과 소비는 거의 동시에 발생하므로 그날 생산된 객실상품은 그날 소비되어야 하며, 당일 판매하지 못한 상품은 가치가 소멸한다.

⑨ **환경민감성** : 전쟁, 허리케인, 금융위기, 여행지의 위생상태 등에 크게 영향을 받는다.

2 호텔업의 분류

(1) 「관광진흥법」에 의한 분류(「관광진흥법 시행령」 제2조 제1항 제2호) 중요 13 기출

① **관광호텔업** : 관광객의 숙박에 적합한 시설을 갖추어 관광객에게 이용하게 하고 숙박에 딸린 음식 · 운동 · 오락 · 휴양 · 공연 또는 연수에 적합한 시설 등(부대시설)을 함께 갖추어 관광객에게 이용하게 하는 업

② **수상관광호텔업** : 수상에 구조물 또는 선박을 고정하거나 매어 놓고 관광객의 숙박에 적합한 시설을 갖추거나 부대시설을 함께 갖추어 관광객에게 이용하게 하는 업

③ **한국전통호텔업** : 한국전통의 건축물에 관광객의 숙박에 적합한 시설을 갖추거나 부대시설을 함께 갖추어 관광객에게 이용하게 하는 업

④ **가족호텔업** : 가족단위 관광객의 숙박에 적합한 시설 및 취사도구를 갖추어 관광객에게 이용하게 하거나 숙박에 딸린 음식 · 운동 · 휴양 또는 연수에 적합한 시설을 함께 갖추어 관광객에게 이용하게 하는 업

⑤ **호스텔업** : 배낭여행객 등 개별 관광객의 숙박에 적합한 시설로서 샤워장, 취사장 등의 편의시설과 외국인 및 내국인 관광객을 위한 문화 · 정보 교류시설 등을 함께 갖추어 이용하게 하는 업

⑥ **소형호텔업** : 관광객의 숙박에 적합한 시설을 소규모로 갖추고 숙박에 딸린 음식 · 운동 · 휴양 또는 연수에 적합한 시설을 함께 갖추어 관광객에게 이용하게 하는 업

⑦ **의료관광호텔업** : 의료관광객의 숙박에 적합한 시설 및 취사도구를 갖추거나 숙박에 딸린 음식 · 운동 또는 휴양에 적합한 시설을 함께 갖추어 주로 외국인 관광객에게 이용하게 하는 업

더 알아보기 의료관광 24 기출

• 질병을 치료하는 등의 활동을 넘어 본인의 건강상태에 따라 현지에서의 요양, 관광, 쇼핑, 문화체험 등의 활동을 겸하는 것이다.
• 일반관광보다 이용객의 체류 일수가 길고 비용이 높기 때문에 고부가 가치 산업으로 각광받는다.
• 우리나라는 2009년 5월 외국인 환자 유치행위를 합법화하면서 의료관광이 활성화되었다.

---

(2) 장소에 의한 분류(입지에 의한 분류)

① 메트로폴리탄호텔(Metropolitan Hotel) : 대도시에 위치하면서 수천 개의 객실을 보유할 수 있는 대형 호텔로 컨벤션 호텔이라고도 한다.

② 시티호텔(City Hotel) : 도시중심지의 호텔로 각종 연회 · 집회 · 회의 · 결혼식 · 전시회 · 발표회 및 쇼핑 장소 등으로 이용된다.

③ 서버번호텔(Suburban Hotel) : 도시에서 멀리 떨어져 있는 호텔로 자동차를 이용하는 가족단위 관광객이 이용한다.

④ 컨트리호텔(Country Hotel) : 산간에 세워진 호텔로 마운틴호텔이라고도 한다.

⑤ 에어포트호텔(Airport Hotel) : 공항 근처에 있는 호텔로 탑승객이나 승무원이 주로 이용하며, 에어텔(Airtel)이라고도 한다.

⑥ 시포트호텔(Seaport Hotel) : 여객선이 입출항하는 항구 근처에 위치한 호텔이다.

⑦ 터미널호텔(Terminal Hotel) : 철도역이나 공항터미널 또는 버스터미널 근처에 위치한 호텔이다.

⑧ 비치호텔(Beach Hotel) : 해변에 위치한 피서객과 휴양객을 위한 숙박시설이다.

(3) 이용 목적에 의한 분류 🔖

① 상용호텔(Commercial Hotel) : 주로 상용과 공용 목적의 고객이 이용하는 비즈니스 호텔(Business Hotel)이다.

② 컨벤션호텔(Convention Hotel) : 회의를 유치하기 위한 대규모 호텔로 대회의장 및 주차장시설이 완비되어 있다.

③ 휴양지호텔(Resort Hotel) : 관광지, 피서지 및 피한지, 해변, 산간 등의 휴양지와 온천지에 건축된 호텔로 숙박객들이 심신의 휴양을 취할 수 있는 시설이 완비되어 있다.

④ 아파트먼트호텔(Apartment Hotel) : 장기체재객용 호텔로 레지덴셜호텔(Residential Hotel) 분류에 속한다.

⑤ 카지노호텔(Casino Hotel) : 카지노 고객들을 위해 만들어진 호텔로 호화쇼, 부대시설, 저렴한 숙박료 등으로 고객을 유치하고 있다.

(4) 숙박기간에 의한 분류 22 기출

① 트랜지언트호텔(Transient Hotel) : 주로 1~2일의 단기 체재객들이 이용하는 호텔이다.

② 레지덴셜호텔(Residential Hotel) : 1주일 이상 체재객을 대상으로 하며, 호텔식의 메이드 서비스가 있고 최소한의 식사와 음료 서비스가 제공되는 식당과 주차장 시설도 갖추고 있다.

③ 퍼머넌트호텔(Permanent Hotel) : 아파트식의 장기 체재객을 전문으로 하는 호텔이지만 최소한의 식사와 음료 제공시설이 있다.

(5) 시설형태에 의한 분류 🎀

① 모텔(Motel) : 자동차여행객의 증가 추세에 부응하여 도로가에 건설되었고, 객실료가 저렴한 셀프서비스제도로 운영되므로 편리한 점이 특징이다.

② 보텔(Botel) : 보트로 여행하는 사람들이 이용하는 호텔로서 항해 중 해변에서 보트를 정박해 두고 투숙할 수 있는 시설이다.

③ 요텔(Yachtel) : 요트여행객을 위한 숙박시설로 해안과 호반에 요트를 계류할 수 있도록 설비를 갖춘 호텔이다.

④ 플로텔(Floatel) : 여객선이나 페리 또는 유람선 등 해상을 운항하는 배에 있는 플로팅호텔을 일컫는다.

⑤ 유스호스텔(Youth Hostel) : 청소년을 위한 숙박시설로 가격이 저렴한 것이 특징이다.

⑥ 콘도미니엄(Condominium) : 객실 단위로 분양을 하여 구입자가 사용하지 않을 경우 관리 회사에 운영권을 맡기고 임대료 수입을 받는 새로운 형태의 호텔이다.

⑦ 버젯모텔(Budget Motel) : 저렴한 요금으로 시설이 좋은 객실을 이용하도록 만든 실비 호텔로 주로 가족 단위로 여행하는 고객을 대상으로 한다.

더 알아보기 **모텔(Motel)과 유스호스텔(Youth Hostel)의 비교**

- Motel : Business Motel, Resort Motel, Highway Motel
  - 건전한 호텔의 이미지
  - 편리한 주차시설
  - No Tip 제도
  - 자유로운 이용과 행동
  - 저렴한 숙박비
  - 옥외시설 활용 용이
  - 객실 예약 불필요
- Youth Hostel : 청소년에 적합한 숙박시설과 음식을 제공하며, 독일의 알테나 성(1910)이 최초의 유스호스텔이다.
  - 인종, 종교, 언어의 구별을 제거
  - 젊은이에게 우선권 부여
  - 회원증제
  - 저가의 통일 요금제
  - 일국에 일조직 승인

---

(6) 요금지불방식에 의한 분류 🎀 14 15 18 20 21 23 기출

① 미국식 플랜(AP ; American Plan, Full Pension) : 객실요금에 1일 3식(아침, 점심, 저녁)을 포함하는 방식

② 유럽식 플랜(EP ; European Plan) : 객실요금과 식사요금을 분리하여 별도로 계산하는 방식

③ 콘티넨탈식 플랜(CP ; Continental Plan) : 객실요금에 조식만 포함하는 방식

④ 수정 미국식 플랜(MAP ; Modfied American Plan) : 객실요금에 1일 2식(아침, 저녁)을 포함하는 방식

⑤ 혼합식 플랜(DP ; Dual Plan) : 호텔영업 차원에서 유럽식이나 미국식을 선택하는 방식

(7) 경영형태에 의한 분류 13 14 15 기출

① 일반 체인호텔(Regular Chain Hotel) : 모회사가 소유권에 대한 지분을 보유하거나 주주로부터 호텔 시설을 임차·운영하며, 체인본부는 경영만 책임을 진다. 그리고 상호, 상표, 표준화된 건축양식 및 장식을 고유의 동일성으로 의무화시켜 경영에 반영하게 한다. 모회사는 경영기법에 대한 지원 및 자문을 해주면서 시장개척을 용이하게 하고 공동 선전으로 비용을 절감해 주고 있으나, 일반 체인호텔은 발언권이 거의 없어 경영제도의 독창성에 제약을 받는다.

② 리퍼럴 조직호텔(Referral Organization Hotel) : 단독경영 호텔들이 상호 협력하여 공동 선전, 판매전략 및 예약서비스 등을 통합하여 운영하는 형태, 곧 동업자 결합에 의한 경영방식을 채택한 경우를 말한다.

③ 프랜차이징호텔(Franchising Hotel) : 건물의 외양이나 시설·객실·설비·장식·비품 등은 동일하고 단지 재무구조면에서 상이하다. 독립적으로 호텔기업을 소유하면서 운영할 수 있고 수탁자는 위탁자에게 경영지식, 교육훈련, 판촉, 선전, 상표대여, 마케팅과 시장조사, 이미지 제고, 예약, 설계 및 실내장식 등에 대해 충분히 자문할 수 있다.

④ 합자연쇄호텔(Co - Owner Chain Hotel) : 호텔이나 모텔이 본사와 개인 투자가와의 합자에 의한 소유형식을 취한다.

⑤ 위탁경영호텔(Management Contract Hotel) : 위탁경영호텔은 제3자에게 그 판매를 위임하는 형태이다. 경영계약일 경우 위탁자(소유주)는 경영수수료를 지불하게 되고, 위탁운영회사는 단순히 상호나 명의를 이용하여 판매하는 것이기 때문에 판매 손익은 위탁자에게 귀속된다(소유와 경영이 분리된 전문경영의 형태, 소유주가 자본투자, 소유주가 위탁운영회사에 경영수수료를 지불).

⑥ 임차경영호텔(Lease Management Hotel) : 토지 및 건물의 투자에 대한 자금조달능력을 충분히 가지고 있지 않은 호텔기업이 제3자의 건물을 계약에 의하여 임차함으로써 호텔사업을 영위하는 경우를 말한다.

⑦ 개별경영호텔(Independent Management Hotel) : 한 개인의 소유로 운영되는 개별경영형태의 호텔이다.

(8) 규모에 의한 분류

① Small Hotel : 25실 미만
② Average Hotel : 25~100실
③ Above Average Hotel : 100~300실
④ Large Hotel : 300실 이상

3 호텔경영조직

(1) 기본조직 🔰

① 객실부문(Room Department – Front of House) : 객실의 판매, 서비스, 유지관리 등
② 식음료부문(Food and Beverage Department – Back of House) : 식당, 라운지, 커피숍 등
③ 부대사업부문(Accessory Business) : 오락, 연회, 위락시설 등
④ 관리부문(Management and Executive Department – Controller) : 호텔 운영 기획, 인사관리, 재정 업무 등

(2) 주요 업무

① 총지배인(GM ; General Manager) : 호텔영업과 관리의 전반적인 지휘, 통제, 책임을 맡고 있는 직책이다.
② 객실부문(Room Division) : 호텔의 객실을 판매하는 부서로 주로 객실판매와 예약, 객실청소, 현관서비스 등을 담당한다.
③ 식·음료부문(Department of Food and Beverage) : 고객에게 음식과 음료를 판매하는 부서로 크게 식당, 음료과, 조리과, 연회과 등으로 구성된다.
④ 관리부문 : 호텔회계, 종사원의 급료 등 회계관리와 자금 조달 및 운영을 효율적으로 관리하며 환경, 안전, 소방 관리 등도 담당한다.
⑤ 부대시설 : 호텔에서 객실과 식당을 제외한 시설로 헬스장, 카지노, 오락, 위락시설 등이 속한다.

4 호텔경영관리

(1) 요금관리

호텔업의 마케팅 노력은 적절한 장소에서 소비자 욕구에 적합한 시설·서비스를 개발함과 동시에 적절한 가격수준으로 제공해야 한다.

① **호텔업의 가격정책** : 스타틀러호텔이 실현한 저가격 정책은 근대 호텔의 시초가 되었고 홀리데이 인의 호텔경영은 가격수준의 적절성과 가격체계의 명료성을 보여준다. 우리나라의 경우 도시호텔의 가격정책은 가동률보다 부가가치의 크기에 따라서 수익성을 높이려는 고요금 방침을 고수하기 때문에 도시호텔의 총수입 가운데 50% 정도를 차지하는 식음료 수입이 경기변동에 크게 영향을 받고 있는 실정이다.
② **요금의 결정방법**
  ㉠ 소비자의 구매력을 기준으로 하는 것
  ㉡ 타 호텔의 가격을 기준으로 하는 것
  ㉢ 코스트의 가산에 따른 가격 설정

③ **식음료가격의 결정방법** : 일반적으로 요리 · 음료의 재료비가 일정 비율이 되도록 가격을 설정하는 방식이 채용되고 있다. 즉, 식음료 원가율을 미리 정해 놓고 그 원가율이 유지되도록 각 메뉴가격을 결정한다.

(2) 비용관리

① **인건비의 관리** : 인건비는 호텔경영에서 최대의 비용을 점유하기 때문에 이를 어떻게 통제할 것인가가 중요한 과제이다.

　㉠ 업무방식을 개선하여 인건비를 보다 적게 들이고 일정한 서비스를 제공할 수 있게 한다.

　　• 시간제 근무제도를 도입

　　• 일정의 업무를 보다 짧은 시간 안에 처리할 수 있도록 일의 순서 개선

　　• 작업환경 · 용구 · 작업장의 레이아웃을 개선하여 종업원의 이동거리를 단축하고 피로 경감

　㉡ 사람이 하던 일을 기계로 대체한다(컴퓨터, 자동식기세척기, 자동조리기기, 자동판매기, 자동전화교환기 등).

　㉢ 호텔 자체보다 능률적으로 인재를 활용할 수 있는 타기업에 업무의 일부를 위탁한다.

② **식음료 재료비의 관리** : 현대적인 식음료관리는 먼저 원가에 관한 표준, 즉 표준원가(율)를 설정하고 이에 대하여 실제로 소비된 원가 내지 원가율과 비교한다. 표준원가(율)와 실제원가(율)의 차이를 분석하면 원가의 상승 및 하락의 원인이 판명되고, 그 결과 통제가 가능하게 된다.

③ **투자액의 삭감**

　㉠ 호텔경영에서 총자산 가운데 고정자산이 차지하는 비율이 약 80%나 되고, 특히 건물 · 설비 · 토지 등의 유형고정자산이 약 70%를 차지하기 때문에 개업 시 투자액의 삭감노력은 주로 고정자산에 집중하게 된다.

　㉡ 고정자산 가운데 커다란 구성비를 차지하는 것은 건물 · 집기 · 비품이기 때문에 이를 경감하기 위하여 체인화가 추진된다.

1 관광숙박업에 대한 법적 규정

(1) 관광숙박업의 등록

① 사업계획의 승인(「관광진흥법」 제15조 제1항) : 관광숙박업을 경영하고자 하는 자는 등록을 하기 전에 그 사업에 대한 사업계획을 작성하여 특별자치시장 · 특별자치도지사 · 시장 · 군수 · 구청장의 승인을 받아야 한다. 승인을 얻은 사업계획 중 부지 · 대지면적 · 건축 연면적의 일정 규모 이상의 변경 등 대통령령으로 정하는 사항을 변경하고자 하는 경우에도 또한 같다.

[호텔 부대시설 전경]

② 등록심의위원회(「관광진흥법」 제17조)

ㄱ 관광숙박업 및 관광객이용시설업 · 국제회의업의 등록에 관한 사항을 심의하기 위하여 특별자치시장 · 특별자치도지사 · 시장 · 군수 · 구청장 소속으로 관광숙박업 및 관광객이용시설업 등록심의위원회를 둔다.

ㄴ 위원회는 위원장과 부위원장 각 1명을 포함한 위원 10명 이내로 구성하되, 위원장은 특별자치시 · 특별자치도 · 시 · 군 · 구(자치구만 해당)의 부지사 · 부시장 · 부군수 · 부구청장이 되고, 부위원장은 위원 중에서 위원장이 지정하는 사람이 되며, 위원은 신고 또는 인 · 허가 등의 소관기관의 직원이 된다.

(2) 관광숙박업의 등록기준(「관광진흥법 시행령」 별표 1) 19 24 기출

① 호텔업

ㄱ 관광호텔업

• 욕실이나 샤워시설을 갖춘 객실을 30실 이상 갖추고 있을 것

• 외국인에게 서비스를 제공할 수 있는 체제를 갖추고 있을 것

• 대지 및 건물의 소유권 또는 사용권을 확보하고 있을 것. 다만, 회원을 모집하는 경우에는 소유권을 확보하여야 한다.

ㄴ 수상관광호텔업

• 수상관광호텔이 위치하는 수면은 「공유수면 관리 및 매립에 관한 법률」 또는 「하천법」에 따라 관리청으로부터 점용허가를 받을 것

• 욕실이나 샤워시설을 갖춘 객실이 30실 이상일 것

• 외국인에게 서비스를 제공할 수 있는 체제를 갖추고 있을 것

• 수상오염을 방지하기 위한 오수 저장 · 처리시설과 폐기물처리시설을 갖추고 있을 것

• 구조물 및 선박의 소유권 또는 사용권을 확보하고 있을 것. 다만, 회원을 모집하는 경우에는 소유권을 확보하여야 한다.

ⓒ 한국전통호텔업
- 건축물의 외관은 전통가옥의 형태를 갖추고 있을 것
- 이용자의 불편이 없도록 욕실이나 샤워시설을 갖추고 있을 것
- 외국인에게 서비스를 제공할 수 있는 체제를 갖추고 있을 것
- 대지 및 건물의 소유권 또는 사용권을 확보하고 있을 것. 다만, 회원을 모집하는 경우에는 소유권을 확보하여야 한다.

ⓔ 가족호텔업
- 가족단위 관광객이 이용할 수 있는 취사시설이 객실별로 설치되어 있거나 층별로 공동취사장이 설치되어 있을 것
- 욕실이나 샤워시설을 갖춘 객실이 30실 이상일 것
- 객실별 면적이 19제곱미터 이상일 것
- 외국인에게 서비스를 제공할 수 있는 체제를 갖추고 있을 것
- 대지 및 건물의 소유권 또는 사용권을 확보하고 있을 것. 다만, 회원을 모집하는 경우에는 소유권을 확보하여야 한다.

ⓜ 호스텔업 24 기출
- 배낭여행객 등 개별 관광객의 숙박에 적합한 객실을 갖추고 있을 것
- 이용자의 불편이 없도록 화장실, 샤워장, 취사장 등의 편의시설을 갖추고 있을 것. 다만, 이러한 편의시설은 공동으로 이용하게 할 수 있다.
- 외국인 및 내국인 관광객에게 서비스를 제공할 수 있는 문화ㆍ정보 교류시설을 갖추고 있을 것
- 대지 및 건물의 소유권 또는 사용권을 확보하고 있을 것

ⓗ 소형호텔업
- 욕실이나 샤워시설을 갖춘 객실을 20실 이상 30실 미만으로 갖추고 있을 것
- 부대시설의 면적 합계가 건축 연면적의 50퍼센트 이하일 것
- 두 종류 이상의 부대시설을 갖출 것. 다만, 「식품위생법 시행령」 제21조 제8호 다목에 따른 단란주점영업, 같은 호 라목에 따른 유흥주점영업 및 「사행행위 등 규제 및 처벌 특례법」 제2조 제1호에 따른 사행행위를 위한 시설은 둘 수 없다.
- 조식 제공, 외국어 구사인력 고용 등 외국인에게 서비스를 제공할 수 있는 체제를 갖추고 있을 것
- 대지 및 건물의 소유권 또는 사용권을 확보하고 있을 것. 다만, 회원을 모집하는 경우에는 소유권을 확보하여야 한다.

ⓢ 의료관광호텔업
- 의료관광객이 이용할 수 있는 취사시설이 객실별로 설치되어 있거나 층별로 공동취사장이 설치되어 있을 것
- 욕실이나 샤워시설을 갖춘 객실이 20실 이상일 것
- 객실별 면적이 19제곱미터 이상일 것
- 「교육환경 보호에 관한 법률」 제9조 제13호ㆍ제22호ㆍ제23호 및 제26호에 따른 영업이 이루어지는 시설을 부대시설로 두지 않을 것

- 의료관광객의 출입이 편리한 체계를 갖추고 있을 것
- 외국어 구사인력 고용 등 외국인에게 서비스를 제공할 수 있는 체제를 갖추고 있을 것
- 의료관광호텔 시설(의료관광호텔의 부대시설로 「의료법」 제3조 제1항에 따른 의료기관을 설치할 경우에는 그 의료기관을 제외한 시설)은 의료기관 시설과 분리될 것. 이 경우 분리에 관하여 필요한 사항은 문화체육관광부장관이 정하여 고시한다.
- 대지 및 건물의 소유권 또는 사용권을 확보하고 있을 것
- 의료관광호텔업을 등록하려는 자가 다음의 구분에 따른 요건을 충족하는 외국인환자 유치 의료기관의 개설자 또는 유치업자일 것
  - 외국인환자 유치 의료기관의 개설자
    - ㉮ 「의료 해외진출 및 외국인환자 유치 지원에 관한 법률」 제11조에 따라 보건복지부장관에게 보고한 사업실적에 근거하여 산정할 경우 전년도(등록신청일이 속한 연도의 전년도를 말한다. 이하 같다)의 연환자수(외국인환자 유치 의료기관이 2개 이상인 경우에는 각 외국인환자 유치 의료기관의 연환자수를 합산한 결과를 말한다. 이하 같다) 또는 등록신청일 기준으로 직전 1년간의 연환자수가 500명을 초과할 것. 다만 외국인환자 유치 의료기관 중 1개 이상이 서울특별시에 있는 경우에는 연환자수가 3,000명을 초과하여야 한다.
    - ㉯ 「의료법」 제33조 제2항 제3호에 따른 의료법인인 경우에는 ㉮의 요건을 충족하면서 다른 외국인환자 유치 의료기관의 개설자 또는 유치업자와 공동으로 등록하지 아니할 것
    - ㉰ 외국인환자 유치 의료기관의 개설자가 설립을 위한 출연재산의 100분의 30 이상을 출연한 경우로서 최다출연자가 되는 비영리법인(외국인환자 유치 의료기관의 개설자인 경우로 한정한다)이 ㉮의 기준을 충족하지 아니하는 경우에는 그 최다출연자인 외국인환자 유치 의료기관의 개설자가 ㉮의 기준을 충족할 것
  - 유치업자
    - ㉮ 「의료 해외진출 및 외국인환자 유치 지원에 관한 법률」 제11조에 따라 보건복지부장관에게 보고한 사업실적에 근거하여 산정할 경우 전년도의 실환자수(둘 이상의 유치업자가 공동으로 등록하는 경우에는 실환자수를 합산한 결과를 말한다. 이하 같다) 또는 등록신청일 기준으로 직전 1년간의 실환자수가 200명을 초과할 것
    - ㉯ 외국인환자 유치 의료기관의 개설자가 100분의 30 이상의 지분 또는 주식을 보유하면서 최대출자자가 되는 법인(유치업자인 경우로 한정한다)이 ㉮의 기준을 충족하지 아니하는 경우에는 그 최대출자자인 외국인환자 유치 의료기관의 개설자가 '외국인환자 유치 의료기관의 개설자 − ㉮'의 기준을 충족할 것

② 휴양콘도미니엄업
  ㉠ 객 실
  - 같은 단지 안에 객실이 30실 이상일 것. 다만, 2016년 7월 1일부터 2018년 6월 30일까지 또는 2024년 7월 1일부터 2026년 6월 30일까지 제3조 제1항에 따라 등록 신청하는 경우에는 20실 이상으로 한다.

- 관광객의 취사 · 체류 · 숙박에 필요한 설비를 갖추고 있을 것. 다만, 객실 밖에 관광객이 이용할 수 있는 공동취사장 등 취사시설을 갖춘 경우에는 총 객실의 30퍼센트(「국토의 계획 및 이용에 관한 법률」 제6조 제1호에 따른 도시지역의 경우에는 총 객실의 30퍼센트 이하의 범위에서 조례로 정하는 비율이 있으면 그 비율) 이하의 범위에서 객실에 취사시설을 갖추지 아니할 수 있다.
  - ⓛ 매점 등 : 매점이나 간이매장이 있을 것. 다만, 여러 개의 동으로 단지를 구성할 경우에는 공동으로 설치할 수 있다.
  - ⓒ 문화체육공간 : 공연장 · 전시관 · 미술관 · 박물관 · 수영장 · 테니스장 · 축구장 · 농구장, 그 밖에 관광객이 이용하기 적합한 문화체육공간을 1개소 이상 갖출 것. 다만, 수개의 동으로 단지를 구성할 경우에는 공동으로 설치할 수 있으며, 관광지 · 관광단지 또는 종합휴양업의 시설 안에 있는 휴양콘도미니엄의 경우에는 이를 설치하지 아니할 수 있다.
  - ⓔ 대지 및 건물의 소유권 또는 사용권을 확보하고 있을 것. 다만, 분양 또는 회원을 모집하는 경우에는 소유권을 확보하여야 한다.

(3) 관광숙박업의 등급(「관광진흥법」 제19조 및 동 시행령 제22조 제1항)

문화체육관광부장관은 관광숙박시설 및 야영장 이용자의 편의를 돕고, 관광숙박시설 · 야영장 및 서비스 수준을 효율적으로 유지 · 관리하기 위하여 관광숙박업 및 야영장업에 대한 등급을 정할 수 있다.

① 호텔업의 등급 : 5성급 · 4성급 · 3성급 · 2성급 및 1성급으로 구분한다.
② 등급결정 시 평가요소
  - ㉠ 서비스 상태
  - ㉡ 객실 및 부대시설의 상태
  - ㉢ 안전 관리 등에 관한 법령 준수 여부

2 객실부문 업무

(1) Front Office업무 23 24 기출

① 역할 : 호텔이 손님을 맞이하는 장소로 객실판매를 촉진 · 결정하고 조정 · 통제하는 업무가 이루어진다.
② 주요 업무
  - ㉠ 프론트 데스크 업무 : 입숙 · 퇴숙기능, 예약기능, 정보전달기능(의사소통 서비스 기능), 캐셔 서비스(고객의 회계장부를 정리하는 역할)
  - ㉡ 예약(Reservation) : 전화나 인터넷 혹은 팩스, 여행사나 직접방문 등을 통해 객실에 대한 사전 예약을 취급하는 기능
  - ㉢ 유니폼서비스(Uniformed Service)
    - Door Staff의 업무 : 호텔 고객의 영접 · 전송, 차량 및 이용객 교통정리, 교통편 소개 및 시내교통 안내

- Bell Staff의 업무
  - 고객의 입·퇴숙 시 수화물 이동 업무 및 객실 변경 시 수화물 이동 업무
  - 프론트로 고객안내 업무
  - 고객과 수화물을 객실로 안내 후 객실사용 설명·메시지 전달 업무
  - 일반 이용객의 호텔 시설안내 및 VIP 안내업무·페이징 서비스(Paging Service)
  - 고객의 수화물 보관·현관로비의 청결 및 안전관리
  ㉣ 교환서비스(Telephone/PBX Service) : 호텔 내의 고객을 외부 및 내부로 연결하는 기능
  ㉤ 비즈니스센터(Business Center) : 비즈니스 고객의 효율적인 업무수행을 위해 개인 비서기능을 담당
  ㉥ Night Clerk : 프론트 데스크에서 야간에 근무하면서 주로 업무일지를 작성하고 객실 영업보고서를 작성하는 것이 주 업무

③ 인적 구성
  ㉠ Front Office Manager : 프론트 데스크, 안내, 예약, 비지니스센터, 벨 데스크, 도어맨, 로비안내, 전화교환실 등의 운영을 책임·감독하고 필요한 인원을 예측하여 할당·교육시키며 각 부서의 운영 경비에 관여
  ㉡ Room Clerk : 사용 중인 객실을 파악하고 객실을 판매하는 업무, 고객등록
  ㉢ Front Cashier : 현금 출납, 환전, 귀중품 보관 등의 업무
  ㉣ Information Clerk : 호텔 내의 제반적인 안내와 관광안내 등 정보를 제공하는 업무
  ㉤ Reservation Clerk : 객실 예약 업무를 효율적으로 수행
  ㉥ Night Clerk : 현관의 야간업무를 총괄하여 수행
  ㉦ Record Clerk : 모든 객실 판매에 관한 기록을 유지
  ㉧ Mail Clerk : 호텔에 전달되는 편지, 전보, 메시지를 고객에게 전달
  ㉨ Key Clerk : 고객의 체재 중 열쇠의 보관 및 인도

④ 예약업무
  ㉠ 예약의 접수
  ㉡ 예약카드의 기재
  ㉢ 예약의 통제 및 조정
  ㉣ 예약객실(Blocking Rooms)의 표시
  ㉤ 예약 랙 슬립(Rack Slip) = Name Slip
    - 백색 : Regular Reservation
    - 청색 : Hold Late
    - 분홍색 : Special Guest
    - 황색 : Convention
    - 붉은 오렌지 : Travel Agent

ⓗ Over Booking(예약 초과)
  - No Show : 약 5% 초과
  - Cancellation : 약 8~10% 초과

더 알아보기

Check In / Check Out

- Check In
  - Registration Card(등록카드 작성)
  - Room Rack(객실상황표 작성)
  - Flag(고정된 객실판매상황표)
  - Guest History Card(고객숙력기록 보안카드)
  - Deposits in Advance(선불 요금)
  - Stock Card(Sales Ticket)
- Check Out
  - Bell Captain : 수하물의 유무 파악
  - Key Clerk : 객실 열쇠 회수
  - Guest History Card : Departure List
  - Front Cashier : 계산 안내
  - House Keep : Room Indicator

페이징 서비스(Paging Service)
호텔 내·외부 고객의 요청에 의해 필요한 고객을 찾아주고 메시지를 전달하는 업무를 말한다. Paging Board를 들고 고객의 주위를 끌어 찾는 방식으로, 고객과의 만남을 원활히 해결해 주는 접객 업무 중의 하나이다.

---

(2) House Keeping 업무 🗣 13 기출

① 기능 : 객실의 청소 및 관리, 기구와 비품의 선택과 관리 및 모든 린넨류의 세탁과 보급을 담당하는 호텔상품의 생산부서이다. 호텔의 재산관리와 호텔제품의 생산 및 창조의 기능을 갖는다.

② 인적 구성
  ㉠ House Keeper : 호텔의 객실을 청소하고 정비하는 역할
  ㉡ Room Maid : 기본적인 청소업무와 작업장을 책임지는 역할
  ㉢ House Man : 룸메이드가 하기 힘든 일을 담당하거나 보조하는 역할
  ㉣ Linen Woman : 피복류를 세탁하고 보수·정비하는 역할

리셉셔니스트 (Receptionist)	고객을 영접하고, 예약 · 등록 및 안내 업무를 담당한다.
벨맨 (Bell Man)	고객의 짐 운반 및 안내, 메시지 전달 등의 업무를 담당한다.
CRO (Customer Relation Officer)	비즈니스센터에서 근무하면서 고객이 필요로 하는 업무를 효율적으로 완수할 수 있도록 개인 비서 기능을 담당한다.
수입관리자 (Income Auditor)	호텔의 모든 수입을 관리하고 감시한다.
연회담당자	연회 예약, 연회장 관리, 연회 이벤트 및 각종 행사 식음료 제공, 연회 진행 등을 담당한다.
총지배인	모든 조직과 인력을 총괄 지휘 · 감독하고, 경영상의 손익을 책임지는 임원이다. 유창한 외국어 실력, 경영 능력, 영업 부문에 대한 전문 지식을 보유하고, 재무 업무에 대한 포괄적인 이해가 필요하다.
컨시어지 (Concierge)	고객이 필요로 하는 정보를 제공하고 고객의 어려움을 해소해 주는 등 고객의 가장 가까이에서 일한다.
프론트 오피스 캐셔 (Front Office Cashier)	객실료, 식음료 매출 등 현금 출납 관련 업무를 담당한다.
하우스맨 (House Man)	객실점검, VIP 응대, 분실물 처리, 소모품 및 비품 관리, 객실 순찰, 미니바 운영 등의 업무를 담당한다.

(3) 객실의 종류와 요금 중요

① 객실의 종류 14 15 21 24 기출

㉠ Single Room : 1인용 싱글 베드가 1개 들어 있는 객실

㉡ Double Room : 2인용 베드가 1개 들어 있는 객실

㉢ Twin Room : 싱글 베드가 나란히 2개 들어 있는 객실

㉣ Triple Room : 싱글 베드가 3개 또는 트윈에 엑스트라 베드(Extra Bed)가 추가된 형태

㉤ Quard Room : 4명이 잘 수 있도록 트리플 룸에 엑스트라 베드가 하나 더 추가된 객실

[호텔 객실 전경]

㉥ Studio Room : 더블이나 트윈 룸에 소파형의 베드가 들어가 있는 객실, 소파형 베드는 접으면 소파가 되고 길게 펼치면 침대가 되는 형태

㉦ Connecting Room : 객실 2개가 연결되어 내부의 문을 이용하여 상호 왕래가 가능한 형태

㉧ Suite Room : 침실에 거실이 딸린 호화 객실

ⓩ Adjoining Room : 나란히 위치한 객실로서 Connecting Room과 동일하고 내부 통용문이 없는 객실

ⓒ Outside Room : 호텔건물의 외부에 위치한 객실로 외부 전망이나 경치를 볼 수 있는 객실

ⓚ Inside Room : 호텔 내부에 위치하며 외부경관은 볼 수 없는 객실

ⓣ Executive Floor Room : 비즈니스 고객을 위한 특별 전용층에 위치한 객실

ⓟ Blocking Room : 예약된 방

ⓗ On Change Room : 정비가 필요한 방

㉮ Trunk Room : 손님의 화물을 장기간 보관할 수 있는 곳

더 알아보기　House Use Room 14 기출

호텔 임원의 숙소로 사용되거나 호텔 사무실이 부족하여 객실을 사무실로 사용

② 객실요금의 종류

ⓐ 공표요금(Tariff) : 호텔이 요금을 책정하여 승인을 받아 공표한 요금

ⓑ 특별요금

- Complimentary(무료요금) 16 기출
- Discount Rate(할인요금) : Single Rate, Season off Rate(계절 할인), Commercial Rate(상업목적 할인), Group Rate(단체 할인), Guide Rate(여행 안내원 할인)

ⓒ 추가 요금

- Midnight Charge : 예약한 고객이 당일 밤중이나 익일 아침에 도착했을 경우 받는 야간 객실 요금
- Hold Room Charge : 기출투숙객이 객실에 수하물을 두고 여행하는 경우나, 예약하고 도착이 늦어질 경우 부과하는 객실요금 13 기출
- Over Charge : 고객이 체크아웃 시간을 연장한 만큼 적용되는 추가 요금
- Part Day Charge : 온천·스파 등을 끼고 있는 호텔 등에서 목욕을 하기 위해 낮 시간만 객실을 이용하고자 하는 고객에게 부과하는 요금

③ 객실요금에 포함되는 요소
  ㉠ 내부결정요소
    • 자본투하원가 : 호텔건물, 토지, 비품 등
    • 직접 수입이 발생하지 않는 시설과 서비스 : House Keeping 경비, 엘리베이터 등
    • 관리부문 등의 간접비용 : 경리 및 인사, 판매촉진비 등
    • 고객측면요소 : 단체여행자 객실요금, 패키지요금 등
  ㉡ 외부결정 요소 : 경쟁력 정도 및 수요의 탄력성 등의 시장상황
④ 객실요금의 산출방법 18 기출
  ㉠ 평균객실요금의 계산 : 평균실료에 의거하여 객실요금을 산정하는 방법
  ㉡ 휴버트방식에 의한 계산 : 연간 총 경비, 객실 수, 객실점유율 등에 의하여 연간 목표이익을 계산하는 방법
  ㉢ 수용률에 의한 계산 : 1년간 객실비용과 수용률로 평균객실요금을 계산하는 방법

[한국식 온돌 객실]

3 식음료부문 업무

(1) 식음료부문의 종사원

① 인적 구성
  ㉠ Manager(지배인)
  ㉡ Head Waiter(웨이터 책임자)
  ㉢ Assistant Waiter : 웨이터를 보좌하며 서비스 보조를 하는 사람
  ㉣ Wine Waiter : 음료 및 알코올류를 테이블에 서브하는 사람
  ㉤ Bartender : 조주기술이 있는 사람
  ㉥ Carver : 큰 고기를 베어 서브하는 사람
  ㉦ Restaurant Cashier : 식당회계원
② 서비스 종사원의 기본 소양
  ㉠ 봉사성(Service)   ㉡ 청결성(Cleanliness)
  ㉢ 능률성(Efficiency)   ㉣ 경제성(Economy)
  ㉤ 예절성(Courtesy)   ㉥ 정직성(Honesty)
  ㉦ 환대성(Hospitality)

(2) 호텔 식사의 종류

① Breakfast
- ㉠ American Breakfast : 계란요리가 곁들여진 아침식사
- ㉡ Continental Breakfast : 계란요리를 곁들이지 않은 아침식사로 빵과 주스·커피나 홍차
- ㉢ Vienna Breakfast : 계란요리와 롤빵 그리고 커피 정도로 먹는 식사
- ㉣ English Breakfast : 미국식 조식에 생선요리가 포함되는 아침식사

② Full Course(정식)
- ㉠ Appetizer(전채요리)
- ㉡ Soup(수프)
- ㉢ Fish(생선)
- ㉣ Entree(중심요리, 주로 육류)
- ㉤ Roast(조류 또는 육류)
- ㉥ Salad(샐러드)
- ㉦ Dessert(후식)
- ㉧ Beverage(음료)

[호텔식당 전경]

(3) 서비스의 종류

① 경영형태에 따른 분류 : Table Service, Self Service, Counter Service
② 수단에 따른 분류 : Plate Service, Tray Service, Cart Service, Silver Service
③ 형식에 따른 분류 : American Service, English Service, Russian Service, French Service, Banquet Service, Family Service, Hash House Service

---

더 알아보기

American Service 14 기출
Plate Service로도 불리며, 고객주문에 따라 주방에서 조리된 음식을 접시에 담아 나가는 서비스

Russian Service 13 기출
호텔연회 등에서 코스요리를 큰 플레터에 담아 고객에게 보여준 후, 서빙포크와 스푼으로 덜어 고객의 작은 접시에 직접 제공하는 서비스 방식

(4) 식당의 분류

① 식사 내용에 따른 분류
  ㉠ 정식식당(Table D'hote Restaurant) : 풀코스를 제공하는 식당
  ㉡ 일품요리식당(A la Carte Restaurant) : 손님의 요구에 따라 각 코스별로 주문하는 식당
  ㉢ 뷔페식당(Buffet Restaurant) : 일정한 장소에서 일정한 요금을 지불하면 기호에 맞는 음식을 선택하여 마음껏 먹을 수 있는 식당

② 식사 메뉴(Full Course)
  ㉠ Hors D'oeuvre : 오르 되브르, 전채요리, 제일 먼저 제공되는 식욕 촉진제
  ㉡ Soup : 수프
  ㉢ Fish : 메인코스 전에 제공되는 생선요리
  ㉣ Entree : 메인코스로서 풍성하고 많은 양이 제공되며 육류로 만들어지는 것이 보통
  ㉤ Roast & Salad : 로스트 거위, 로스트 닭고기 등의 조류요리와 샐러드
  ㉥ Dessert : Sweet, Savoury, Fruit
  ㉦ Beverage : 식사 후에 마시는 음료

③ 식사의 종류
  ㉠ Cornflake : 아침요리, 우유와 설탕 등을 넣어서 먹음
  ㉡ Oatmeal : 주로 아침에 먹는 서양식 죽. 귀리
  ㉢ Steak : 두꺼운 육류 조각을 구운 요리
  ㉣ Brunch : 아침과 점심 중간에 갖는 겸용식사
  ㉤ Caviar : 카리브해 철갑상어알
  ㉥ Center Piece : 식탁 중앙의 장식을 위한 물건
  ㉦ Castor : 식탁 위의 조미료의 총칭
  ㉧ Chateaubriand(샤토브리앙) : 소의 안심부분을 두껍게 잘라서 구운 스테이크
  ㉨ Filet Mignon Steak : 소의 연한 허리 살부분의 안심 또는 등심을 베이컨으로 감아 구운 요리

(5) 음료의 종류

① Soft Drink : 커피, 홍차, 코코아 등
② Hard Drink : 포도주, 위스키, 샴페인, 보드카 등
③ 양주와 칵테일
  ㉠ 양주의 구분
    • 양조주(발효주) : 막걸리, 포도주(Wine), 샴페인(Champagne), 맥주(Beer) **14** 기출
    • 증류주 : 소주, 위스키(Whisky), 브랜디(Brandy), 진(Gin), 럼(Rum), 보드카(Vodka)
    • 혼성주 : 베네딕틴, 큐라소, 샤르트뢰즈
  ㉡ 칵테일(Cocktail) : 여러 가지 양주에 과즙과 향미 등을 혼합하여 얻은 음료이다.
    • 알코올+알코올 → Short Drink
    • 알코올+음료 · 소다 → Long Drink

④ 포도주(Wine)와 식사와의 관계

    ㉠ 식사 전의 포도주(Aperitif) : Vermouth, Sherry

    ㉡ 식사 중의 포도주(Table Wine)

       • 생선요리 : 달지 않은 백포도주

       • 육류요리 : 적포도주

    ㉢ 식후 : 코냑(Cognac), 리큐르(Liqueur)

[식사클럽 호라이즌]

> **더 알아보기**　**발포성 와인(Sparkling Wine)** 14 기출
>
> Champagne(프랑스 상파뉴), Spumante(이탈리아), Cava(스페인), Sekt(독일) 등

04　관광숙박업의 발전방안 및 전망

1　관광숙박업의 발전방안

(1) 관광숙박시설의 확충상 문제점

① 우리나라 관광사업의 가장 중요한 정책과제 중 하나는 관광숙박시설의 수급계획을 수립하는 것이며, 관광호텔 객실공급계획은 연차적으로 필요한 적정한 소요객실 수를 산정하는 것이다.

② 우리나라 관광호텔 건설의 문제점은 「건축법」상 각종 규제로 관광호텔의 신축 및 증축에 지장을 받고 있으며, 그 외에도 호텔경영면에서 각종 행정규제로 인하여 기업경영의 대내외적인 경영환경이 취약한 상태에 있다는 점이다.

③ 관광산업은 외화획득사업으로 외화가득률이 가장 높은 산업임에도 불구하고 수출산업과 비교할 때 세제 및 금융상에서 국가의 정책적 지원이 부족한 실정이다. 또한 관광호텔에 부과되는 환경개선부담금, 교통유발부담금, 토지초과소유부담금 등이 호텔경영상의 비용부담을 가중시킨다.

④ 서울과 부산 등 국제적 행사를 대비하여 현재 부족한 관광호텔 객실 확충을 위한 외국인 합작 투자뿐만 아니라 내국인이 투자하는 호텔건설에도 세제상 혜택을 부여하는 조치가 요구된다.

(2) 관광숙박시설의 개선방안

① 관광호텔 공급계획의 수립

    ㉠ 외래관광객과 내국인의 관광호텔숙박수요에 적합하게 객실공급이 이루어지도록 호텔을 건설하고 필요한 객실을 확보해야 한다.

    ㉡ 연도별 외래관광객의 유치목표를 산정하고, 외래관광객 체재일수, 평균객실이용률, 호텔투숙률, 성수기 호텔의 집중도, 지역조건 및 시장상황을 고려하여 수립해야 한다.

② 관광호텔 확충을 위한 개선방안

    ㉠ 호텔건축 행정상의 규제완화 : 호텔건설에 적용되는 각종 관련법규의 규제완화가 요구된다.

    ㉡ 관광호텔세제상의 개선 : 관광호텔의 외국인 숙박요금 및 식음료의 이용요금에 대하여 부가가치세영세율을 적용하는 개선책 수립 및 조세감면조치가 요구된다.

> **더 알아보기**   **관광숙박시설 확충을 위한 특별법**
>
> 관광숙박시설의 건설과 확충을 촉진하기 위한 각종 지원에 관한 사항을 규정함으로써 외국관광객 유치 확대와 관광산업의 발전 및 경쟁력 강화에 이바지하는 것을 목적으로 하였다. 관광숙박시설 건립 시 건축 기준 등 각종 규제의 완화책을 포함하고 있었으며, 2012년 7월 27일부터 2016년 12월 31일까지 한시적으로 시행되었다.

2 관광숙박업의 전망

(1) 세계호텔업의 동향

① **컴퓨터화** : 호텔정보시스템(HIS ; Hotel Information System) 등 컴퓨터의 도입이 시간 · 비용 절감, 정확한 업무처리와 같은 호텔의 경영관리기능을 향상시키고 있다.

② **시장세분화 및 판매전략** : 많은 호텔들이 점차적으로 특정 시장에 접근해 가는 추세가 명백해지고 있다.

    ㉠ 상류계층을 위한 최고수준의 서비스와 상품을 제공하는 특급호텔

[호텔의 부대시설]

    ㉡ 현재의 시설과 인적 자원을 최대한 활용하고 조직개편을 통하여 그 규모를 축소하는 운영비절감형

    ㉢ 나름대로 개성을 살려 비싸지 않으면서도 친근한 서비스를 제공하는 소규모호텔

③ **인사관리** : 호텔 노동력 부족현상을 해결하기 위해서는 종사원의 근로조건 개선과 철저한 교육 · 훈련을 통한 종사원의 자질 향상 및 호텔산업에 대한 전반적인 이미지 개선 등이 우선되어야 한다.

④ **위탁경영** : 호텔위탁경영 당사자인 호텔소유자와 경영자들이 더욱 복잡한 요구와 계약관계를 취하고 있다.

⑤ **환경문제** : 환경문제는 전세계적인 관심사이므로 호텔산업에서도 재활용자원의 관리 및 폐기물처리 시스템의 연구 · 개발에 많은 관심과 적절한 투자가 필요하다.

더 알아보기　**호텔정보시스템(HIS)**

호텔 경영의사 결정에 도움을 주는 정보를 이용, 목표를 달성하도록 관리하는 컴퓨터시스템의 유기적 집합체
- 프런트 오피스 시스템
- 백 오피스 시스템
- 업장경영관리 시스템
- 인터페이스 시스템

---

(2) 관광호텔 경영 활성화 지원방안

① 관광호텔 부가가치세 영세율 적용의 제도화

② 관광호텔 종합토지세의 분리과세 적용

③ 관광호텔의 중소기업 특별세액 감면 적용범위 확대

④ 각종 세금 부담금의 합리적 징수뿐만 아니라 관광진흥개발기금제도 개선

⑤ 중소기업지원자금 활용 확대 등 금융지원 뒷받침

03 | 핵심 실전 문제

관광숙박업
- 호텔업 : 관광호텔업, 수상관광호텔업, 한국전통호텔업, 가족호텔업, 호스텔업, 소형호텔업, 의료관광호텔업
- 휴양콘도미니엄업

01 관광숙박업의 종류가 아닌 것은?

① 관광호텔업
② 수상관광호텔업
③ 휴양콘도미니엄업
④ 자동차여행자호텔업

① 장기 휴가를 보내는 레저시설로, 지중해클럽이라고도 한다.
② 식사 등의 일체를 스스로 해결하는 주택형식의 숙박시설이다.
③ 청소년에게 적합한 숙박시설과 음식을 제공하며 비용이 저렴하다.

02 자동차를 가지고 여행하는 사람의 기호에 맞도록 시설된 숙박업체는?

① 리조트호텔
② 콘도미니엄
③ 유스호스텔
④ 모 텔

호텔의 제품은 생산과 소비가 동시에 발생하므로 저장이 곤란하다.

03 다음 중 호텔 기업에 관한 사항으로 옳지 않은 것은?

① 시설의 노후화가 빠르다.
② 비생산적 공공장소를 반드시 마련해야 한다.
③ 호텔의 제품은 저장 가능한 고급 상품이다.
④ 투하된 자본의 회전율이 낮다.

여행이 계절에 따른 영향을 받는 만큼 호텔도 계절성을 특징으로 하고 있다.

04 호텔 기업의 특징이 아닌 것은?

① 비계절성
② 시설의 조기 노후화
③ 고정자본 투자의 과대성
④ 인적 자원의 의존성

정답 01 ④ 02 ④ 03 ③ 04 ①

05 숙박시설의 발전 과정과 가장 관계 깊은 사항은?

① 종교의 순례
② 여행객의 이동
③ 교통의 발달
④ 전쟁의 발발

해설
여행객의 이동에 따라 야간 휴식장소로서 숙박시설의 수요가 발생하게 되었다.

06 호텔 객실의 정비, 미니바(Mini Bar)관리, Turn-down 서비스 등을 주로 담당하는 부서의 명칭은?

① 프런트오피스
② 컨시어즈
③ 하우스키핑
④ 룸서비스

해설
Turn-down Service는 고객이 이미 투숙한 객실에 대하여 고객의 취침 직전에 제공하는 서비스로서, 간단한 객실의 청소 · 정리 · 정돈과 잠자리를 돌보아 주는 작업을 말한다. 하우스키핑은 객실의 관리 및 객실에서 제공되는 모든 서비스를 담당하는 부서이다.

07 다음 중 우리나라 최초의 상용호텔은?

① 대불호텔
② 손탁호텔
③ 반도호텔
④ 워커힐호텔

해설
반도호텔(1936)은 우리나라 최초의 상용호텔로서 일본인 등 외국인을 위한 시설이었다.

08 다음 중 고급 호텔의 창시자는 누구인가?

① 스타틀러
② 리 츠
③ 힐 튼
④ 윌 슨

해설
고급 호텔은 리츠(Ritz)에 의해 만들어졌다.

정답 05 ② 06 ③ 07 ③ 08 ②

09 호텔업의 등급은 몇 개로 구분하는가?

① 3개 등급

② 4개 등급

③ 5개 등급

④ 6개 등급

10 투숙객이 객실에 수하물을 두고 여행하는 경우나, 예약하고 도착이 늦어질 경우에 부과하는 객실요금은?

① Late Check Out Charge

② Hold Room Charge

③ Midnight Charge

④ Part Day Charge

11 호텔의 기본조직을 4부문으로 구분할 때 해당되지 않는 항목은?

① 객 실

② 식음료

③ 오락 · 연회

④ 회 계

12 호텔 신축 시 가장 중요한 것은 Location(입지조건)이라고 강조한 사람은?

① 윌슨(K. Wilson)

② 힐튼(C. Hilton)

③ 훈지커(W. Hunziker)

④ 스타틀러(E. M. Statler)

정답 9 ③ 10 ② 11 ④ 12 ④

13 입지에 따른 호텔의 분류에 속하지 않는 것은?

① 시티호텔

② 컨트리호텔

③ 휴양호텔

④ 에어포트호텔

해설
입지에 따른 분류(장소에 의한 분류)
메트로폴리탄호텔, 시티호텔, 서버번호텔, 컨트리호텔, 에어포트호텔, 시포트호텔, 터미널호텔, 비치호텔 등

14 다음 중 마운틴(Mountain)호텔과 관련이 있는 것은?

① 서버번(Surburban)호텔

② 시티(City)호텔

③ 비치(Beach)호텔

④ 컨트리(Country)호텔

해설
컨트리호텔은 산간에 세워지는 호텔로 마운틴호텔이라고도 하며, 골프 · 스키 · 등산 등 레크리에이션기능을 할 수 있다.

15 장기체재객용으로 사용되는 호텔은?

① 상용호텔

② 컨벤션호텔

③ 아파트먼트호텔

④ 휴양지호텔

해설
아파트먼트호텔은 장기체재객용의 호텔로 레지덴셜호텔 분류에 속한다.

16 다음 중 Appetizer로 적합한 것은?

① Caviar

② Chowder

③ Mock Turtle

④ Tournedos

해설
에피타이저로는 보통 생굴, 캐비어, 훈제연어 등을 사용한다.
① 캐비어 : 철갑상어의 알
② 차우더 : 미국풍의 반찬용 수프
③ 목 터틀 : 자라 맛을 낸 수프(송아지 머리로 만든 것)
④ 투르느도스 : 작고 둥글게 저민 살코기 스테이크

정답 13 ③ 14 ④ 15 ③ 16 ①

PART 3

해설
플로텔은 플로팅호텔이라고도 하며, 객실(선실)은 캐빈이라 한다.

17 여객선이나 페리호 또는 유람선 등 해상을 운항하는 배 안에 있는 숙박시설을 무엇이라 하는가?

① 요텔(Yachtel)
② 보텔(Botel)
③ 플로텔(Floatel)
④ 유스호스텔(Youth Hostel)

해설
호텔의 체인화는 사업규모의 확대를 의미하며, 더 나아가 판매 촉진과 비용 절감 측면에서 보다 효율적인 호텔경영을 가능하게 한다.

18 호텔이 체인점을 조성하는 이유로 적합하지 않은 것은?

① 경영전문화
② 사업규모 확대
③ 비용 절감
④ 판매 촉진

해설
① 객실요금에 1일 3식을 포함한다.
③ 객실요금에 1일 2식을 포함한다.
④ 객실요금과 식사요금을 분리한다.

19 객실요금에 조식만을 포함시키는 호텔경영방식은?

① American Plan
② Continental Plan
③ Modified American Plan
④ European Plan

해설
일반 체인호텔은 개인 소유주나 투자기업의 발언권이 거의 없어 경영제도의 독창성이 없다는 제약을 받고 있다.

20 일반 체인호텔의 특징으로 옳지 않은 내용은?

① 모회사가 소유권에 대한 지분을 보유한다.
② 체인본부는 경영만 책임진다.
③ 경영제도의 독창성이 있다.
④ 거액의 투자가 필요하다.

정답 17 ③ 18 ① 19 ② 20 ③

21 다음 중 객실요금과 식사요금 관계에 따른 분류의 내용이 맞지 않는 것은?

① Modified American Plan Hotel은 객실요금에 2식을 더한 요금이다.
② Continental Plan Hotel은 1박 1식이다.
③ 객실요금과 식사요금이 별개인 것은 European Plan Hotel이다.
④ Dual Plan Hotel은 손님이 원하는 대로 하는 방법이며, Half Pension, Demi Plan이라고도 한다.

해설
Dual Plan Hotel은 한 호텔 내에서 미국식과 유럽식의 두 가지 방식을 혼용하는 호텔이고, Half Pension, Demi Plan은 조식과 석식을 포함시키는 미국식 호텔이다.

22 Hotel Tariff를 옳게 설명한 것은?

① 호텔요금표
② 호텔에서의 객실요금
③ 호텔지불
④ 호텔예약

해설
Tariff란 공표요금을 의미한다.

23 다음 호텔 내의 서비스 중 식사와 관련된 서비스는?

① Room Service
② House Keeping
③ Laundry Service
④ Bellman Service

해설
② 호텔 상품의 생산 및 재산 관리업무
③ 세탁물 서비스
④ 고객의 영접, 엘리베이터 안내, 객실 안내 등

24 초과예약으로 인하여 객실이 부족한 경우 예약손님을 정중히 다른 호텔로 안내하는 서비스는?

① Laundry Service
② Paging Service
③ Turn Down Service
④ Turn Away Service

해설
① 고객의 의복을 세탁하여 주는 서비스이다.
② 호텔 내·외부 고객의 요청에 의해 필요한 고객을 찾아주고 메시지를 전달하는 서비스이다.
③ 이미 투숙한 객실에 대하여 고객의 취침 전에 제공하는 서비스로 간단한 객실 청소 및 정리정돈을 해주는 서비스이다.

정답 21 ④ 22 ① 23 ① 24 ④

해설
정식(Full Course)의 순서
Appetizer → Soup → Fish → Entree →
Roast → Salad → Dessert → Beverage

25 정식의 순서가 가장 올바른 것은?

① Appetizer → Beverage → Soup → Fish → Salad → Entree → Dessert

② Entree → Appetizer → Soup → Fish → Maindish → Roast → Salad → Dessert

③ Appetizer → Soup → Fish → Entree → Roast → Salad → Dessert → Beverage

④ Appetizer → Fish → Roast → Dessert → Beverage

해설
② 일품요리 또는 특별요리를 제공하는 식당으로 아침 · 점심 · 저녁식사 제공
③ 셀프서비스식 간이식당
④ 공공건물이나 상업용 건물 등에서 안락의자 등을 갖추어 이용자가 휴식 또는 대화 등을 할 수 있는 공간

26 식당의 이용 시간이 제한되어 있고, 점심과 저녁식사를 제공하는 식당은?

① Dining Room
② Grill
③ Cafeteria
④ Lounge

해설
① · ② · ④ 외에 능률성, 예절성, 정직성, 환대성 등 7가지가 요구된다.

27 식당 종사원의 기본자세로 가장 거리가 먼 항목은?

① 봉사성
② 경제성
③ 사교성
④ 청결성

해설
호텔업은 고정자산의 투자비율이 높기 때문에 유동자산의 활용이 극히 적어 자본회전율이 도매업이나 소매업에 비해 매우 낮다.

28 다음 중 호텔경영상의 특성이 아닌 것은?

① 고정자산에 대한 투자비율이 낮다.
② 종사원에 대한 의존도가 높다.
③ 시설이 조기 노후화된다.
④ 국가 · 경제 · 사회면의 변화에 민감하다.

정답 25 ③ 26 ① 27 ③ 28 ①

29 호텔의 경영 형태에 따른 분류 중 경영계약에 의해 호텔의 총 경영을 책임지는 호텔방식은?

① 일반체인호텔방식
② 위탁경영호텔방식
③ 임차경영호텔방식
④ 레퍼럴조직호텔방식

해설

위탁경영호텔은 호텔 상품의 판매를 직접 하지 않고 위탁료를 지불하는 조건으로 제3자에게 그 판매를 위임하는 형태이다. 경영계약일 경우 위탁자(소유주)는 경영수수료를 지불하게 되고, 위탁운영회사는 단순히 상호나 명의를 이용하여 판매하는 것이기 때문에 판매 손익은 위탁자에게 귀속된다.

30 다음 음료 중 Hard Drink에 속하는 것은?

① 포도주
② 커 피
③ 코코아
④ 홍 차

해설

Hard Drink는 포도주, 위스키, 샴페인, 보드카 등이다.

31 호텔연회에서 중국식 코스요리를 큰 플레터(Platter)에 담아 고객에게 보여준 후 서빙포크와 스푼으로 덜어 고객의 작은 접시에 직접 제공하는 서비스 방식은?

① Russian Service
② French Service
③ American Service
④ Buffet Service

해설

② 고객 앞에서 직접 음식을 만들어주거나 미리 만든 음식을 보여준 뒤 접시에 담아 제공하는 호화로운 방식으로, 종업원의 숙련된 솜씨가 요구되는 서비스이다.
③ 주방에서 음식을 접시에 담아 서브하는 방식으로 가장 실용적이고 널리 이용되는 서비스이다.
④ 이미 준비된 음식을 기호에 따라 각자 먹을 수 있도록 하는 셀프서비스 형태이다.

정답 29 ② 30 ① 31 ①

32 호텔 기업을 프랜차이즈(Franchise)시스템으로 발전시켜 성공한 사람은 누구인가?

① 핸더슨(E. Henderson)
② 힐튼(C. N. Hilton)
③ 윌슨(K. Wilson)
④ 볼트(G. Bolt)

33 호텔의 경영형태에 관한 설명으로 옳지 않은 것은?

① 조인트 벤처(Joint Venture) – 주로 자본제휴를 통해 호텔을 운영하는 것으로 Sheraton 호텔이 대표적이다.
② 리퍼럴 그룹(Referral Group) – 독립 호텔들이 상호 연합하여 운영하는 공동경영방식으로 Best Western 호텔이 대표적이다.
③ 위탁경영호텔(Management Contract Hotel) – 경영 노하우를 가진 호텔이 계약을 통해 다른 호텔을 경영하는 방식으로 Hilton 방식이라고도 한다.
④ 프랜차이즈 호텔(Franchise Hotel) – 경영 노하우를 소유한 가맹호텔(Franchise)들이 본부(Franchisor)를 형성하여 운영하는 형태로 Hyatt 호텔이 대표적이다.

34 다음 중 호텔비용 평가를 위한 경영수단으로 개발한 제도는?

① Cost Control
② Benefit And Cost Ratio
③ Zero Base Budgeting
④ Capital Budgeting

35 다음 중 호텔 객실요금의 계산방법이 아닌 것은?

① 객실유효율에 의한 실료 계산
② 객실수용률에 의한 실료 계산
③ 평균객실요금의 계산
④ 휴버트방식(The Hubbart Formula)

해설
호텔 객실요금의 계산방법에는 평균객실요금의 계산, 휴버트방식에 의한 계산, 수용률에 의한 계산이 있다.

36 호텔의 할인요금 중 비수기에 적용되는 요금체계는?

① Single Rate
② Season Off Rate
③ Commercial Rate
④ Guide Rate

해설
비수기(Season Off)의 경영 대책으로, 이용률이 적은 계절에 한하여 할인해 주는 요금이다.

37 다음 중 프랑스 와인산지로 옳은 것은?

① 라인, 모젤
② 리오하, 안달루시아
③ 피에몬테, 토스카나
④ 보르도, 부르고뉴

해설
보르도와 부르고뉴는 세계적인 와인 생산국인 프랑스의 양대 산맥으로 불린다.
① 독일의 와인산지
② 스페인의 와인산지
③ 이탈리아의 와인산지

38 다음 중 혼성주가 아닌 것은?

① 보드카
② 베네딕틴
③ 큐라소
④ 샤르트뢰즈

해설
보드카는 증류주이다.

정답 35 ① 36 ② 37 ④ 38 ①

소주는 증류주이다.

39 다음 중 발효주가 아닌 것은?

① 맥 주
② 포도주
③ 청 주
④ 소 주

고객의 호텔 도착시간이 그 다음 날 새벽이나 아침이면, 호텔은 그 전날부터 객실을 비워두었으므로 그에 해당하는 객실요금을 받는 것을 Midnight Charge라 한다.

40 다음 중 호텔의 할인요금이 아닌 것은?

① Commercial Rate
② Group Rate
③ Guide Rate
④ Midnight Charge

② 콘도미니엄, ③ 선박, ④ 비행기

41 호텔의 경영단위는?

① Room
② Unit
③ Cabin
④ Class

숙박등록카드(Registration Card)
고객이 처음으로 투숙했을 때 작성하는 카드이다.

42 호텔의 고객 만족도 측정수단으로 적합하지 않은 것은?

① Questionaire
② Comment Card
③ Proposed Index
④ Registration Card

정답 39 ④ 40 ④ 41 ① 42 ④

43 주로 생선요리와 함께 마시는 포도주는?

① White Wine
② Red Wine
③ Port Wine
④ Cognac

일반적으로 생선요리에는 백포도주, 육류요리에는 적포도주를 마신다.

44 우리나라의 일반 레스토랑에서 널리 이용되는 서비스 형태는?

① French Service
② American Service
③ English Service
④ Russian Service

② Plate Service로도 불린다.

PART 3

45 관광숙박업 중 호텔업의 분류로 옳지 않은 것은?

① 휴양콘도미니엄업
② 한국전통호텔업
③ 수상관광호텔업
④ 호스텔업

호텔업의 종류(관광진흥법 시행령 제2조 제1항 제2호 참조)
• 관광호텔업
• 수상관광호텔업
• 한국전통호텔업
• 가족호텔업
• 호스텔업
• 소형호텔업
• 의료관광호텔업

46 Table D'hote Restaurant란?

① 주문에 의해 요리되는 일품요리 식당
② 뷔페식당
③ 풀코스 제공 식당
④ 셀프서비스식 식당

Table D'hote Restaurant은 풀코스를 제공하는 식당이다.

정답 43 ① 44 ② 45 ① 46 ③

셰리주(Sherry)는 식사 전에 마시는 포도주이다.
②·③ 식사 중에 마시고, ④ 식후에 마신다.

47 다음 중 식전에 마시는 포도주는?

① Sherry   ② White Wine

③ Red Wine   ④ Cognac

② 힐튼호텔(1919년 설립)의 창업자
③ 홀리데이 인(1952년 설립)의 창업자로 모
   텔의 체인화를 활성화
④ 1937년 Robert Moore와 함께 쉐라톤 호
   텔 창립

48 1908년 미국 버팔로에 호텔을 건립하여 미국의 상용호텔 시대를 열게
하고, 호텔의 왕이라고 불리며 미국 호텔산업을 대중화시킨 사람은?

① Ellsworth Milton Statler

② Conrad Hilton

③ Kemmons Wilson

④ Ernest Henderson

저요금전략을 철저하게 고수한 점이 홀리데
이 인의 경영상 특징이며, ①·③ 힐튼, ④ 스
타틀러의 경영방법이다.

49 홀리데이 인(Holiday-inn)의 창시자인 윌슨(Wilson)의 경영비결은?

① 시간, 동작연구 활용

② 저요금을 위한 셀프서비스제도

③ 체인화 이론 적용

④ 최고 서비스제도 도입

호텔정보시스템(HIS)은 크게 프런트 오피스
시스템, 백 오피스 시스템, 업장경영관리 시
스템, 인터페이스 시스템의 4가지 분야로 나
누어진다.
① 정확하게는 Fidelio & Opera 시스템으로,
   프런트 오피스 시스템에 해당한다.
②·③·④ 항공예약시스템(CRS)이다.

50 다음 중 호텔 프런트 오피스 시스템은?

① Opera   ② Amadeus

③ Galileo   ④ Sabre

정답 47 ①   48 ①   49 ②   50 ①

PART 4
관광교통업

CHAPTER 01 관광과 교통

CHAPTER 02 분야별 관광교통사업

핵심 실전 문제

관광교통업 중요도 ★★☆

관광통역안내사 관광학개론 기출 빈도표

출제 영역	2024년	2023년	2022년	2021년	2020년
관광의 기초	6	9	10	8	7
관광여행업	1	1	1	1	2
관광숙박업	5	2	2	2	3
관광교통업	–	5	3	1	4
관광객이용시설업	2	2	2	2	1
국제회의업	2	1	1	3	1
관광마케팅	1	1	–	1	1
국제관광 및 관광정책	8	2	6	6	4
관광과 환경	–	–	–	1	2
현황 문제	–	2	–	–	–
합 계	25	25	25	25	25

관광교통업에서는 교통의 개념과 관광교통업의 의의에 대해 정리하며, 분야별 관광교통사업의 개념과 분류, 특징 등을 학습합니다. 관광교통업은 출제비율이 13% 정도로 고득점을 얻기 위해서 철저히 학습해야 하는 부분입니다. 특히 항공 관광교통사업에 대한 출제빈도가 높은 편이므로 해당 부분을 주의 깊게 학습해야 합니다.

04 | 관광교통업

01 관광과 교통

1 교통의 개념

(1) 정 의

① 사람이나 화물의 이동과 운반을 위하여 장소 간의 거리를 극복하려는 행위를 말한다.

② 표준국어대사전의 정의 : 자동차 · 기차 · 배 · 비행기 따위를 이용하여 사람이 오고 가거나, 짐을 실어 나르는 일이다.

③ 국어대사전의 정의(이희승) : 오고가는 일, 좀 더 구체적으로 서로 떨어진 지역 간에 있어서 사람의 왕복, 화물의 수송, 기차 · 자동차 등을 운행하는 일의 총칭이다.

④ 레이(J. Ray)의 정의 : 교통은 역사적으로 볼 때 재화나 용역뿐만 아니라 사상까지 교류될 수 있는 토대를 마련하기 때문에 사회성장에 커다란 공헌을 해왔다.

⑤ 카터(E. C. Carter)의 정의 : 교통은 사회활동이 일어나는 무수한 위치를 연결하면서 사회에 이바지하는 데 고안된 서비스이다.

더 알아보기 **교통의 어원과 정의**

- 교통의 어원
  영어로 '교통'을 의미하는 'Transport'는 'Trans-'의 '가로질러서, 넘어서서'라는 뜻과 'Porte'의 '나르다'의 복합어로서 '가로질러서 나르다'의 의미이고, 독일어인 'Verkehr'에는 '한 장소에서 행하고 다른 장소에서도 따라서 행한다'는 뜻이 내포되어 있다.
- 교통의 정의

  인간의 이동 - 교 통 ┐

  화물의 이동 - 수 송 ┤─ 교통(협의) ┐

  의지의 이동 - 통 신 ┘─────── 교통(광의)

---

(2) 의 의

① 인간의 의식주를 해결하기 위한 모든 경제활동이나 사회활동은 전적으로 교통이라는 수단에 의해서 이루어졌다.

② 경제의 발달은 상품의 생산과 분배활동에 크게 의존하는데, 교통은 상품을 보다 더 필요성이 큰 곳으로 신속히 이동시켜 **공간적 효용과 시간적 효용을 증대시키는** 역할을 한다.

③ 인구문제, 교육, 도시팽창, 주거환경 등 현대사회가 안고 있는 제반 문제점은 대부분 교통문제와 관련을 맺고 있다.

④ 교통시설과 교통수단으로 이루어지는 **교통서비스의 궁극적인 목표는 이동성과 접근성을 제공하는 것**으로서 편리성, 쾌적성, 안전성, 경제성, 신속성을 띠어야 하며, 서비스를 제공받는 개인은 이들 각 요소의 중요도를 주관적으로 판단하여 교통수단이나 교통시설을 선택한다.

(3) 기 능

① 승객과 화물을 일정한 시간에 목적지까지 운송한다.

② 문화, 사회활동 및 기타 건강, 교육 등의 활동을 수행하는 데 이동성을 부여한다.

③ 도시화를 촉진하고 대도시와 주변 도시를 유기적으로 연관시켜 준다.

④ 산업활동의 생산성을 제고하고 생산비를 낮추는 데 기여한다.

⑤ 유사시에 국가방위에 기여한다.

⑥ 도시 간 혹은 지역 간의 정치·사회적 교류를 촉진한다.

⑦ 소비자에게 여러 가지 **품목(물건)**을 제공하고 교역의 범위를 확대한다.

(4) 3대 요소

① **교통주체** : 사람, 물건 등

② **교통수단** : 자동차, 버스, 지하철, 철도, 비행기, 선박 등

③ **교통시설** : 교통로(도로, 철도, 항로), 역, 주차장, 공항, 항만 등

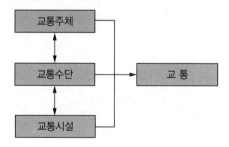

(5) **교통의 공간적 분류와 특성**

교통서비스 대상 지역의 규모에 따라 국가, 지역, 도시, 지구, 교통축으로 구분된다.

[교통의 공간적 분류와 특성]

공간적 분류 \ 구 분	교통계획목표	공간범위	교통체계	교통특성
국가교통	• 국토이용의 효율성을 제고하기 위한 교통망 형성 • 국토의 균형발전을 위한 교통망 형성	국가 전 지역	• 고속도로 • 철 도 • 항 공 • 항 만	• 화물과 승객의 장거리 이동 • 국가 경제발전의 측면에서 접근
지역교통	• 지역 간 승객 및 화물이동 촉진 • 지역의 균형발전을 위한 교통망	• 지 역 • 광 역	• 고속도로 • 철 도 • 항 공	• 화물과 승객의 장거리 이동 • 지역생활권 간의 교류
도시교통	• 도시 내의 교통효율성 증진 • 대량 교통수요의 원활한 처리	도 시	• 간선도로 • 승용차 • 이면도로 • 택 시 • 도시고속도로 • 지하철 • 전 철 • 버 스	도시 경제활동을 위한 교통서비스
지구교통	• 지구 내 자동차의 통행제한 • 안전하고 쾌적한 보행자 공간의 확보 • 대중교통체계의 접근성 확보	• 주거단지 • 상점가 • 도심지 일부 • 터미널	• 이면도로 • 주차장 • 골 목 • 보조간선도로	• 블록으로 형성 • 근린지구의 교통처리
교통축교통	• 교통축별 교통처리능력의 향상 • 교차로 용량의 증대	교통축	• 간선도로 • 교차로 • 승용차 • 택 시 • 버 스 • 지하철	• 교통체증이 발생되는 축 • 도심과 연결되는 주요 동서 · 남북 · 방사선 간선도로

(6) 교통수단에 의한 분류

① **개인교통수단** : 자가용, 오토바이, 렌터카, 자전거 등을 이용하는 이동성과 비정기성의 교통수단
② **대중교통수단** : 버스, 지하철과 같은 대량 수송수단으로, 일정한 노선과 스케줄에 의해 운행되는 교통수단
③ **준대중교통수단** : 택시 등 자가용과 대중교통수단의 중간에 위치하면서 고정적인 운행스케줄이 없고, 승객이 서비스에 대한 요금을 지불하는 교통수단
④ **화물교통수단** : 철도, 트럭, 트레일러 등을 이용하여 화물을 수송하는 교통수단
⑤ **보행교통수단** : 도보에 의한 교통수단으로서 어떤 교통목적을 충족시킬 수 있을 뿐만 아니라 타 교통수단의 연계기능을 하는 교통수단
⑥ **서비스교통수단** : 소방차, 구급차, 이동우편차, 이동도서차, 청소차 등 공공서비스를 제공하는 교통수단

[교통수단에 의한 분류]

구 분	수 단	인원 수송	화물 수송
도 로	트 럭	–	도시 간 또는 지구 내 모든 종류의 화물, 통상 적재량이 적음, 콘테이너 이용 가능
	버 스	도시 간 또는 지구 내	도시 간의 소화물
	승용차	도시 간 또는 지구 내	개인용품 수송
	자전거	지구 내, 위락수단	–
철 도	철 도	도시 간, 출퇴근용	도시 간의 대형 화물
	전 철	도시 내, 지역 내	–
항 공	국제항공	국가 간, 장거리, 해양횡단	고가품의 장거리 수송
	국내항공	도시 간, 관광객, 사업목적	소규모
해 운	외항선박	승무원	화물, 컨테이너 이용
	연안선박	항구 간 여객, 관광객	화물, 바지선 이용
기 타	관 로	–	오일, 천연가스의 장·단거리 수송
	벨트, 컨베이어	에스컬레이터, 수평이동벨트, 짧은 거리	재료 수송, 15km 이내
	삭도 (케이블)	리프트 및 토우, 험한 지형에서 단거리, 관광객	험한 지형에서 재료 수송

2 관광교통업의 의의

(1) 개 념

관광교통업이란 일상생활을 떠나 매력 있는 관광지 방문의 접근성 제고와 동시에 관광자원의 성격을 띠는 교통수단과 서비스를 제공하여 경제적 · 사회적 · 문화적 이익을 창출하는 사업으로 관광교통시설은 관광자원화된 교통시설을 말한다.

(2) 기본성격 ⭐

① **무형재** : 관광교통사업이 제공하는 상품의 본질을 즉시재 또는 무형재라 한다. 교통서비스는 생산되는 순간 소비되지 않으면 실효를 거둘 수 없기 때문이다. 즉, 생산 즉시 소비, 소비 즉시 생산의 성격을 띠고 있기 때문에 교통서비스의 저장이 불가능하다. 이는 교통수요에 대하여 항상 대처할 수 있는 적정규모의 수송시설이 사회적으로 마련되어 있어야 한다는 것을 의미한다.

② **수요의 편재성** : 교통수요는 시간적 · 계절적으로 심각한 편중현상을 보인다. 즉, 출 · 퇴근이나 업무상 출장과 같은 '생산적 교통수요'인 경우에는 계절성에 관계없이 대체적으로 안정된 반면, 관광여행이나 쇼핑과 같은 '소비적 교통수요'인 경우에는 기후 조건 또는 사회적 · 경제적 조건에 영향을 많이 받는다. 특히 관광교통은 출 · 퇴근 등과 같은 별도의 목적으로 교통수단을 이용하는 파생수요와는 달리 관광 자체를 순수목적으로 하는 관광수요이므로 수요의 탄력성이 매우 크다.

③ **자본의 유휴성** : 관광교통수요가 시간적 · 지역적으로 편중되어 있어서 관광성수기를 제외하면 적재력이 항상 남아돌아 자본의 유휴성이 높다.

④ **독점성** : 일정한 노선을 확보한 교통사업은 자연적인 독점형태의 성격을 띤다.

> **더 알아보기** **관광교통업의 종류**
>
> - 철도운송업
> - 항공업
> - 운송업(Common Carrie)
> - 해운업
> - 육상운송업

---

(3) 특 성

① 관광교통서비스는 관광객이 관광교통기관을 직접 찾아가는 형태로 생산과 소비가 이루어지기 때문에 다른 용도로 사용할 수 있는 시간을 희생하는 시간이 많아 시간의 가치성을 중시한다. 따라서 거주지에서 관광목적지까지의 이동시간이 짧은 관광교통수단을 선호하게 된다.

② 관광교통사업에서 제공되는 신속성 · 쾌적성 · 교통체계의 연계성 등이 각각 상이한 특징을 띠고 있기 때문에 대부분의 관광객은 쾌적하고 안락하며, 환승 횟수가 적은 관광교통수단을 선호한다.

③ 관광교통사업에서 제공되는 서비스는 재고 불가능한 서비스라는 특성상 수요편중이 심하여 성수기에는 교통시설의 수용량, 수송설비능력, 교통관련시설 부족 등이 발생한다. 반면 성수기 수요에 대처하기 위하여 관광교통 관련시설을 확충한다면 비수기에는 시설이나 설비가 유휴화되어 자본의 낭비가 발생한다.

④ 관광교통사업은 국민의 권리인 사회활동과 관광객들의 기본적인 권리인 관광활동을 하는 데 필요한 수단으로서의 공익성과 기업으로서 추구하는 수익성을 동시에 가지고 있는 성격을 띤다.

⑤ 관광교통사업의 서비스는 신속성 · 정확성 · 안전성 · 경제성 · 연계성 등을 유지하도록 항상 적정 수준의 기술을 유지해야 한다. 특히 관광교통은 희귀성 · 진기성 · 호화성 · 쾌적성 등의 요소가 갖추어질 때 '관광가치'를 갖게 되는 것이다.

⑥ 관광교통기관이 이용하는 교통로는 관광교통수단과 어울리는 관광도로의 부설이 필요하다. 특히 관광지와 관광지 간, 또는 관광자원 간의 특정구간에 경관성이 탁월한 경관도로, 수변탐방로, 산악탐방로, 해안도로, 자전거도로 등을 개발하고, 다양한 관광루트를 개발하여 관광객의 이용편의를 도모하여야 한다.

⑦ 관광교통사업은 인력에 크게 의존하므로 운송과 정비분야의 종사자는 24시간 긴장상태에서 근무해야 하고, 조종사 · 운전사 · 기관사 등은 엄격한 규율 아래 한순간의 방심도 없이 근무해야 한다.

02 분야별 관광교통사업

1 철도 관광교통사업

(1) 의 의

철도는 육상교통의 가장 대표적인 수송수단으로서 세계 각국의 관광사업에 크게 기여하였고 산업혁명 이후 관광객의 왕래에 중요한 역할을 담당해 왔다. 특히, 육상에서의 원거리 여행은 철도에 의해서 보급되었고 관광지의 개발은 철도의 부설이 있고 나서 본격화되었으며, 개발된 관광지의 교통수단으로 이용도를 높여왔다. 그러나 최근 항공기와 자동차의 발달로 이용률이 급속히 감소하고 있는 실정이다.

[기차여행]

(2) 발전방향

① 철도의 전철화, 스피드화, 객실설비의 개선, 열차편성의 개혁, 서비스 향상, 철도여객의 급식 개선 등이 활발히 추진되고 있다.

② 주유권(周遊券)과 쿠폰(Economic Coupon)의 발매, 각종 할인제도의 실시 등으로 철도의 관광이용을 촉진시키고 있다.

　※ Economic Coupon : 출발 시부터 도착 시까지 필요한 철도승차권, 숙박권, 관람권이 세트로 구성되어 있으며 비수기에는 대폭적인 할인혜택이 주어지는 쿠폰

③ 관광지 내에 관광목적을 위한 등산철도, 유람철도 등 관광객 구미에 맞는 새로운 형태의 철도를 개발하고 있다.

여객열차에서의 금지행위(「철도안전법」 제47조 제1항)

- 정당한 사유 없이 국토교통부령으로 정하는 여객출입 금지장소에 출입하는 행위
- 정당한 사유 없이 운행 중에 비상정지버튼을 누르거나 철도차량의 옆면에 있는 승강용 출입문을 여는 등 철도 차량의 장치 또는 기구 등을 조작하는 행위
- 여객열차 밖에 있는 사람을 위험하게 할 우려가 있는 물건을 여객열차 밖으로 던지는 행위
- 흡연하는 행위
- 철도종사자와 여객 등에게 성적(性的) 수치심을 일으키는 행위
- 술을 마시거나 약물을 복용하고 다른 사람에게 위해를 주는 행위
- 그 밖에 공중이나 여객에게 위해를 끼치는 행위로서 국토교통부령으로 정하는 행위
  - 여객에게 위해를 끼칠 우려가 있는 동식물을 안전조치 없이 여객열차에 동승하거나 휴대하는 행위
  - 타인에게 전염의 우려가 있는 법정 감염병자가 철도종사자의 허락 없이 여객열차에 타는 행위
  - 철도종사자의 허락 없이 여객에게 기부를 부탁하거나 물품을 판매 · 배부하거나 연설 · 권유 등을 하여 여객 에게 불편을 끼치는 행위

2 자동차 관광교통사업

(1) 여객자동차운수사업의 의의

관광과 밀접한 연계교통수단인 전세버스, 렌터카, 여행전문차량 등의 여객자동차운수사업은 여행자에게 있어 관광지 이동의 핵심역할을 수행하고 있다. 관광활동에 자동차를 이용하는 이유는 도로를 이용하여 관광자원이 분포되어 있는 가장 가까운 곳까지 접근할 수 있는 접근성과 편리성이 있기 때문이다.

(2) 여객자동차운수사업의 종류(「여객자동차 운수사업법」 제2조)

① 여객자동차운송사업 : 다른 사람의 수요에 응하여 자동차를 사용하여 유상으로 여객을 운송하는 사업

② 자동차대여사업 : 다른 사람의 수요에 응하여 유상으로 자동차를 대여하는 사업

③ 여객자동차터미널사업 : 여객자동차터미널을 여객자동차운송사업에 사용하게 하는 사업

④ 여객자동차운송플랫폼사업 : 여객의 운송과 관련한 다른

[여객자동차터미널]

사람의 수요에 응하여 이동통신단말장치, 인터넷 홈페이지 등에서 사용되는 응용프로그램을 제공하는 사업

(3) 여객자동차운송사업

① 여객자동차운송사업의 종류(「여객자동차 운수사업법」 제3조)

　㉠ 노선여객자동차운송사업 : 자동차를 정기적으로 운행하려는 구간(노선)을 정하여 여객을 운송하는 사업

- 시내버스운송사업
- 농어촌버스운송사업
- 마을버스운송사업
- 시외버스운송사업

ⓛ 구역여객자동차운송사업 : 사업구역을 정하여 그 사업구역 안에서 여객을 운송하는 사업

- 전세버스운송사업
- 특수여객자동차운송사업
- 일반택시운송사업
- 개인택시운송사업

ⓒ 수요응답형 여객자동차운송사업 : 다음의 어느 하나에 해당하는 경우로서 운행계통·운행시간·운행횟수를 여객의 요청에 따라 탄력적으로 운영하여 여객을 운송하는 사업

- 농촌과 어촌을 기점 또는 종점으로 하는 경우
- 신도시, 심야시간대 등 대중교통수단이 부족하여 교통불편이 발생하는 경우
- 수요응답형 여객자동차운송사업 면허의 규제특례를 받아 운행 등 실증과정을 거친 지역에서 특별시장·광역시장·특별자치시장·도지사·특별자치도지사가 필요하다고 인정하는 경우

② 여객자동차운송사업의 등록기준(「여객자동차 운수사업법 시행규칙」 별표 3)

ⓐ 등록기준대수

업 종	지역별 자동차 등록기준 대수		
	특별시 및 광역시	시	군(광역시의 군 제외)
전세버스운송사업	20대 이상	10대 이상	10대 이상
특수여객자동차 운송사업	1대 이상	1대 이상	1대 이상
마을버스운송사업	7대 이상	5대 이상	5대 이상

※ 전세버스운송사업의 영업소를 설치하는 경우 상주시켜야 하는 자동차 대수는 5대 이상으로 한다. 마을버스운송사업의 운행노선이 섬과 외딴 곳, 그 밖의 특수한 사정이 있는 지역인 경우에는 시·도의 조례에서 정하는 바에 따라 등록기준대수를 완화할 수 있다. 마을버스운송사업자는 상용자동차의 고장·검사·점검 등이나 교통체증으로 인하여 대체운행이 필요하거나 일시적인 수송수요의 증가에 대응할 수 있도록 하기 위하여 상용자동차 대수의 20퍼센트 범위에서 예비자동차를 확보할 수 있다.

ⓑ 보유차고의 면적기준

업 종	구 분	대당 면적(최저)
전세버스운송사업	대 형	$36m^2 \sim 40m^2$
	중 형	$23m^2 \sim 26m^2$
특수여객자동차운송사업	대형승합자동차	$36m^2 \sim 40m^2$
	중형승합자동차	$23m^2 \sim 26m^2$
	소형승합자동차	$15m^2 \sim 17m^2$
	승용자동차	$13m^2 \sim 16m^2$
마을버스운송사업	대 형	$36m^2 \sim 40m^2$
	중 형	$23m^2 \sim 26m^2$

③ 운수종사자의 금지행위(「여객자동차 운수사업법」 제26조 제1항)

ⓐ 정당한 사유 없이 여객의 승차를 거부하거나 여객을 중도에서 내리게 하는 행위

ⓑ 부당한 운임 또는 요금을 받는 행위

ⓒ 일정한 장소에서 오랜 시간 정차하여 여객을 유치(誘致)하는 행위

ⓔ 문을 완전히 닫지 아니한 상태에서 자동차를 출발시키거나 운행하는 행위

ⓜ 여객이 승하차하기 전에 자동차를 출발시키거나 승하차할 여객이 있는데도 정차하지 아니하고 정류소를 지나치는 행위

ⓗ 안내방송을 하지 아니하는 행위(국토교통부령으로 정하는 자동차 안내방송 시설이 설치되어 있는 경우에 한함)

ⓢ 여객자동차운송사업용 자동차 안에서 흡연하는 행위

ⓞ 휴식시간을 준수하지 아니하고 운행하는 행위

ⓩ 운전 중에 방송 등 영상물을 수신하거나 재생하는 장치를 이용하여 영상물 등을 시청하는 행위(단, 지리안내 영상 또는 교통정보안내 영상, 국가비상사태·재난상황 등 긴급한 상황을 안내하는 영상, 운전 시 자동차의 좌우 또는 전후방을 볼 수 있도록 도움을 주는 영상은 제외)

ⓒ 택시요금미터를 임의로 조작 또는 훼손하는 행위

ⓚ 그 밖에 안전운행과 여객의 편의를 위하여 운수종사자가 지키도록 국토교통부령으로 정하는 사항을 위반하는 행위

④ 운송약관의 기재사항(「여객자동차 운수사업법 시행규칙」 제30조)

ⓖ 사업의 종류

ⓛ 운송약관의 적용범위

ⓒ 운임 및 요금의 수수 또는 환급에 관한 사항

ⓔ 승차권의 발행에 관한 사항

ⓜ 자동차 안의 휴대품 및 휴대화물에 관한 사항

ⓗ 운송책임과 배상에 관한 사항

ⓢ 면책에 관한 사항

ⓞ 여객의 금지행위에 관한 사항

ⓩ 소화물 운송에 관한 사항(노선 여객자동차운송사업자가 「여객자동차 운수사업법」 제18조에 따라 소화물을 운송하는 경우에 한정)

ⓒ 그 밖에 이용자의 보호 등을 위하여 필요한 사항

[관광과 교통]

더 알아보기 전세버스운송사업의 문제점 및 발전방향

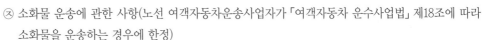

• 문제점
  - 서비스 정신의 결여
  - 종사원들의 열악한 근무환경
  - 지입제 차량운행과 정비불량
  - 과다경쟁으로 인한 전세버스 요금의 하락세
  - 노후화된 차량
  - 관광문화의식의 부족

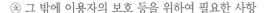

• 발전방향
  - 대여자동차업체와의 차종확대문제 해결 및 상호협력관계 유지
  - 전세버스 신규등록 시 등록증교부요건의 강화
  - 전세버스사업 양도·양수의 원활화
  - 특별수송기간 중 전세버스의 운송합법화
  - 전세버스운송조합의 업무기능 강화

(4) 자동차대여사업

① 정의 : 자동차를 이용하는 고객 요구에 부응하여 자동차와 이에 부과되는 시스템을 제공하는 새로운 서비스사업으로, Rent - A - Car System 또는 Car Rental System이라고 한다.

② 특징 : 철도 · 항공기 · 버스 · 택시 등 공공수송기관의 보완적 교통수단 및 도시 주변, 근교, 관광지 등을 연계하는 공공수송기관의 대체교통기관으로서 기능을 발휘하고 있다.

  ㉠ 철도 · 항공기와의 결합수송서비스

  ㉡ 여행업과의 제휴서비스

  ㉢ 여가업과의 제휴 등 부가서비스

  ㉣ 지역경제의 활성화

  ㉤ 경쟁사업과의 역할 분담

③ 대여사업용 자동차의 종류

  ㉠ 승용자동차

  ㉡ 경형승합자동차

  ㉢ 소형승합자동차

  ㉣ 중형승합자동차(승차정원 15인승 이하)

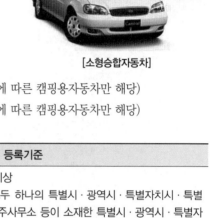

[소형승합자동차]

  ㉤ 경형특수자동차(「자동차관리법 시행규칙」 제30조의2에 따른 캠핑용자동차만 해당)

  ㉥ 소형특수자동차(「자동차관리법 시행규칙」 제30조의2에 따른 캠핑용자동차만 해당)

④ 등록기준(「여객자동차 운수사업법 시행규칙」 별표 6)

항 목	등록기준
등록기준 대수	• 영업구역이 전국인 경우 : 50대 이상 • 주사무소, 영업소 및 예약소가 모두 하나의 특별시 · 광역시 · 특별자치시 · 특별자치도 또는 시 · 군에 소재하고, 주사무소 등이 소재한 특별시 · 광역시 · 특별자치시 · 특별자치도 또는 시 · 군에서만 영업행위를 하는 경우 : 50대 미만의 범위에서 해당 지방자치단체의 조례로 정하는 대수
보유 차고의 면적 (대당 최저면적) 또는 주차면수	• 면적기준 : 보유 자동차 1대당 해당 자동차의 길이와 너비를 곱한 면적 • 주차면수기준 : 「주차장법 시행규칙」 제3조 제1항에 따른 주차단위구획의 수 또는 같은 항의 기준을 적용하여 산정한 주차면수
사무실 (주사무소 · 영업소 및 예약소)	• 수익금 및 배차의 관리 등 대여사업의 수행에 필요한 사무설비 및 통신시설을 갖출 것 • 다만, 무인 예약 · 배차 · 요금정산 시스템을 갖춘 영업소 및 예약소는 제외한다.

⑤ 영업구역 : 자동차대여사업의 영업구역은 전국으로 한다. 다만, 대여사업용 자동차를 상시 주차시켜 영업할 수 있는 장소는 주사무소 또는 영업소가 설치된 곳으로 한다.

⑥ 대여약관의 기록사항(「여객자동차 운수사업법 시행규칙」 제68조)

  ㉠ 대여사업용 자동차의 종류

  ㉡ 요금 및 보증금의 수수 또는 환급에 관한 사항

  ㉢ 대여사업용 자동차의 취급에 관한 사항

  ㉣ 대여책임이 시작되는 시기 및 끝나는 시기

ⓤ 대여사업자와 임차인 간의 책임 및 면책에 관한 사항

ⓥ 보험가입 및 손해배상에 관한 사항

ⓦ 기타 대여사업자 및 임차인의 준수사항 등 자동차대여에 관하여 필요한 사항

⑦ 발전방향

㉠ 제도적 측면

- 교통기관으로서 운영시스템의 확립 : 연계수송에 필요한 전용승강장의 설치, 전용주차장의 지정, 예약데스크의 설치면적 확보 등
- 전국 영업망의 구축 : 프랜차이즈의 도입 등
- 이용자가 선호하는 차종 개발 : 렌터카 이용자의 욕구에 부응하는 다양한 차량공급

㉡ 서비스 측면

- 종사자의 자질 향상 : 이용자는 대여운영은 물론 차량의 상품지식·운전지식·보험지식에 정통한 실무자로부터 친절하고 전문적인 조언을 바라기 때문에 서비스를 담당한 종사원은 다방면의 지식이 요구된다.
- 영업망 확충으로 편의 제공 : 고객의 접근이 쉬운 거점 확보와 편도대여 이용의 활성화를 위하여 전국 영업망의 확충이 필요하다.
- 결합상품의 개발 : 철도, 항공기, 렌터카, 숙박시설의 연계를 포괄하는 패키지상품의 개발이 필요하다.
- 예약시스템의 구축 : 전화나 팩스, 컴퓨터 등을 이용하여 짧은 시간 안에 예약이 가능한 예약시스템의 구축이 필요하다.
- 편도대여의 활성화 : 렌터카사업이 활성화되려면 편도대여의 활성화가 도모되어야 한다.
  - 대규모 렌터카 회사의 전국 영업망의 형성
  - 도시 간의 많은 교통량으로 차의 편재가 적고 회송비 부담의 최소화
  - 차량운반차로 운반할 편재차량의 법적 상주 허용

더 알아보기 　용어의 정의

- 렌터카(Rental Car) : 전세차 또는 임대차를 지칭하며, 차를 제공하고 이에 대한 사용료를 치르는 것으로 대여기간이 짧은 Car Rental(대여자동차)과 같은 의미로 사용함
- 리무진(Limousine) : 공항과 시내 호텔 간 또는 공항과 항공회사의 시내 영업소 간을 통상보다 저렴한 요금을 책정하여 여객서비스용으로 운행하고 있는 버스로, 짐이 많은 관광객용으로 특별 제작됨
- 브리트레일 패스(Britrail Pass) : 영국 철도 할인 이용권
- 아메리 패스(Ameri Pass) : 미국 전역 및 캐나다, 멕시코 일부의 지역이 포함된 버스 이용권 내의 장거리 버스 주유권
- 유로파 버스(Europa Bus) : 유럽 각국의 국철이 공동 운행하고 있는 버스노선으로 유럽철도도로운송연맹이 경영하는 유로파 버스는 1951년부터 유럽 대륙의 국제 루트(12개국)의 장거리 노선을 운행함
- 가족여행용 트레일러 하우스(Trailer House) : 침실, 조리실, 화장실을 구비한 소형 가옥을 관광지에 끌고 다니는 형식의 자동차
- 로텔(Rotel) : 다수인의 숙박·식사 설비를 갖춘 대형 버스

---

3 해상 관광교통사업

(1) 해상교통업의 개념

① **정의** : 해상교통 또는 해운은 해상에서 선박을 이용하여 사람·화물을 운송하고 그 대가로 운임을 받는 상행위를 말한다.

② **해상교통업의 발달** : 철도교통업과 마찬가지로 관광산업에 중요한 역할을 담당하였으며, 2차 세계 대전 전까지 국제관광은 해운교통업에 의하여 가능하였다. 19세기 증기기관의 원리가 선박에 응용되면서 발전은 계속되었고, 19~20세기 서유럽과 대서양에는 관광여행객이 급증하였다. 1950년 이후 공공교통기관에서 관광객 대상의 특수여객운수업으로 성격이 바뀌었으며, 항공기 발달 이후 크게 감소했던 선박 이용은 최근 들어 선박 자체의 관광성이 높아지면서 고급 선박여행이 다시 출현하고 있다.

> **더 알아보기** 용어의 정의
>
> • **자유항(Free Port)** : 수출입품에 관세를 부과하지 않고 출입이 자유로운 개항으로서, 무역 촉진을 위한 외국 선박의 출입 자유책이며, 자국의 관세행정을 적용하지 않는다.
> • **주유관광선(Cruise Ship)** : 정기노선 여객선이 아닌 여행업자나 선박회사가 포괄요금으로 관광객을 모집하여 운항하는 여객선으로, 항해와 외국 구경의 두 가지 여행을 즐길 수 있는 이점이 있다. 카리브해안이 가장 성행하고, 그 외 지중해·태평양 세계일주선이 운항된다.
> • **카페리(Car Ferry)** : 차량과 함께 승객을 탑승시킬 수 있는 선박으로, 자가용 여행의 발달로 인해 증가하였다.
> • **수중익선(Hydrofoil Boat)** : 선체 밑에 날개가 달려 있어 고속으로 달릴 때 선체가 물 위로 떠오르는 형태의 선박을 말한다.
> • **호버 크라프트(Hover Craft)** : 압축공기를 이용하여 수면에서 약간 뜬 상태로 나아가는 보트로 수중익선에 비해 진동이 적다.

(2) 해상여객운송사업

① **정의(「해운법」 제2조 제2호)** : 해상이나 해상과 접하여 있는 내륙수로에서 여객선 또는 수면비행선박으로, 사람 또는 사람과 물건을 운송하거나 이에 따르는 업무를 처리하는 사업으로서 「항만운송사업법」에 따른 항만운송관련사업 외의 것을 말한다.

② **사업의 종류(「해운법」 제3조)**

　㉠ 내항 정기 여객운송사업 : 국내항(해상이나 해상에 접하여 있는 내륙수로에 있는 장소로서 상시 선박에 사람이 타고 내리거나 물건을 싣고 내릴 수 있는 장소를 포함)과 국내항 사이를 일정한 항로와 일정표에 따라 운항하는 해상여객운송사업

　㉡ 내항 부정기 여객운송사업 : 국내항과 국내항 사이를 일정한 일정표에 따르지 아니하고 운항하는 해상여객운송사업

　㉢ 외항 정기 여객운송사업 : 국내항과 외국항 사이 또는 외국항과 외국항 사이를 일정한 항로와 일정표에 따라 운항하는 해상여객운송사업

　㉣ 외항 부정기 여객운송사업 : 국내항과 외국항 사이 또는 외국항과 외국항 사이를 일정한 항로와 일정표에 따르지 아니하고 운항하는 해상여객운송사업

ⓜ 순항 여객운송사업 : 해당 선박 안에 숙박시설, 식음료시설, 위락시설 등 편의시설을 갖춘 대통령령으로 정하는 규모 이상의 여객선을 이용하여 관광을 목적으로 해상을 순회하여 운항(국내외의 관광지에 기항하는 경우를 포함)하는 해상여객운송사업

ⓗ 복합 해상여객운송사업 : ㉠부터 ㉣까지의 규정 중 어느 하나의 사업과 ⓜ의 사업을 함께 수행하는 해상여객운송사업

(3) 관광순항유람선사업

① 정 의

㉠ 관광순항유람선 : 선내에 객실, 식당, 스포츠와 레크리에이션 시설 등 관광객의 편의를 위한 각종 서비스시설과 부대시설을 갖추고 순수한 관광활동을 목적으로 관광자원이 수려한 지역을 순회하며 안전하게 운항하는 선박

㉡ 관광순항유람선 관광 : 유람선을 이용한 독특한 관광여행으로 정기노선의 여객선이 아닌 여행업자 또는 선박업자가 포괄요금으로 여행객을 모집하여 운영하는 것으로서 다수의 매력적인 항구를 여행하는 형태

㉢ 관광유람선업(「관광진흥법 시행령」제2조 제1항 제3호 라목) 23 기출

[해양관광유람선]

- 일반관광유람선업 : 「해운법」에 따른 해상여객운송사업의 면허를 받은 자나 「유선 및 도선사업법」에 따른 유선사업의 면허를 받거나 신고한 자가 선박을 이용하여 관광객에게 관광을 할 수 있도록 하는 업
- 크루즈업 : 「해운법」에 따른 순항 여객운송사업이나 복합 해상여객운송사업의 면허를 받은 자가 해당 선박 안에 숙박시설, 위락시설 등 편의시설을 갖춘 선박을 이용하여 관광객에게 관광을 할 수 있도록 하는 업

더 알아보기 크루즈의 분류 23 기출

- 선박규모 : 소형 크루즈, 중형 크루즈, 대형 크루즈, 초대형 크루즈
- 항해지역 : 해양 크루즈, 연안 크루즈, 하천 크루즈
- 성격 : 전통형 크루즈, 리조트형 크루즈, 고급형 크루즈, 호화형 크루즈, 특선형 크루즈
- 항해목적 : 관광 크루즈, 세미나 크루즈, 테마 크루즈
- 선박시장 : 대중 크루즈, 고급 크루즈, 호화 크루즈, 염가 크루즈, 탐험·모험 크루즈, 틈새 크루즈

    – 한국관광공사, 「크루즈 통계 표준화 방안연구」, 20, 2013.01.31 –

② 관광순항유람선의 특징

    ㉠ 운항목적이 지역 간의 화물이나 여객수송이 아니라 순수관광목적이다.

    ㉡ 관광자원이 수려한 항구 및 지역만을 운항한다.

    ㉢ 관광순항유람선 내에는 식음료, 숙박, 게임, 스포츠 등 다양한 **관광객 이용시설**이 구비되어 있다.

    ㉣ 서비스가 최고 수준이며 호화성이다.

    ㉤ 비정기적으로 운항하는 대형 선박(1만톤급 이상) 또는 초대형 선박(3만톤급 이상)이다.

③ 관광유람선업의 등록기준(「관광진흥법 시행령」 별표 1)

    ㉠ 일반관광유람선업

- 구조 : 「선박안전법」에 따른 구조 및 설비를 갖춘 선박일 것
- 선상시설 : 이용객의 숙박 또는 휴식에 적합한 시설을 갖추고 있을 것
- 위생시설 : 수세식 화장실과 냉·난방 설비를 갖추고 있을 것
- 편의시설 : 식당, 매점, 휴게실을 갖추고 있을 것
- 수질오염방지시설 : 수질오염을 방지하기 위한 오수 저장·처리시설과 폐기물처리시설을 갖추고 있을 것

    ㉡ 크루즈업 22 기출

- 일반관광유람선업에서 규정하고 있는 관광사업의 등록기준을 충족할 것
- 욕실이나 샤워시설을 갖춘 객실을 20실 이상 갖추고 있을 것
- 체육시설, 미용시설, 오락시설, 쇼핑시설 중 두 종류 이상의 시설을 갖추고 있을 것

[관광유람선 여행]

④ 관광순항유람선 여행의 필수적인 요소

    ㉠ 고객욕구의 부합성

    ㉡ 관광상품의 품질

    ㉢ 관광상품의 가치성

    ㉣ 운영상의 기본조건 점검

    ㉤ 진행요원의 안전에 대한 전문성

    ㉥ 주변환경요인

    ㉦ 인적 서비스

    ㉧ 쇼 핑

4 항공 관광교통사업

(1) 항공운송사업의 개념

① 정의 : 타인의 수요에 응하여 항공기를 사용하여 유상으로 여객 또는 화물을 운송하는 사업을 말한다.

② 항공운송사업의 구성요소

    ㉠ 항공기 : 운송수단

    ㉡ 공항 및 항공터미널 : 항공기의 이착륙장소와 출입국서비스 제공

    ㉢ 항공노선 : 항공기의 운항로이자 운송권 확보

[항공관광]

③ 항공운송사업의 특성 🗣 14 22 기출

    ㉠ 서비스성 : 항공사가 제공하는 사업의 핵심이며 항공상품의 특성으로 기내 공간 중심의 고정적인 **상품요소**와 인적 서비스 중심의 유동적 상품요소를 동시에 갖추고 있다.

    ㉡ 안전성 : 모든 교통기관에서 가장 중요시되는 요소로 다른 교통수단보다 안전성이 우월하다.

    ㉢ 고속성 : 타 교통기관에 비하여 늦게 등장하였음에도 불구하고 단시간 내에 전 세계 주요 도시 상호 간을 연결하는 항공노선망을 구축하고 항공운송 중심의 국제 교통체계를 형성하였다.

    ㉣ 정시성 : 항공운송은 타 교통기관에 비하여 항공기의 정비 및 기상조건에 의하여 크게 제약을 받기 때문에 정시성 확보가 관건이 된다.

    ㉤ 쾌적성과 편리성 : 장거리 여행을 하는 승객을 위한 객실시설, 기내서비스 및 안전한 비행을 통한 쾌적성이 중요하다.

    ㉥ 노선개설의 용이성 : 공항이 있는 곳이면 항공노선의 개설이 용이하다.

    ㉦ 경제성 : 이용요금이 비싼 것은 사실이지만 시간가치와 서비스가치를 고려하여 경제성이 상승하고 있다.

    ㉧ 공공성 : 항공운송은 국제성을 띠고 있어 국익과도 관계된다.

    ㉨ 자본집약성 : 항공운송사업은 규모의 경제가 발휘되는 자본집약적 산업이다.

(2) 항공운송사업의 분류

① 정기항공운송사업 : 한 지점과 다른 지점 사이에 노선을 정하고 정기적으로 항공기를 운항하는 항공운송사업

② 부정기항공운송사업 : 부정기적으로 유상 운항하는 항공운송사업

③ 항공기사용사업 : 타인의 수요에 맞추어 항공기를 사용하여 유상으로 농약살포, 건설자재 등의 운반, 사진촬영 또는 항공기를 이용한 비행훈련 등의 업무를 행하는 사업

[아시아나 항공기]

- 출발예정시간(ETD ; Estimated Time of Departure)
- 실제출발시간(ATD ; Actual Time of Departure)
- 도착예정시간(ETA ; Estimated Time of Arrival) 14 기출
- 실제도착시간(ATA ; Actual Time of Arrival)

(3) 항공운송서비스

① 항공운송서비스의 개념 : 항공기를 활용하여 여객을 안전하게 운송하는 것이다.

② 항공운송서비스의 성격

  ㉠ 무형성   ㉡ 재고 불가능성

  ㉢ 변동성   ㉣ 소유권 비이전성

  ㉤ 서비스 품질의 측정 곤란성

③ 항공운송서비스의 특징 : 항공운송서비스상품은 좌석예약 · 항공권 발권 · 탑승수속 등과 같은 지상서비스와 기내 식음료 · 면세상품 판매 · 비디오 영상서비스 · 승무원서비스 등과 같은 기내서비스가 조합되어 생산된다.

(4) 항공운송사업의 문제점

① 기종경쟁에 따른 자금부담, 금리부담 및 수급불균형 문제이다.

② 사회환경과 그 변화에 영향을 받기 쉽다.

③ 공항의 정비상황에 따라 편수, 사용기재 등의 제한을 받게 된다.

④ 안전성의 문제로, 항공기 사고는 한번 일어나면 피해도 크고 대형사고로 발전하므로 수요를 크게 감소시킬 수 있다.

GTR(Government Transportation Request, 정부 항공운송 의뢰제도)

- 정의 : 자국산업 보호정책의 일환으로 국가예산으로 집행되는 제반항공운송 관련사항을 자국적 항공사에 직접 의뢰하는 제도
- 도입배경 : 국가예산절감, 외화유출방지, 자국적기 보호육성과 국적항공사 서비스 혁신

(5) 항공운송관련단체 🏆 20 기출

① ICAO(International Civil Aviation Organization) : 국제민간항공기구 18 20 21 기출
  ㉠ 설립 : 1947년에 발효된 국제민간항공조약(시카고 조약)에 기인하여 1947년에 설립된 UN 전문기관으로 본부는 캐나다 몬트리올에 있다.
  ㉡ 조직 : 총회, 이사회, 사무국이 있으며, 이사회의 보조기관으로는 항공항행위원회, 항공운송위원회, 법률위원회, 불법행위예방위원회, 합동지원위원회, 기술협력위원회, 재정위원회로 나누어져 있다.
  ㉢ 업무내용
    - 국제민간항공의 안전하고 정연한 발전을 확보할 것
    - 평화적 목적을 위해서 항공기의 설계 및 운항의 기술을 장려할 것
    - 국제민간항공을 위한 항공로, 공항 및 항공보안시설의 발달을 장려할 것
    - 안전하고 정확하며 능률적·경제적인 항공운송에 대한 세계 제국민의 요구에 응할 것
    - 불합리한 경쟁에 의해서 발생하는 경제적 낭비를 방지할 것
    - 체약국의 권리가 충분히 존중될 것과 모든 체약국이 국제항공기업을 운영할 공정한 기회를 가지도록 확보할 것
    - 체약국 간의 차별대우를 배제할 것
    - 국제항공에 있어서 비행의 안전을 증진할 것
    - 국제민간항공의 모든 부분의 발달을 전향적으로 촉진할 것

② IATA(International Air Transport Association) : 국제항공운송협회 🏆 20 기출
  ㉠ 설립 : 1945년 쿠바의 아바나에서 설립, 본부는 캐나다의 몬트리올과 스위스 제네바에 있다.
  ㉡ 목 적
    - 안전하고 정규적이며 또한 경제적인 항공운송을 촉진하여 항공운송사업을 육성하고 이와 관련된 제반 문제를 연구한다.
    - 국제항공운송업무에 직접·간접으로 종사하고 있는 항공운송기업 간의 협조를 위한 모든 수단을 제공한다.
    - ICAO 및 기타 국제기구와 협력한다.
  ㉢ 역 할
    - 항공사를 위하여 : 항공사의 제반 문제점에 대한 해결책을 제공하고 각 항공사의 경험과 정보 및 지식을 교환한다.
    - 정부를 위하여 : 국제선 운임 및 요율을 결정할 때, 각국 정부 간의 조정 및 협상의 기회를 제공한다.

- 일반 대중을 위하여
  - 높은 수준의 효율적인 항공운송(안전성, 편의성)을 제공한다.
  - 경제성 있는 최저 운임을 보장한다.
  - 통일된 체제에 의한 손쉬운 해외여행을 가능하게 한다.

③ OAA(Orient Airlines Association) : 동양항공사협회

　　㉠ 설립 : 1966년 9월에 구 OARB(Orient Airlines Research Bureau)를 설립하여 1970년 10월 현 OAA로 기구명칭을 변경하였다.

　　㉡ 목 적
  - 아시아지역 내 항공사 간 협력과 민간항공사업의 촉진
  - 각 회원의 공통적인 문제 혹은 이해가 엇갈리는 제반 문제에 대해 의견을 제출해 토의할 수 있는 공통의 장소 마련
  - 회원 상호 간의 협력 관계의 발전과 파멸적 경쟁의 회피, OAA의 마케팅 위원회의 소위원회로서 'Tariff-소위원회'가 설치되어 운임 수준과 각사 합의에 의한 실제 가격의 준수에 대해 토의

　　㉢ 본부 : 필리핀 마닐라

　　㉣ 회원사 : 대한항공을 비롯해 일본항공, 필리핀항공, 중화항공, 말레이시아항공, 싱가포르항공, 타이항공, 인도네시아항공, 캐세이퍼시픽항공, 콴타스항공, 뉴기니항공, 로열브루나이항공 등

더 알아보기

주요 항공사의 항공 코드 14 20 22 기출

구 분	ICAO 기준	IATA 기준
아메리칸항공	AAL	AA
에어프랑스	AFR	AF
네덜란드항공	KLM	KL
캐세이퍼시픽항공	CPA	CX
일본항공	JAL	JL
델타항공	DAL	DL
베트남항공	HVN	VN
필리핀항공	PAL	PR

우리나라 주요 항공사 코드 16 21 23 기출

구 분	ICAO 기준	IATA 기준
대한항공	KAL	KE
아시아나항공	AAR	OZ
제주항공	JJA	7C
진에어	JNA	LJ
이스타항공	ESR	ZE

04 | 핵심 실전 문제

01 다음 중 우리나라의 저가항공사가 아닌 것은?

① 이스타항공
② 피치항공
③ 티웨이항공
④ 진에어

해설

국내 저가항공사로는 제주항공, 에어부산, 진에어, 이스타항공, 티웨이항공 등이 있다. 피치항공은 일본의 저가항공사이다.

02 교통의 정의에 해당되지 않는 것은?

① 인간의 이동
② 화물의 이동
③ 의지의 이동
④ 목적의 이동

해설

교통은 반복현상을 가지고 체계적인 기관에 의하여 거리저항을 극복하면서 행해지는 인간 · 화물 · 정보(의지)의 장소적 이동이다.

03 교통에 대한 다음 설명 중 가장 적절하지 않은 것은?

① 교통은 승객과 화물을 일정한 시간에 목적지까지 운송한다.
② 교통은 오로지 사람의 운반을 위해 장소와 장소 간의 거리를 극복한다.
③ 교통은 도시화를 촉진하고 대도시와 주변 도시를 유기적으로 견련되게 한다.
④ 교통은 산업활동의 생산성을 제고시키고 생산비를 낮추는 데 기여한다.

해설

교통은 사람이나 화물의 운반을 위하여 장소와 장소 간의 거리를 극복하기 위한 행위이며, 이동의 편의를 제공하는 행위라고 할 수 있다.

정답 01 ② 02 ④ 03 ②

해설
교통의 기능
• 거시적 기능
 – 지역통일
 – 지역범위 확대
 – 지역의 중심, 곧 핵의 명확화
 – 지역 고밀화, 지역 발전
• 미시적 기능
 – 승객과 화물을 일정 시간에 목적지까지 운송
 – 문화 · 사회활동 등을 수행하기 위한 교통수단
 – 도시화 촉진 → 대도시와 주변 도시를 유기적으로 연결
 – 산업활동의 생산성 제고, 생산성 절감에 기여
 – 국가방위
 – 도시 · 지역 간의 사회 · 정치적 교류 촉진
 – 소비자에게 다양한 품목을 제공 → 교역의 범위를 확대

해설
교통서비스는 생산되는 순간 소비되지 않으면 실효를 거둘 수 없는 무형재이다.

해설
여객자동차운송사업의 종류(「여객자동차 운수사업법 시행령」 제3조)

노선여객자동차 운송사업	구역여객자동차 운송사업
• 시내버스운송사업	• 전세버스운송사업
• 시외버스운송사업	• 특수여객자동차운송사업
• 농어촌버스운송사업	• 일반택시운송사업
• 마을버스운송사업	• 개인택시운송사업

04 거시적 측면에서 교통의 기능이 아닌 것은?

① 지역의 통일
② 지역범위의 확대
③ 지역의 중심화
④ 도시화 촉진

05 관광교통업의 기본적 성격이라고 볼 수 없는 것은?

① 유형재
② 수요의 편중
③ 자본의 유휴성
④ 독점성

06 다음 중 노선여객자동차운송사업의 종류가 아닌 것은?

① 전세버스운송사업
② 시내버스운송사업
③ 농어촌버스운송사업
④ 시외버스운송사업

정답 04 ④ 05 ① 06 ①

07 항공운송사업의 특성이 아닌 것은?

① 서비스성
② 고속성
③ 자본집약성
④ 기동성

해설

①·②·③ 외에 안전성, 정시성, 쾌적성, 편리성, 경제성, 공공성 등을 들 수 있다.

08 항공운송사업의 특성 중 가장 문제가 되고 있는 것은?

① 자본집약성
② 고속성
③ 쾌적성
④ 안전성

해설

항공운송은 다른 교통수단보다 안전성이 높지만, 한 번의 사고로 대형 참사가 일어나므로 가장 중요한 요소로 인식되어야 한다.

09 Shore Excursion은 우리나라의 경우 몇 시간을 한계로 하는가?

① 70시간
② 78시간
③ 72시간
④ 48시간

해설

기항지 상륙 여행(Shore Excursion)
선박 혹은 항공기가 그 항이나 도시에 도착한 후 출발할 때까지의 기간을 이용하여 일시 상륙의 허가를 얻은 여객이 그 부근 도시와 명승지 등을 관광하는 여행으로, 우리나라는 72시간을 한계로 정해 놓고 있다.

10 항공운송사업의 경영상 문제점이 아닌 것은?

① 국영화의 불가피
② 안전성
③ 사회환경의 변화에 민감
④ 기종경쟁에 의한 자금부담

해설

항공운송업의 경영상의 문제점은 ②·③·④ 외에 공항정비의 문제, 수급불균형의 문제가 있다.

정답 07 ④ 08 ④ 09 ③ 10 ①

해설

항공운송시스템을 구성하는 요소는 운송수단인 항공기, 항공기의 이·착륙장소와 출입국 서비스를 제공하는 공항과 항공터미널, 항공기의 운항로이자 운송권을 확보해 주는 항공노선이다.

11 항공운송사업 3대 구성요소가 아닌 것은?

① 항공기

② 공 항

③ 승무원

④ 항공노선

해설

렌터카사업의 발전요인
• 고속도로의 발달
• Fly and Drive의 여행 방식
• '소유'의 개념에서 '사용'의 개념으로의 소비자 인식 변화

12 다음 중 렌터카사업의 발전요인이 아닌 것은?

① 고속도로의 발달

② 수요의 급증에 따른 고급화

③ Fly and Drive의 여행 방식

④ '소유'의 개념에서 '사용'의 개념으로의 소비자 인식 변화

해설

SV – Saudi Arabian Airlines

13 다음 중 Airline Code의 연결이 어울리지 않는 것은?

① SQ – Singapore Airlines

② SR – Saudi Arabian Airlines

③ CI – China Airlines

④ CX – Cathay Pacific Airways

해설

로드 팩터
항공여객운송의 좌석이용률

14 항공사 경영상의 손익분석 시 토대가 되는 것은?

① Management Factor

② Load Factor

③ Boarding Card

④ Room Occupancy

정답 11 ③ 12 ② 13 ② 14 ②

15 1921년 민간항공사로서 항공예약제도를 최초로 도입한 항공사는?

① 프랑스의 에어프랑스

② 독일의 루프트한자

③ 미국의 팬암

④ 네덜란드의 KLM

해설

KLM은 세계 최초의 민간항공사로, 1921년 세계 최초로 항공권 예약 · 판매소를 세웠다.

16 정기편 Flight Number에서 알 수 없는 내용은?

① 출발하는 비행기인지 도착하는 비행기인지의 여부

② 여객기인지 화물기인지의 여부

③ 비행기 기종(Aircraft Code)의 여부

④ 국제선인지 국내선인지의 여부

해설

Flight Number의 내용
• 1st digit : 운항지역 표시
• 2nd digit : 여객기인지 화물기인지의 구분
• 3rd digit : 발착지와 도착지의 구분

17 다음 중 국적이 다른 하나는?

① JAL

② ANA

③ JAS

④ AAR

해설

① · ② · ③ 일본
④ 한국(Asiana Airline)

18 다음 항공기 요금체계 중 Economy Class를 나타내는 코드는?

① F

② C

③ Y

④ P

해설

① First Class, ② Business Class, ④ First Class Premium

정답 15 ④ 16 ③ 17 ④ 18 ③

<해설>

No Record(NRC) Passenger
예약이 확약된 항공권을 소지하고 있으나 해당 항공사에는 그 좌석에 대한 확약된 기록이 없거나 예약을 접속한 기록이 없는 승객

19 예약한 고객이 공항의 Counter에 갔더니 예약이 되어 있지 않은 상태로 나타나는 것을 무엇이라고 하는가?

① Free Sale Agreement
② Late Cancellation
③ No Record Passenger
④ No-show

<해설>

HNL은 호놀룰루의 도시 코드로, 홍콩은 HKG이다. CJ는 중국 북방항공의 항공사 코드로, 캐세이퍼시픽항공은 CX이다.

20 도시 코드와 항공사 코드의 연결이 옳지 않은 것은?

① 마닐라 – MNL, 필리핀항공 – PR
② 로스앤젤리스 – LAX, 델타항공 – DL
③ 부산 – PUS, 아시아나항공 – OZ
④ 홍콩 – HNL, 캐세이퍼시픽항공 – CJ

<해설>

마일리지(Mileage) 시스템의 구성요소
최대허용거리(MPM), 발권구간거리(TPM), 초과거리 할증(EMS)

21 국제선 항공운임에서 거리제도를 기초로 한 마일리지(Mileage)의 구성요소가 아닌 것은?

① 최소거리
② 최대거리
③ 발권구간
④ 초과거리

<해설>

ABC
영국에서 매월 발간되는 세계 항공회사의 정기편 시간표

22 ABC(ABC World Airway Guide System)는 무엇인가?

① 도착지를 나타낸 것
② 출발지를 나타낸 것
③ 도착지, 출발지를 나타낸 것
④ 항공회사가 편성해 놓은 항공시간표

<정답> 19 ③ 20 ④ 21 ① 22 ④

23 타 지역에서의 탑승을 위해 요금이 선불되는 것은?

① PTA
② OAG
③ ABC
④ GTR

해설

PTA(Prepaid Ticket Advice, 항공 여객 운임 선불제도)

어떤 지점에 있는 사람이 타 지점에 있는 사람을 위해 미리 운임을 대신 지불하고, 그 사람을 위해 항공권을 발행하도록 의뢰한 제도

24 1946년 체결된 미국과 영국 간 최초의 항공협정은?

① 셍겐협정
② 버뮤다협정
③ 마드리드협정
④ 뮌헨협정

해설

① 유럽연합(EU) 회원국 간의 국경개방조약 (1985년)
③ 상표의 국제등록에 관한 협정(1891년)
④ 독일과 체코의 영토분쟁수습에 관한 정상회담(1938년)

25 Over-booking에 관한 내용으로 옳지 않은 것은?

① 전년도 통계를 참고한다.
② 계절과 요일에 따라 다르다.
③ 비수기인 경우 많이 받는다.
④ No-show도 중요한 원인이 된다.

해설

Over-booking

공급좌석 이상의 좌석 예약을 받는 행위로 성수기 때 이루어진다.

26 항공권 판매기준에서 어린이는?

① 생후 14개월 이상부터 12세 이하의 어린이를 말한다.
② 만 4세 이상 만 13세 미만의 어린이를 말한다.
③ 만 14일 이상 만 2세 미만의 유아를 말한다.
④ 만 2세 이상 만 12세 미만의 어린이를 말한다.

해설

만 2세 이상 만 12세 미만의 어린이는 25% 할인되고, 유아는 90% 할인된다(할인율은 통상적으로 항공사마다 상이).

정답 23 ① 24 ② 25 ③ 26 ④

해설

ICAO(International Civil Aviation Organization)

1947년에 발족한 세계 민간항공의 건전한 발전을 도모하기 위한 국제기구

② 세계관광기구(1975), ③ 동양항공사협회(1966), ④ 국제항공운송협회(1945)

27 국제민간항공기구를 나타내는 용어는?

① ICAO

② UNWTO

③ OAA

④ IATA

해설

운임 결정은 IATA(국제항공운송협회)의 주된 역할이다.

28 국제민간항공기구에 대한 설명으로 옳지 않은 것은?

① 주로 국가 간 운임 및 요율을 결정한다.

② 가입국가는 193개국이다(2024년 기준).

③ 세계민간항공의 평화적이고 건전한 발전을 목적으로 두고 있다.

④ UN 전문기관으로 캐나다 몬트리올에 본부를 두고 있다.

해설

IATA(International Air Transport Association, 국제항공운송협회)는 1945년 쿠바의 아바나에서 설립되었고, 본부는 캐나다의 몬트리올, 스위스 제네바에 있다.

29 다음 중 IATA에 관한 설명이 아닌 것은?

① 1945년 쿠바의 아바나에서 설립되었다.

② 본부는 미국의 뉴욕에 있다.

③ 여객 및 화물의 운임 및 요율 등을 조정한다.

④ 민간 항공사업자들로 구성되어 있다.

정답 27 ① 28 ① 29 ②

PART 5
관광객이용시설업

CHAPTER 01 관광객이용시설업의 법적 규정

CHAPTER 02 주제공원

CHAPTER 03 외식사업

CHAPTER 04 관광쇼핑업

CHAPTER 05 오락 · 스포츠시설업

핵심 실전 문제

관광객이용시설업 중요도 ★☆☆

관광통역안내사 관광학개론 기출 빈도표

출제 영역	2024년	2023년	2022년	2021년	2020년
관광의 기초	6	9	10	8	7
관광여행업	1	1	1	1	2
관광숙박업	5	2	2	2	3
관광교통업	−	5	3	1	4
관광객이용시설업	2	2	2	2	1
국제회의업	2	1	1	3	1
관광마케팅	1	1	−	1	1
국제관광 및 관광정책	8	2	6	6	4
관광과 환경	−	−	−	1	2
현황 문제	−	2	−	−	−
합 계	25	25	25	25	25

관광객이용시설업에서는 주제공원과 외식사업, 관광쇼핑업, 오락ㆍ스포츠시설업의 개념과 분류, 특성 등에 대해 학습합니다. 관광객이용시설업의 법적 규정에 대한 출제빈도가 높은 편으로 '관광법규' 과목과 연계하여 학습하면 일석이조의 효과를 볼 수 있습니다. 2024년에는 2023년에 이어 카지노 게임에 대한 문제가 출제된 바 있습니다.

01 관광객이용시설업의 법적 규정

1 관광객이용시설업의 정의(「관광진흥법」 제3조 제1항 제3호)

(1) 관광객을 위하여 음식 · 운동 · 오락 · 휴양 · 문화 · 예술 또는 레저 등에 적합한 시설을 갖추어 이를 관광객에게 이용하게 하는 업

(2) 대통령령으로 정하는 2종 이상의 시설과 관광숙박업의 시설(관광숙박시설) 등을 함께 갖추어 이를 회원이나 그 밖의 관광객에게 이용하게 하는 업

(3) **야영장업** : 야영에 적합한 시설 및 설비 등을 갖추고 야영편의를 제공하는 시설(「청소년활동 진흥법」 제10조 제1호 마목에 따른 청소년야영장은 제외)을 관광객에게 이용하게 하는 업

2 관광객이용시설업의 종류(「관광진흥법 시행령」 제2조 제1항 제3호) 20 기출

(1) 전문휴양업

관광객의 휴양이나 여가선용을 위하여 숙박업시설이나 휴게음식점영업 · 일반음식점영업 또는 제과점영업의 신고에 필요한 시설(음식점시설)을 갖추고 규정에 따른 시설(전문휴양시설) 중 한 종류의 시설을 갖추어 관광객에게 이용하게 하는 업

(2) 종합휴양업

① 제1종 종합휴양업 : 관광객의 휴양이나 여가선용을 위하여 숙박시설 또는 음식점시설을 갖추고 전문휴양시설 중 두 종류 이상의 시설을 갖추어 이를 관광객에게 이용하게 하는 업이나, 숙박시설 또는 음식점시설을 갖추고 전문휴양시설 중 한 종류 이상의 시설과 테마파크업의 시설을 갖추어 관광객에게 이용하게 하는 업

② 제2종 종합휴양업 : 관광객의 휴양이나 여가선용을 위하여 관광숙박업의 등록에 필요한 시설과 제1종 종합휴양업 등록에 필요한 전문휴양시설 중 두 종류 이상의 시설 또는 전문휴양시설 중 한 종류 이상의 시설 및 테마파크업의 시설을 함께 갖추어 관광객에게 이용하게 하는 업

(3) 야영장업

① 일반야영장업 : 야영장비 등을 설치할 수 있는 공간을 갖추고 야영에 적합한 시설을 함께 갖추어 관광객에게 이용하게 하는 업
② 자동차야영장업 : 자동차를 주차하고 그 옆에 야영장비 등을 설치할 수 있는 공간을 갖추고 취사 등에 적합한 시설을 함께 갖추어 자동차를 이용하는 관광객에게 이용하게 하는 업

(4) 관광유람선업 🗨

① 일반관광유람선업 : 「해운법」에 따른 해상여객운송사업의 면허를 받은 자나 「유선 및 도선사업법」에 따른 유선사업의 면허를 받거나 신고한 자가 선박을 이용하여 관광객에게 관광을 할 수 있도록 하는 업
② 크루즈업 : 「해운법」에 따른 순항(順航) 여객운송사업이나 복합 해상여객운송사업의 면허를 받은 자가 해당 선박 안에 숙박시설, 위락시설 등 편의시설을 갖춘 선박을 이용하여 관광객에게 관광을 할 수 있도록 하는 업

(5) 관광공연장업

관광객을 위하여 적합한 공연시설을 갖추고 공연물을 공연하면서 관광객에게 식사와 주류를 판매하는 업

(6) 외국인관광 도시민박업

「국토의 계획 및 이용에 관한 법률」에 따른 도시지역(농어촌지역 및 준농어촌지역은 제외)의 주민이 자신이 거주하고 있는 주택을 이용하여 외국인 관광객에게 한국의 가정문화를 체험할 수 있도록 적합한 시설을 갖추고 숙식 등을 제공하는 업

(7) 한옥체험업

한옥에 관광객의 숙박체험에 적합한 시설을 갖추고 관광객에게 이용하게 하거나, 전통 놀이 및 공예 등 전통문화 체험에 적합한 시설을 갖추어 관광객에게 이용하게 하는 업

3 관광객이용시설업의 등록기준(「관광진흥법 시행령」 별표 1)

(1) 전문휴양업 🗨

① 공통기준
　　㉠ 숙박시설이나 음식점시설이 있을 것
　　㉡ 주차시설·급수시설·공중화장실 등의 편의시설과 휴게시설이 있을 것

② 개별기준

ㄱ 민속촌 : 한국 고유의 건축물(초가집 및 기와집)이 20동 이상으로서 각 건물에는 전래되어 온 생활도구가 갖추어져 있거나 한국 또는 외국의 고유문화를 소개할 수 있는 축소된 건축물 모형 50점 이상이 적정한 장소에 배치되어 있을 것

[우리나라 고유의 건축물]

ㄴ 해수욕장
- 수영을 하기에 적합한 조건을 갖춘 해변이 있을 것
- 수용인원에 적합한 간이목욕시설·탈의장이 있을 것
- 인명구조용 구명보트·감시탑 및 응급처리 시 설비 등의 시설이 있을 것
- 담수욕장을 갖추고 있을 것
- 인명구조원을 배치하고 있을 것

ㄷ 수렵장 : 「야생생물 보호 및 관리에 관한 법률」에 따른 시설을 갖추고 있을 것

ㄹ 동물원
- 「박물관 및 미술관 진흥법 시행령」 별표 2에 따른 시설을 갖추고 있을 것
- 야외 전시장의 면적은 전시실을 포함해 300제곱미터 이상일 것
- 동물의 종류는 100종 이상일 것

ㅁ 식물원
- 「박물관 및 미술관 진흥법 시행령」 별표 2에 따른 시설을 갖추고 있을 것
- 전시실의 면적은 200제곱미터 이상, 야외 전시장의 면적은 6,000제곱미터 이상일 것
- 식물의 종류는 실내 전시장은 100종 이상, 야외 전시장은 200종 이상일 것

ㅂ 수족관
- 「박물관 및 미술관 진흥법 시행령」 별표 2에 따른 시설을 갖추고 있을 것
- 전시실의 면적은 200제곱미터 이상일 것
- 어류의 종류는 100종 이상일 것

ㅅ 온천장 : 온천수를 이용한 대중목욕시설이 있을 것

ㅇ 동굴자원 : 관광객이 관람할 수 있는 천연동굴이 있고 편리하게 관람할 수 있는 시설이 있을 것

ㅈ 수영장 : 「체육시설의 설치·이용에 관한 법률」에 따른 신고 체육시설업 중 수영장시설을 갖추고 있을 것

ㅊ 농어촌휴양시설 : 「농어촌정비법」에 따른 농어촌 관광휴양단지 또는 관광농원의 시설을 갖추고 있을 것

ⓒ 활공장
- 활공을 할 수 있는 장소(이륙장 및 착륙장)가 있을 것
- 인명구조원을 배치하고 응급처리를 할 수 있는 설비를 갖추고 있을 것
- 행글라이더 · 패러글라이더 · 열기구 또는 초경량 비행기 등 두 종류 이상의 관광비행사업용 활공장비를 갖추고 있을 것

ⓔ 등록 및 신고 체육시설업 시설 : 「체육시설의 설치 · 이용에 관한 법률」에 따른 스키장 · 요트장 · 골프장 · 조정장 · 카누장 · 빙상장 · 자동차경주장 · 승마장 또는 종합체육시설 등 9종의 등록 및 신고 체육시설업에 해당되는 체육시설을 갖추고 있을 것

ⓕ 산림휴양시설 : 「산림문화 · 휴양에 관한 법률」에 따른 자연휴양림, 치유의 숲 또는 「수목원 · 정원의 조성 및 진흥에 관한 법률」에 따른 수목원의 시설을 갖추고 있을 것

ⓖ 박물관 및 미술관
- 박물관 : 「박물관 및 미술관 진흥법 시행령」 별표 2 제2호 가목에 따른 종합박물관 또는 전문박물관의 시설을 갖추고 있을 것
- 미술관 : 「박물관 및 미술관 진흥법 시행령」 별표 2 제2호 가목에 따른 미술관의 시설을 갖추고 있을 것

(2) 종합휴양업

① 제1종 종합휴양업 : 숙박시설 또는 음식점시설을 갖추고 전문휴양시설 중 두 종류 이상의 시설을 갖추고 있거나, 숙박시설 또는 음식점시설을 갖추고 전문휴양시설 중 한 종류 이상의 시설과 테마파크업의 시설을 갖추고 있을 것

② 제2종 종합휴양업
ⓐ 면적 : 단일부지로서 500,000제곱미터 이상일 것
ⓑ 시설 : 관광숙박업 등록에 필요한 시설과 제1종 종합휴양업 등록에 필요한 전문휴양시설 중 두 종류 이상의 시설 또는 전문휴양시설 중 한 종류 이상의 시설과 테마파크업의 시설을 함께 갖추고 있을 것

(3) 야영장업

① 공통기준
ⓐ 침수, 유실, 고립, 산사태, 낙석의 우려가 없는 안전한 곳에 위치할 것
ⓑ 시설 배치도, 이용방법, 비상시 행동 요령 등을 이용객이 잘 볼 수 있는 곳에 게시할 것
ⓒ 비상시 긴급상황을 이용객에게 알릴 수 있는 시설 또는 장비를 갖출 것
ⓓ 야영장 규모를 고려하여 소화기를 적정하게 확보하고 눈에 띄기 쉬운 곳에 배치할 것
ⓔ 긴급 상황에 대비하여 야영장 내부 또는 외부에 대피소와 대피로를 확보할 것
ⓕ 비상시의 대응요령을 숙지하고 야영장이 개장되어 있는 시간에 상주하는 관리요원을 확보할 것

ⓐ 야영장 시설은 자연생태계 등의 원형이 최대한 보존될 수 있도록 토지의 형질변경을 최소화하여 설치할 것. 이 경우 야영장에 설치할 수 있는 야영장 시설의 종류에 관하여는 문화체육관광부령으로 정한다.

ⓞ 야영장에 설치되는 건축물(「건축법」 제2조 제1항 제2호에 따른 건축물)의 바닥면적 합계가 야영장 전체면적의 100분의 10 미만일 것. 다만, 「초・중등교육법」 제2조에 따른 학교로서 학생 수의 감소, 학교의 통폐합 등의 사유로 폐지된 학교의 교육활동에 사용되던 시설과 그 밖의 재산(이하 "폐교재산")을 활용하여 야영장업을 하려는 경우(기존 폐교재산의 부지면적 증가가 없는 경우만 해당)는 그렇지 않다.

ⓩ ⓞ에도 불구하고 「국토의 계획 및 이용에 관한 법률」에 따른 보전관리지역 또는 같은 법 시행령에 따른 보전녹지지역에 야영장을 설치하는 경우에는 다음의 요건을 모두 갖출 것. 다만, 폐교재산을 활용하여 야영장업을 하려는 경우(기존 폐교재산의 부지면적 증가가 없는 경우만 해당)로서 건축물의 신축 또는 증축을 하지 않고 야영장 입구까지 진입하는 도로의 신설 또는 확장이 없는 때에는 야영장 전체면적이 1만 제곱미터 미만일 것 및 야영장에 설치되는 건축물의 바닥면적 합계가 300제곱미터 미만이고, 야영장 전체면적의 100분의 10 미만일 것의 기준을 적용하지 않는다.
- 야영장 전체면적이 1만 제곱미터 미만일 것
- 야영장에 설치되는 건축물의 바닥면적 합계가 300제곱미터 미만이고, 야영장 전체면적의 100분의 10 미만일 것
- 「하수도법」에 따른 배수구역 안에 위치한 야영장은 공공하수도의 사용이 개시된 때에는 그 배수구역의 하수를 공공하수도에 유입시킬 것. 다만, 「하수도법」 제28조에 해당하는 경우에는 그렇지 않다.
- 야영장 경계에 조경녹지를 조성하는 등의 방법으로 자연환경 및 경관에 대한 영향을 최소화할 것
- 야영장으로 인한 비탈면 붕괴, 토사 유출 등의 피해가 발생하지 않도록 할 것

② 개별기준
ㄱ 일반야영장업
- 야영용 천막을 칠 수 있는 공간은 천막 1개당 15제곱미터 이상을 확보할 것
- 야영에 불편이 없도록 하수도 시설 및 화장실을 갖출 것
- 긴급상황 발생 시 이용객을 이송할 수 있는 차로를 확보할 것
ㄴ 자동차야영장업
- 차량 1대당 50제곱미터 이상의 야영공간(차량을 주차하고 그 옆에 야영장비 등을 설치할 수 있는 공간을 말한다)을 확보할 것
- 야영에 불편이 없도록 수용인원에 적합한 상・하수도 시설, 전기시설, 화장실 및 취사시설을 갖출 것
- 야영장 입구까지 1차선 이상의 차로를 확보하고, 1차선 차로를 확보한 경우에는 적정한 곳에 차량의 교행(交行)이 가능한 공간을 확보할 것
  ※ ① 및 ②의 기준에 관한 특례는 생략

(4) 관광유람선업

① 일반관광유람선업

    ㉠ 구조 : 「선박안전법」에 따른 구조 및 설비를 갖춘 선박일 것

    ㉡ 선상시설 : 이용객의 숙박 또는 휴식에 적합한 시설을 갖추고 있을 것

    ㉢ 위생시설 : 수세식 화장실과 냉·난방설비를 갖추고 있을 것

    ㉣ 편의시설 : 식당·매점·휴게실을 갖추고 있을 것

    ㉤ 수질오염방지시설 : 수질오염을 방지하기 위한 오수 저장·처리시설과 폐기물처리시설을 갖추고 있을 것

② 크루즈업

    ㉠ 일반관광유람선업에서 규정하고 있는 관광사업의 등록기준을 충족할 것

    ㉡ 욕실이나 샤워시설을 갖춘 객실을 20실 이상 갖추고 있을 것

    ㉢ 체육시설, 미용시설, 오락시설, 쇼핑시설 중 두 종류 이상의 시설을 갖추고 있을 것

(5) 관광공연장업

① 설치장소 : 관광지·관광단지, 관광특구 또는 문화지구 안에 있거나 「관광진흥법」에 따른 관광사업 시설 안에 있을 것(단, 실외관광공연장의 경우 법에 따른 관광숙박업, 관광객이용시설업 중 전문휴양업과 종합휴양업, 국제회의업, 테마파크업에 한함)

② 시설기준

    ㉠ 실내관광공연장

      • 70제곱미터 이상의 무대를 갖추고 있을 것

      • 출연자가 연습하거나 대기 또는 분장할 수 있는 공간을 갖추고 있을 것

      • 출입구는 「다중이용업소의 안전관리에 관한 특별법」에 따른 다중이용업소의 영업장에 설치하는 안전시설 등의 설치기준에 적합할 것

      • 공연으로 인한 소음이 밖으로 전달되지 아니하도록 방음시설을 갖추고 있을 것

    ㉡ 실외관광공연장

      • 70제곱미터 이상의 무대를 갖추고 있을 것

      • 남녀용으로 구분된 수세식 화장실을 갖추고 있을 것

③ 일반음식점 영업허가 : 「식품위생법 시행령」 제21조에 따른 식품접객업 중 일반음식점 영업허가를 받을 것

(6) 외국인관광 도시민박업

① 주택의 연면적이 230제곱미터 미만일 것

② 외국어 안내 서비스가 가능한 체제를 갖출 것

③ 소화기를 1개 이상 구비하고, 객실마다 단독경보형 감지기 및 일산화탄소 경보기(난방설비를 개별 난방 방식으로 설치한 경우만 해당한다)를 설치할 것

(7) 한옥체험업

① 「한옥 등 건축자산의 진흥에 관한 법률」 제27조에 따라 국토교통부장관이 정하여 고시한 기준에 적합한 한옥일 것. 다만, 「문화유산의 보존 및 활용에 관한 법률」, 「근현대문화유산의 보존 및 활용에 관한 법률」 또는 「자연유산의 보존 및 활용에 관한 법률」에 따라 문화유산 또는 자연유산으로 지정 · 등록된 한옥 및 「한옥 등 건축자산의 진흥에 관한 법률」 제10조에 따라 우수건축자산으로 등록된 한옥의 경우에는 그렇지 않다.

② 객실 및 편의시설 등 숙박 체험에 이용되는 공간의 연면적이 230제곱미터 미만일 것. 다만, 다음의 어느 하나에 해당하는 한옥의 경우에는 그렇지 않다.

  ㉠ 「문화유산의 보존 및 활용에 관한 법률」, 「근현대문화유산의 보존 및 활용에 관한 법률」 또는 「자연유산의 보존 및 활용에 관한 법률」에 따라 문화유산 또는 자연유산으로 지정 · 등록된 한옥

  ㉡ 「한옥 등 건축자산의 진흥에 관한 법률」 제10조에 따라 우수건축자산으로 등록된 한옥

  ㉢ 한옥마을의 한옥, 고택 등 특별자치시 · 특별자치도 · 시 · 군 · 구의 조례로 정하는 한옥

③ 숙박 체험을 제공하는 경우에는 이용자의 불편이 없도록 욕실이나 샤워시설 등 편의시설을 갖출 것

④ 객실 내부 또는 주변에 소화기를 1개 이상 비치하고, 숙박 체험을 제공하는 경우에는 객실마다 단독경보형 감지기 및 일산화탄소 경보기(난방설비를 개별난방 방식으로 설치한 경우만 해당)를 설치할 것

⑤ 취사시설을 설치하는 경우에는 「도시가스사업법」, 「액화석유가스의 안전관리 및 사업법」, 「화재예방, 소방시설 설치 · 유지 및 안전관리에 관한 법률」 및 그 밖의 관계 법령에서 정하는 기준에 적합하게 설치 · 관리할 것

⑥ 수돗물(「수도법」 제3조 제5호에 따른 수도 및 같은 조 제14호에 따른 소규모 급수시설에서 공급되는 물을 말한다) 또는 「먹는 물 관리법」 제5조 제3항에 따른 먹는 물의 수질 기준에 적합한 먹는 물 등을 공급할 수 있는 시설을 갖출 것

⑦ 월 1회 이상 객실 · 접수대 · 로비시설 · 복도 · 계단 · 욕실 · 샤워시설 · 세면시설 및 화장실 등을 소독할 수 있는 체제를 갖출 것

⑧ 객실 및 욕실 등을 수시로 청소하고, 침구류를 정기적으로 세탁할 수 있는 여건을 갖출 것

⑨ 환기를 위한 시설을 갖출 것. 다만, 창문이 있어 자연적으로 환기가 가능한 경우에는 그렇지 않다.

⑩ 욕실의 원수(原水)는 「공중위생관리법」 제4조 제2항에 따른 목욕물의 수질기준에 적합할 것

⑪ 한옥을 관리할 수 있는 관리자를 영업시간 동안 배치할 것

⑫ 숙박 체험을 제공하는 경우에는 접수대 또는 홈페이지 등에 요금표를 게시하고, 게시된 요금을 준수할 것

1 주제공원의 이해

(1) 주제공원의 개념

① 주제공원은 테마파크(Theme Park)라고도 한다.

② 특정한 주제(Theme)에 따라 비일상적인 공간을 창조하여 시설과 운영이 그 주제에 따라 통일적이고 독립적으로 이루어진다.

③ 관람객에게 꿈과 희망, 감동을 줄 수 있는 주제가 있으며 교육적인 효과까지 고려되어 계획된 곳으로 수준 높은 공연과 이벤트, 양질의 서비스가 함께 제공되는 공간이다.

④ **사전적 의미** : 특정한 테마에 의한 비일상적 공간의 창조를 목적으로 하고, 시설 · 운영이 그 테마에 의거하여 통일적이고도 배타적으로 이루어지는 놀이공원이다.

⑤ **포괄적 의미** : 특정한 주제를 중심으로 공원의 전체 환경을 만들면서 공연 · 이벤트 등 다양한 서비스를 갖춘 가족 위주의 창조적인 문화적 유희의 오락공원이다.

(2) 주제공원의 특징

① 일반적 특징

ㄱ 전체를 통합하는 주제가 있다.

ㄴ 내용의 폭이 넓고 생각의 깊이가 있다.

ㄷ 차별화된 개성이 있다.

ㄹ 보다 즐겁고, 인상적이고, 감동적으로 체험할 수 있는 방식이 많다.

ㅁ 사전에 방문객들에게 특정한 이미지를 심어 주고, 동기와 선택성을 부여한다.

ㅂ 경유관광형이다.

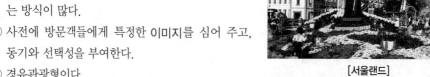

[서울랜드]

ㅅ 매력적인 유희장치나 이벤트와 더불어 **상품도매업**과 음식업 등을 포함한 형태로 복합적인 요소를 갖추고 있다.

② **구조적 특징** 🍀 14 15 기출

ㄱ 테마성 : 주제공원은 각기 다른 주제를 가지고 있으며 고객이 다시 찾도록 하기 위해서는 **독창적**이고 **창의적**인 테마를 설정해야 한다.

ㄴ 종합성 : 주제공원은 **놀이, 휴식, 전시, 음식, 교육 및 관리** 등이 모두 모여 있는 종합적인 성격을 지닌다.

ㄷ 통일성 : 모든 놀이시설과 음식점, 건축양식, 전시시설 등에서 조경이나 종업원의 복장까지 모두 **통일**해야 주제를 실현할 수 있다.

ㄹ 배타성 : 주제공원은 일상과의 격리를 통해 가상, 허구 등을 체험하게 되는 공간이므로 테마설정이 독특할수록 다른 테마와 차별되는 완전한 독립공간을 만들 수 있다.

ㅁ 비일상성 : 일상생활에서 체험할 수 없는 세계를 경험하게 하므로 일상적인 것은 대부분 배제된다.

(3) 주제공원의 개발

① 입지의 제약

  ㉠ 주제공원 주변에 배후도시가 있고 접근성이 좋으면 자연적인 조건에는 제약을 크게 받지 않는다.

  ㉡ 지금까지 개발된 지역은 지가(地價)가 비싸므로 상대적으로 개발이 안 된 곳을 주제공원의 입지로 선정하는 것이 좋다.

② 지역경제에 미치는 영향

  ㉠ 문화공간 · 여가공간 · 오락공간으로 각광받고 있으므로 지역산업에 큰 영향을 미친다.

  ㉡ 지역경제를 살리고 지역의 고용을 창출하는 데 큰 공헌을 하는 산업이다.

③ 자본집약적 산업

  ㉠ 일상적인 것을 철저히 배제하기 위해 엄청난 자본과 고도의 기술, 전문적인 인력 등이 필요하다.

  ㉡ 엄청난 자본과 넓은 땅이 필요한 자본집약적 산업이며 규모가 방대하여 중소기업보다 대기업의 많은 참여가 있어야 발전할 수 있다.

  ㉢ 미국은 자본, 기술, 인력 등이 고루 갖추어져 있기 때문에 세계적인 시장이 형성되어 주제공원의 70%를 독점하고 있다.

④ 인력집단의 전문화

  ㉠ 고도의 인력과 운영이 필요하므로 인건비가 매우 높다.

  ㉡ 비정규직이나 아르바이트 등을 많이 쓰면 고객에게 불만족스러운 안전관리와 서비스를 줄 수 있기 때문에 정규직 위주의 적절한 교육과 훈련을 통해 고객에게 불편이 없도록 하고 있다.

  ㉢ 미국의 월트디즈니사는 대학교를 운영하여 직원들의 교육, 훈련 등을 통해 인력을 전문화하고 있다.

⑤ 이용고객 증가

  ㉠ 소비수준을 높이기 위해서 이벤트와 공연 등으로 고객의 체류시간을 증대해야 한다.

  ㉡ 음식, 상품 등의 관리가 철저해야 한다.

  ㉢ 연예인, 스타 등의 영입으로 고객에게 즐거움을 주어야 한다.

  ㉣ 전기시설과 탑승시설의 동선을 고려하여 기다리는 시간 등을 최소로 줄여야 한다.

(4) 주제공원의 분류 ⭐

① 놀이테마파크 : 건강과 스포츠를 테마로 한다.

  예 • 골프, 테니스 등을 운영하는 테마파크 : 일본의 츠마고이

  • 놀이 자체를 테마로 하는 공원 : 미국의 시더포인트, 우리나라의 롯데월드, 서울랜드 등

② 민속테마파크 : 한 시대와 지역의 환경 · 건축 · 공예 등을 옛날 그대로 재현하여 민속적 · 문화적 · 공예예능적인 것 등을 종합적으로 운영하는 공원이다.

  예 우리나라의 한국민속촌, 일본의 하우스텐보스, 스페인의 무라 등

③ **예술테마파크** : 음악, 미술, 영화 등 예술을 테마로 한 공원을 말한다.
　　예 • 미술이나 음악을 주제로 한 공원 : 프랑스의 라빌렛 공원, 스페인의 구엘 공원 등
　　　 • 영화를 주제로 한 공원 : 미국의 유니버설 스튜디오, 경기도의 남양주종합촬영소 등
④ **생물테마파크**
　　㉠ 곤충, 동물, 조류 등을 주제로 원래의 환경을 재현하여 원시적 생태를 자세하게 보여주는 공원이다.
　　　예 싱가포르의 주롱새 공원, 미국의 디스커버리 코브 등
　　㉡ 바다 생물의 전시를 중심으로 한 공원이다.
　　　예 일본 카이유칸, 우리나라의 코엑스의 아쿠아리움 등
⑤ **과학테마파크** : 우주개발을 주제로 하여 우주의 정보, 우주 체험 등 주로 접할 수 없는 우주과학체험을 할 수 있는 공원이다.
⑥ **창조테마파크** : 동화나 만화에 등장하는 주인공들을 주제로 하여 일부를 재현하는 공원이다.
　　예 디즈니랜드와 올랜도 디즈니월드의 매직킹덤이 대표적
⑦ **자연테마파크** : 자연의 풍경을 주제로 한 공원이다.
　　예 설악산 국립공원, 미국의 나이아가라폭포 등이 있고 온천을 주제로 한 테마파크도 있음
⑧ **여러 가지를 주제로 한 테마파크** : 커다란 장소에 여러 가지 주제가 함께 있는 공원이다.
　　예 우리나라의 롯데월드 · 에버랜드와 미국의 디즈니랜드 등

(5) 주제공원의 유형 🌟

① **공간적 분류**
　　㉠ 자연공원 테마형 : 동 · 식물, 수족관, 바이오 파크
　　㉡ 자연공원 활동형 : 자연적 리조트형, 바다, 고원온천형 파크
　　㉢ 도시공원 테마형 : 외국촌, 역사촌, 사이언스 파크
　　㉣ 도시공원 활동형 : 리조트형 파크
② **형태별 분류** : 정보전시형, 시뮬레이션형, 이벤트형
③ **주제별 분류**
　　㉠ 인간사회의 민속을 테마화 : 어느 시대, 어느 지역을 특징짓는 민가나 건축물로 당시의 분위기를 재현하는 것이다. 개발 개념으로는 민가, 민속, 공예, 예능, 외국 건축물, 외국 풍속 등이 포함된다.
　　㉡ 역사적 단면을 테마화 : 역사적 내용과 인물에 중점을 두고 당시의 시대상황을 재현하는 개발 방법이다. 개발 개념은 신화, 전설, 고대 유적, 역사(사건 · 인물) 등을 대상으로 한다.
　　㉢ 지구상의 생물을 테마화 : 생물의 서식환경을 재현하면서 부수적인 구경거리를 첨가하면 효과가 커진다. 개발 개념은 동물, 새, 고기, 바다 생물, 식물 등을 대상으로 한다.
　　㉣ 구조물을 테마화 : 개발 개념은 건물, 타워, 기념물, 거대상, 성 등을 대상으로 한다.
　　㉤ 산업을 테마화 : 주요 개발방법은 지역의 산업시설이나 목장 등을 개방해 전시하는 것이다. 개발 개념으로는 지역산업시설, 전통공예, 목장 등이 있다.
　　㉥ 이 밖에도 예술을 테마로 하는 형태, 놀이를 테마로 하는 형태, 환상적인 창조물을 테마로 하는 형태, 과학과 하이테크를 테마로 하는 형태, 자연자원을 테마로 하는 형태 등이 있다.

2 국내 주제공원

(1) 국내 주제공원의 개요

① 국내에서의 주제공원의 개발은 1970년대부터이며, 1980년대에 본격적인 개발이 진행되었고 1990년대에 와서는 다양한 개념 개발이 이루어졌다.

② 1973년 어린이 대공원이 설치되었고, 1977년 용인 자연농원이 과수단지 · 식물원 · 동물원 · 사파리 및 탑승시설을 점차 도입함으로써 주제공원의 모습을 갖추게 되었으며, 그 밖에 용인 민속촌 등이 건설되었다.

③ 주제공원은 1980년대에 들어서면서부터 본격적인 관심을 끌게 되었다. 특히 1989년에 건설된 롯데월드는 세계 최대의 실내 주제공원으로서 국내 주제공원 개발의 정점을 이루었으며 그 외에도 드림랜드(1987년), 서울랜드(1988년) 등이 건설되었다.

④ 1990년대에 들어와서는 규모면에서 미약하지만 지방에서도 대구의 우방랜드를 비롯하여 주제공원을 모방한 여러 시설들이 건설되었다.

⑤ 1996년에는 용인 자연농원이 에버랜드로 이름을 바꾸면서 대규모 워터파크인 캐리비안베이를 선보여, 기존의 탑승형 시설물에서 벗어난 다양한 개발의 가능성을 시사하였다.

⑥ 2000년대 들어 경관적 조경요소 및 편의시설 등 부대시설과 각종 물놀이 시설로 이루어진 복합 레저시설(워터파크)이 전 세계적으로 발전하고 있다.

(2) 국내 주제공원의 전망

① 탑승시설 위주의 공원보다 가족 전체가 배우고 체험할 수 있는 문화 · 교육의 장이 있는 테마파크의 도입이 불가피하다.

② 테마의 주제는 민속 · 역사 · 생물 · 예술 · 놀이 등 여러 가지가 있는데, 더 나아가 교육 · 문화까지 포함하여 주제가 다양화될 것이다.

③ 테마산업의 수요가 점점 증대하여 대형화를 지속적으로 추진해 나갈 것이다.

④ 컴퓨터의 보급으로 주제공원은 가상현실을 체험하는 곳이 되었기 때문에 인간과 컴퓨터 간의 교류 등을 주제로 한 미래의 테마파크가 보급될 것이다.

(3) 국내 주제공원의 문제점

① 주제공원을 이용하는 사람들의 가장 큰 불만은 기다리는 시간이 너무 길다는 점이다.

② 전시시설이나 탑승시설 등이 넓은 장소 곳곳에 배치되어 있기 때문에 고객들이 시설물에 접근하기가 쉽지 않다.

③ 주제공원의 설치와 인력에 드는 막대한 비용으로 인해 입장료나 탑승비 등이 비싼 편이다.

④ 국내 테마파크의 주제는 외국의 주제공원과도 비슷하여 차별성이 거의 없다.

⑤ 국내 주제공원의 수입의 대부분은 입장료이며, 쇼핑에 의한 수입은 아주 적은 수준이다.

(4) 국내 테마파크 사업여건

① 테마파크산업은 거대한 건설로, 자금 역시 많이 필요하다.

② 대기업들이 적극적으로 주제공원의 개발에 주력할 수 있는 여건을 조성해야 한다.

(5) 국내 주제공원의 발전방안

① 고객이 주제공원에서 최대의 만족을 얻을 수 있도록 개발·관리해야 한다.

② 다양한 계층에 알맞은 적절한 동선을 제시하여 고객의 효용과 만족을 극대화해야 한다.

③ 공원 주변에서 머무를 수 있는 시간을 최대로 활용해야 한다.

④ 주제공원을 활성화시키기 위해서는 저가격화와 단일 요금제 도입이 시급하다.

⑤ 외국의 주제공원을 모방하기보다는 한국형 테마공원을 조성하여 한국인의 정서에 맞게 운영되어야
한다.

⑥ 다양한 캐릭터 상품과 마케팅 등을 활성화시켜 고객의 눈을 주제공원 내의 쇼핑에 돌려야 한다.

⑦ 테마산업을 활성화하기 위해서는 정부의 지원이 적극적인 방향으로 전환되어 자본가들이 적극 참여
할 수 있게 하여야 한다.

(6) 국내 주제공원의 종류

① 에버랜드 : 1976년 가족공원인 자연농원으로 개장하여 세계적인 테마파크로 부상하였다. 특히 에버
랜드의 서비스 혁신과 경영 성과는 많은 주목을 받아 고객만족경영대상을 연속 수상하기도 했다.

② 롯데월드 : 1989년 개장하여 입장객 1억 1,000만여 명을 넘었으며 지하철과 연결된 편리한 교통으
로 서울에서 가장 접근성이 좋은 실내 테마파크이다. 종합관광, 쇼핑, 여가, 스포츠, 문화를 즐길 수
있는 곳으로 자리매김하였다.

③ 서울랜드 : 88서울올림픽에 맞추어 1988년 5월 개장한 테마파크로, 자연경관이 수려한 경기도 과천
청계산 기슭의 서울대공원에 인접해 있다.

④ 이월드(우방타워랜드) : 1995년 개장한 이래 한 해 평균 약 250만 명의 입장객 수준을 가진 대구의
테마파크로, 대구를 상징하는 국내 최대의 전망탑인 83타워로 유명하다.

⑤ 워터파크 : 각종 물놀이 시설을 갖추어 놓은 곳으로 캐리비안베이, 오션월드 등이 있다.

3 해외 주제공원

(1) 월트디즈니사

① 월트디즈니사의 등장

ⓐ 1938년 영화사로 출범하여 1955년 최초의 주제공원인 디즈니랜드를 로스앤젤레스에 개장하였으며, 이를 모델로 1971년 올랜도 디즈니월드를 개관

ⓑ 디즈니월드는 미국의 플로리다주 올랜도에 위치

[LA 디즈니랜드 퍼레이드]

② 월트디즈니사의 특징

ⓐ 세계에서 최초로 테마파크를 개장

ⓑ 테마파크를 비롯하여 캐릭터산업, 영화산업 등의 복합사업체

ⓒ 세계 1위의 문화사업체의 위치 고수

③ 성공요인

ⓐ 명확한 기본 개념 설정

ⓑ 동선을 중시한 전략 수립

ⓒ 새로운 시설개발로 고객의 재방문 유도

ⓓ 재무관리 전략 구사

ⓔ 안전, 교육, 환경관리, 접근성 등을 중시

ⓕ 교통의 편리성 도모

(2) 도쿄 디즈니랜드

① 도쿄 디즈니랜드의 특징 : 미국의 디즈니랜드를 재현한 테마파크로, 1983년에 개장하였으며, 개장 초 천만 명 돌파 등 엄청난 흑자를 거둠

② 성공요인

[도쿄 디즈니랜드]

ⓐ 고객의 재방문 확보

ⓑ 최상의 입지조건

ⓒ 기획 · 건설 · 운영 면에서 고도의 노하우를 익힘

ⓓ 종사원들의 교육과 서비스정신 제고

ⓔ 차별화된 매력 창출

ⓕ 주변의 관광단지화

(3) 파리 디즈니랜드(유로 디즈니랜드)

① 1992년 프랑스 파리에 개장

② 개장 초기 경제사정과 미국의 문화 제국주의에 대한 거부감으로 실패

③ **실패원인** : 프랑스인의 문화적 자존심, 과잉투자로 인한 재정의 어려움, 기후조건, 유럽의 다른 주제공원의 치열한 견제 등

(4) 그 밖의 주제공원

① 매직킹덤(Magic Kingdom) : 로스앤젤레스의 디즈니랜드와 거의 비슷한 주제공원으로 7개의 테마랜드로 구성

② 타이푼 라군(Typhoon Lagoon) : 물놀이 공원을 디즈니식으로 만든 곳

③ 씨 월드(Sea World) : 바다에 사는 동물들이 모인 세계 최대의 바다공원

④ 나가사키 하우스텐보스 : 역사적 배경을 바탕으로 조성된 곳으로, 넓은 부지를 자랑함

⑤ 유니버셜 스튜디오 재팬(Universal Studios Japan) : 오사카에 위치한 무비 테마파크로 고객들을 영화 제작과정 및 영화 속으로 안내

순 위	테마파크	입장객
1위	디즈니 매직 킹덤	1,772만
2위	디즈니랜드	1,725만
3위	유니버셜 스튜디오 재팬	1,600만
4위	도쿄 디즈니랜드	1,510만
5위	상하이 디즈니랜드	1,400만
6위	창롱 오션킹덤	1,252만
7위	도쿄 디즈니씨	1,240만
8위	디즈니 앱콧	1,198만
9위	프랑스 디즈니랜드	1,040만
10위	디즈니 할리우드 스튜디오	1,030만

※ 출처 : 세계테마엔터테인먼트협회(TEA), 2023년 기준

03 외식사업

1 외식사업(Restaurant Industry)의 개념

(1) 외식의 사전적 의미

집에서 직접 해 먹지 아니하고 밖에서 음식을 사 먹음. 또는 그런 식사.(국립국어원,「표준국어대사전」)

(2) 외식사업의 정의

음식을 만들어 제공하는 사업을 뜻하며, 식사 제공, 인적 서비스 제공, 분위기 연출, 식사와 관련된 편의제공 등을 상품으로 하는 사업을 말한다.

(3) 음식점과 외식사업을 구분하는 요소

① 영세성 탈피　　　　　　② 조직 대규모화

③ 시설 현대화　　　　　　④ 조리 집중화

⑤ 서비스 균일화

2 외식사업의 특성

(1) 노동집약적 사업

인적 구성요소의 비중이 크고 인적 영업활동에 의존하는 대표적인 인적 서비스사업이다.

(2) 입지의존적 사업

점포 위치에 따라 매출액에 영향을 받게 되므로 업소 위치를 최우선으로 하는 입지의존적 사업의 특성을 띠고 있다.

(3) 체인사업

외식사업은 전국을 체인화하는 영업시스템 구축이 용이하다.

(4) 소비자 기호에 영향을 받는 사업

외식사업은 소비자 의식구조, 식생활패턴 변화, 가처분소득 증대, 소비자 생활방식과 기호에 많은 영향을 받는다.

(5) 다품종 소량의 주문판매사업

외식사업은 여러 종류의 음식을 주문에 의하여 그때그때 생산·판매하기 때문에 완성품 재고가 없다.

(6) 유통경로 부재사업

상품구매를 위하여 고객이 직접 방문하여 소비하는 유통경로 부재사업이다.

3 외식사업의 분류

(1) 우리나라의 분류

「식품위생법 시행령」상 식품접객업의 종류는 다음과 같다.

① **휴게음식점영업** : 주로 다류(茶類), 아이스크림류 등을 조리·판매하거나 패스트푸드점, 분식점 형태의 영업 등 음식류를 조리·판매하는 영업으로서 음주행위가 허용되지 아니하는 영업(다만, 편의점·슈퍼마켓·휴게소 그 밖에 음식류를 판매하는 장소에서 컵라면, 1회용 다류 또는 그 밖의 음식류에 뜨거운 물을 부어주는 경우 제외)

[편의점 내부 전경]

② **일반음식점영업** : 음식류를 조리·판매하는 영업으로서 식사와 함께 부수적으로 음주행위가 허용되는 영업

③ **단란주점영업** : 주로 주류를 조리·판매하는 영업으로서 손님이 노래를 부르는 행위가 허용되는 영업

④ **유흥주점영업** : 주로 주류를 조리·판매하는 영업으로서 유흥종사자를 두거나 유흥시설을 설치할 수 있고 손님이 노래를 부르거나 춤을 추는 행위가 허용되는 영업

⑤ **위탁급식영업** : 집단급식소를 설치·운영하는 자와의 계약에 따라 그 집단급식소에서 음식류를 조리하여 제공하는 영업

⑥ **제과점영업** : 주로 빵, 떡, 과자 등을 제조·판매하는 영업으로서 음주행위가 허용되지 아니하는 영업

(2) 미국 외식사업의 분류

① 영리목적식

　㉠ 일반외식업체 : 일반음식점, 전문음식점, 카페테리아, 출장음식, 일반음료, 음주판매점, 간식판매점, 바 등

　㉡ 위탁경영 : 구내식당(공공시설, 사무실 빌딩, 공장, 대학, 병원 등), 기내식

　㉢ 숙박시설 : 호텔 식당, 모텔 식당, 모터 호텔 식당

　㉣ 기타 : 편의점, 모빌식당, 자판기 등

② 비영리 목적식

  ㉠ 직원 급식

  ㉡ 국·공립 초·중·고등학교 급식

  ㉢ 대학교 급식

  ㉣ 교통시설 급식

  ㉤ 병원 급식

  ㉥ 양로원, 고아원, 기타 장기투숙기관의 급식

  ㉦ 클럽, 스포츠, 오락캠프 급식

  ㉧ 커뮤니티 센터

③ 군인식

  ㉠ 장교식당 및 장교클럽

  ㉡ 일반군인식

(3) 일본 외식사업의 분류

① 음식제공 중심

  ㉠ 영업 급식

  • 음식점 : 식당, 레스토랑, 메밀·우동점, 초밥전 문, 기타 음식점

  • 특수 음식점 : 열차 식당, 기내식

  • 숙박시설

  ㉡ 집단급식 : 학교, 기업체, 병원, 사회복지시설

② 주류·음료제공 중심

  ㉠ 커피숍, 비어홀

  ㉡ 요정, 바 등

[우동·초밥 전문점]

4 외식사업의 구성요소

(1) 음식과 음료

외식사업을 시작하거나 기존 메뉴를 변경하려고 할 때는 원자재, 조리방법, 요리의 양과 모양, 주력 메뉴와 부메뉴 항목에 대한 세밀한 계획과 시장조사가 선행되어야 한다. 음료는 알코올류와 비알코올류로 구성된다.

(2) 인적 서비스

① 부대서비스 : 음식물을 제공하기 위한 서비스

② 독립서비스 : 점포의 독자적인 서비스

  ㉠ 접객서비스 : 경영자, 호스테스, 호스트 등이 제공하는 서비스로 서비스 대상이 개인이나 소수임

  ㉡ 여흥서비스 : 모든 고객에게 쇼나 음악 등 예능적 서비스를 제공하는 것

(3) 물적 서비스

① 공간서비스 : 음식을 먹을 수 있는 장소

② 설비서비스 : 부수되는 여흥설비

(4) 편리성

① 입지 : 점포의 접근성이 좋아야 함

② 영업시간 : 영업시간과 함께 휴일 선정도 중요함

③ 요금정산방법 : 고객이 원하는 시점에 정해진 요금대로 정산하여 지불할 수 있음

(5) 가 격

외식사업의 경우 한 개의 주력 상품에 타 상품의 가격이 포함되는 경우가 많으므로 타 소매업처럼 모든 상품에 개별가격을 제시하는 것과 구별된다.

5 국내 외식사업의 발전 및 문제점

(1) 국내 외식사업의 발전과정

① 1988년 서울올림픽 이후 국민소득의 증가, 핵가족화, 소비의식의 변화, 근로시간 단축, 여성의 사회 참여 증가, 여가산업의 성장, 해외여행 자유화 등으로 인해 국내 외식업계는 괄목할 만한 성장을 이루었다.

② 1990년대에는 그동안 시장을 주도해 왔던 햄버거, 피자, 치킨 등과 같은 패스트푸드와 더불어 편의 점의 등장과 함께 체인경영기법을 도입한 패밀리레스토랑이 본격적으로 진출하였다.

③ 2000년대에는 웰빙문화로 인한 패스트푸드 산업의 변화와 다양한 소비패턴으로 인해 다양한 업종이 생겨났다.

④ 2010년대에는 외식산업이 후기 성숙기에 접어들었으며 저성장·고령사회 등으로 외식시장의 구조 조정 및 재편이 전망되고 있다.

(2) 국내 외식사업의 발전요인

① **경제적 요인** : 국민소득 증가, 노동시간 감소, 여가시간 증대, 국제화·세계화 조류, 수입자유화, 대기업의 외식시장 참여, 패스트푸드의 성장, 시장환경의 세분화·다양화 등
② **사회적 요인** : 여성의 사회진출 증가, 대량생산·대중소비사회, 생활관·가치관의 변화, 신세대 출현, 레저패턴의 다양화, 핵가족화, 건강식 욕구 증대
③ **기술적 요인** : 주방기기의 현대화·과학화, 식당용 컴퓨터기기의 보급 확산, 해외 브랜드 도입, 포장기술의 발전, 주변환경의 현대화
④ **문화적 요인** : 고객의 요구 변화, 식생활패턴의 변화, 사회구성원의 가치관 변화, 외식종사자의 직업의식 개선, 신세대의 인구비율 증대

(3) 외식사업의 문제점

① **종업원의 낮은 정착률** : 종업원의 직장정착률이 낮으면 그 직장의 영업적 전통이나 숙련도가 떨어져 점포운영이 어려울 수 있다.
② **원가의식 결여** : 원가의식이 없기 때문에 처음에는 고객을 식당에 유치하기만 하고, 어느 정도 영업실적이 향상되면 투자된 자금회수에 급급하게 되어 음식의 질에 문제가 생길 수 있다.

[외식사업 현장]

③ **과다한 로열티** : 최신경영기법을 갖춘 외국 외식업체와의 무분별한 기술제휴로 인해 과다한 로열티가 지출되고 있다.
④ **메뉴와 품질수준문제** : 우리나라에서 사용하는 외식사업의 식품원자재는 극히 일부를 제외하고는 대부분 국내 생산품이기 때문에 외국 기업과 합작 또는 기술협약을 맺었더라도 메뉴의 품질이 상이할 수 있다.
⑤ **경영자의 인식과 지식 부족** : 외식사업은 인간의 건강과 생명유지라는 차원에서 점포를 운영해야 하지만 대부분의 경영자는 많은 자본과 기술이 없어도 개점만 해 놓으면 적당히 장사가 잘 되지 않겠느냐는 생각을 하는 것이 일반적인 경향이다.
⑥ **외식시장 미성숙** : 우리나라의 외식시장에서 패스트푸드 등은 주식의 개념보다는 간식으로 생각하는 고객들이 많기 때문에 아직 시장이 활성화되지 못하고 있다.
⑦ **프랜차이즈 본부의 능력 부족** : 프랜차이즈 체인본부의 관리능력과 기능 부실로 인하여 프랜차이즈 본부의 노하우나 인력확보 없이 무작정 확장함에 따라 시장기능이 저하되고 있다.
⑧ **법률·행정문제** : 다양한 종류의 식당 출현에 대처하는 법적 장치가 미흡하기 때문에 시대의 변화에 맞는 법률조항과 세분화된 규제나 통제가 필요하다.

1 관광쇼핑(Tourism Souvenir)의 개념

(1) 관광쇼핑의 중요성

관광쇼핑은 관광객의 욕구를 충족시키고 더욱 만족스러운 관광활동을 보장할 뿐만 아니라 외화 획득을 통하여 국제수지개선, 경제성장, 수출과 고용증대 등 국가경제에 막대한 기여를 하고 있다.

(2) 관광쇼핑상품의 기본적 성격

① 자국산 원료, 그 지방의 특유한 원료를 이용하여 제조 · 가공된다.
② 관광활동의 증거물로서 관광경험을 상기시키는 역할을 하며, 관광활동 후 주변인들에게 줄 선물성 기능을 띠게 된다.
③ 생산지의 고유성과 지역성이 반영된다.
④ 관광쇼핑상품의 범위는 공예품 · 기념품 · 일상품 · 농수산물 등 광범위하다.

(3) 관광쇼핑업의 정의

① 협의의 관광쇼핑업 : 관광활동이 일어나는 관광지를 중심으로 공간적 범위를 한정하여 판매하는 1차적 관광사업을 의미한다.
② 광의의 관광쇼핑업 : 관광쇼핑상품의 내용적 범위와 공간적 범위를 확대하여 관광지 이외의 장소까지 포함하며, 해당 지역민이나 국민들의 일상생활권에 위치한 각종 판매업을 말한다.

(4) 관광쇼핑상품의 기본요건 _{중요}

① 실용성과 소비성을 충족해야 한다.
② 가격이 저렴해야 한다.
③ 운송이 용이한 포장이어야 한다.
④ 디자인이 아름다워야 한다.
⑤ 관광객의 기호를 충족시켜야 한다.
⑥ 국민적 색채가 풍부하게 담겨 있고 민족문화를 배경으로 한 예술적 가치가 있어야 한다.
⑦ 견고하고 부피가 작으며 휴대하기 편리해야 한다.

[남대문 시장]

(5) 관광쇼핑업의 특성

① 계절성이 크다.
② 관광활동의 하위 서비스로 인식되고 있으며 타 업종과의 경쟁관계가 매우 낮다.
③ 타 업종에 비해 관광쇼핑생산업의 참여가 매우 용이하기 때문에 공급 측면의 각 단계에서 과잉경쟁이 나타난다.

④ 경영구조나 생산기술이 소규모인 **영세업체**가 많아 완전경쟁상태에 가까운 시장특성을 띠고 있다.

⑤ 관광쇼핑생산업체는 종류도 다양하고 수적으로 많으나 주로 중·소기업형이나 영세형이고, 노동집약적 산업으로 타 업종에 비해 **경영의 과학화·업무의 효율화**가 뒤처진다.

⑥ 관광쇼핑생산업체는 소득탄력적 산업으로 외화가득률과 경제적 부가가치성이 높고 지역특산품이 주 대상이므로 유휴노동력을 활용하는 산업이다.

⑦ 관광쇼핑상품의 기능과 개념의 다양화로 판매업체의 **전문업종화**가 이루어지고 있다.

⑧ 관광쇼핑상품의 생산·유통·판매 등의 과정이 지역 내에 한정되지 않고 **전국적으로 확산**되고 있다.

(6) 관광쇼핑상품의 종류

① 생산단계에 따른 분류

㉠ 지역적 수요형 : 지역 내 관광객 또는 주민수요에 대응하기 위해 생산하는 상품

㉡ 공예품형 : 전통공예품의 생산으로 기술적으로나 품질적으로 우수한 상품

㉢ 아마추어형 : 전문가가 만든 것은 아니나 기념품적인 매력이 있는 상품

㉣ 지역산업형 : 관광객을 주요 대상으로 생산되는 것은 없고, 지역에서 만든 농산물부터 일상용품에 이르기까지 관광객에게 판매하는 상품

㉤ 유입가공형 : 해외나 타 지역에서 원재료를 수입하여 가공하고, 또는 반가공품을 추가적으로 수입하여 보완 가공하여 판매되는 상품

㉥ 팬시형 : 주로 캐릭터상품으로, 지역의 특성이나 기념적 요소를 가미하여 상징적으로 만들어 판매하는 상품

㉦ 전국수요형 : 지역형 수요를 벗어나 고객의 폭이 넓은 전국시장을 상대로 생산하는 상품

② 특성에 따른 분류

㉠ 상징성 또는 대표성 있는 상품

㉡ 전시성 내지 지위 상징적인 상품

㉢ 진기·진미성 있는 유명상품

㉣ 지명도가 높은 상품

㉤ 관광경험을 회상하게 하는 상품

③ 상품종류에 따른 분류

㉠ 공예품

㉡ 기호품

㉢ 정밀기계공예품

[안동의 하회탈]

④ 우리나라 관광쇼핑상품의 분류

㉠ **토산품**으로서 지역의 원료를 그곳에서 가공한 지역산물

㉡ **민예품**으로서 지역의 고유한 역사·민속·풍물·신앙·전통·생활양식이 담겨 있는 공예품

㉢ **일반공예품**으로서 가격·품질 등을 이유로 생산지이자 곧 방문지인 곳에서 구매한 모든 상품, 특히 일반생활품까지 포함

2 관광쇼핑업의 현황과 문제점

(1) 관광쇼핑업의 현황

외국인의 관광쇼핑 추세를 보면 아시아에서 홍콩, 싱가포르가 관광쇼핑국으로 이미지를 구축하였고, 우리나라를 비롯한 대만·태국 등이 신흥 관광쇼핑국으로 발전하고 있다. 관광쇼핑수입은 전체 관광수입의 28~35% 수준에 이르고 있다.

① 소비지출항목 : 쇼핑비, 숙박비, 식음료비, 관광교통비, 유흥비 등의 지출은 다소 증가하였으나 경비는 감소하였다.

② 쇼핑품목 : 의류, 김치, 식료품, 피혁류, 주류, 신발류, 화장품, 보석류, 도자기, 섬유류 등이 있다.

③ 쇼핑장소 : 공항면세점, 시내면세점, 백화점, 이태원, 남대문, 동대문, 인사동 등이 있다.

(2) 관광쇼핑업의 문제점 🗨

① 생산업체 측면

    ㉠ 전근대적이고 낙후된 생산방식

    ㉡ 영세한 기업구조 및 생산시설

    ㉢ 정부기관의 일관성 있는 정책 부재

    ㉣ 가치관 변화에 따른 수요 감소

    ㉤ 기계화를 통한 기념품의 대량생산으로 경쟁력 상실

② 판매업체 측면

    ㉠ 판매업체의 영세성

    ㉡ 유통과정의 난맥상

    ㉢ 가격체계의 불합리

3 관광쇼핑업의 발전방안

(1) 한국적 상징의 관광쇼핑상품 개발

① 인삼을 주원료로 한 다양한 종류의 상품을 개발한다.

② 한국의 특화형 상품인 도자기 등을 개발·판매한다.

③ 나전칠기, 목각 제품 등을 개발한다.

[통영의 나전칠기]

(2) 관광쇼핑상품에 대한 적극적인 광고·선전

① 우수 제조업체를 소개한다.

② 수출상담이나 알선상의 편의를 제공·지원한다.

③ 국가차원에서 대외적으로 광고와 홍보를 정기적으로 실시한다.

④ 대내적으로는 국내관광객에게, 대외적으로는 외국관광객들에게 널리 알리기 위하여 주요 도시에 우수상품 상설전시장을 운영한다.

(3) 관광쇼핑상품 유통구조의 현대화

① 소규모 상권형성을 통하여 한국의 고유상품을 판매한다.

② 유명관광지 내 면세품 개설과 관광쇼핑상품을 개발한다.

(4) 한국 쇼핑관광의 이미지 제고

한국의 관광쇼핑상품에 대한 외국인들의 불만요소를 미리 제거하여 관광쇼핑상품 구입에 대해 자부심을 가질 수 있도록 노력한다.

05 오락·스포츠시설업

1 카지노(Casino)사업

(1) 카지노업의 정의(「관광진흥법」 제3조 제1항 제5호) 🔖

전문 영업장을 갖추고 주사위·트럼프·슬롯머신 등 특정한 기구 등을 이용하여 우연의 결과에 따라 특정인에게 재산상의 이익을 주고 다른 참가자들에게 손실을 주는 행위등을 하는 업을 말한다.

(2) 카지노업의 특성 17 기출

① 긍정적 효과

ㄱ 외화 획득

ㄴ 세수 증대

ㄷ 고용창출 효과

ㄹ 호텔수입 증대 효과

ㅁ 상품개발이 용이하고 전천후 영업가능

ㅂ 연중 고객 유치

ㅅ 지역 경제 활성화

② 부정적 효과

ㄱ 범죄, 부패, 혼잡

ㄴ 투기와 사행심 조장

ㄷ 지하경제 위험

ㄹ 경제 파탄 위험

(3) 카지노업의 허가요건(「관광진흥법」 제21조 및 동 시행령 제27조) 😊 22 기출

문화체육관광부장관은 카지노업의 허가신청을 받으면 다음의 어느 하나에 해당하는 경우에만 허가할
수 있다.

① 국제공항이나 국제여객선터미널이 있는 특별시 · 광역시 · 특별자치시 · 도 · 특별자치도에 있거나
관광특구에 있는 관광숙박업 중 호텔업시설(관광숙박업의 등급 중 최상등급을 받은 시설만 해당하
며, 시 · 도에 최상등급의 시설이 없는 경우에는 그 다음 등급의 시설만 해당) 또는 대통령령으로 정
하는 국제회의업 시설의 부대시설에서 카지노업을 하려는 경우로서 다음의 요건에 맞는 경우
　　㉠ 외래관광객 유치계획 및 장기수지전망 등을 포함한 사업계획서가 적정할 것
　　㉡ 사업계획 수행에 필요한 재정능력이 있을 것
　　㉢ 현금 및 칩의 관리 등 영업거래에 관한 내부통제방안이 수립되어 있을 것
　　㉣ 그 밖에 카지노업의 건전한 운영과 관광산업의 진흥을 위하여 문화체육관광부장관이 공고하는
　　　기준에 맞을 것
② 우리나라와 외국을 왕래하는 여객선에서 카지노업을 하려는 경우로서 다음의 요건에 맞는 경우
　　㉠ 여객선이 2만톤급 이상으로 문화체육관광부장관이 공고하는 총톤수 이상일 것
　　㉡ 위 ①의 ㉠부터 ㉣까지의 규정에 적합할 것

(4) 카지노업의 시설기준(「관광진흥법 시행규칙」 제29조)

① 330제곱미터 이상의 전용 영업장
② 1개 이상의 외국환 환전소
③ 카지노업의 영업종류 중 네 종류 이상의 영업을 할 수 있는 게임기구 및 시설
④ 문화체육관광부장관이 정하여 고시하는 기준에 적합한 카지노 전산시설

(5) 카지노업의 영업종류(「관광진흥법 시행규칙」 별표 8)

① 테이블게임(Table Game) 및 전자테이블게임(Electronic Table Game)
　　㉠ 룰렛(Roulette)　　　　　　　　　㉡ 블랙잭(Blackjack)
　　㉢ 다이스(Dice, Craps)　　　　　　㉣ 포커(Poker)
　　㉤ 바카라(Baccarat)　　　　　　　㉥ 다이 사이(Tai Sai)
　　㉦ 키노(Keno)　　　　　　　　　　㉧ 빅 휠(Big Wheel)
　　㉨ 빠이 까우(Pai Cow)　　　　　　㉩ 판 탄(Fan Tan)
　　㉪ 조커 세븐(Joker Seven)　　　　　㉫ 라운드 크랩스(Round Craps)
　　㉬ 트란타 콰란타(Trent Et Quarante)　㉭ 프렌치 볼(French Boule)
　　㉮ 차카락(Chuck - A - Luck)　　　㉯ 빙고(Bingo)
　　㉰ 마작(Mahjong)　　　　　　　　㉱ 카지노 워(Casino War)
② 머신게임(Machine Game)
　　㉠ 슬롯머신(Slot Machine)
　　㉡ 비디오게임(Video Game)

[룰 렛]   [블랙잭]   [슬롯머신]

더 알아보기 카지노 게임의 종류 15 16 18 19 23 24 기출

- 바카라 : Banker와 Player 중 카드 합이 9에 가까운 쪽이 승리하는 카지노 게임이다.
- 블랙잭 : 카드 숫자의 합이 21을 넘지 않는 한도 내에서 가장 높은 수의 합이 나오는 쪽이 이기는 게임이다. 에 이스는 1 또는 11로 계산되며, 그림카드는 10으로 계산된다. 카드를 추가로 받고 싶으면 '히트'라고 하며 그렇 지 않으면 '스테이'라고 한다.
- 다이 사이 : 베팅한 숫자 또는 숫자의 조합이 셰이커(주사위 용기)에 있는 세 개의 주사위와 일치하면 배당률 에 의해 배당금이 지급되는 게임이다.
- 빅 휠 : 휠이 멈추었을 때 휠 위의 가죽띠가 멈출 곳을 예측하여 고객이 맞히면 이기는 게임이다. 휠에 배당률 이 표시되어 있으며 당첨금은 최고 40배까지 지급된다.

(6) 카지노사업자(종사원 포함) 등의 준수사항(「관광진흥법」 제28조 제1항)

카지노사업자(종사원 포함)는 다음의 어느 하나에 해당하는 행위를 해서는 아니 된다.

① 법령에 위반되는 카지노기구를 설치하거나 사용하는 행위

② 법령을 위반하여 카지노기구 또는 시설을 변조하거나 변조된 카지노기구 또는 시설을 사용하는 행위

③ 허가받은 전용영업장 외에서 영업을 하는 행위

④ 내국인(해외이주자는 제외)을 입장하게 하는 행위

⑤ 지나친 사행심을 유발하는 등 선량한 풍속을 해할 우려가 있는 광고나 선전을 하는 행위

⑥ 카지노영업 종류에 해당하지 아니하는 영업을 하거나 영업방법 및 배당금 등에 관한 신고를 하지 아 니하고 영업하는 행위

⑦ 총매출액을 누락시켜 관광진흥개발기금 납부금액을 감소시키는 행위

⑧ 19세 미만인 자를 입장시키는 행위

⑨ 정당한 사유 없이 그 연도 안에 60일 이상 휴업하는 행위

더 알아보기 카지노영업소 이용자의 준수사항(「관광진흥법」 제29조)

카지노영업소에 입장하는 자는 카지노사업자가 외국인(해외이주자 포함)임을 확인하기 위하여 신분확인에 필요 한 사항을 물을 때에는 이에 응하여야 한다.

(7) 카지노업의 운영조직

① 이사회
② 영업부서
③ 카지노 총지배인(슬롯지배인, 키노지배인, 게임지배인, 카지노호스트)
④ 안전관리부서
⑤ 출납부서
⑥ 환전상
⑦ 전산전문요원

> **더 알아보기**　**우리나라 최초의 외국인 전용 카지노** 21 23 기출
>
> 1967년 인천 올림포스호텔 카지노가 우리나라 최초로 개설되었으며, 외국인 전용으로 허가를 받았다.

2 테마파크업

(1) 테마파크업의 정의(「관광진흥법」 제3조 제1항 제6호)

테마파크시설을 갖추어 이를 관광객에게 이용하게 하는 업(다른 영업을 경영하면서 관광객의 유치 또는 광고 등을 목적으로 테마파크시설을 설치하여 이를 이용하게 하는 경우 포함)을 말한다.

(2) 테마파크업의 종류(「관광진흥법 시행령」 제2조 제1항 제5호)

① **종합테마파크업** : 테마파크시설을 갖추어 관광객에게 이용하게 하는 업으로서 대규모의 대지 또는 실내에서 안전성검사 대상 테마파크시설 여섯 종류 이상을 설치·운영하는 업
② **일반테마파크업** : 테마파크시설을 갖추어 관광객에게 이용하게 하는 업으로서 안전성검사 대상 테마파크시설 한 종류 이상을 설치하여 운영하는 업
③ **기타테마파크업** : 테마파크시설을 갖추어 관광객에게 이용하게 하는 업으로서 안전성검사 대상이 아닌 테마파크시설을 설치하여 운영하는 업

3 관광편의시설업

(1) 관광편의시설업의 정의(「관광진흥법」 제3조 제1항 제7호)

규정에 따른 관광사업 외에 관광진흥에 이바지할 수 있다고 인정되는 사업이나 시설 등을 운영하는 업을 말한다.

(2) 관광편의시설업의 종류(「관광진흥법 시행령」 제2조 제1항 제6호) 중요 13 15 기출

① **관광유흥음식점업** : 식품위생 법령에 따른 유흥주점 영업의 허가를 받은 자가 관광객이 이용하기 적합한 한국 전통 분위기의 시설을 갖추어 그 시설을 이용하는 자에게 음식을 제공하고 노래와 춤을 감상하게 하거나 춤을 추게 하는 업

② **관광극장유흥업** : 식품위생 법령에 따른 유흥주점 영업의 허가를 받은 자가 관광객이 이용하기 적합한 무도시설을 갖추어 그 시설을 이용하는 자에게 음식을 제공하고 노래와 춤을 감상하게 하거나 춤을 추게 하는 업

③ **외국인전용 유흥음식점업** : 식품위생 법령에 따른 유흥주점영업의 허가를 받은 자가 외국인이 이용하기 적합한 시설을 갖추어 외국인만을 대상으로 주류나 그 밖의 음식을 제공하고 노래와 춤을 감상하게 하거나 춤을 추게 하는 업

④ **관광식당업** : 식품위생 법령에 따른 일반음식점영업의 허가를 받은 자가 관광객이 이용하기 적합한 음식제공시설을 갖추고 관광객에게 특정 국가의 음식을 전문적으로 제공하는 업

⑤ **관광순환버스업** : 「여객자동차 운수사업법」에 따른 여객자동차운송사업의 면허를 받거나 등록을 한 자가 버스를 이용하여 관광객에게 시내와 그 주변 관광지를 정기적으로 순회하면서 관광할 수 있도록 하는 업

⑥ **관광사진업** : 외국인 관광객과 동행하며 기념사진을 촬영하여 판매하는 업

⑦ **여객자동차터미널시설업** : 「여객자동차 운수사업법」에 따른 여객자동차터미널사업의 면허를 받은 자가 관광객이 이용하기 적합한 여객자동차터미널시설을 갖추고 이들에게 휴게시설 · 안내시설 등 편익시설을 제공하는 업

⑧ **관광펜션업** : 숙박시설을 운영하고 있는 자가 자연 · 문화 체험관광에 적합한 시설을 갖추어 관광객에게 이용하게 하는 업

⑨ **관광궤도업** : 「궤도운송법」에 따른 궤도사업의 허가를 받은 자가 주변 관람과 운송에 적합한 시설을 갖추어 관광객에게 이용하게 하는 업

⑩ **관광면세업** : 다음의 어느 하나에 해당하는 자가 판매시설을 갖추고 관광객에게 면세물품을 판매하는 업

  ㉠ 「관세법」 제196조에 따른 보세판매장의 특허를 받은 자

  ㉡ 「외국인관광객 등에 대한 부가가치세 및 개별소비세 특례규정」에 따라 면세판매장의 지정을 받은 자

⑪ 관광지원서비스업 : 주로 관광객 또는 관광사업자 등을 위하여 사업이나 시설 등을 운영하는 업으로서 문화체육관광부장관이 「통계법」 제22조 제2항 단서에 따라 관광 관련 산업으로 분류한 쇼핑업, 운수업, 숙박업, 음식점업, 문화ㆍ오락ㆍ레저스포츠업, 건설업, 자동차임대업 및 교육서비스업 등. 다만, 법에 따라 등록ㆍ허가 또는 지정(이 영 제2조 제6호 가목부터 카목까지의 규정에 따른 업으로 한정한다)을 받거나 신고를 해야 하는 관광사업은 제외한다.

(3) 관광편의시설업의 지정기준(「관광진흥법 시행규칙」 별표 2) 중요

① 관광유흥음식점업

㉠ 건물은 연면적이 특별시의 경우에는 330제곱미터 이상, 그 밖의 지역은 200제곱미터 이상으로 한국적 분위기를 풍기는 아담하고 우아한 건물일 것

㉡ 관광객의 수용에 적합한 다양한 규모의 방을 두고 실내는 고유의 한국적 분위기를 풍길 수 있도록 서화ㆍ문갑ㆍ병풍 및 나전칠기 등으로 장식할 것

㉢ 영업장 내부의 노래소리 등이 외부에 들리지 아니하도록 할 것

② 관광극장유흥업

㉠ 건물 연면적은 1,000제곱미터 이상으로 하고, 홀 면적(무대면적 포함)은 500제곱미터 이상으로 할 것

㉡ 관광객에게 민속과 가무를 감상하게 할 수 있도록 특수조명장치 및 배경을 설치한 50제곱미터 이상의 무대가 있을 것

㉢ 영업장 내부의 노래소리 등이 외부에 들리지 아니하도록 할 것

③ 외국인전용 유흥음식점업

㉠ 홀 면적(무대면적 포함)은 100제곱미터 이상으로 할 것

㉡ 홀에는 노래와 춤 공연을 할 수 있도록 20제곱미터 이상의 무대를 설치하고, 특수조명시설을 갖출 것

㉢ 영업장 내부의 노래소리 등이 외부에 들리지 아니하도록 할 것

㉣ 외국인을 대상으로 영업할 것

④ 관광식당업

㉠ 인적 요건

• 한국 전통음식을 제공하는 경우 「국가기술자격법」에 따른 해당 조리사자격증 소지자를 둘 것

• 특정 외국의 전문음식을 제공하는 경우에는 다음의 요건 중 1개 이상의 요건을 갖춘 자를 둘 것

– 해당 외국에서 전문조리사 자격을 취득한 자

– 「국가기술자격법」에 따른 해당 조리사자격증 소지자로서 해당 분야에서의 조리경력이 2년 이상인 자

– 해당 외국에서 6개월 이상의 조리교육을 이수한 자

㉡ 최소 한 개 이상의 외국어로 음식의 이름과 관련 정보가 병기된 메뉴판을 갖추고 있을 것

㉢ 출입구가 각각 구분된 남녀 화장실을 갖출 것

⑤ **관광순환버스업** : 안내방송 등 외국어 안내서비스가 가능한 체제를 갖출 것

⑥ **관광사진업** : 사진촬영기술이 풍부한 자 및 외국어 안내서비스가 가능한 체제를 갖출 것

⑦ **여객자동차터미널업** : 인근 관광지역 등의 안내서 등을 비치하고, 인근 관광자원 및 명소 등을 소개하는 **관광안내판**을 설치할 것

⑧ **관광펜션업**

   ㉠ 자연 및 주변환경과 조화를 이루는 4층 이하의 건축물일 것

   ㉡ 객실이 30실 이하일 것

   ㉢ 취사 및 숙박에 필요한 설비를 갖출 것

   ㉣ 바비큐장, 캠프파이어장 등 주인의 환대가 가능한 한 종류 이상의 이용시설을 갖추고 있을 것(다만, 관광펜션이 수개의 건물 동으로 이루어진 경우에는 그 시설을 공동으로 설치할 수 있다)

   ㉤ 숙박시설 및 이용시설에 대하여 외국어 안내표기를 할 것

⑨ **관광궤도업**

   ㉠ 자연 또는 주변 경관을 관람할 수 있도록 개방되어 있거나 밖이 보이는 창을 가진 구조일 것

   ㉡ 안내방송 등 외국어 안내서비스가 가능한 체제를 갖출 것

⑩ **관광면세업**

   ㉠ 외국어 안내 서비스가 가능한 체제를 갖출 것

   ㉡ 한 개 이상의 외국어로 상품명 및 가격 등 관련 정보가 명시된 전체 또는 개별 안내판을 갖출 것

   ㉢ 주변 교통의 원활한 소통에 지장을 초래하지 않을 것

⑪ **관광지원서비스업**

   ㉠ 해당 사업의 평균매출액 중 관광객 또는 관광사업자와의 거래로 인한 매출액의 비율이 100분의 50 이상일 것

   ㉡ 법 제52조에 따라 관광지 또는 관광단지로 지정된 지역에서 사업장을 운영할 것

   ㉢ 법 제48조의10 제1항에 따라 한국관광 품질인증을 받았을 것

   ㉣ 중앙행정기관의 장 또는 지방자치단체의 장이 공모 등의 방법을 통해 우수 관광사업으로 선정한 사업일 것

   ㉤ 시설 등을 이용하는 관광객의 안전을 확보할 것

05 | 핵심 실전 문제

일반관광유람선업의 시설로는 선상시설, 위생시설, 편의시설, 수질오염방지시설 등이 있다.

01 다음 중 일반관광유람선업이 갖추어야 할 시설이 아닌 것은?

① 위생시설
② 편의시설
③ 선상시설
④ 샤워시설

외식사업을 구성하는 내용은 음식과 음료, 인적 서비스, 물적 서비스, 편리성, 가격 등이다.

02 외식사업의 구성요소와 관련이 적은 것은?

① 음식과 음료
② 인적 서비스
③ 가 격
④ 특이성

외식사업은 영세성 탈피, 조직 대규모화, 시설 현대화, 조리 집중화, 서비스 균일화라는 점에서 기존 음식점과 차별화될 수 있다.

03 종래의 음식점과 외식사업을 구분하는 기준으로 볼 수 없는 것은?

① 조직 대규모화
② 접근성
③ 시설 현대화
④ 서비스 균일화

외식사업은 상품구매를 위하여 고객이 직접 방문하여 소비하는 유통경로 부재사업이다.

04 다음 중 외식사업의 특징이 아닌 것은?

① 노동집약성
② 입지의존성
③ 다품종 소량 주문판매
④ 다양한 유통경로

정답 01 ④ 02 ④ 03 ② 04 ④

05 음식류를 조리·판매하는 영업으로 식사와 함께 부수적으로 음주행위가 허용되는 음식점 영업형태는?

① 휴게음식점업
② 일반음식점업
③ 단란주점업
④ 유흥주점업

해설
① 음식류는 조리·판매하지만 음주행위가 허용되지 않는다.
③·④ 주로 주류를 조리·판매하는 영업을 한다.

06 외식사업의 편리성에 해당하는 항목과 관련이 적은 것은?

① 입 지
② 셀프서비스
③ 영업시간
④ 요금정산방법

해설
편리성에 해당하는 항목으로는 입지, 영업시간, 요금정산방법 등을 들 수 있다.

07 국내 외식사업의 발전에 영향을 준 요인이 아닌 것은?

① 정치적 요인
② 경제적 요인
③ 사회적 요인
④ 기술적 요인

해설
국내 외식사업의 발전요인으로는 경제적 요인, 사회적 요인, 기술적 요인, 문화적 요인 등이 있다.

08 국내 외식사업의 발전요인이라고 볼 수 없는 것은?

① 국민소득 증가
② 국제화 조류
③ 전통음식점의 쇠퇴
④ 해외 유명브랜드 도입

해설
전통음식점의 상품화

정답 05 ② 06 ② 07 ① 08 ③

해설

외식사업의 문제점
- 종사원의 높은 이직률
- 원가의식 결여
- 로열티 과다 지출
- 메뉴와 품질수준문제
- 경영자의 인식과 지식 부족
- 외식시장의 미성숙
- 프랜차이즈 본부의 능력 부족
- 법률 · 행정문제

09 다음 중 외식사업의 문제점이라고 볼 수 없는 것은?

① 로열티 과다 지출
② 메뉴와 품질수준문제
③ 종업원의 높은 이직률
④ 비위생성

해설

일반테마파크업은 테마파크업의 종류에 속한다.

10 다음 중 관광편의시설업의 종류에 속하지 않는 것은?

① 일반테마파크업
② 관광유흥음식점업
③ 관광식당업
④ 관광사진업

해설

관광펜션업은 관광편의시설업에 속한다.

11 다음 중 관광객이용시설업에 속하지 않는 것은?

① 전문휴양업
② 종합휴양업
③ 야영장업
④ 관광펜션업

해설

관광공연장업은 관광객을 위하여 적합한 공연시설을 갖추고 공연물을 공연하면서 관광객에게 식사와 주류를 판매하는 업을 말한다.

12 관광객을 위하여 적합한 공연시설을 갖추고 공연물을 공연하면서 관광객에게 식사와 주류를 판매하는 시설업은?

① 야영장업
② 관광유람선업
③ 관광공연장업
④ 전문휴양업

정답 09 ④ 10 ① 11 ④ 12 ③

13 다음 중 주제공원의 개념으로 가장 거리가 먼 것은?

① 주제공원은 테마파크라고도 한다.
② 관람객에게 꿈과 희망, 감동을 줄 수 있는 주제가 있다.
③ 오락, 흥미 유발의 단순한 놀이시설이다.
④ 특정한 테마에 의한 비일상적 공간의 창조를 목적으로 한다.

해설
단순히 오락, 흥미 유발의 놀이시설은 일반적인 놀이공원을 말한다. 주제공원은 관광객들에게 꿈과 희망, 감동까지 줄 수 있는 주제가 있고 교육적인 효과까지 고려된 곳이다.

14 주제공원의 구조적 특징 중 테마성에 대한 설명으로 바른 것은?

① 각기 다른 다양한 테마(주제)를 가지고 있다.
② 건축양식과 조경, 종사원들의 복장에서 통일감의 이미지를 구현해야 한다.
③ 테마설정은 비일상적 유희공간으로 현실과 차단되어야 한다.
④ 휴식, 이벤트, 전시 등 종합적으로 테마파크를 조성해야 한다.

해설
② 통일성, ③ 배타성, ④ 종합성

15 다음 중 주제공원의 구조적 특징이 아닌 것은?

① 통일성
② 테마성
③ 종합성
④ 일상성

해설
주제공원의 구조적 특징에는 통일성, 테마성, 종합성, 비일상성, 배타성이 있다.

16 다음 중 주제공원에 대한 설명으로 옳지 않은 것은?

① 막대한 자본과 광대한 대지가 요구되는 자본집약적 산업이다.
② 전시시설이나 탑승시설 등은 고객을 위해 자주 교체하여 변화를 주어야 한다.
③ 지역사회의 여가공간이자 문화공간으로 환영받고 있다.
④ 인력집단은 고도의 전문성과 운영능력이 필요하다.

해설
전시시설이나 탑승시설 등은 하드웨어의 비중이 크지만 이것을 자주 교체하기는 어렵다. 그러므로 공연, 이벤트 등 볼거리를 제공하여 변화를 주어야 한다.

정답 13 ③ 14 ① 15 ④ 16 ②

PART 5

해설
① 민속, 공예 등을 종합적으로 연출한 공원
② 스포츠, 건강, 탑승시설을 체험하는 공원
④ 동물, 조류, 곤충 등을 주제로 동물의 생태
　를 보여주는 공원

17 다음 보기의 설명에 알맞은 주제공원은?

> 고대의 전설, 문화유적, 문화작품 등을 주제로 설정하고, 이에 얽힌 이야기를 전개한 공원

① 민속테마파크
② 놀이테마파크
③ 역사테마파크
④ 생물테마파크

해설
대도시 입지형 주제공원은 비교적 교통이 편리해서 접근성이 좋은 편이나 지가가 비싸 토지매입 등에 어려움을 겪을 수 있다.

18 지가(地價)가 비싸 토지매입 등에 상당한 재정적인 어려움이 있는 주제공원은 어떤 유형인가?

① 대도시 입지형
② 지방도시 입지형
③ 관광 입지형
④ 저밀도 입지형

해설
주제공원은 전시시설이나 탑승시설이 넓은 장소 곳곳에 배치되어 있기 때문에 고객들이 시설물에 접근하기가 쉽지 않다.

19 다음 중 주제공원의 문제점이 아닌 것은?

① 시설물 접근이 용이하다.
② 고객 대기 시간이 길다.
③ 입장료 및 탑승시설의 이용료가 비싸다.
④ 인건비의 부담이 크다.

정답 17 ③ 18 ① 19 ①

20 우리나라 주제공원의 발전방안으로 적절한 것은?

① 고객의 체류시간을 되도록 짧게 한다.

② 현재의 단일 요금제를 일인당 입장료로 바꾼다.

③ 한국형 테마파크를 고안하기보다는 미국형 테마파크를 모방한다.

④ 고객의 다양한 계층에 맞게 적절한 동선을 제시한다.

21 다음 중 주제공원의 전망으로 옳지 않은 것은?

① 가족단위 중심의 테마파크로 개발한다.

② 주제를 더욱 다양하게 개발한다.

③ 중소기업에서 적극적으로 유치하는 것이 좋다.

④ 가상현실의 세계를 보여줌으로써 인간과 컴퓨터 간의 새로운 패러다임을 이끌게 한다.

PART 5

22 세계에서 최초로 개장한 주제공원은?

① 로스앤젤레스 디즈니랜드

② 도쿄 디즈니랜드

③ 파리 디즈니랜드

④ 에버랜드

23 다음 중 세계에서 실패한 주제공원으로 꼽히는 것은?

① 롯데월드

② 유로 디즈니랜드

③ 에버랜드

④ 도쿄 디즈니랜드

정답 20 ④ 21 ③ 22 ① 23 ②

롯데월드는 도심 속의 또 하나의 도시로 One-stop 기능을 갖춘 국내 최초, 세계 최대 전천후 실내 테마파크이다.

24 다음이 설명하는 우리나라 주제공원은?

> • 1989년 개장
> • 도심 속의 또 하나의 도시
> • 편리한 교통
> • One-stop 기능을 갖춘 실내 테마파크

① 롯데월드
② 서울랜드
③ 에버랜드
④ 드림랜드

아인스월드는 세계 유명건축물을 축소·재현해 놓은 박물관형 테마파크로 경기도 부천시(상동)에 위치하고 있다. 유네스코가 인정한 우리나라 10대 문화유산, 세계문화유산, 세계불가사의를 비롯해 역사적 가치가 높고 예술성이 뛰어난 유명 건축물을 재현했다.

25 세계 유명 건축·유적물을 축소해 재현한 우리나라의 테마파크는?

① 롯데월드
② 아인스월드
③ 서울랜드
④ 에버랜드

지하경제는 카지노사업의 부정적 측면으로, 세금포탈의 온상이 되며 폭력조직과 연루될 수 있다.

26 카지노사업의 긍정적 측면이 아닌 것은?

① 고용창출 효과
② 외화 획득
③ 지하경제 성장
④ 조세 증대

24 ① 25 ② 26 ③

27 카지노사업이 지역사회에 미치는 부정적 영향이라 볼 수 없는 것은?

① 범 죄
② 부 패
③ 혼 잡
④ 고비용

해설
카지노사업은 공간점유면적이 협소하고 게임기구가 세계적으로 일반화되어 있기 때문에 개발비용이 저렴할 뿐만 아니라 상업성을 동시에 지니고 있다.

28 카지노업의 허가권자는?

① 문화체육관광부장관
② 시·도지사
③ 행정안전부장관
④ 경찰청장

해설
카지노업을 경영하고자 하는 자는 문화체육관광부장관에게 허가신청을 하여야 하며, 문화체육관광부장관은 법에 정한 조건에 해당된 때에는 이를 허가할 수 있다.

29 관광진흥법상 규정된 카지노업의 테이블게임 영업종류는?

① 15종
② 16종
③ 17종
④ 18종

해설
「관광진흥법 시행규칙」 별표 8에 따르면 카지노업의 테이블게임 영업종류에는 룰렛, 블랙잭, 다이스, 포커 등 총 18종이 있다.

30 카지노사업자의 금지행위 중 잘못된 내용은?

① 20세 미만인 자를 입장시키는 행위
② 법령에 위반되는 카지노기구를 설치하거나 사용하는 행위
③ 법령을 위반하여 카지노기구 또는 시설을 변조하거나 변조된 카지노기구 또는 시설을 사용하는 행위
④ 허가받은 전용영업장 외에서 영업을 하는 행위

해설
19세 미만인 자를 입장시키는 행위가 금지된다.

정답 27 ④ 28 ① 29 ④ 30 ①

해설
카지노업의 운영조직은 이사회, 카지노 총지배인, 영업부서, 안전관리부서, 출납부서, 환전상, 전산전문요원으로 구성된다.

31 카지노업의 일반적인 조직에 해당하지 않는 부서는?

① 영업부서

② 총무부서

③ 출납부서

④ 전산전문요원

해설
외국인 출입이 가능한 카지노는 총 17개이며, 그 중 16개 업체가 외국인 대상 카지노이다.

32 우리나라 카지노 산업의 현황으로 옳지 않은 것은?

① 서울에는 외국인 전용 카지노가 3개 있다.

② 1967년 인천 올림포스호텔에 카지노가 최초로 개장되었다.

③ 외국인 출입이 가능한 카지노는 총 16개이다.

④ 강원랜드는 복합카지노리조트이다.

해설
홍콩과 싱가포르가 관광쇼핑국으로 성공한 이유로는 ① · ③ · ④ 외에도 유통구조 개선과 가격관리를 통한 저렴한 판매가격 설정을 들 수 있다.

33 홍콩과 싱가포르가 관광쇼핑국으로 성공한 이유와 가장 거리가 먼 것은?

① 꾸준한 기술개발

② 고부가가치상품

③ 철저한 품질관리

④ 정부의 지원

해설
관광쇼핑상품은 공예품 · 기념품 · 일상품 · 농수산물 등 광범위하다.

34 관광쇼핑상품의 기본적 성격으로 옳지 않은 내용은?

① 주원료는 특정 지역이나 국가에 한정되어 산출된다.

② 관광활동의 증거물로서 선물용 기능을 지니게 된다.

③ 생산지의 고유성과 지역성이 반영된다.

④ 공예품, 기념품 등에 한정된다.

정답 31 ② 32 ③ 33 ② 34 ④

35 관광편의시설업의 종류가 아닌 것은?

① 외국인전용 유흥음식점업

② 관광공연장업

③ 관광궤도업

④ 관광펜션업

해설

관광편의시설업의 종류(관광진흥법 시행령
제2조 제1항 제6호 참조)

• 관광유흥음식점업
• 관광극장유흥업
• 외국인전용 유흥음식점업
• 관광식당업
• 관광순환버스업
• 관광사진업
• 여객자동차터미널시설업
• 관광펜션업
• 관광궤도업
• 관광면세업
• 관광지원서비스업

36 관광쇼핑상품이 갖추어야 할 기본요건이 아닌 것은?

① 실용성

② 소비성

③ 미적 디자인

④ 대형화

해설

①·②·③ 외에 가격이 저렴하고, 운송이 용
이하며, 견고하고 부피가 작아 휴대하기 편리
해야 한다.

PART 5

37 관광쇼핑업의 특징이 아닌 것은?

① 비계절성

② 관광활동의 하위 서비스

③ 과잉경쟁

④ 소득탄력적 산업

해설

생산이나 판매업체 모두 계절성이 강한 업종
으로, 계절에 따른 수요변동이 있다.

정답 35 ② 36 ④ 37 ①

2024년 2분기 외래관광객조사 보고서(잠정치)에 따르면 한류 콘텐츠를 접하고 나서가 39.6%, 한국 전통문화를 접하고 나서가 32.4%, 새로운 국가에 가고 싶어서가 27.8%, 이동 거리·비행시간이 적합해서가 26.5%를 기록하였다.

38 최근 외래관광객이 한국 여행에 관심을 가지게 된 계기 중 가장 많은 비중을 차지하는 것은?

① 한국 전통 문화를 접하고 나서
② 새로운 국가에 가고 싶어서
③ 한류 콘텐츠를 접하고 나서
④ 이동 거리·비행시간이 적합해서

유통과정의 난맥상은 관광쇼핑 판매업체가 겪고 있는 문제점에 속한다.

39 관광쇼핑 생산업체들이 당면하고 있는 문제점이 아닌 것은?

① 전근대적이며 낙후된 생산방식
② 영세한 생산시설과 기업구조
③ 공산품의 대체와 경쟁력 상실
④ 유통과정의 난맥상

세대별 특이성 → 세대 간 교류성

40 현대사회의 관광레저 소비의 변화 양상을 정리한 것으로 맞지 않는 것은?

① 획일성 → 다양성
② 수동형 → 능동형
③ 단독 주도 → 가족 주도
④ 세대 간 교류성 → 세대별 특이성

정답 38 ③ 39 ④ 40 ④

PART 6
국제회의업

CHAPTER 01 국제회의

CHAPTER 02 국제회의업

핵심 실전 문제

국제회의업 중요도 ★☆☆

관광통역안내사 관광학개론 기출 빈도표

출제 영역	2024년	2023년	2022년	2021년	2020년
관광의 기초	6	9	10	8	7
관광여행업	1	1	1	1	2
관광숙박업	5	2	2	2	3
관광교통업	–	5	3	1	4
관광객이용시설업	2	2	2	2	1
국제회의업	2	1	1	3	1
관광마케팅	1	1	–	1	1
국제관광 및 관광정책	8	2	6	6	4
관광과 환경	–	–	–	1	2
현황 문제	–	2	–	–	–
합 계	25	25	25	25	25

국제회의업에서는 국제회의의 개념과 성격, 종류 등을 이해하고, 국제회의업의 등록기준과 파급효과 등을 학습합니다. 국제회의업은 1~3문항 정도가 출제되는 영역으로, 특히 국제회의의 형태별 분류에 대한 출제빈도가 높은 편이므로 해당 부분은 반드시 숙지하도록 합니다.

06 | 국제회의업

01 국제회의

1 국제회의(Convention)의 개념

(1) 정 의

특정 사람들이 특정 시기와 장소에 모여 의견과 정보를 교류하는 일련의 집회 및 행사를 말한다. 고도의 정보를 직접 교환하고 국경을 초월하여 사람과 사람 간의 만남의 기회가 제공되는 사람ㆍ지식ㆍ정보ㆍ상품의 교류장으로서 각종 이벤트ㆍ전시회 등을 개최하는 행위의 총체라고 정의할 수 있다.

(2) 국제회의의 조건 🐤 19 기출

① 국제회의연합(UIA ; Union of International Associations) : 국제기구가 주최 또는 후원하는 회의로 참가자 수 50명 이상이거나 국내단체 또는 국제기구의 국내지부가 주최하는 회의로 참가국 5개국 이상, 회의 참가자 수 300명 이상(외국인 40% 이상), 회의기간은 3일 이상의 조건을 갖춘 회의이어야 한다.

② 국제회의컨벤션협회(ICCA ; International Congress & Convention Associations) : 3개국 이상을 순회하며 정기적으로 개최하며, 참가자 수가 50명 이상이어야 한다.

③ 아시아컨벤션뷰로협회(AACVB ; Asian Association of Convention & Visitor Bureaus) : 공인된 단체나 법인이 주최하는 단체회의, 학술심포지엄, 기업회의, 전시ㆍ박람회, 인센티브 관광 등 다양한 형태의 모임 가운데 전체 참가자 중 외국인이 10% 이상이고, 방문객이 1박 이상의 상업적 숙박시설을 이용해야 한다.

④ 우리나라의 국제회의 종류 및 규모(「국제회의산업 육성에 관한 법률 시행령」제2조)

ㄱ 국제기구 또는 국제기구에 가입한 기관 또는 법인ㆍ단체가 개최하는 회의로서 다음의 요건을 모두 갖춘 회의
- 해당 회의에 3개국 이상의 외국인이 참가할 것
- 회의 참가자가 100명 이상이고 그 중 외국인이 50명 이상일 것
- 2일 이상 진행되는 회의일 것

ⓒ 국제기구, 기관, 법인 또는 단체가 개최하는 회의로서 다음의 요건을 모두 갖춘 회의

- 「감염병의 예방 및 관리에 관한 법률」에 따른 제1급 감염병 확산으로 외국인이 회의장에 직접 참석하기 곤란한 회의로서 개최일이 문화체육관광부장관이 정하여 고시하는 기간 내일 것
- 회의 참가자 수, 외국인 참가자 수 및 회의일 수가 문화체육관광부장관이 정하여 고시하는 기준에 해당할 것

더 알아보기	국제회의 기준의 조건 ⭐

- 참가국 및 참가자 수
- 외국인 참가자 비율
- 주체와 회의기간

(3) 국제회의의 성격

① 복합성을 가지고 있다.
② 경제성과 공익성을 동시에 요구한다.
③ 전문성이 필요하다.
④ 시설서비스가 완벽하게 갖추어져야 한다.
⑤ 개최지역이나 국가에 경제적 · 사회문화적 · 정치적 · 관광적 측면에서 파급효과가 크다.

더 알아보기	국제회의를 개최하기 위해 필요한 시설서비스

- 컨벤션센터 및 호텔 내 회의장
- 회의성격에 따른 편의시설
- 운송수단 및 주차장
- VIP 등의 경호 및 안전시설
- 호텔 등 숙박시설 및 식음료시설
- 음향 및 영상의 기자재와 기술
- 전시장 및 휴게시설
- 참석자를 위한 연회계획

2 국제회의의 종류

(1) 법률적 분류(「국제회의산업 육성에 관한 법률」 제2조 제1호)

국제회의란 상당수의 외국인이 참가하는 회의(세미나 · 토론회 · 전시회 · 기업회의 등을 포함)로서 대통령령으로 정하는 종류와 규모에 해당하는 것을 말한다.

(2) 형태별 분류 🔑 13 14 15 16 20 21 24 기출

① 컨벤션(Convention) : 정보전달을 목적으로 하며 가장 일반적인 회의
② 미팅(Meeting) : 포괄적인 회의의 용어
③ 세미나(Seminar) : 대개 30명 이하의 규모, 주로 교육목적을 띤 회의로서 전문가의 주도하에 특정 분야에 대한 각자의 지식이나 경험을 발표 · 토의하며, 발표자가 우월한 위치에서 지식의 전달자로서 역할
④ 워크숍(Workshop) : 문제해결능력의 일환으로서 참여를 강조하고 소집단(30~35명) 정도의 인원이 특정 문제나 과제에 관해 새로운 지식 · 기술 · 아이디어 등을 교환하는 회의로서 강력한 교육적 프로그램
⑤ 컨퍼런스(Conference) : 컨벤션과 비슷한 의미지만 컨벤션보다 토의 · 토론회가 많이 열림
⑥ 콩그레스(Congress) : 유럽지역에서 자주 사용, 국제규모의 회의
⑦ 포럼(Forum) : 한 주제에 대해 상반된 견해를 가진 동일 분야의 전문가들이 사회자의 주도하에 청중 앞에서 벌이는 공개토론회로 청중이 자유롭게 질의에 참여할 수 있으며, 사회자가 의견을 종합하는 것
⑧ 심포지엄(Symposium) : 제시된 안건에 대해 전문가들이 연구결과를 중심으로 다수의 청중 앞에서 벌이는 공개토론회
⑨ 패널토의(Panel Discussion) : 청중이 모인 자리에서 벌이는 사회자와 연사의 공개토론으로 청중도 자신의 의견을 발표
⑩ 원격회의(Teleconference) : 국가 간에 통신시설을 이용하여 벌이는 회의

(3) 성격별 분류

① 기업회의
② 협회회의
③ 비영리단체회의
④ 정부기구회의

(4) 회의목적에 의한 분류

① 교섭회의
② 학술회의
③ 친선회의
④ 기획회의
⑤ 정기회의

[국제회의장 실내전경]

3 컨벤션센터

(1) 컨벤션센터의 시설구성

① 주시설 : 회의 · 전시 및 이벤트의 장
② 지원시설 : 주시설의 관리유지 및 식음료서비스시설 등
③ 관련시설 : 참가자들을 위한 숙박 · 쇼핑 · 레크리에이션 시설 등

[컨벤션센터의 시설구성]

컨벤션시설 구분		세부시설
주시설	회의장	총회의장(Auditorium), 대회의장(Mainhall), 중 · 소회의장, 연회장, 지원시설
	전시장	상설전시장, 기획전시장, 야외전시장, 전시준비작업장, 전시장, 지원시설
	이벤트홀	운동경기 등 다목적 용도의 이벤트행사장, 이벤트홀, 가변무대시설, 대형영상시설, 특수음향장치, Art and Craft Center
지원시설	관리유지시설	직접관리(행사관리)시설, 간접관리(시설 및 인력관리)시설
	식음료서비스시설	대형 주방, 대 · 중 · 소규모의 식당, 스낵바 등
	공공서비스시설	옥내외 주차시설, 교통터미널(환승센터), 은행, 우체국, 병원, 방송센터, 국제통신센터 등
관련시설	숙박시설	특급 및 중급 호텔, 시설운영요원 오피스텔, 한국전통호텔 등 특징적 숙박시설
	쇼핑 · 위락시설	관광기념품판매점, 관광음식점, 면세점, 종합휴양업, 상징타워, 광장, 녹지 등
	업무시설	오피스 파크

(2) 컨벤션센터의 유형

구 분	입지조건
텔레포트 (Teleport)형	• 위성통신용 지구국시설 이외에 스스로 정보를 수집하고 가공 · 발신하는 정보창출기능의 도모를 위한 정보산업 관련기관(행정기관 포함)이 집합해 있는 지역에 적합 • 대규모 토지확보가 용이하고 도심과 근접하고 있는 첨단정보산업을 지향하는 기업의 오피스 공간 수요가 있는 곳에 입지한 경우
테크노파크 (Technopark)형	• 첨단산업, 연구개발(R&D), 주거 및 관광기능이 갖추어진 고도의 기술집적도시에 적합 • 기존 산업기능 위주의 공업단지를 정비하는 방식과 기존의 연구단지에 첨단산업기능을 보완하거나 신규계획에 의거 조성하는 방식으로 이루어진 테크노파크 안에 입지한 경우

리조트 (Resort)형	• 매력 있는 관광자원과 시설을 가지고 있는 관광목적지로서 컨벤션시설뿐만 아니라 컨벤션 유치 및 개최와 관련된 총체적인 지원 · 서비스기능을 보유하고 있는 관광지향적 도시나 관광휴양단지에 적합 • 기조성된 관광단지 내외에 다수 컨벤션 전용호텔을 건립하여 기존시설과 연계시키거나 현재 계획 추진 중인 관광단지 내에 사업 초기부터 계획적으로 컨벤션센터와 관련된 일체시설을 단지화하여 컨벤션특구화할 수 있는 지역에 적합

(3) 우리나라의 대표적인 컨벤션 시설 🔊

① 서울 COEX(Convention & Exhibition) : 교통과 통신, 첨단 비즈니스 인프라를 두루 갖춘 글로벌 비즈니스의 메카이자 아시아 최고의 전시 · 문화 · 관광의 명소로서, 국제 무역과 문화 교류의 장을 마련할 목적으로 1979년 3월 개관한 한국 최대의 종합전시관

② 대구전시컨벤션센터(EXCO ; Daegu Exhibition & Convention Center) : 1995년 대구종합무역센터 건립계획을 확정하고 1997년 착공해 2000년 12월 완공

③ 김대중컨벤션센터(KimDaeJung Convention Center) : 2003년 11월 광주전시컨벤션센터로 착공해 2005년 5월 김대중컨벤션센터로 이름을 바꾼 뒤, 같은 해 9월 6일 개관

④ 고양컨벤션센터(KINTEX ; Korea International Exhibition Center) : KOTRA · 경기도 · 고양시 등 정부와 지방자치단체가 공동 출자한 한국국제전시장(주)이 2003년 착공해 2005년 개관

⑤ 부산전시컨벤션센터(BEXCO ; Busan Exhibition & Convention Center) : 21세기 세계화를 지향하는 초일류 전시컨벤션기업 건설, 수도권에 집중되어 있는 전시회 및 국제회의의 부산 개최를 통한 부산 · 경남 지역의 국제화 · 산업화 · 정보화에 목적을 둠

⑥ 제주국제컨벤션센터(ICC Jeju ; International Convention Center Jeju) : 국제회의전문시설이자 강연회 · 연회 · 이벤트 · 전시회 · 공연 등을 열 수 있는 복합공간으로 2003년 3월 22일 개관

⑦ 창원컨벤션센터(CECO ; Changwon Exhibition Convention Center) : 2002년 착공하여 2005년 9월 개관하였으며 경상남도의 랜드마크로서 전시컨벤션 전문가 그룹인 코엑스가 위탁운영

더 알아보기

우리나라의 국제회의도시 13 기출

서울, 부산, 인천, 대구, 제주, 광주, 대전, 창원, 고양, 평창(평창 건강올림픽 종합특구), 경주 등

우리나라의 컨벤션 시설 13 14 18 21 24 기출

COEX(서울), SETEC(서울), aT센터(서울), KINTEX(일산), SONGDO CONVENSIA(송도), SCC(수원), DCC(대전), 김대중컨벤션센터(광주), EXCO(대구), UECO(울산), BEXCO(부산), 누리마루 APEC 하우스(부산), SCC(세종), GUMICO(구미), HICO(경주), CECO(창원), ADCO(안동), GSCO(군산), ICC JEJU(제주)

02　국제회의업

1　국제회의업의 정의 및 종류

(1) 정의(「관광진흥법」제3조 제1항 제4호)

대규모 관광수요를 유발하는 국제회의(세미나 · 토론회 · 전시회 · 기업회의 등을 포함)를 개최할 수 있는 시설을 설치 · 운영하거나 국제회의의 계획 · 준비 · 진행 등의 업무를 위탁받아 대행하는 업을 말한다.

(2) 종 류 🗨 17 기출

① 국제회의시설업 : 대규모 관광수요를 유발하는 국제회의를 개최할 수 있는 시설을 설치 · 운영하는 업
② 국제회의기획업 : 대규모 관광수요를 유발하는 국제회의의 계획 · 준비 · 진행 등의 업무를 위탁받아 대행하는 업
③ 국제회의 전담기관(CVB) : 각국 정부 또는 지방자치단체 등이 국제회의산업의 중요성과 전문성을 인식하여 국제회의 유치와 운영에 관한 정보의 제공 · 자문 · 홍보 또는 지원을 전담하기 위해 설치한 조직 22 23 기출

더 알아보기

국제회의업의 특징
전문성, 효율성, 경제성

국제회의 및 컨벤션과 관련된 기구 23 기출
• PCO(컨벤션기획업체) : 컨벤션의 기획 · 준비 · 진행 등의 업무를 행사주최자로부터 위탁받아 대행하는 역할을 한다.
• PEO(국제전시기획업체) : 전시회의 기획 · 준비 · 진행 등의 업무를 행사주최자로부터 위탁받아 대행하는 역할을 한다.
• UIA(국제회의연합) : 1907년 벨기에에서 설립된 비영리 기구로 국제기관 및 협회 간 정보교류와 발전을 목적으로 창설되었다.

2　국제회의업의 등록기준

(1) 국제회의업을 경영하고자 하는 자는 특별자치시장 · 특별자치도지사 · 시장 · 군수 · 구청장에게 등록하여야 한다.

(2) 국제회의시설업(「관광진흥법 시행령」별표 1 제5호 가목)

① 「국제회의산업 육성에 관한 법률 시행령」에 따른 회의시설 및 전시시설의 요건을 갖추고 있을 것
② 국제회의 개최 및 전시의 편의를 위하여 부대시설로 주차시설과 쇼핑 · 휴식시설을 갖추고 있을 것

(3) 국제회의기획업(「관광진흥법 시행령」 별표 1 제5호 나목)

① 자본금 : 5천만 원 이상일 것

② 사무실 : 소유권이나 사용권이 있을 것

3 국제회의시설의 종류·규모(「국제회의산업육성에 관한 법률 시행령」 제3조) 💬

국제회의시설은 전문회의시설, 준회의시설, 전시시설, 지원시설 및 부대시설로 구분한다.

(1) 전문회의시설

전문회의시설은 다음의 요건을 모두 갖추어야 한다.

① 2,000명 이상의 인원을 수용할 수 있는 대회의실이 있을 것

② 30명 이상의 인원을 수용할 수 있는 중·소회의실이 10실 이상 있을 것

③ 옥내와 옥외의 전시면적을 합쳐서 2,000제곱미터 이상 확보하고 있을 것

(2) 준회의시설

준회의시설은 국제회의의 개최에 필요한 회의실로 활용할 수 있는 호텔연회장·공연장·체육관 등의 시설로서 다음의 요건을 모두 갖추어야 한다.

① 200명 이상의 인원을 수용할 수 있는 대회의실이 있을 것

② 30명 이상의 인원을 수용할 수 있는 중·소회의실이 3실 이상 있을 것

(3) 전시시설

전시시설은 다음의 요건을 모두 갖추어야 한다.

① 옥내와 옥외의 전시면적을 합쳐서 2,000제곱미터 이상 확보하고 있을 것

② 30명 이상의 인원을 수용할 수 있는 중·소회의실이 5실 이상 있을 것

(4) 지원시설

지원시설은 다음 각 호의 요건을 모두 갖추어야 한다.

① 컴퓨터, 카메라 및 마이크 등 원격영상회의에 필요한 설비

② 칸막이 또는 방음시설 등 이용자의 정보 노출방지에 필요한 설비

③ ①·②에 해당하는 설비의 설치 및 이용에 사용되는 면적을 합한 면적이 80제곱미터 이상일 것

(5) 부대시설

부대시설은 국제회의의 개최와 전시의 편의를 위하여 전문회의시설 및 전시시설에 부속된 숙박시설·주차시설·음식점시설·휴식시설·판매시설 등으로 한다.

4 국제회의업의 주요 업무내용

(1) 기 획

① 기본 및 세부 추진계획서 작성
② 회의장 및 숙박장소 선정
③ 예산서 작성
④ 행사준비 일정표 작성
⑤ 행사안내 전문요원 모집 및 선정
⑥ 행사 결과보고서 작성
⑦ 기본방향 설정

[국제회의 전경]

(2) 회의준비

① 각종 회의장 확보
② 회의장 배치도면 작성 및 회의진행 시간표 작성
③ 연설문, 발표문 등 원고 접수 및 편집
④ 회의록 작성
⑤ 프로그램 기획 및 제작
⑥ 전문인력 확보 및 교육
⑦ 각종 기자재 수급
⑧ 회의용 물품에 대한 면세 통과

[UN 회의장]

(3) 등 록

① 등록절차 계획 수립
② 등록 시 소요물품 목록 작성
③ 참가등록 신청서 기획 및 발송
④ 참가등록서 전산입력 및 자료관리
⑤ 현장등록장소 선정 및 배치도 작성
⑥ 등록안내요원 선정 및 교육
⑦ 참가등록자 명단 작성 및 명찰 발급
⑧ 현장등록대 설치 및 운영

[G20 서울 정상회의]

(4) 숙 박

① 객실확보계획 수립

② 호텔과의 객실사용에 관한 계약

③ 회의참가자에게 숙박에 관한 예약양식 작성 및 발송

④ 숙박예약 및 예약금 접수

⑤ 숙박장소별 자료처리

⑥ 각 호텔에 예약명부 및 예약금 전달

⑦ 객실배정계획 수립

⑧ 예약 후 사용하지 않은 객실에 대한 처리계획

⑨ 전체 숙박명부 작성 및 현장 배포

[조선호텔]

(5) 교 통

① 관광, 수송 및 관광종합계획 수립

② 입출국 버스운행계획 수립

③ 관광지 선정 및 답사

④ 관광프로그램 개발 및 신청서 제작

⑤ 공식 지정여행사 선정

⑥ 참가예정자에게 관광신청서 발송 및 접수

⑦ 관광안내데스크 운영

⑧ 관광버스차량 수배 및 계약

[관광버스 차량]

(6) 의 전

① 출입국절차 계획과 여권, 비자, 통관 등

② VIP 공항귀빈실 이용에 따른 제반절차 수립

③ 공항영접대 설치

④ 미수교국 참가자 입국절차 및 경호계획

⑤ 참가자 출국 확인

[프레스센터]

(7) 홍보 · 출판

① 홍보계획 수립

② 행사안내서 기획과 회의프로그램 디자인 및 제작

③ 참가자들의 편의제공을 위한 안내책자 제작 및 배포

④ 보도자료 및 기자회견 준비

⑤ 프레스센터 운영

⑥ 현장 전속사진기자 및 카메라기자 수배

⑦ 가두설치물 제작

⑧ 뉴스레터 제작 및 배포

[행사 현장]

(8) 사교행사

① 행사별 시나리오 작성

② 초청인사 선별, 초청장 제작 및 발송

③ 초청인사 참가 여부 확인

④ 행사장 도면 및 행사진행 프로그램 작성

⑤ 행사별 요원선정 및 교육

⑥ 사회자 수배 및 연설문 작성

⑦ 행사장 설비 및 장비 점검

[행사장 무대]

(9) 재 정

① 전체 예산에 따른 세부 실행계획 수립

② 자금확보 및 지원계획

③ 회계장부 관리 및 지원계획, 조달계획 및 출납 관리

④ 대회 결산보고서 작성

5 국제회의업의 파급효과

(1) 국제회의 유치의 효과 중요 15 기출

① 경제적 측면

  ㉠ 긍정적 효과

    • 외화 획득으로 국제수지 개선(국가 경제 기여)

    • 고용증대, 고액의 외화 획득

    • 세수의 증대로 지역경제 활성화

    • 최신 정보 · 기술 입수

  ㉡ 부정적 효과

    • 물가 상승과 부동산 투기

    • 유흥 및 향락업소 성행

② 사회 · 문화적 측면

  ㉠ 긍정적 효과

    • 국제친선 도모

    • 시민의식 향상

    • 사회기반시설의 확충과 정비

    • 지역문화의 발전, 지방의 국제화

    • 도시환경의 개선

ⓛ 부정적 효과
　　　　• 고유지역성 훼손
　　　　• 교통혼잡 및 공해 유발
　　　　• 사치와 소비풍조 조장
　　　　• 지역문화자원의 상업화
　　　　• 행사기간 중 국민생활의 불편
　　　　• 전통적 가치관 상실
　　③ 정치적 측면
　　　ⓙ 긍정적 효과
　　　　• 개최국의 대외이미지 부각
　　　　• 민간외교 기여
　　　　• 평화통일 및 외교정책 구현
　　　　• 국가홍보 효과
　　　　• 국제적 영향력 증대
　　　ⓛ 부정적 효과
　　　　• 개최국의 정치이용화
　　　　• 과다한 경제적 부담과 희생
　　④ 관광적 측면
　　　ⓙ 긍정적 효과
　　　　• 대량 · 양질의 외래관광객 유치
　　　　• 관광진흥의 발전
　　　　• 지역이미지 제고
　　　　• 비수기의 타개책
　　　ⓛ 부정적 효과
　　　　• 관광지역 주민의 소외 및 불이익성
　　　　• 관광지 주변의 교통혼잡 · 소음 · 공해 발생
　　　　• 관광지의 상업화

(2) 국제회의사업의 효과

국제회의사업은 컨벤션센터의 운영과 관련된 설비 및 서비스 관련 사업, 전시 관련 사업뿐만 아니라 관광 · 여가 관련 사업, 호텔 관련 사업, 교통 · 통신 등 기반시설 관련 사업에까지 영향을 미친다.
① **직접 관련 사업** : 호텔업, 여행업, 항공업, 운송업, 요식업, 쇼핑업 등 관광사업
② **정보 관련 서비스업** : 소프트웨어, 정보처리, 정보제공, 방송서비스 등
③ **지식 관련 서비스업** : 전시업, 디자인업, 기계설비업, 방송설비업 등
④ **물품임대 관련 서비스업** : 사무용기기임대업, 컴퓨터기기임대업 등
⑤ **기타 서비스업** : 상품검사사업, 경비 · 경호업 등

6 국제회의업의 발전방안

(1) 국제회의업의 발전배경

① 교통기관의 비약적 발전
② 관광 및 호텔사업의 발전
③ 과학기술의 발전
④ 컨벤션센터의 건립

[홍콩 그랜드 하얏트 호텔]

(2) 국제회의업의 기본방향

① 대국민 국제회의사업의 인식제고와 함께 지방정부와 협력체제를 강화한다.
② 컨벤션시설 및 기반시설 확충을 유도한다.
③ 국제회의 전문인력을 양성한다.
④ 지방국제회의 사업의 활성화를 도모한다.

[국제회의시설]

(3) 국제회의사업의 발전방안

① 국제회의도시 조성
② 국제컨벤션센터의 건립
③ 국제회의 전담기관의 설립
④ 국제회의 전문인력의 양성
⑤ 국제회의사업 운영주체에 대한 지원

[국제회의]

더 알아보기

K MICE

• 한국관광공사는 1979년부터 국제회의부(현 코리아 MICE 뷰로)를 설치하여 국제회의 유치활동 및 국제회의 개최지원, 해외 마케팅 활동, 국제회의 관련 정보 제공, 전문인력 양성, MICE 업계 네트워킹 구축 활동 등을 전개함으로써 MICE 산업 중앙전담기구로서의 역할을 담당하고 있다.

• 주요업무
유치가능 국제회의 발굴, 국제회의 유치에 대한 원스톱서비스 제공, 국내개최가 확정된 국제회의 주관단체에 대한 지원, MICE 마케팅 활동, MICE 산업 육성 기반 조성, '한국 MICE 육성협의회' 사무국 운영, MICE 정보 수집 및 제공, 국제기구와의 협력활동

한국 MICE 산업발전협의회(Korea MICE Alliance)

한국관광공사는 2001년 8월 컨벤션 관련 공공기관, 컨벤션전문시설, 항공사, 컨벤션 관련 업체 및 학계를 중심으로 민·관 협의체인 '한국컨벤션협의회'를 발족하였다. 이 협의회는 우리나라 컨벤션산업 발전을 위한 정부 정책건의, 컨벤션산업 발전을 위한 공동 협력활동 및 사업수행, 공사 코리아컨벤션뷰로 업무에 대한 자문을 해왔다. 2010년 코리아컨벤션뷰로가 코리아 MICE 뷰로로 재편되면서 '한국컨벤션협의회'는 '한국 MICE 육성협의회(Korea MICE Alliance)'로 명칭을 변경하고 MICE 산업에 관련된 다양한 이해관계자들의 의견조율 및 공동마케팅 활동 등으로 그 기능을 확대해나가고 있다. 현재 명칭은 '한국 MICE 산업발전협의회'이다.

※ 출처 : K MICE 홈페이지(http://k-mice.visitkorea.or.kr)

７ 해외 컨벤션 현황

(1) 주요 현황

① 컨벤션산업은 컨벤션을 개최하는 나라나 도시에 큰 경제적 이익을 주는 21세기 고부가가치 산업이다.

② 저비용으로 많은 외화를 벌어들일 수 있고 정치ㆍ외교적으로도 국가의 위상을 높일 수 있다.

③ 세계 주요 나라와 도시들은 컨벤션산업의 경쟁력을 확보하고 시장을 선점하기 위해 체계적 정책으로 육성하고 있다.

(2) 미 국

① 9ㆍ11 테러 이후 세계 경제가 급속히 냉각되면서 전시 컨벤션의 내용 및 규모가 축소되었다.

② 컨벤션센터는 다운타운의 쇠퇴와 슬럼(Slum)화를 해결하기 위해 도시 재개발 사업과 도시의 새로운 기능을 통해 도시경제를 활성화하는 데 건립의 목적이 있다. 그러나 여전히 컨벤션사업은 통합마케팅의 주요수단으로 인식되어 컨벤션센터의 대형화가 변수로 남아 있다.

③ 세계 국제회의 개최 순위에서 2024년 기준 2위(UIA, 633건), 1위(ICCA, 690건)를 차지했다.

(3) 일 본

① 1986년 컨벤션 도시를 구상하고 1988년 컨벤션 도시를 지정하기 시작하였고, 1996년 45개의 도시를 지정하여 정부의 제도적 지원을 받고 있다.

② 적극적으로 컨벤션 유치활동을 펼쳐 2024년 기준 국제회의 개최 순위 세계 3위(UIA, 488건), 7위(ICCA, 363건)를 차지하고 있으며, 국제관광진흥회(JNTO)가 대외홍보 및 선전활동을 주도하고 있다.

(4) 독 일

① 전시박람회 강국으로 많은 전시회와 박람회를 유치하여 지역경제활성화와 고용을 창출하고 있다.

② 독일의 전시박람회는 지역별로 특화되어 불필요한 경쟁을 줄이고 전문성으로 승부하고 있다.

③ 독일의 하노버 전시장은 466,000제곱미터로 최대 규모이다.

(5) 싱가포르

① 1995년 전시컨벤션 상업시설 등 복합형 컨벤션센터를 건립해 1996년 UIA로부터 아시아 최우수 국제회의도시로 선정되었다.

② 세계 국제회의 개최 순위에서 2024년 기준 21위(ICCA, 152건)를 차지했다.

③ 지리적인 이점으로 항공의 접근성과 시설 등의 부문에서 좋은 평가를 받고 있다.

유니크베뉴

컨벤션센터나 호텔 등과 같은 전통적 MICE 회의시설이 아닌 개최지의 독특한 매력을 즐길 수 있는 장소를 말한다.

한국관광공사 선정 KOREA 유니크베뉴 52선(2024)

지 역	선정 베뉴	지 역	선정 베뉴
서울(10)	한국가구박물관	충북(1)	청남대
	국립중앙박물관	충남(2)	독립기념관
	노들섬		선샤인스튜디오
	문화 비축기지	대구(1)	대구 예술발전소
	우리 옛돌박물관	경북(4)	국립경주박물관
	이크루즈		경주 황룡원
	플로팅 아일랜드 컨벤션		경주 엑스포대공원
	한국의 집		한국문화테마파크
	SKY31 컨벤션	부산(5)	누리마루 APEC 하우스
	국립국악원		뮤지엄원
경기(6)	광명동굴		영화의 전당
	한국만화영상진흥원		피아크
	한국민속촌		부산 엑스더스카이
	현대모터스튜디오고양	울산(1)	Fe01 재생복합문화공간
	아시아출판문화정보센터	경남(2)	클레이아크 김해미술관
	현대유람선		통영 RCE세자트라숲
인천(3)	전등사	광주(2)	국립아시아문화전당
	트라이보울		10년후 그라운드
	오크우드 프리미어 파라노믹65		왕의지밀
강원(6)	강릉오죽 한옥마을	전북(3)	한국소리문화의전당
	남이섬		태권도원
	DMZ박물관	전남(1)	예울마루 & 장도예술의섬
	원주 한지테마파크	제주(4)	본태박물관
	인제 스피디움		생각하는정원
	하슬라 아트월드		제주민속촌
대전(1)	엑스포과학공원한빛탑		9.81파크 제주

PART

06 | 핵심 실전 문제

01 국제회의의 성격으로 관련이 적은 내용은?

① 복합성
② 대중성
③ 경제성
④ 전문성

국제회의는 복합성, 경제성과 공익성, 전문성, 시설서비스 의존성, 타산업에 미치는 파급효과가 매우 큰 특성을 가지고 있다.

02 국제회의연합(UIA)에서 규정한 국내단체가 주최하는 경우 국제회의의 조건으로 부적절한 것은?

① 참가국 수 5개국 이상
② 회의 참가자 수 300명 이상
③ 회의기간 3일 이상
④ 회의 참가자 수 중 외국인 비율 50% 이상

회의 참가자 수 중 외국인 비율은 40% 이상이다.

03 세계국제회의전문협회(ICCA)에서 규정한 국제회의의 조건은?

① 3개국 이상 순회하며 정기적으로 개최, 참가자 수 50명 이상
② 3개국 이상 순회하며 정기적으로 개최, 참가자 수 200명 이상
③ 4개국 이상 순회하며 정기적으로 개최, 참가자 수 100명 이상
④ 4개국 이상 순회하며 정기적으로 개최, 참가자 수 200명 이상

세계국제회의전문협회(ICCA) 규정 국제회의의 조건
3개국 이상을 순회하며 정기적으로 개최하며, 참가자 수가 50명 이상이어야 한다.

04 다음 중 컨벤션산업에 대한 설명으로 옳지 않은 것은?

① 개최하는 나라나 도시에 경제적 이익을 주는 21세기 고부가가치산업이다.
② 아시아 지역의 컨벤션산업 비중이 점점 줄어들고 있다.
③ 국제친선을 도모하는 효과가 있다.
④ 컨벤션산업은 국경을 초월한 경제산업이다.

아시아 지역의 컨벤션산업 비중은 점점 커지고 있는 실정으로, 유망전시회를 발굴하고 이를 국제적인 수준의 전시회로 육성해야 한다.

정답 01 ② 02 ④ 03 ① 04 ②

해설

국제회의의 종류·규모(국제회의산업 육성에
관한 법률 시행령 제2조)
• 국제기구, 기관 또는 법인·단체가 개최하
는 회의로서 다음의 요건을 모두 갖춘 회의
  – 해당 회의에 3개국 이상의 외국인이 참
    가할 것
  – 회의 참가자가 100명 이상이고 그 중 외
    국인이 50명 이상일 것
  – 2일 이상 진행되는 회의일 것

05 국제회의산업 육성에 관한 법령에서 규정한 국제회의의 조건은?

① 5개국 이상의 외국인, 300명 이상의 회의참가자 중 외국인이
  100명 이상, 3일 이상 진행
② 3개국 이상의 외국인, 300명 이상의 회의참가자 중 외국인이
  100명 이상, 2일 이상 진행
③ 5개국 이상의 외국인, 100명 이상의 회의참가자 중 외국인이
  50명 이상, 3일 이상 진행
④ 3개국 이상의 외국인, 100명 이상의 회의참가자 중 외국인이
  50명 이상, 2일 이상 진행

해설

컨벤션(Convention)
가장 일반적인 회의로서 미리 계획된 일정에
따라 정보전달을 목적으로 진행되며, 공식적
인 회의나 전시·이벤트 등을 수반하는 형태

06 국제회의 분야에서 가장 일반적으로 사용되는 용어로서 사전에 결정
된 일정에 의해 진행되는 공식적인 회의·전시·이벤트 등을 수반하
는 국제회의 형태는?

① Convention   ② Seminar
③ Meeting   ④ Workshop

해설

세미나(Seminar)
대개 30명 이하의 규모로, 주로 교육적인 목
적을 가진 회의로서 전문가의 주도하에 특정
분야에 대한 각자의 지식이나 경험을 발표·
토의한다. 발표자가 우월한 위치에서 지식의
전달자로서 역할을 한다.

07 주로 교육목적을 띤 회의로서 전문가의 주도하에 특정 분야에 대한
각자의 지식이나 경험을 발표·토의하는 국제회의 형태는?

① Seminar   ② Conference
③ Forum   ④ Symposium

해설

심포지엄(Symposium)
공중토론의 한 형식으로 학술적인 토론회나
특정 주제를 놓고 2명 또는 그 이상의 사람
들이 각자의 견해를 발표하는 지상 토론회

08 제시된 안건에 대해 전문가들이 청중 앞에서 벌이는 공개토론 형식으
로, 청중들도 질의에 참여할 수 있는 회의 형태는?

① Congress   ② Symposium
③ Clinic   ④ Panel Discussion

정답 05 ④ 06 ① 07 ① 08 ②

09 국제회의를 성격별로 분류할 때 해당되지 않는 것은?

① 기업회의
② 협회회의
③ 영리단체회의
④ 정부기구회의

해설
성격별 국제회의 분류
기업회의, 협회회의, 비영리단체회의, 정부기구회의 등

10 국제회의 유치의 효과 중 관광 분야의 긍정적 효과가 아닌 것은?

① 관광 관련 산업의 발전
② 국제수지의 개선
③ 관광진흥의 발전
④ 대규모 관광객의 유치 및 홍보

해설
국제수지의 개선은 경제 분야의 긍정적 효과이다.

11 국제회의 유치 효과 중 사회·문화적 측면에서의 장점이 아닌 것은?

① 국제친선 도모
② 시민의식 향상
③ 지역이미지 제고
④ 도시환경의 개선

해설
지역이미지 제고는 관광적 측면에서의 긍정적 효과이다.

12 경제적 측면에서 국제회의 개최로 기대되는 효과가 아닌 것은?

① 외화 획득
② 세수입 증대
③ 최신 정보·기술 입수
④ 국제지위 향상

해설
국제지위 향상은 정치적 측면의 효과이다.

정답 09 ③ 10 ② 11 ③ 12 ④

PART 6

13 관광적 측면에서 국제회의 개최로 기대되는 효과가 아닌 것은?

① 비수기 타개책
② 시민의식 향상
③ 대량의 외래관광객 유치
④ 지역이미지 제고

14 국제회의사업에 대한 설명으로 가장 거리가 먼 것은?

① 환경친화적 사업이다.
② 생산을 위한 자원투입이 많다.
③ 수입의존도가 낮은 사업이다.
④ 미래의 벤처사업이다.

15 다음 중 국제회의사업과 직접적으로 관련된 사업이 아닌 것은?

① 호텔업
② 여행업
③ 요식업
④ 방송업

16 국제회의산업 육성에 관한 법령상의 국제회의도시로 지정된 곳이 아닌 것은?

① 대구광역시
② 경남 창원시
③ 제주특별자치도
④ 경북 포항시

17 우리나라의 전용 국제회의시설이 아닌 것은?

① KOTEX
② EXCO
③ BEXCO
④ COEX

해설
우리나라의 국제회의시설에는 KINTEX(일산), SONGDO CONVENSIA(송도), COEX(서울), SETEC(서울), aT센터(서울), DCC(대전), 김대중컨벤션센터(광주), CECO(창원), BEXCO(부산), EXCO(대구), ICC JEJU(서귀포) 등이 있다.

18 국제회의의 분류 중 무엇에 관한 설명인가?

> 한 주제에 대해 상반된 견해를 가진 동일 분야의 전문가들이 사회자의 주도하에 청중 앞에서 벌이는 공개토론회로 청중이 자유롭게 질의에 참여할 수 있으며, 사회자가 의견을 종합하는 것

① 컨퍼런스(Conference)
② 콩그레스(Congress)
③ 포럼(Forum)
④ 세미나(Seminar)

해설
① 컨벤션(Convention)과 비슷한 의미를 가지고 있으며, 주로 과학·기술 분야 등에서 정보 전달을 주목적으로 하는 각종 회의를 포괄적으로 의미한다.
② 유럽지역에서 자주 사용되며 국제적으로 열리는 대규모의 회의를 말한다.
④ 교육목적을 띤 회의로, 의견교환이 자유로운 편이다.

PART 6

19 전문회의시설의 조건으로 옳지 않은 내용은?

① 1,000명 이상의 인원을 수용할 수 있는 대회의실 2실 이상
② 30명 이상을 수용할 수 있는 중·소회의실 10실 이상
③ 옥내와 옥외의 전시면적을 합해 2,000제곱미터 이상
④ 2,000명 이상의 인원을 수용할 수 있는 대회의실

해설
전문회의시설
• 2,000명 이상의 인원을 수용할 수 있는 대회의실이 있을 것
• 30명 이상의 인원을 수용할 수 있는 중·소회의실이 10실 이상 있을 것
• 옥내와 옥외의 전시면적을 합쳐서 2,000제곱미터 이상 확보하고 있을 것

20 지리적인 이점으로 항공의 접근성과 시설 등의 부분에서 좋은 평가를 받고 있는 나라는?

① 독 일   ② 싱가포르
③ 일 본   ④ 미 국

해설
싱가포르는 세계적으로 유명한 국제회의를 유치하고 있는데, 이는 지리적인 이점으로 항공의 접근성과 시설 등의 부문에서 좋은 평가를 받고 있기 때문이다.

정답 17 ① 18 ③ 19 ① 20 ②

21 국제회의업의 종류 중 그 업을 이루고 있는 성질이 나머지 셋과 다른 하나는?

① 시 설   ② 계 획
③ 준 비   ④ 진 행

22 국제회의시설업의 등록사항 중 갖추어야 할 부대시설이 아닌 것은?

① 주차시설   ② 쇼핑시설
③ 휴식시설   ④ 방송시설

23 국제회의기획업의 자본금 규모는?

① 5,000만 원 이상   ② 1억 원 이상
③ 1억 5천만 원 이상   ④ 3억 원 이상

24 국제회의사업의 발전배경과 관련 없는 것은?

① 교통기관의 비약적 발전
② 관광 및 호텔사업의 발전
③ 지방자치제의 확립
④ 과학기술의 발전

25 국제회의사업의 육성을 위한 방안 중 부적절한 것은?

① 국제회의도시의 조성
② 국제컨벤션센터의 건립
③ 국제회의 전담기관의 설립
④ 국제회의사업의 국영화

PART 7
관광마케팅

CHAPTER 01   마케팅의 개념

CHAPTER 02   관광마케팅 전략

CHAPTER 03   관광선전

핵심 실전 문제

관광마케팅 중요도 ★☆☆

관광통역안내사 관광학개론 기출 빈도표

출제 영역	2024년	2023년	2022년	2021년	2020년
관광의 기초	6	9	10	8	7
관광여행업	1	1	1	1	2
관광숙박업	5	2	2	2	3
관광교통업	–	5	3	1	4
관광객이용시설업	2	2	2	2	1
국제회의업	2	1	1	3	1
관광마케팅	1	1	–	1	1
국제관광 및 관광정책	8	2	6	6	4
관광과 환경	–	–	–	1	2
현황 문제	–	2	–	–	–
합 계	25	25	25	25	25

관광마케팅에서는 관광마케팅의 개념과 특성을 알아보고, 관광마케팅의 전략과 과제 등에 대해 학습합니다. 관광학개론 25문항 중 1문항 정도가 출제되는 영역으로, 주로 출제되는 마케팅 용어, 관광마케팅 전략 등에 대해 정리하도록 합니다.

07 | 관광마케팅

01 마케팅의 개념

1 마케팅의 정의

(1) 코틀러(P. Kotler, 1967년)

마케팅이란 이익을 올리면서도 선택한 고객층의 요구와 욕구를 충족시킬 목적하에 고객에게 돌아가는 기업의 자원·정책·제활동을 분석·조직화하고 계획·통제하는 기능이다.

(2) 매카시(E. J. McCarthy, 1975년)

마케팅이란 생산자로부터 소비자 또는 사용자에 이르기까지 소비자 만족과 기업의 목적을 달성키 위해 재화와 서비스 유통을 관리하는 기업활동의 수행이다.

더 알아보기   현대 마케팅의 개념
• 고객지향 • 통합적 기업노력 • 매출 그 자체보다 기업목적으로서의 이윤 추구

(3) 미국 마케팅학회(AMA ; American Marketing Association, 1985년)

① 마케팅이란 상품과 서비스를 생산자로부터 소비자 또는 사용자에게 유통시키는 기업활동이다.
② 마케팅은 개인과 조직의 목적을 충족시켜 주는 상호교환을 창조하기 위하여 아이디어나 재화·용역 (서비스)의 창안, 가격 결정, 촉진과 유통을 계획하고 실행하는 과정이다.

2 마케팅의 발달과정

(1) 마케팅 발달의 원동력

산업혁명 이후 기업 집중에 의해 독점자본을 형성해오던 대기업이 20세기 초 과잉생산의 여파에 이르고 소비시장이 위축되자 치열한 시장경쟁이 전개되었다. 시장을 확보하고 나아가 새로운 시장을 창조하기 위한 기업노력은 마케팅 발달의 원동력이 되었다.

(2) 마케팅의 중요성

① 수급체계 : 판매자 주도시장에서 구매자 주도시장으로 바뀌었다.
② 판매방식 : 고압적 판매에서 저압적 판매로 바뀌었다.

(3) 마케팅의 발전과정 🎯 13 기출

① 생산지향단계(Production Oriented Stage) : 산업혁명 이후 1930년대 이전으로, 생산자 및 재무관리자가 설정한 가격으로 단순히 기업의 생산물을 유통시키는 일이었다. → Seller's Market
② 판매지향단계(Sales Oriented Stage) : 1930년대 이후부터 1950년대까지로, 생산된 제품을 고객에게 제시하고 설득하여, 구매력을 유발하고 판매를 촉진하는 단계이다. → Buyer's Market
③ 고객지향단계(Customer Oriented Stage) : 1950년대 이후 1970년대까지로, 기업 간의 경쟁이 심해지자 기업들은 고객에 대한 봉사의 중요성을 인식하고, 기업의 관심을 판매로부터 고객 만족과 장기적 이윤으로 전환하였다. → Marketing Concept

---

더 알아보기 Marketing Concept

기업의 주요 과업을 표적 시장의 충족되지 않은 욕구로 확인하고, 그것을 생산·커뮤니케이션·유통을 통해 사업기회로 전환하여 경쟁자보다 효율적으로 소비자 만족을 창출하며 그 대가로 이윤을 획득하는 일이다.

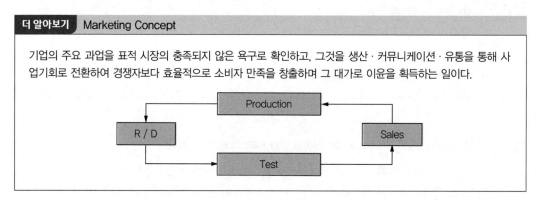

---

④ 사회지향단계(Social Responsibility and Human Oriented Stage) : 1970년대 이후로, 인간의 복지를 향상시킬 수 있는 상품만이 시장에 나올 수 있다는 경영철학이 지배하는 시기이다. → Societal Marketing

3 마케팅의 기능

(1) 개 념

마케팅의 기능은 재화가 생산자에서 소비자로, 공급자에서 수요자로 이전되는 과정에서 수행되는 특화된 활동을 말한다.

(2) 클라크(F. E. Clark)

① 교환기능 : 구매와 판매 → 소유권 이전기능, 구매기능이 판매기능에 선행됨
② 물적 유통기능 : 운송과 보관 → 장소적 효용과 시간적 효용의 창조기능
③ 조성기능 : 교환기능과 물적 유통기능이 합리적으로 수행되도록 보조하는 기능
    ㉠ 수요, 공급의 품질적 차이를 조절하는 표준화
    ㉡ 관념적 차이를 조절하는 시장정보
    ㉢ 자본적 뒷받침을 해주는 시장금융
    ㉣ 마케팅활동에 수반되는 위험에 대처하는 위험부담

(3) 필립스(C. F. Philips)과 던컨(D. J. Duncan)

① 구매와 판매 : 소유권 이전의 기능
② 운송·보관 : 실질적 공급에 포함되는 기능
③ 구매와 판매, 운송·보관의 모든 기능을 조성하는 기능
    ㉠ 표준화 및 등급화
    ㉡ 금 융
    ㉢ 위험부담
    ㉣ 시장정보

4 마케팅믹스(Marketing Mix)

(1) 마케팅믹스의 개념

일정한 시점을 정해 놓고 전략적 의사결정에 의해 선정한 마케팅의 제수단을 결합하여 마케팅계획을 작성하는 것으로 1964년 보던(N. H. Borden)에 의해 제창되었으며, 매카시(E. J. McCarthy)에 의해 일반화되었다.

(2) 마케팅믹스의 전략 🔺

최소의 비용으로 최대의 반응을 불러일으키는 마케팅수단, 즉 통제 가능 변수를 통제 불가능 변수에 최적으로 혼합하는 것이다. 본질적으로 마케팅은 계획화 과정이라 할 수 있고, 마케팅믹스는 마케팅계획을 수립하기 위한 전제조건이라 할 수 있다.

① 하워드(J. A. Howard)
  ㉠ 통제 가능 요소 : 6각형(기업의 내적 환경)
  ㉡ 통제 불가능 요소 : 5각형(기업이 처해 있는 외적 환경)

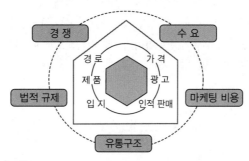

② 매카시(E. J. McCarthy) 🔺
  ㉠ 통제 가능 요소 : 일반적으로 통제 가능한 마케팅 요소인 Product(상품), Price(가격), Place(유통), Promotion(촉진) 등 4P에 People(사람)의 1P가 추가되기도 한다.
  ㉡ 통제 불가능 요소 : 법률적 수요 · 경쟁, 비마케팅 비용, 유통 기구 등
③ 붐스와 비트너(B. H. Booms & M. J. Bitner)
  Product(제품), Price(가격), Place(유통), Promotion(촉진)에 People(인적요소), Physical Evidence(물리적 증거), Process(서비스 전달과정)의 3P가 추가된다.

(3) 마케팅믹스의 효과

① 마케팅믹스 요소들의 결합은 시너지효과를 유발해 더욱 효과적인 마케팅전략을 배합할 수 있게 해준다.
② 상충되는 믹스요소로 인해 고객이 느끼는 혼란이나 불만이 크게 줄어든다.

(4) 관광마케팅믹스

① 정의 : 관광표적시장에 대한 마케팅수단의 결합을 의미하며, 궁극적으로 관광객 욕구충족을 통한 기업 이윤 창출활동을 말한다.
② 관광마케팅믹스의 구성요소 21 기출
  ㉠ 제품 · 서비스믹스(Product) : 항공 기내좌석 및 승무원서비스 등
  ㉡ 가격믹스(Price) : 항공료 등
  ㉢ 유통믹스(Place) : 여행 도매업자, 정부, 협회 등
  ㉣ 커뮤니케이션 · 촉진믹스(Promotion) : TV 또는 SNS 광고 등

1 관광마케팅의 정의

(1) 개 념

관광마케팅은 관광조직이 목표달성을 위해 관광객 욕구를 충족시키기 위한 각종 마케팅 수단을 강구하는 전략적 활동이다.

(2) 크리펜도르프(J. Krippendorf, 1971년)

관광마케팅은 세분시장의 욕구를 최대한 만족시키고 적절한 이윤을 얻기 위하여 공·사기업의 지방·지역·국가와 국제 등 각 수준에 따라 기업정책을 체계적으로 수행하는 것이다.

(3) 유엔세계관광기구(UNWTO, 1975년)

① 관광마케팅은 최대의 편익을 얻으려는 관광조직의 목적에 부합하기 위하여 관광수요 측면에서 시장조사·예측·선택을 통해 자사의 관광상품이 시장에서 가장 좋은 위치를 차지할 수 있도록 노력하려는 경영철학이다.
② 마케팅은 고객욕구와 조직 및 관광목적지 각각의 욕구를 만족시켜 균형을 이루게 하려는 상황에 대한 사고방식이다.
③ 관광수용의 선택을 극대화하는 관광시장조사를 강조하고 있다.
④ 상품주기와 포지셔닝(Positioning)은 시장에서 관광상품의 더 나은 위치선정을 강조하고 그러한 위치선정 결정으로부터 적절한 마케팅 정책과 전략을 제시하는 데 유용하다.

(4) 와하브(S. Wahab, 1975년)

관광마케팅은 국내 관광전문가와 관광사업체들이 관광잠재인구와 그 욕망을 파악·확인하고 관광자와 커뮤니케이션을 유지하는 관리과정이다.

2 관광마케팅을 구성하는 기본 변수

(1) 관광욕구와 욕망

① **관광욕구** : 초기 관광은 생리적 욕구와 안전욕구의 충족을 위한 이동현상이었으나, 현대에 와서 사회적욕구, 존경욕구, 자아실현욕구 등과 같이 고차원적인 욕구의 충족대상이 되고 있다.
② **관광욕망** : 관광욕구를 충족시키기 위한 구체적인 형태이다.

(2) 관광수요와 관광시장

① **관광수요** : 다양한 관광욕망이 구매력을 수반한 경우를 말하며, 넓은 의미에서 현재적 관광수요뿐만 아니라 잠재적 수요까지 포함한다.

② **관광시장** : 관광수요가 실제로 존재하는 관광객의 집합을 말하며, 넓은 의미에서는 판매자와 구매자 관계가 성립되는 모든 시 · 공간을 포함한다.

(3) 관광상품과 서비스

관광제품 또는 관광서비스는 관광목적지로의 이동과 그 관광지에서의 체재에 관련된 총체적인 혼합체를 의미한다. 이것은 장바구니에 비유할 수 있다. 장바구니의 내용물은 숙박시설 · 쇼핑활동 · 관람활동 · 식사 등의 관광서비스가, 장바구니 자체는 관광지의 매력으로서 관광의 배경이 되는 문화적 · 지리적 · 기상학적 환경이 된다.

(4) 관광기업과 관광산업

① **관광기업** : 관광서비스를 제공하는 개별 관광사업체로 관광수요에 대한 관광공급의 기능을 담당하며, 때로는 관광객과 관광대상을 연결해 주는 매체로서의 기능을 담당하기도 한다.

② **관광산업** : 개별 관광기업과 관광사업을 총체적으로 지칭한다.

3 관광마케팅의 특성 🔖

(1) 무형성

서비스는 무형적이고 여행 · 운송 · 보험 · 수선 · 상담 · 컴퓨터 · 소프트웨어 · 금융 · 중개업 · 교육 · 병원 · 회계 등의 무형재는 지각 · 감각할 수 없으며, 정신적으로 이해할 수밖에 없다. 즉, 여행은 무형적 · 비가시적인 환상(꿈)을 구입하는 것이라고 할 수 있다.

(2) 유형력화

구매자의 관점에서 볼 때 제품은 하나의 약속이며(Product is a Promise) 기대 가치의 군집으로, 이 약속과 기대 가치는 무형재의 품질이 유형 재화의 필요 불가결한 부분이 된다. 그러나 고객이 미리 약속된 제품을 사전에 적절히 시험해 볼 수 없을 때 은유적 확산(Metaphorical Reassurance)의 수단인 은유, 직유(Similes)와 상징을 이용하여 미리 체험하거나 준비할 수 없는 무형적인 것을 유형력으로 대리되게 한다.

(3) 지각의 위험

소비자의 서비스제품 선정 시 지각(Perception)의 위험도는 제조업보다 훨씬 높다. 바우어(R. A. Bauer)는 위험지각 이론에서 재정적 위험, 기능적 위험, 신체적 위험, 심리적 위험, 사회적 위험, 만족 위험, 시간위험 등으로 분류하고 있다.

(4) 동시성

서비스와 제품의 가장 두드러진 차이점은 생산과 소비과정의 동시성(Simultaneity)이라고 할 수 있다. 제품의 생산, 소비과정에서의 제반과정은 시·공간적으로 분리될 수 있고, 기업과 고객은 주로 구매과 정에서 상호작용(Interaction)한다. 또한 제품생산은 전적으로 고객의 눈에 띄지 않으며 다분히 구매 가 발생되기 수일 또는 몇 개월 전에 일어난다.

(5) 소멸성

관광서비스제품이 다른 제품들과 다른 점은 소멸성(Perishability)이 높다는 점이다. 항공기·열차· 버스·좌석 등 사용하지 않은 좌석 또는 운동경기장의 빈 좌석 등은 적기에 판매되어야 하고, 만약 당 일에 판매되지 못하면 아무런 가치없이 손실을 보아야 하는 점이 서비스기업의 단점이다. 이러한 이유 로 항공사와 호텔산업에서는 실제 고객에게 나쁜 이미지를 주기 쉬운 초과예약(Over-booking)이라는 필요악적인 관행이 실시되고 있다.

(6) 계절성

여행은 계절성(Seasonality)의 영향이 크므로 항상 동일방식으로 제품을 거래할 수 없다. 많은 마케팅 장치는 관광시설 이용의 정점과 최하점(Peak and Valley)상의 평준화를 위하여 노력하고 있으며, 가 장 보편적인 방법 중의 하나는 성수기(On-season)와 비수기(Off-season)의 가격제도이다.

(7) 비가격 경쟁

서비스기업의 매가결정·가격조건은 품질과 가격에 관한 소비자의 지각에 근거를 두는 비가격 경쟁 (Non-price Competition)에 의해 영향을 받는다. 상품구입 시에는 소비자의 '예리한 직관'이 크게 작용 되는데, 이 소비자의 직관은 상품의 종류 및 내용에 따라 다른 형태로 나타난다. 소금이나 설탕 등 단 순제품의 경우 직관에 의해 느낄 수 있는 가격의 타당성은 정확할 수 없지만 여행상품이나 주택과 같이 복잡한 시스템의 상품인 경우 가격에 대한 직관은 크게 부정확하지 않다.

(8) 유사 제품과 연구 개발(R & D)

유사 제품을 출시할 경우 소비자의 마음속에 어떤 차이점을 심어주어야 하기 때문에 Marketer에게 지 극히 어려운 과제이다. 오늘날 항공사, 자동차 임대업(Rent-A-Car), 호텔 등은 새로운 방식으로 마 케팅활동을 하고 있으며, 빈번히 여행하는 관광자에게 과거 관광산업에서 의존하지 않았던 개념인 상 표 충성심(Brand Royalty)을 부각시키려고 노력하고 있다.

(9) 가치공학

가치설계는 제조업보다 서비스업에서 더욱 어렵다고 할 수 있다. 그 이유는 제품의 유형적 성격은 그 외관과 기능의 끊임없는 확인 · 식별이 허용되나 서비스업에서는 고객의 구매 결정에 가장 중요한 역할을 하는 속성을 안다는 것이 어렵기 때문이다.

(10) 질적 통제와 표준화의 어려움

서비스마케팅은 만져지고 시험될 수 있는 유형재(Tangible Goods)의 마케팅과는 다르며, 그 주요한 차이점 중 하나는 질적 통제능력이다. 서비스는 개인적 · 비표준적이기 때문에 균질적 통제가 불가능하며, 또 그렇게 되어서는 안 된다. 예를 들면 호텔의 청결은 유지할 수 있지만 종업원들의 행위는 다양할 수 있으며, 항공사의 경우 항공기와 식사 등은 표준화할 수 있지만, 항공사 이미지에 큰 영향을 주는 마케팅의 일선에 서 있는 승무원은 전적으로 표준화할 수 없다.

(11) 상징성

일반적으로 내구 소비제품은 즉각적인 사용이나 저장 사용이 가능하며 일정 기간이 지난 후에도 서비스를 제공받을 수 있고, 다른 것과 교체할 때도 약간의 잉여가치가 있다. 그러나 관광여행의 경우 잉여가치는 경험이나 추억으로, 상징성이 강하기 때문에 가치 설계나 평판을 개발하기가 어렵다. 여행은 무형적 · 비가시적 환상을 구입하는 것으로 이미지와 인상, 즉 상징성(Symbolic)이 여행자에게 매우 중요한데, 이는 관광제품의 가장 핵심적인 본질 중의 하나이다.

(12) 고부하 · 저부하 환경

불확실성, 이질성 및 복합성은 고부하 환경과 관계하며, 반대로 저부하 환경은 확실성, 동질성 및 단순성과 통한다. 고부하 환경은 휴가 여행자에게, 저부하 환경은 상용 여행자에게 더욱 적극적인 반응을 보인다.

(13) 규모의 경제와 영업 레버리지

서비스업에서는 일반적으로 장비기준보다 인적기준 서비스에서 규모의 경제나 영업 레버리지를 획득하기가 더욱 어렵다.

※ 영업 레버리지(OL ; Operating Leverage) : 영업에서의 차입자본이용률을 말한다.

(14) 자산 획득과 이직

인적 서비스업에서의 획득은 사람과 그가 지닌 기술이 주요한 구매항목이다. 고용계약이 있음에도 불구하고 근로자에게 보다 유리한 조건이 제시될 때 이직하면 그가 보유하고 있는 기술도 함께 떠나버리는 위험이 항상 존재하고 있다.

(15) 한계효용 체감의 법칙(Law of Diminishing Marginal Utility)의 부적용

한계효용 체감의 법칙은 획득하는 재화의 단위가 많아지면, 그 단위를 얻음으로써 발생하는 만족감의 크기는 점차 줄어든다는 뜻이나, 관광마케팅에서는 완벽히 적용되지 않는다.

4 관광시장 세분화

(1) 시장세분화의 개념 중요

목표시장을 선정하기 위하여 전체 시장을 여러 개의 하위시장(Sub - market)으로 나누는 것을 시장세분화(Market Segmentation)라고 하며, 세분화된 시장 중 기업이 집중적으로 전략을 세워서 공략할 시장을 표적시장(Target Market)이라고 한다.

(2) 관광시장 세분화를 통해 얻을 수 있는 이점

① 마케팅기회 파악 : 관광기업은 쉽게 마케팅기회를 파악하고 비교할 수 있어 유리한 마케팅전략을 전개할 수 있다.
② 수요에 부응한 상품계획 : 관광시장의 수요에 합치되는 서비스와 여행상품을 계획할 수 있다.
③ 소구력 합리화 : 판매촉진을 위한 가장 효과적인 소구 대상, 소구 내용, 적절한 매체결합, 촉진활동의 시기를 알 수 있으므로 관광자의 판매저항을 최소화할 수 있다.
④ 예산배분의 지침 : 가장 큰 이윤잠재력을 가진 시장에 자본과 노력이 널리 유입되게 함으로써 총마케팅 예산의 배분을 위한 지침을 제공해준다.

(3) 시장세분화의 요건

① 측정가능성 : 각 세분시장 규모나 구매력, 즉 판매잠재력, 비용, 이익 등은 정확히 측정·비교될 수 있어야 한다.
② 접근가능성 : 기업의 마케팅믹스 노력이 선정된 세분시장에 도달하기 쉬워야 한다.
③ 실질성 : 세분시장은 별도의 마케팅 프로그램이나 노력을 투입할 수 있을 만큼 충분히 규모가 크거나 수익성을 확보할 수 있어야 한다.
④ 집행력 : 마케터는 선정된 세분시장에 효과적인 마케팅 프로그램을 수립하고 집행할 수 있는 능력이나 자질을 가지고 있어야 한다.

(4) 시장세분화의 기준 19 23 기출

① 지리적 변수 : 지역, 인구밀도, 도시의 규모, 기후
② 인구적 변수 : 성별, 연령, 가족규모, 수입, 직업, 교육, 종교, 인종, 사회
③ 심리분석적 변수 : 계층, 사회적 계층, 라이프 스타일, 개성
④ 행동분석적 변수 : 구매횟수, 이용률, 추구하는 편익, 사용량, 상표충성도

(5) 표적시장 선정

① **관광시장 표적화** : 전체 관광시장을 여러 기준으로 세분화한 뒤 이들 세분시장에서 특정 표적시장을 공략하는 과정을 뜻한다.

② **표적시장을 선정할 때 고려해야 할 사항**

    ㉠ 기업의 자원

    ㉡ 제공되는 서비스의 동질성

    ㉢ 서비스상품의 수명주기

    ㉣ 시장의 동질성

    ㉤ 경쟁자의 전략

5 관광시장 포지셔닝 중요

(1) 포지셔닝(Positioning)의 개념

① **리스와 트라우트**(Al Ries & Jack Trout, 1972) : 시장 내 고객들의 마음에 위치 잡기라는 의미를 갖는다.

② **포지셔닝의 정의** : 목표시장 내의 고객들의 마음에 특정한 위치를 차지하도록 하는 제품서비스 및 마케팅믹스 개발을 말한다.

③ **관광포지셔닝의 정의** : 관광사업에서 제공하는 관광상품과 서비스에 대한 이미지를 경쟁업체와 차별화시켜 관광객의 마음속에 위치시키는 제반활동이다. 14 기출

④ **관광포지셔닝의 전략적 의의** : 시장세분화를 기초로 선정된 표적시장에서 관광객 · 경쟁기업 · 자사 관광상품 분석을 통해 전략적 위치를 계획하는 데 의의가 있다.

(2) 포지셔닝의 유형

① **객관적 포지셔닝**(Objective Positioning) : 상품이나 서비스의 물리적 · 객관적인 속성들과 관련된 측면을 반영하고 서비스 이미지를 창조하는 것이다. 즉, 자신의 제품이나 서비스가 고유한 특성이나 기능적 측면을 갖고 있다면 그것을 이용하여 차별적인 이미지를 창조할 수 있다.

② **주관적 포지셔닝**(Subjective Positioning) : 제품이나 상품의 주관적 속성과 관련된 것으로 소비자의 정신지각에 속하는 인지된 이미지를 말하며, 상표 포지셔닝(Brand Positioning)이라고도 한다.

더 알아보기 STP 마케팅 전략 14 기출

- S(Segmentation) – 시장세분화 : 고객 니즈와 트렌드를 고려하여 고객을 집단으로 나눔
- T(Targeting) – 목표고객설정 : 세분화된 시장 중 목표 세분시장 선택
- P(Positioning) – 포지셔닝 : 경쟁시장에서 상대적 우위를 확보하기 위해 전략적 위치를 확보 / 목표 세분시장의 뇌리에 브랜드, 상품 등을 각인시킴

6 관광마케팅전략

(1) 마케팅전략의 개념

① 기업이 목표시장에서 달성하려고 기대하는 마케팅 목적을 위한 광범위한 원리를 의미하며, 마케팅 비용, 마케팅믹스와 마케팅자원 할당에 관한 의사결정으로 구성된다.

② 마케팅전략의 개념은 기업목적의 설정, 대체적 행동안 선택 및 경쟁환경 적응이라는 세 가지 요소가 핵심이다.

③ 마케팅전략은 장기적인 관점에서 특정 고객집단의 욕구에 부응할 제품개발, 가격설정, 유통경로, 촉진과 관련된 대체안 중 특정 행동안을 선택하여 실시하는 것이다.

(2) 시장범위에 따른 마케팅전략

① **비차별적 마케팅전략** : 세분시장의 차이점을 무시하고 단일의 마케팅믹스로 전체 시장을 대상으로 한 마케팅활동을 벌이는 전략

② **차별적 마케팅전략** : 전체 시장을 여러 개의 세분시장으로 나누고 이들 모두를 목표시장으로 삼아 각기 다른 마케팅믹스를 적용하는 전략

③ **집중적 마케팅전략** : 기업목적상 또는 자원제약상 전체 시장을 대상으로 마케팅활동이 힘든 경우 세분화된 소수의 세분시장만을 목표시장으로 선정하여 마케팅활동을 집중하는 전략

④ **시장적소 마케팅전략** : 세분화된 여러 시장부분 중 기업의 목적과 자원에 적합한 단일의 목표시장을 선정하고 거기에 마케팅활동을 집중하여 특화하는 전략

(3) 업계지위에 따른 마케팅전략

① 시장선도자전략

　㉠ 시장선도자(Market Leader)는 특정 산업에서 높은 시장점유율을 가지고 있어 시장구조 및 성격에 지배적인 영향을 미치므로 가격 변경, 신제품 도입, 유통의 범위, 촉진의 강도의 측면에서 다른 기업을 선도하게 된다.

　㉡ 시장선도기업은 경쟁기업들이 끊임없이 도전하므로 새로운 서비스의 추가, 서비스 질의 개선, 마케팅비용 지출 증대, 경쟁기업의 합병 등을 통해 공격을 방어해야 한다.

② 시장도전자전략

　㉠ 시장도전자(Market Challenger)는 시장선도자보다 규모는 작지만 독자적인 전략을 전개하면서 시장점유를 확대해야 한다.

　㉡ 시장도전자는 경쟁기업의 강점을 집중적으로 공격하거나 경쟁기업의 약점을 공략하여 경쟁기업이 소홀히 하는 지역이나 세분시장의 수요를 충족시키는 방법을 채택한다.

③ **시장추종자전략** : 시장추종자(Market Follower)는 시장선도자에 대해 공략하기보다는 추종하는 전략을 채택한다.

(4) 상품수명주기에 따른 마케팅전략 🔖 24 기출

① **도입기** : 서비스가 처음으로 대중에게 소개되는 단계로, 시장에서 기반구축을 위한 많은 촉진과 기타 활동을 하게 되므로 이윤이 생기지 않거나 생겨도 낮은 단계이다.

　　㉠ 급속한 초기 고가전략

　　㉡ 완만한 초기 고가전략

　　㉢ 급속한 초기 저가전략

　　㉣ 완만한 초기 저가전략

② **성장기** : 판매가 급속히 증대되고 수익 수준이 개선되어 경쟁자의 진입이 많아지는 단계이다.

　　㉠ 서비스의 질을 개선하고 새로운 서비스의 특성이나 요소를 추가

　　㉡ 새로운 목표시장의 추구

　　㉢ 새로운 유통경로의 이용

　　㉣ 가격에 민감한 고객의 관심을 끌기 위한 가격인하

　　㉤ 광고의 강조점을 서비스인지에서 구매유도로 전환

③ **성숙기** : 매출액의 성장이 크게 둔화되는 단계이다.

　　㉠ 시장수정전략 : 경쟁자의 고객유인, 새로운 목표시장 추가, 서비스의 비이용자를 이용자로 전환

　　㉡ 제품수정전략 : 조직의 제품 및 서비스가 새롭게 보이도록 하는 전략

　　㉢ 마케팅믹스 수정전략 : 기업의 매출액 증대를 마케팅믹스의 수정으로 도모

④ **쇠퇴기** : 시장수요가 격감하고 뚜렷하게 수요를 반전시킬 기회나 방책이 보이지 않는 단계이다.

　　㉠ 지출을 감소시키고 매각하는 방안

　　㉡ 기존 서비스의 새로운 용도 개발이나 재포지셔닝전략 채택

7 관광마케팅의 과제

(1) 관광시장조사의 과제

① 관광현상의 이해 및 미래 예측과 검토를 위해 필요한 활동이다.

② 대상에 따라 조사결과가 크게 변할 수 있다.

(2) 관광상품 특성상의 과제

① 무형적인 상품이 대부분이기 때문에 실질적으로는 판매될 수 없다.

② 관광상품의 질은 관광자가 직접 관광활동에 참여한 후에 결정된다.

③ 개개인의 개성에 따라 달라지므로 최소한의 만족도를 정하여 시장계획과 시장선전이 이루어져야 한다.

(3) 관광자 보호의 과제

① 관광자의 이익과 기본적 권리를 최소한 보장할 필요가 있다.

② 관광사업자는 물론 행정당국과 지역주민 모두가 책임의식이 있어야 한다.

1 관광선전의 개념

(1) 관광선전의 의의

① 관광지를 선전하는 것으로 지역 마케팅의 일환으로 관광객 유치를 목적으로 하고, 그것으로 각종 관광 관계기업의 경제적 이익을 도모할 수 있다.

② 관광선전은 경제 효과적인 측면에서 그 이익이 지역 전체에 걸쳐있기 때문에 지역의 관광정보 제공의 역할을 계속하고, 또 지역 단위로 행해진다. 따라서 지역성이라는 특수한 성질이 있다.

[골프관광]

(2) 관광선전의 기본원칙

① 관광여행의 욕구가 어떠한 원인에 의하여 많이 기인되고 있는가를 파악하고, 그 원인에 따른 욕구의 충족을 지향한다.

② 관광의 수요는 급속하게 증대하므로 관광여행의 질·형태·동향 등은 사회의 변화와 함께 큰 폭으로 계속 변하고 있다는 것을 주의 깊게 생각한다.

③ 관광여행이 상당히 임의적인 행동 성질을 띠고 있기 때문에 관광선전은 유효한 기간에 집중적으로 행해져야 한다.

④ 관광행위를 위한 구체적인 정보를 제공해야 한다. 즉, 여행지의 시설과 관광객 동향, 여행비용 등의 구체적인 정보 제공으로 관광행동을 유발하여야 한다.

⑤ 유효한 광고지점과 선전매체의 선정에 충분한 배려를 갖는다.

⑥ 여행방법의 변화에 대처하면서 여행의 상품화를 동반하여야 한다.

2 관광선전의 기능 ⭐

(1) 고지기능(Information Function)

관광객과 일반 대중에게 자국의 관광 매력을 알리는 기능으로, 고지선전이라고도 한다.

(2) 설득기능(Persuading Function)

해외의 잠재적 고객들에게 국제관광객으로서 내방시킬 동기를 제공하는 선전기능이다.

(3) 반복기능(Repeating Function)

해외 관광객에게 자국에 대해 강한 인상을 주어 반복 방문을 촉구하는 선전기능이다.

(4) 창조기능(Creating Function)

고객에게 국제관광에 대한 확고한 이미지를 주어 새로운 수요를 환기하고 창조하는 기능이다.

① 개척기능(Pioneer Function) : 새로운 시장에 대하여 국제관광시장 개척을 위한 기능을 수행하는 것이다.

② 확대기능(Extending Function) : 이미 개척한 국제관광의 해외배출시장을 강화하고 확대하기 위한 기능이다.

③ 유지기능(Maintenance Function) : 개척해 놓은 국제관광의 해외 시장을 계속 확보하는 기능으로, 상기기능이라고도 한다.

3 관광선전의 방법 🗨️

(1) 광고(Advertising)

정보 · 메시지를 전달하는 형식으로 언어 · 색채 · 형상 · 기호 등의 수단을 구사하여, 상품이나 서비스 등을 고객이나 일반 대중 또는 여행사 및 여행 알선 기관에 주지시켜 효과를 얻는 것이다.

[옥외광고]

① 시각광고 : 신문 · 잡지 · 팸플릿 · 옥외광고 등

② 청각광고 : 라디오 등

③ 시청각광고 : TV, 영화 등

(2) 홍보(Publicity)

상품 · 서비스 등에 관한 수요를 비간접적으로 자극하는 활동으로 신문, 잡지, 라디오, TV 등의 매스미디어에 상품, 서비스에 관한 정보를 제공함으로써 이를 기사 또는 뉴스로 보도하도록 하는 것이다.

(3) PR(Public Relation)

일반적으로 매체를 사용하지 않고 선전용의 영화나 슬라이드 상영 또는 해외의 여행대리점에서 여행업자 및 관련업자를 자국에 초대하여 관광에 대한 인식을 주지시키는 것이다.

더 알아보기 · 해외광고의 AIDCA(AIDMA) 🗨️

- A : Attention(주의)
- I : Interest(흥미)
- D : Desire(욕망)
- C : Confidence(확신) 또는 M : Memory(기억)
- A : Action(행동)

---

07 | 핵심 실전 문제

01 현대 마케팅의 개념과 가장 거리가 먼 것은?

① 고객지향
② 매출지향
③ 통합적 기업노력
④ 이윤지향

매출 그 자체보다 기업목적으로서의 이윤 추구로 집약된다.

02 관광마케팅에서 일반 마케팅의 4P에 추가되는 3P가 아닌 것은?

① People
② Premium
③ Physical Evidence
④ Process

마케팅 7P(붐스와 비트너)
Price, Product, Place, Promotion, People, Physical Evidence, Process

03 관광마케팅 수단의 3대 요소가 아닌 것은?

① 관광시장판매
② 관광시장선전
③ 관광시장계획
④ 관광시장조사

관광마케팅 수단의 3대 요소
관광시장선전, 관광시장계획, 관광시장조사

04 관광마케팅의 특성으로 짝지어지지 않은 것은?

① 무형성, 동시성, 유형력화, 가치공학
② 질적 통제와 표준화, 자산 획득과 이직
③ 상징성, 동시성, 획일성, 동질성
④ 계절성, 소멸성

획일성과 동질성은 관광마케팅의 특성이 아니다.

정답 01 ② 02 ② 03 ① 04 ③

PART 7

해설

비가격 경쟁에 대처하고 유통을 계열화한다.

05 현재 시장여건하에서의 관광마케팅 대책으로 옳지 않은 것은?

① 과학적인 시장 인식을 통해 수요를 창조한다.
② 가격 경쟁에 대비하여 유통구조를 하나로 통일시킨다.
③ 판매의 중추성을 확립한다.
④ 기업 자체의 주체성을 확보한다.

해설

고객지향단계
1950~1970년대까지로, 기업 간의 경쟁이 심해지자 기업들은 고객에 대한 봉사의 중요성을 인식하고 기업의 관심을 판매로부터 고객만족과 장기적 이윤으로 전환하였다.

06 마케팅개념의 변천 과정 중 '고객에 대한 봉사의 중요성을 크게 인식하고, 판매로부터 고객의 만족, 매출의 극대화보다는 장기적 이윤으로 관심을 전환한 시기'는?

① 생산지향단계
② 판매지향단계
③ 고객지향단계
④ 사회지향단계

해설

사람은 통제 가능 요소이다.

07 마케팅믹스의 구성요소 중 매카시(E. J. McCarthy)의 통제 불가능 요소가 아닌 것은?

① 법률적 수요 · 경쟁
② 비마케팅 비용
③ 사 람
④ 유통 기구

해설

마케팅믹스의 개념은 1964년 보던에 의해 제창되었고, 매카시에 의해 일반화되었다.

08 마케팅믹스(Marketing Mix)의 개념을 제시한 사람은?

① 보던(N. H. Borden)
② 하워드(J. A. Howard)
③ 매카시(E. J. McCarthy)
④ 하자드(R. Hazard)

정답 05 ② 06 ③ 07 ③ 08 ①

09 마케팅믹스의 개념을 잘못 설명한 것은?

① 관광표적시장에 대한 마케팅수단의 결합
② 관광객 욕구충족을 통한 기업이윤 창출
③ 마케팅계획을 수립하기 위한 전제조건
④ 통제 불가능 변수를 억제하여 최적의 마케팅 구축

해설
통제 가능 변수를 통제 불가능 변수에 최적으로 혼합시킨 것이다.

10 관광시장 세분화를 통해 얻을 수 있는 이점이 아닌 것은?

① 마케팅기회 파악
② 수요에 부응한 상품계획
③ 판매저항의 최대화
④ 예산배분의 지침

해설
관광자의 판매저항을 최소화할 수 있다.

11 시장세분화의 요건이 아닌 것은?

① 측정가능성
② 시장규모성
③ 접근가능성
④ 실질성

해설
시장세분화의 요건은 측정가능성, 접근가능성, 실질성, 집행력이다.

PART 7

12 시장세분화의 기준 중 성질이 다른 하나는?

① 지 역
② 성 별
③ 가족규모
④ 직 업

해설
① 지리적 변수
②·③·④ 인구적 변수

정답 09 ④ 10 ③ 11 ② 12 ①

해설
④ 심리분석적 변수

13 시장세분화의 기준 중 지리적 변수가 아닌 것은?

① 인구밀도
② 도시의 규모
③ 기 후
④ 개 성

해설
③ 심리분석적 변수

14 시장세분화의 기준 중 행동분석적 변수가 아닌 것은?

① 구매횟수
② 추구하는 편익
③ 사회적 계층
④ 이용률

해설
① 서비스가 처음으로 대중에게 소개되는 단계
③ 매출액의 성장이 크게 둔화되는 단계
④ 시장수요가 격감하고 뚜렷하게 수요를 발전시킬 방법이 없는 단계

15 상품수명주기에 따른 마케팅 전략 중 다음이 설명하는 마케팅 단계는?

> 판매가 급속히 증대되고 수익수준이 개선되어 경쟁자의 진입이 많아지는 단계

① 도입기   ② 성장기
③ 성숙기   ④ 쇠퇴기

해설
② 전체 시장을 여러 개의 세분시장으로 나누고 이들 모두를 목표시장으로 삼아 각기 다른 마케팅믹스를 적용하는 전략
③ 세분화된 소수의 세분시장만을 목표시장으로 선정하여 거기에 마케팅을 집중하는 전략
④ 세분화된 여러 시장부분 중 기업의 목적과 자원에 적합한 단일의 목표시장을 선정하고 거기에 마케팅활동을 집중하여 특화하는 전략

16 세분시장의 차이점을 무시하고 단일의 마케팅믹스를 통해 전체 시장을 대상으로 마케팅활동을 벌이는 전략은?

① 비차별적 마케팅전략
② 차별적 마케팅전략
③ 집중적 마케팅전략
④ 시장적소 마케팅전략

정답 13 ④ 14 ③ 15 ② 16 ①

17 다음 중 업계지위에 따른 마케팅전략이 아닌 것은?

① 시장선도자전략
② 시장도전자전략
③ 시장추종자전략
④ 시장방어자전략

해설

업계지위에 따른 마케팅전략에는 시장선도자
전략, 시장도전자전략, 시장추종자전략이 있다.

18 관광상품의 도입기전략으로 부적절한 것은?

① 급속한 초기 고가전략
② 완만한 초기 고가전략
③ 시장수정전략
④ 급속한 초기 저가전략

해설

시장수정전략은 성숙기의 마케팅전략이다.

19 성장기의 마케팅전략으로 부적절한 것은?

① 서비스의 질을 개선하고 새로운 서비스 특성이나 요소를 추가
② 새로운 목표시장의 추구
③ 새로운 유통경로 이용
④ 적절한 가격인상

해설

성장기에는 가격에 민감한 고객의 관심을 끌
기 위한 가격인하전략이 필요하다.

PART 7

20 관광선전의 방법이 아닌 것은?

① 광고(Advertising)
② 홍보(Publicity)
③ PR(Public Relation)
④ 설득(Persuading)

해설

설득은 관광선전의 기능이다.

정답 17 ④ 18 ③ 19 ④ 20 ④

21 관광선전에서 홍보(Publicity)의 개념으로 가장 적절한 것은?

① 광고비를 지불하고 관광선전을 하는 것
② 브로셔를 이용하여 선전하는 것
③ 관광안내원에 의한 선전
④ 경비의 부담 없이 뉴스의 형식으로 관광객체를 선전하는 것

22 해외 선전광고의 방법 중 AIDMA에 포함되지 않는 것은?

① Attention
② Interest
③ Desire
④ Money

23 국제관광마케팅의 해외 선전기능과 관계가 먼 것은?

① 고지기능
② 촉진기능
③ 설득기능
④ 반복기능

24 관광마케팅믹스의 변수조작 시 통제 불가능 요소는?

① 제품 가격
② 경기동향
③ 경 로
④ 선전·광고

정답 21 ④ 22 ④ 23 ② 24 ②

25 다음 중 Howard 교수가 주장한 마케팅믹스의 통제 가능 요소가 아닌 것은?

① 광 고
② 인적 판매
③ 법적 규제
④ 입 지

해설

하워드(J. A. Howard)의 통제 가능 요소와 통제 불가능 요소
• 통제 가능 요소 : 광고, 입지, 인적 판매, 제품, 경로, 가격(6각형)
• 통제 불가능 요소 : 경쟁, 수요, 법적 규제, 유통구조, 마케팅 비용(5각형)

26 해외광고의 AIDCA의 순서는?

① 흥미 → 주의 → 행동 → 기억 → 욕망
② 주의 → 흥미 → 욕망 → 확신 → 행동
③ 주의 → 흥미 → 기억 → 욕망 → 행동
④ 흥미 → 주의 → 욕망 → 확신 → 행동

해설

해외광고의 AIDCA는 Attention(주의) → Interest(흥미) → Desire(욕망) → Confidence(확신) → Action(행동) 순이다.

27 관광이 전체환경 중 가장 불리한 환경의 영향을 받게 된다는 것은 무슨 법칙인가?

① 관광의 최소 환경의 법칙
② 관광수요의 계절성 법칙
③ 관광수요의 탄력성 법칙
④ 관광의 최대 환경의 법칙

해설

관광의 최소 환경의 법칙
관광사업은 관광변수(자연적 · 경제적 · 사회적 · 정치적)의 영향을 받게 된다는 것을 의미한다.

28 다음의 표적시장 선정전략은?

> A 여행사는 남성 관광객에게는 스키투어, 여성 관광객에게는 쇼핑투어를 옵션관광상품으로 개발하려는 전략을 수립하였다.

① 고도화
② 차별화
③ 집중화
④ 단순화

해설

남성과 여성이 가진 성향과 특성을 고려하여 서로 다른 관광상품을 개발하는 전략은 차별화에 해당한다.

PART 7

정답 25 ③ 26 ② 27 ① 28 ②

해설

마케팅의 발전과정

생산개념 → 제품개념 → 판매개념 → 마케팅 개념 → 사회지향적 개념

29 관광마케팅 기본 개념의 시대별 변천 순서를 올바르게 나열한 것은?

> ㄱ. 제품지향 개념
> ㄴ. 사회적 마케팅지향 개념
> ㄷ. 판매지향 개념
> ㄹ. 생산지향 개념
> ㅁ. 마케팅지향 개념

① ㄱ – ㄷ – ㄹ – ㅁ – ㄴ
② ㄱ – ㄹ – ㄷ – ㄴ – ㅁ
③ ㄹ – ㄷ – ㄱ – ㄴ – ㅁ
④ ㄹ – ㄱ – ㄷ – ㅁ – ㄴ

해설

상품(제품)은 일반적으로 핵심상품(Core Product), 실제상품(Actual Product), 확장상품(Augmented Product)으로 분류한다. 품질의 보장과 보증, 배달 등을 포함하는 것은 확장상품에 해당한다.

30 관광상품 유형 중 핵심상품(Core Product)에 관한 설명으로 옳지 않은 것은?

① 고객이 상품을 구매할 때 추구하는 편익이나 효용을 의미한다.
② 보장, 보증, 배달 등을 포함한다.
③ 가장 기초적인 차원이다.
④ 고객의 욕구를 충족시켜 주는 본질적 요소이다.

정답 29 ④ 30 ②

PART 8
국제관광 및 관광정책

CHAPTER 01   국제관광

CHAPTER 02   관광정책

핵심 실전 문제

국제관광 및 관광정책 중요도 ★★★

관광통역안내사 관광학개론 기출 빈도표

출제 영역	2024년	2023년	2022년	2021년	2020년
관광의 기초	6	9	10	8	7
관광여행업	1	1	1	1	2
관광숙박업	5	2	2	2	3
관광교통업	–	5	3	1	4
관광객이용시설업	2	2	2	2	1
국제회의업	2	1	1	3	1
관광마케팅	1	1	–	1	1
국제관광 및 관광정책	8	2	6	6	4
관광과 환경	–	–	–	1	2
현황 문제	–	2	–	–	–
합 계	25	25	25	25	25

국제관광 및 관광정책에서는 국제관광의 개념과 구분, 특징 등을 이해하고, 국제관광기구의 종류와 우리나라의 관광정책 등에 대해 학습합니다. 국제관광 및 관광정책은 출제비율이 20% 정도로 출제빈도가 높은 영역이므로 주의 깊게 학습해야 합니다. 특히 한국관광공사의 사업과 국제관광기구의 용어에 대한 출제빈도가 높은 편이므로 해당 부분을 꼼꼼히 학습하도록 합니다.

08 | 국제관광 및 관광정책

01 국제관광

1 국제관광의 개념

(1) 국제관광의 정의

인종과 성별 · 언어 · 관습 · 종교 · 국경을 초월하여 타국의 문물 · 제도 · 풍속 · 경관 등을 두루 관찰하고, 감상 · 유람하는 목적으로 외국을 순방하는 일련의 인간활동을 말한다.

(2) 국제관광의 의의 19 기출

① 현대 국제생활과 밀착된 개념으로서 국제시민생활의 필수적인 일부분으로 정착하여 국제 간의 인간 및 문화교류를 통한 문화생활 향상에 크게 이바지하고 있다.
② 관광객이 방문하는 지역의 주민과의 접촉을 통하여 국가상호 간의 이해증진을 도모하고 국제친선에 기여한다.
③ 일반적으로 생활수준 또는 경제성장률이 높거나 소득격차가 상대적으로 적으면서 인구증가에 따른 도시화와 공업화가 급속히 진행되고 있는 국가에서부터 점차 확대되고 있다.

(3) 국제관광의 개념

① 일반적 개념
　㉠ 관광객의 관광왕래가 국경이라는 인위적 장벽을 넘어 행해지는 것으로 국내관광과 구별한다.
　㉡ 국제관광은 다시 자국에 돌아올 예정으로 외국을 여행하는 것이기 때문에 외국으로 살러 가는 '이주(Emigration)'나 외국에서의 '장기 체재(Long Term Stay)'는 국제관광에 포함되지 않는다.
　㉢ 국제관광에서는 일시적으로 체재하는 외국인인 '일시 체류객(Temporary Visitors, 일시 방문객)'을 관광객으로 보는 것이 관례이다.

② UNWTO(세계관광기구)의 국제관광객 개념 😀

    ㉠ 위안이나 건강상의 이유로 해외여행을 하는 자

    ㉡ 회의 참석이나 경제 · 외교 · 예술 · 문화 · 종교 · 과학 등 국제행사의 참가자 및 수행원의 자격으로 외국을 일시적으로 방문하는 자

    ㉢ 상용 또는 견학을 목적으로 외국에 입국하는 자 → 단, 외국으로의 이주를 목적으로 하거나 장기 체류의 경우에는 포함되지 않는다.

③ OECD(Organization for Economic Cooperation and Development, 경제협력개발기구)의 국제관광객 및 일시 방문객 개념 😀 18 기출

    ㉠ 국제관광객(Foreign Tourist) : 인종, 성, 언어 또는 종교 여하를 묻지 않고 관광, 레크리에이션, 스포츠, 보건, 가사, 연구, 종교적 순례, 상용, 그 밖에 이민 이외의 적법한 목적으로 자기가 거주하는 가맹국 영역 이외의 다른 영역에 상륙하여, 그 영역 내에서 24시간 이상 6개월 이내의 기간 동안 체재하는 자를 말한다.

    ㉡ 일시 방문객(Temporary Visitors) : 24시간 이상 3개월 이내의 기간 동안 방문국의 영토 내에 체재하는 자로서, 이주 이외의 목적으로 체재하면서 체재하는 동안 어떤 직업도 갖지 않는 자를 말한다.

더 알아보기   국제관광 개념의 모호성

국제관광의 개념 중 OECD의 정의는 체류기간이 절대적인 기준이 될 수 없다는 모순을 제기한다. 국제관광은 관광목적상 해외여행기간이 장기적일 수도 있고 단기적일 수도 있으므로, 체류기간보다는 오히려 그 목적이 중요시되기 때문이다. 국제연합통계위원회(The United Nations Statistical Commission), UNWTO, OECD는 국제관광의 기간적인 모순점을 비롯한 여러 가지 규정상의 모호성을 배제하고, 관광통계상의 구분기준을 설정하기 위하여 자국을 떠나 이동하는 자를 모두 국제여행자의 개념으로 보았다.

• 여행자 : 관광통계에 포함되지 않는 자와 관광통계에 포함되는 자로 구분하고, 관광통계에 포함되는 여행자를 방문객(Visitor)이라고 규정하였다.

• 방문객 : 자신의 일상 거주지를 떠나 타국 지역을 방문하는 자로서, 방문 국가 내에서 보수를 받는 직업을 가질 목적이나 이주를 목적으로 하지 않는 어떤 목적에 해당하는 자를 말한다. 방문객은 관광객과 유람객으로 구분된다.

  – 관광객(Tourist) : 일시 방문객으로서 최소한 24시간 이상 또는 1박 이상을 방문국에서 체류한 자로서 휴가나 건강 및 휴양 · 유학 · 종교 · 스포츠 또는 사업, 가족이나 친지 방문, 회의 참가, 직무상 여행을 목적으로 방문하는 자를 말한다.

  – 유람객(Excursionist) : 일시 방문객으로 방문국에서 24시간 미만을 체류하는 자로서, 유람선 여행자들이 포함된다고 규정하고 있다.

2 국제관광의 구분

세계관광기구(UNWTO)는 지역적 범위에 따라 다음과 같이 구분하였다.

(1) 지역 간 관광(Inter – regional Tourism)

여행자가 어느 지역에 속해 있는 국가에서 다른 지역에 있는 국가로 이동하는 형태이다.

※ Tourist movements from one country in one region to another country in another region.

(2) 역내 관광(Intra – regional Tourism) 17 기출

동일 지역 내에 속해 있는 여행자가 다른 국가로 여행하는 것이다.

※ Tourist movements from one country to another within the same region.

3 국제관광의 목적 및 특징

(1) 국제관광의 목적

① 교양 목적(Cultural Object) : 타국의 문물 · 제도 · 풍습 · 관습 · 산업 등을 시찰하여 자기의 견문을 넓히기 위함이다.

② 위락적 목적(Recreational Object) : 타국의 풍경 · 자연 · 건조물 · 생활 · 행사 · 명소 · 고적 등을 감상 · 유람할 목적으로 즐거움을 추구하는 것이다.

(2) 국제관광의 특징

① 외화를 버는 행위로, 소비성향적 성격이 있으며 국가의 소득성향적 행위이다.

② 제3차 산업의 일종으로 국제경제와 정세, 국가의 치안상태, 생활수준 및 사회 사상 등에 민감하게 반응하는 비교적 수익성 높은 산업이다.

③ 정치 · 경제 등 비경제적 요소에 크게 민감하기 때문에 일반 무역에 대한 투자보다 적은 자본을 투자하여 최대의 편익을 얻을 수 있다.

④ 경제의 여러 분야에 직 · 간접으로 영향을 주는 다면적 제품이다(호텔 및 기타 숙박업, 쇼핑점, 레스토랑, 유흥시설, 수공업자 등).

⑤ 다른 수출산업보다 더 많은 비금전적 편익, 즉 사회적 · 문화적인 부분을 수반한다.

> **더 알아보기   국제관광의 경제적 효과 14 기출**
>
> • 국민소득 창출
> • 고용증대
> • 재정수입 증대
> • 국제수지 개선

4 국제관광의 구분

(1) 국제관광객의 설정범위에 의한 구분

① 기 준

ⓐ 국적표준주의

ⓑ 소비화폐표준주의

ⓒ 거주지표준주의

ⓓ 생활양식표준주의

② 국제기관 : 국적표준주의와 소비화폐표준주의를 기준으로 한다.

③ 우리나라

ⓐ 해외동포 : 국적표준주의, 소비화폐표준주의, 거주지표준주의를 혼용한다.

ⓑ 정부기관 : 법무부, 외교부, 행정안전부 등 주로 내 · 외국인을 법적으로 규율하고 있는 정부기관에서는 국적표준주의를 취하고, 경제부처는 소비화폐표준주의의 입장이며, 문화체육관광부 및 관광계는 국적별로 외래관광계 입국현황 및 외화획득 실적에 대한 통계작성을 매년 실시하여 국적표준주의, 거주지표준주의, 소비화폐표준주의를 동시에 취한다.

(2) 경제적 측면의 이익 여부에 의한 구분

국제관광으로 인한 한 나라의 국민경제 발전에 대한 기여도가 크고 국가경제에 미치는 경제효과도 다각도로 기대되기 때문에, 각 국가 간의 생활 풍습의 차이가 어느 정도 해소되어 의식주의 기본 생활이 국제 간에 조화 · 일률화되거나 국가경제적 요청이 존속할 때까지는 불가피하게 경제적 측면의 이익 여부 구분이 행해질 수밖에 없다.

[안토니오 가우디의 샤그라다 파밀리아 성당]

5 국제관광의 발전방안

(1) 국제관광의 발달배경

① 과학기술과 교통수단의 발달로 세계는 시 · 공간적으로 크게 단축되었고, 경제적인 생활수준의 향상과 여가의 증대로 국제관광은 더욱 증대되고 있다.

② 경제발전에 따른 소득 증대와 개방정책의 실현으로 해외여행은 일반 대중에게까지 인생을 즐길 수 있는 최선의 방편으로 정착되어 가고 있다.

③ 초음속 대형 항공기의 출현과 교통수단의 획기적인 발달은 오늘날과 같은 국제관광의 붐을 일으켰다.

1980년 9월 세계관광회의(World Tourism Conference)에서는 '마닐라 선언'을 채택하여 국제관광에 대한 방향과 의무를 밝혔다.

- 급변하는 세계 정세 속에서 관광을 통한 국가 간의 교류는 상호 이해를 도모하므로 관광은 세계 평화를 위한 중요한 길이며, 선진국과 개발도상국의 경제적 격차를 좁힐 수 있는 새로운 경제질서 확립에 공헌하여 관광을 통한 전 인류의 자주 · 평화 · 자유를 보장한다.
- 휴일 및 여가에 대한 개개인의 권리와 여행의 자유는 각국의 실정법적인 보장에 의거하여 인간의 기본권과 마찬가지로 인정되어야 한다.
- 관광자원 개발 시 국제관광자원 개발뿐만 아니라 국내관광자원 개발의 균형 있는 발전을 도모하여 여행 분위기를 조성하여야 한다.
- 국가는 관광의 경제적인 측면만을 고려하지 말고 휴일에 대한 국민 개개인의 권리임을 깊이 인식해야 한다.
- 국민관광(청소년층, 저소득층)에 대한 관광복지정책이 필요하다.
- 각국은 출입국 절차의 간소화를 추진한다(Visa 발급의 완화 혹은 상호 면제, CIQ 간소화협정).
- 각종 국제기구 및 국제금융기관은 관광개발, 특히 개발도상국의 관광 발전을 위해 제도적 · 금융적으로 지원해야 한다.
- 세계적 관광지 및 중요 유적지는 전 인류의 공동 재산임을 인식하고 보호 · 유지에 최선을 다해야 한다.

(2) 국제관광의 발전요인

① 국민소득의 향상

㉠ 세계 경제의 질적 · 양적인 면의 증가 → 개인 소득의 증가 → 개인의 가처분 소득 증가

㉡ 관광비를 포함한 문화생활비의 증가 → 관광의욕에 직 · 간접 자극 → 국제 간의 관광사업 증가

② 여가시간의 증대 : 산업혁명 이후 산업기계의 자동화에 의한 사무의 기계화, 사무자동화, 작업장의 오토메이션화 등이 여가시간의 증대를 초래했다.

③ 국제교통수단의 발달

㉠ 항공교통수단의 발달

- 세계를 시간적 · 공간적으로 단축하는 전환점이 되었다.
- 초음속 대형 점보제트여객기의 등장과 벌크 운임제도(Bulk Fare System)의 고안으로 대량 수송시대를 맞이하여 여객기의 운임이 인하되었다.
- 항공료의 인하와 각종 여행제도가 해외여행의 저변 확대와 대중화에 기여하였다.

㉡ 모터리제이션(Motorization)의 발전 : 논스톱 고속과 고가도로의 정비는 육상교통에 혁명적 변화를 가져왔고 대륙 횡단의 측면에서는 자가용차, 렌트카의 보급이 국제관광을 한층 더 증대시켰다.

㉢ 해상교통의 발달 : 빠르고 호화로운 페리 보트(Ferry Boat) 등의 해상교통의 발달로 항공교통 못지 않게 국제관광의 발전에 기여하고 있다.

PART 8

(3) 국제관광객의 유치방안 ⭐🔑

① 단체관광의 유치

② 국외 선전 강화

③ 극동아시아의 관광권역화

④ 관광상품의 특성화

⑤ 항공노선과 좌석의 공급 확대

⑥ 입국절차 간소화

⑦ 여행시설 확충

더 알아보기 APIS(Advance Passenger Information System) 19 기출

출발지공항 항공사에서 예약이나 발권, 탑승수속 시 승객에 대해 필요한 정보를 수집하고 법무부와 세관에 통보하여 미국 도착 탑승객에 관한 사전 검사를 가능하게 함으로써 입국심사에 소요되는 시간을 단축시키는 미국의 사전 입국심사제도

---

6 국제관광 관련 주요 국제기구 15 16 17 18 19 20 21 22 24 기출

(1) UNWTO(UN World Tourism Organization, 세계관광기구) 17 18 19 기출

설립 목적	UN 산하의 관광부문 전문기구로 전세계 관광산업의 진흥을 목적으로 함
연 혁	• 세계 각국 정부기관이 회원으로 가입되어 있는 정부 간 관광기구인 IUOTO(International Union of Official Travel Organization : 국제관광연맹)가 1975년에 정부 간 협력기구로 개편되어 설립 • 우리나라는 당시 IUOTO의 회원자격으로 1975년 자동적으로 UNWTO 정회원으로 가입되었고 한국관광공사는 1977년 찬조회원으로 가입 • 160개 회원국과 6개 준회원국을 보유, 500개 이상의 관광관련 기구 및 협회가 찬조회원으로 가입
주요 활동	• 공신력을 가진 각종 통계자료 발간 • 교육, 조사, 연구, 관광편의 촉진, 관광지 개발, 관광자료 제공 등 • 관광분야에서 UN 및 전문기구와 협력하는 중심역할을 수행

(2) OECD 관광위원회(OECD Tourism Committee) 18 20 기출

설립 목적	관광의 지속적인 경제성장을 도모하며, 국내 및 국제관광의 발전에 영향을 미치는 정책 및 구조적 변화들을 모니터링하고 의견을 교환하기 위한 논의의 장을 제공
연 혁	1948년에 설립되었으며 OECD 기구 내에서 관광부문 담당
주요 활동	• 주로 관광정책을 분석하고 평가하며, 관광관련 정책 및 전략에 대한 우수사례 등 지식 및 경험을 공유하는 장 제공 • 관광산업 및 시장에 대한 분석을 수행하는 등 다양한 활동 전개 • IFTTA(International Forum of Travel and Tourism Advocates, 국제관광포럼) 주관하여 개최

(3) APEC 관광실무그룹(APEC Tourism Working Group) 20 22 기출

설립 목적 및 연혁	• 지속가능한 관광을 통하여 아태지역 내의 경제 발전을 촉진시키는 것 • 관광을 통해 APEC 지역의 성장을 도모하고자 1991년에 조직
주요 활동	APEC 회원국들의 관광 행정부서들이 정보를 공유하고 의견을 교환하며 협력영역을 개발할 수 있도록 하기 위한 플랫폼 역할 • 경제성장 엔진으로서 관광에 대한 이해 및 인식 증진 • 경쟁력 및 지역경제 통합 증진 • 관광인력 양성 강화 • 관광 부문에서 지속가능하고 포용적인 성장 도모

(4) PATA(Pacific Asia Travel Association, 아시아태평양관광협회) 17 18 20 22 기출

설립 목적	아태지역 내 역내관광과 아태지역으로의 관광 증대
연 혁	• 1951년 미국 하와이에서 태평양지역관광협회(Pacific Area Travel Association)라는 명칭으로 설립 • 1986년 아시아태평양관광협회(Pacific Asia Travel Association)로 변경 • 우리나라는 1963년에 가입하여 활동, PATA 한국지부는 1968년에 설립
주요 활동	• 관광 상품 (관광지) 개발 자문, 조사연구, 정보제공(시장동향, 관광통계) • 관광인력 개발, 교육훈련 및 PATA 재단 운영(환경 · 문화 보존지원, 장학금)

(5) ASTA(American Society of Travel Advisors, 미국여행업협회) 17 19 22 기출

설립 목적	• 미주지역 여행업자 권익보호와 전문성 제고를 목적 • 세계 140개국 2만여 명에 달하는 회원을 거느린 세계 최대의 여행업협회
연 혁	• 1931년에 설립 • 1973년 한국관광공사가 준회원으로 가입, 1979년 ASTA 한국지부가 설립되어 운영 • 2018년 American Society of Travel Advisors로 명칭 변경
주요 활동	• 회원들의 전문성 제고와 판촉기회를 확대하기 위하여 연례행사로 연차총회 및 트레이드쇼, 크루즈페스트 등을 실시 • 각국 NTO와 관광업계의 판촉활동의 장을 마련하고 업계 동향에 대한 세미나 개최 등 유익한 교육 프로그램을 제공

(6) WTTC(World Travel and Tourism Council, 세계관광협의회) 17 기출

설립 목적	관광 분야에서 가장 유망한 100여 개 업계 리더들이 회원으로 가입되어 있는 대표적인 관광 관련 민간 기구로 관광산업의 사회적 인지도를 증진하기 위해 설립
연 혁	1990년에 설립, 영국 런던에 본부를 두고 있음
주요 활동	• 관광 잠재력이 큰 지역에 대한 관광 자문 제공 및 협력사업 전개, 'Tourism For Tomorrow Awards' 주관 • 세계관광정상회의(Global Travel and Tourism Council) 개최 등

PART 8

(7) EATA(East Asia Travel Association, 동아시아관광협회) 20 기출

설립 목적	하나의 관광권을 구성하고 있는 동아시아지역(대만, 일본, 한국, 마카오, 타이, 필리핀) 지역이 공동으로 관광 선전을 실시함으로써 구주지역 및 호주 관광객 유치를 보다 효과적으로 촉진할 목적으로 설립
연혁	• 1966년 3월에 설치 • 설치 당시 우리나라는 동북아시아의 한 국가로 공동마케팅 활동에 참여하여 자국의 관광을 홍보하고 선진화하기 위하여 정회원으로 가입
주요 활동	• 각 회원대표가 출석하여 EATA의 방침·정책을 토의하고 결정하는 연차 총회가 매년 그 밖에 마케팅위원회, 지부장회의, 정부회원회의, EATA 마케팅검토회의, 마케팅위원회가 각자 전문분야에서의 정보를 교환 • 지부레벨은 현지 여행업계를 대상으로 하는 세미나의 실시를 비롯해서 Travel Show 등의 참가를 통해서 여행업자들과의 연대 강화를 기하고 있음 • 동아시아 제국의 일반관광객 유치활동의 일환으로서 관광박람회에 참가하거나, 매스컴에 정보를 제공하는 등의 활동을 전개하고 있음 • 우리나라에서는 지난 93년도에 제주, 99년도에 부산에서 연차총회를 개최

(8) UFTAA(Universal Federation of Travel Agents Association, 여행업자협회 세계연맹) 18 기출

설립 목적 및 연혁	1966년 11월에 FIAV와 UOTAA가 합병하여 설립된 각국 여행업협회의 국제기관
주요 활동	• 여행업자를 대표하여 여행업자의 이익을 위하여 관광과 관련한 정부기관, 민간국제기관과 교섭하는 기관으로 활동 • 여행업자의 직업적 지위를 확립하고 권위의 향상을 도모

(9) AACVB(Asian Association of Convention & Visitor Bureaus, 아시아국제회의협회) 19 기출

설립 목적 및 연혁	• 1983년 아시아 지역 내 국제회의 창출 및 협력관계 도모를 목적으로 설립된 기관 • 한국, 홍콩, 중국, 마카오, 필리핀, 말레이시아, 싱가폴 등 10개국 46개 컨벤션 관련 기관이 가입되어 있으며 마카오에 본부를 두고 있음
주요 활동	국제회의 전문전시회 참가 및 공동 유치활동, 공동광고와 프로모션, 교육프로그램 공동개발을 통한 컨벤션 전문인력양성 등의 업무를 담당

(10) BIE(Bureau International des Expositions, 국제박람회기구) : 1928년 프랑스 파리에 설립된 기구로 세계박람회 개최를 원활하게 수행하기 위해 창설, 우리나라는 1987년 가입

(11) ATMA(Asia Travel Marketing Association, 아시아관광마케팅협회) : EATA 지역 관광객 유치 증진을 목적으로 설립, 시장개척을 위한 회원국들의 홍보 전략 전개 및 세미나 워크숍 개발 및 홍보 판촉물 발간 등의 활동 19 기출

(12) WATA(World Association of Travel Agencies, 세계여행자협회) : 여행업자로 구성된 민간관광기구이며 회원업자의 권익보호, 여행거래 질서의 확립, 여행요금 산출방법의 개선, 여행자 보호에 관한 공동대책의 수립 및 협의를 주된 업무로 하고 세계의 관광왕래 촉진을 목적으로 하여 1949년에 설립

(13) WTAAA(World Travel Agents Associations Alliance, 세계여행사협회) : 유럽 31개 국가를 회원으로 둔 ECTAA, ASEAN 10개 국가를 회원으로 하는 FATA, 중남미 11개 국가를 회원으로 하는 FOLATUR 등 전 세계 63개국 여행업협회를 대변하는 단체

(14) UIA(Union of International Associations, 국제회의연합) : 1907년 벨기에에서 설립된 비영리 기구로 국제기관 및 협회 간 정보교류와 발전을 목적으로 창설 **19** **기출**

(15) IATA(International Air Transport Association, 국제항공운송협회) : 1945년 쿠바의 아바나에서 결성된 국제항공기구, 각국의 항공사 대표들로 구성된 비정부조직 **20** **기출**

(16) ISTA(International Sightseeing and Tours Association, 국제관광여행협회) : 여행 서비스에 종사하는 회사들이 연합하여 1953년에 설립 **19** **기출**

(17) ICCA(International Congress & Convention Association, 세계국제회의전문협회) : 정기적인 회의로 최소 3개국 이상을 순회하면서 개최되고 참가자가 50명 이상인 회의 **19** **22** **기출**

(18) ICAO(International Civil Aviation Organization, 국제민간항공기구) : 1947년 캐나다 몬트리올에 설립된 UN 전문기구로, 세계 민간항공의 건전한 발전을 도모하기 위해 창설

더 알아보기 **국제관광 발전을 위한 국제기구의 활동**

- IMF(International Monetary Fund, 국제통화기금) : 경상 거래 자유화 의무 중 해외여행의 자유화 실현은 세계 경제의 발전과 함께 인류의 평화와 행복을 위하여 기필코 이룩되어야 한다는 규정을 두어 여행자유화를 추진
- OECD(Organization for Economic Cooperation and Development, 국제협력개발기구) : 가맹국 간 행정상의 절차를 완화함으로써 국제관광 왕래를 촉진하기 위하여 '국제관광 여행의 촉진을 위한 행정상의 편의 제공'에 관한 이사회의 결의 및 권고를 채택(1965)
- UN(United Nations, 국제연합) : 1967년을 '국제관광의 해'로 지정하여 관광 촉진에 힘쓰고, 세계 통일 관광마크 (월계수로 싼 비둘기)와 "관광은 평화의 여권(Tourism, Passport to Peace)"이라는 표어를 채택

1 관광정책의 개념

(1) 관광정책과 관광행정

① 관광정책 : 그 나라의 관광진흥을 위해 관광행정의 실행을 종합적으로 조정하고 추진하기 위한 범위와 시정방향을 제시하는 방침을 말하며, 일반적으로 국내관광정책과 국제관광정책으로 구분한다.

② 관광행정 : 관광정책을 구체화시키는 방법과 내용을 말하며, 관광행정의 기능에는 관광의 장려·규제, 관광사업의 추진·조성·지도·감독·단속이 있다.

(2) 관광정책의 발달

1차 대전 이후 관광이 국가정책 대상으로 다뤄지게 되었고, 외국인 관광객의 소비가 한 나라의 국가경제에 이익이 된다는 사실이 인식되면서 적극적으로 외국인 관광객 유치에 나서게 되었다.

① 초기 세계 각국의 관광단체

    ㉠ 이탈리아 : 이탈리아 관광공사(ENIT ; Ente Nazionale per Il Turismo, 1919년)

    ㉡ 독일 : 국유철도 관광선전국(RDV, 1920년)

    ㉢ 영국 : 아일랜드 관광공사(1919년)

    ㉣ 러시아 : 인투어리스트(Intourist, 1929년)

    ㉤ 일본 : 재팬 트래블 뷰로(Japan Travel Bureau) → 일본 교통공사(JTB, 1912년)

② 국제관광기구 : 국제관설관광기구(IUOTO) → 세계관광기구(UNWTO)

더 알아보기　**초기 관광정책의 연구 대상**

- 뵈르만(A. Brömann)의 「관광학」: 관광정책은 관광사업의 진흥이 그 목적이며 본질적 내용은 선전이다. 관광정책의 내용에는 선전 이외에도 조직에 관한 문제, 사회적 문제, 행정상의 문제가 포함되고 그것은 대외정책과 국내정책으로 구분하여 다루어야 한다.
- 글뤽스만(R. Glücksmann)의 「일반관광론」: 관광정책은 관광을 촉진하기 위해 조직체가 취하는 것의 총체이다. 관광 내용에는 정치정책, 문화정책, 사회정책, 경영정책, 상업정책, 교통정책이 포함된다.

---

(3) 관광정책의 기본 목적

① 국제관광에 의한 수지 개선

② 국민후생

③ 국민관광

(4) 관광정책의 이념

① 국제친선 교류 및 상호 이해 증진으로 세계평화와 인류공영에 이바지하는 평화지향적 의의
② 국민생활의 삶의 질 향상과 사회적 형평성의 실현 및 관광환경의 개선 등 경제원조적 의의
③ 관광으로 심신의 피로를 풀고 긴장과 불안을 해소하는 후생보건적 의의

더 알아보기

관광정책 형성과정 16 기출

관광정책 문제제기 → 관광정책 의제설정 → 관광정책 정보수집 → 관광정책 현황분석 및 문제파악 → 관광정책 목표설정 → 관광정책 목표달성을 위한 대안탐색 → 관광정책 결정(대안 채택) → 관광정책 집행(정책 실시) → 관광정책 집행 결과분석 및 효과측정 → 새로운 관광정책 개발

관광정책의 주요 특징 14 기출

- 역동성
- 규범성
- 공공성
- 복잡성
- 순환성
- 미래지향성
- 가치지향성

---

2 관광정책의 실시체계

(1) 관광자원의 개발 및 시설의 확충

미개발 자원을 개발하고 관광시설을 확충하며, 철도나 도로의 건설, 주차장의 설치, 휴게소의 설치, 상하수도의 설치 등이 있다.

(2) 관광자원의 보호

관광자원의 보존 · 보호의 정책은 자연 보호와 문화유산 보호라는 문화 및 후생정책이 주체이며, 관광개발은 민간에 의해서 실시될 수 있으나, 보존 · 보호에 대해서는 행정권에 의한 규제가 절대적으로 필요하다.

(3) 관광사업의 진흥

관광에 필요한 관광산업은 대부분 영리를 목적으로 하는 민간에서 운영 · 실시하는데, 이때 영리의 대상이 되지 못하는 시설은 공공시설로 설치되어야 한다.

(4) 관광객의 보호

여행자들을 보호하고 주민들의 생활권 등을 보장해야 한다. 관광사업은 많은 관광객들을 상대하므로 풍속 · 위생 · 안전 등에 문제가 생기지 않도록 지도 · 감독이 필요하다.

(5) 관광여행의 장려

국민의 레크리에이션이라는 측면에서 관광여행에 대한 직 · 간접적인 관광정책이 수립되어야 하며, 청소년을 비롯한 대중 관광의 확대 측면에서 요금의 인하, 숙박시설의 정비와 확대, 유스호스텔 등의 관광정책을 수립해야 한다.

(6) 외국인 관광객을 위한 제정책

외국인 관광객은 경제적 · 사회적 · 문화적으로 제 효과가 있으므로 국가적 차원에서 해외 선전 활동을 지원해야 한다.

3 국제관광정책

(1) 국제관광정책의 수립의 제약

① 정책상의 제약
   ㉠ 국가의 정책상 우선순위와 경제 개발 형태 및 방법
   ㉡ 정부조직상의 관광행정구조
   ㉢ 관계 부처의 사업이 관광에 직 · 간접적 영향을 미치는 경우
   ㉣ 정부와 민간과의 관계

② 경제상의 제약
   ㉠ 관광투자의 규모와 자본
   ㉡ 공업화의 수준
   ㉢ 노동력
   ㉣ 물가수준

③ 사회적 여건에 의한 제약
   ㉠ 관광에 대한 국민의 태도와 외국인에 대한 접객 태도
   ㉡ 기후 및 지리적 조건

[괌의 해변]

(2) 국제관광정책의 실시체계

① 외래관광객의 유치 및 접대와 관광시장 개척 · 선전 · 광고
② 국제 교통노선의 확보와 공항 및 항만시설의 정비 강화
③ 숙박 및 국내 교통시설의 확충
④ 출입국제도의 간소화와 종사원 교육의 실시 등

(3) 우리나라의 국제관광정책

① **인바운드(Inbound) 정책** : 외국인이 자국 내에서 행하는 관광행위 자체와 그를 다루는 여행업무를 말한다. 1980년대 초반까지 우리나라의 인바운드 정책 내용은 다음과 같다.
- ㉠ 외래관광객 유치를 위한 홍보와 선전
- ㉡ 산업진흥 조성 촉진
- ㉢ 외래관광객 접대를 위한 숙식시설 확대
- ㉣ 출입국 수속과 국제 관계시설 정비
- ㉤ 자연 보호 개발과 문화유산 보존
- ㉥ 민간조직, 행정기구 등의 관광기관

더 알아보기 │ **우리나라 인바운드 관광수요에 부정적 영향을 미치는 요인** 21 기출

- 전쟁 및 테러
- 신종 전염병
- 주변 국가와의 외교적 갈등 고조 등

---

② **아웃바운드(Outbound) 정책** : 내국인의 해외여행행위 또는 그를 다루는 여행업무를 말한다. 1980년대 후반 해외여행 자유화로 우리나라 국민의 해외여행이 늘어나면서 우리나라 여행업의 한 분야로 균형 발전을 위해 등장하게 되었다.
- ㉠ 경제적 의의

  [빈탄의 해변]

  - 국제관광에 의해 부의 흐름이 소득이 높은 부유한 나라로부터 소득이 낮은 가난한 나라로 향하므로 국제적인 부의 분배효과가 있다.
  - 관광객 수용국의 관광 관련 산업을 진흥시켜 고용증대를 가져다 주는 간접적 경제원조의 효과가 있다.
- ㉡ 사회적 의의
  - 국제친선이나 민간 외교가 촉진되어 상호 이해의 증진을 가져다 준다.
  - 국민 생활의 다양화, 특히 문화 활동의 확대에 따른 국민복지가 증진되는 효과도 크다.

(4) 해외관광 협력정책

① **의의** : 관광사업면에 있어 해외 투자와 해외 기업 진출, 기술원조와 국제관광기관을 통한 다각적인 협조로 제 외국의 관광사업을 발전시켜 사회적 · 경제적으로 공헌하려고 하는 대외정책이다.
② **효과** : 상대국의 경제 발전을 도모하고 외화 획득의 증가와 산업진흥에 의한 고용을 증대시켜 국민소득의 증대와 생활환경의 개선에 기여한다.

③ 관광사업에 관한 원조 대상 내용

    ㉠ 당사국의 관광개발에 대한 조사와 계획의 작성, 개발 기술 측면의 원조

    ㉡ 관광자원의 개발·보호 및 관광루트의 설정·정비

    ㉢ 관광 제시설 및 상·하수도 등의 공공시설과 환경 정비

    ㉣ 관광경영기술의 원조와 관광종사자의 교육 등

    ㉤ 관광투자와 산업진흥, 관광선전

    ㉥ 항공협정에 의한 항공편과 저운임제도의 설정 등 관광객 유치에 대한 협력

    ㉦ 국제관광기관에의 협력으로 행할 수 있는 간접적 원조방책 등

④ 관광의 협력 체제하에서의 주의사항

    ㉠ 상대국의 경제 사정에 적합한 원조일 것

    ㉡ 관광개발과 기업진출에 있어 자본 부족, 경영기술의 결여, 시설공급의 불충분 등의 문제를 고려할 것

    ㉢ 협력 원조는 상대국과의 융합을 기본으로 상대방의 국익에 공헌하는 목적이 있을 것

    ㉣ 상대방 국민의 감정의 배려와 그들의 지지를 받을 만큼 상대국 국민의 참여를 기조로 할 것

    ㉤ 조건 있는 원조나 불충분한 관광투자에서 끝나지 않을 것

4 세계 각국의 관광정책

(1) 이탈리아

다른 나라보다 먼저 관광의 경제적 효과에 주목하여 외국인 관광객의 유치를 위한 정책을 추진하였다.

① **관광예능성** : 관광에 관한 중앙행정기관으로 최고집행기관인 관광예능성이 있는데(1959년 설치), 소관 업무별로 관광국, 역능국, 총무인사국 등으로 나뉘어 행정체계를 이루고 있다.

② **관광국의 주요 관장업무**

    ㉠ 일반관광행정 및 국민관광의 조직화

    ㉡ 호텔 및 일반관광시설의 정비를 위한 시책

    ㉢ 관광자원의 보존

    ㉣ 관광에 관계되는 정부 내 타기관과의 업무 조정

    ㉤ 국가 지방관청 및 민간기업 활동의 통제·조정

    ㉥ 관광객 보호를 위한 여러 조치

    ㉦ 국제회의 유치 및 참석

    ㉧ 정부 내의 다른 기관이 관장하고 있는 관광 관련 업무를 통일적으로 조정하고 집행

[피사의 사탑]

③ ENIT(이탈리아 관광청) : 해외관광 선전기관

    ⊙ 국제관광 선전

    ⓒ 국제관광 시장조사

    ⓒ 관광통계의 작성

    ⓔ 관광에 관한 각종 간행물 발간

④ **자문기관** : 관광정책에 관한 자문기관으로 1960년에 관광중앙심의회를 설치하였으며 관광경제정책을 다루는 기구로 경제계획위원회를 설치하였다.

⑤ **이탈리아가 세계 최대의 관광국으로 발전하게 된 배경**

    ⊙ 이탈리아의 국민이 모두 합심하여 관광객 유치에 전력, 국제관광객 환대 정신

    ⓒ 일원화된 관광행정기구의 정비

    ⓒ 기발하고 호소력 있는 국제관광 선전의 실시

    ⓔ 관광정책 최초 도입 국가

(2) 스페인

① **관광정책 목표** : 전천후 관광자원과 상품개발을 통해 관광 입국자의 시장층을 다변화하여 외화 수입의 확대에 힘을 기울인다.

② **관광정책의 개발방향**

    ⊙ 스포츠 관광시설 개발 : 마리나 중심 관광 개발, 해안 스포츠, 동계 스포츠, 수상 스포츠, 골프, 수렵, 낚시, 휴양시설, 문화행사 수용

    ⓒ 계절별 매력에 최대한 역점을 두고 계절성을 고려한 관광 개발

      • 하계 : 해변 지역, 카나리아, 아조레스

      • 동계 : 시에라 네바다, 피레네 산맥

      • 내륙 관광지 개발 : 수렵장 · 온천장 · 호수 개발, 휴가 도시, 휴가 단지, 관광단지

      • 전천후 관광시설 개발 : 국제회의장, 문화행사시설 등

③ **관광 진흥방향**

    ⊙ 휴가객 유치를 위한 시장 다변화

    ⓒ 계절의 특수성을 고려한 홍보계획 수립

    ⓒ 문화 · 건전관광 소개 : 사적, 스포츠, 카니발, 전시회, 투우 등

    ⓔ 국민관광 진흥 : 청소년 · 근로자를 대상으로 조국 재발견 운동 전개, 민박 장려, 농촌 휴가 장려 등

(3) 영국

① **관광청** : 국제관광 진흥업무를 수행하는 상무성 산하의 관광청과 국민관광 진흥과 관광 개발을 관장하는 4개 지역관광평의회가 있다.

    ㉠ 관광청의 위원 구성(명예직) : 관광청은 관광개발법(The Development of Tourism Act, 1969년 제정)에 의해 설립된 국가관광기구(NTO ; National Tourism Organization)로 그 위원의 구성은 관광업계 및 각계 저명인사 9명으로 이루어졌으며, 이들은 상무장관이 선임

    ㉡ 관광청의 주요 업무
- 관광객 유치를 통한 외화 획득 증대
- 외래관광객의 지역적 · 계절적 분산 유도
- 관광업계와의 긴밀한 협조하에 협력 선전활동을 통한 시장개척
- 해외선전사무소 운영
- 정부 행정기관에 대한 자문 등

② **관광정책의 목표** : 역사 · 문화 지향형 보존과 개발의 조화로운 관광 개발

③ **관광정책의 개발방향**

    ㉠ 관광개발 지원 : BTA(British Tourist Authority, 영국관광청), BTB가 호텔에 대한 보조금 지급

    ㉡ 전국 일주 순례코스 개발

④ **관광 진흥방향**

    ㉠ 역사적 관광의 소개 : 셰익스피어 · 조지 워싱턴 선조 생가, 스톤헨지(Stonehenge) 등

    ㉡ 문화 관광 소개 : 오페라, 예술제, 음악제, 카니발, 스포츠, 전시회 등

    ㉢ 스포츠 관광 소개 : 하이킹, 크루즈 드라이브, 레일 드라이브, 수렵, 낚시 등

    ㉣ 청소년 시장 개척

    ㉤ 영어권 관광객 유치를 위한 시장 개척

    ㉥ 미국 · 호주 등의 Incentive Tour 유치

    ㉦ 상공회의소의 협력에 의한 Business Tour 유치

(4) 프랑스

① **관광정책의 목표** : 프랑스는 역사, 문화 지향형 개발과 보존으로 국제관광과 국민관광의 조화에 관광정책의 목표가 있다.

② **관광정책의 개발방향**

    ㉠ 해안 지역 개발, 습지와 불모지의 매립으로 종합 휴양지 개발

    ㉡ 정부는 기반시설을 개발하고, 민간에서는 숙박 · 휴양 · 야영지 · 스포츠시설 개발

    ㉢ 해안 지대에 조림, 초원, 풍치림, 도로, 공항, 항구 개발

    ㉣ 내륙 산악 지역 개발, 알프스 지역, 스포츠시설 개발

    ㉤ 온천 지역 개발

③ **관광 진흥방향**

    ㉠ 문화 관광 유치 : 예술 · 축제 · 문화행사

    ㉡ 휴가 관광 시장 개척 : 알프스, 남부 해안

    ㉢ 국제회의 유치 : 국제기구의 중심지인 파리의 이점을 최대로 활용

(5) 미국

① 관광기구

㉠ USTTA(United States Travel and Tourism Administration, 미국 관광청) : 「연방관광정책법」
의 위임사항과 상무성 내에서 요구된 사업을 이행한다.

㉡ 관광정책심의회 : 미국 관광산업의 이익이 연방정책의 결정 과정에서 충분히 검토될 수 있도록
하기 위해 연방관광정책법의 제정으로 설치된 연방기구이다.

㉢ 관광자문위원회(Travel Advisory Board) : 다방면에서 관광산업의 이익을 대표하며 업계, 노
조, 주, 소비자, 학계 및 재계의 대표자가 포함되어 있다.

㉣ 기타 관광기구
• 관광발전대책위원회
• 하원관광코스자문위원회
• 서비스산업부문자문위원회

② 관광정책의 목표

㉠ 국민관광 육성을 위한 관광 개발 지원과 국제관광 진흥을 위한 연방정부와 주정부의 조화와 협
력에 있다.

㉡ 「연방관광정책법」(National Tourism Policy Acts)의 내용은 다음과 같다.
• 연방관광정책 · 연방관광기구에 관하여 규정
• 관광에 관한 상무장관의 책무에 관하여 규정

(6) 일본

① 관광청 : 국토교통성의 산하 외청으로, 총무과 · 관광전략과 · 관광산업과 · 국제관광국 · 관광지역진
흥국 등으로 구성되어 있다.

② 관광정책의 목표

㉠ 자국의 매력을 국내외로 홍보

㉡ 국내외 교류인구의 증대 및 지역 경기 활성화

㉢ 지역의 자체적인 관광자원개발 지원

㉣ 관광연관산업의 활성화

㉤ 관광객이 여행하기 좋은 환경의 조성 · 정비

③ 관광정책의 방향

㉠ 국제 경쟁력이 높은 매력있는 관광지조성 지원

㉡ 해외와의 관광교류 확대

㉢ 여행자의 요구에 맞는 관광 산업의 고도화 지원

㉣ 관광 분야에 관한 인재의 육성과 활용을 촉진

㉤ 관광하기 쉬운 환경(휴가제도, 여행자안전 대책 등)의 정비

5 **우리나라의 관광정책**

(1) 관광기구

   ① 조 직

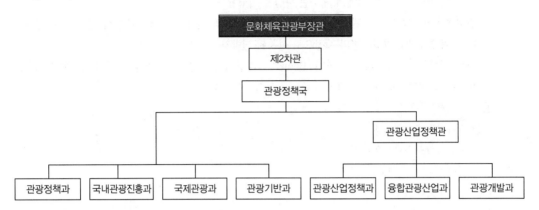

   ② 기 능

      ㉠ 관광정책과

- 관광진흥장기발전계획 및 연차별계획의 수립
- 지방자치단체 관광정책 협력 및 조정, 지역관광협의회에 관한 사항
- 관광 관련 법령 정비 및 제도의 개선에 관한 사항
- 남북관광교류 · 협력의 증진에 관한 사항
- 관광정보화 촉진에 관한 사항
- 관광연차보고 및 관광 관련 통계의 종합에 관한 사항
- 한국관광공사, 그랜드코리아레저(주) 및 한국관광협회중앙회와 관련된 업무
- 관광 안전 및 재난대응에 관한 사항
- 국민의 국내여행 촉진에 관한 사항
- 관광복지 증진에 관한 사항
- 관광에 대한 인식의 개선 및 국내관광의 홍보에 관한 사항
- 관광진흥개발기금의 조성 및 운영에 관한 사항
- 관광진흥개발기금 자산운용 및 출자사업 관리에 관한 사항

      ㉡ 국내관광진흥과

- 지역관광 콘텐츠 육성 및 활성화에 관한 사항
- 문화 · 예술 · 민속 · 레저 · 자연 · 생태 등 관광자원의 관광상품화에 관한 사항
- 템플스테이 등 전통문화체험 및 지역전통문화 관광자원화에 관한 사항
- 산업시설 등의 관광자원화 및 도시 내 관광자원 개발 등에 관한 사항
- 문화관광축제의 조사 · 개발 및 육성에 관한 사항
- 걷기여행길 관리 · 활성화에 관한 사항

ⓒ 국제관광과
- 국제관광분야 정책 개발 및 중장기 계획 수립
- 국제관광분야 법령 개정 및 규제개혁에 관한 사항
- 국제관광분야 통계 조사 및 관리에 관한 사항
- 정부 간 관광교류 및 외래관광객 유치에 관한 사항
- 한국관광의 해외광고 업무
- 외국인 대상 지역특화 관광콘텐츠 개발 및 해외 홍보마케팅 지원에 관한 사항
- 외래관광객 유치 출입국 절차 간소화 및 비자제도 개선 · 협력에 관한 사항
- 국제관광회의 등 관광 분야 국제협력에 관한 사항
- 관광 분야 공적개발원조(ODA) 사업
- 지속 가능한 관광과 빈곤 퇴치 전문 기관의 감독 · 지원에 관한 사항
- 중국 전담여행사 관리 · 감독 및 활성화에 관한 사항
- 외래관광객 대상 환승관광 활성화 및 항공협력 관련 사항
- 한국문화관광대전의 기획 및 실행

ⓓ 관광기반과
- 관광불편해소 및 안내체계 확충에 관한 사항
- 관광교통 협력 및 서비스 개선에 관한 사항
- 관광교통 통합 안내체계 구축에 대한 업무
- 외래관광객 면세제도 개선 및 쇼핑관광 활성화에 관한 사항
- 국민의 해외여행 편익 증진에 관한 사항
- 관광통역안내사 육성에 관한 사항
- 한국방문위원회 사업지원에 관한 사항
- 관광특구 관련 업무
- 청와대 사랑채 및 한국관광안내센터 운영 지원에 관한 사항
- 여행업에 관한 사항
- 관광기념품 등 관광상품의 개발 · 육성 및 유통에 관한 사항
- 관광분야 인증제 통합에 관한 사항
- 한국관광 온라인사이트 및 홍보물 제작에 관한 사항
- 문화관광해설사 육성 업무

ⓔ 관광산업정책과
- 관광산업정책 수립 및 시행
- 관광기업 육성 및 관광투자 활성화 관련 업무
- 관광전문인력양성 및 취업지원에 관한 사항
- 관광종사원의 교육, 관광자격제도 운영 및 개선에 관한 사항
- 관광숙박시설의 확충 및 운영개선을 위한 시책의 입안
- 호텔업 육성지원 및 중저가관광호텔 체인화 관련 업무
- 휴양콘도미니엄업 육성 · 지원에 관한 업무
- 중저가 관광숙박시설 인증제도 관련 업무

- 공유숙박 등 신규 관광숙박정책에 관한 사항
- 관광산업 관련 통계 업무
- 야영장 육성지원, 국민여가캠핑장 조성 및 친환경 캠핑문화 활성화에 관한 업무
- 유원시설업, 한옥체험업 육성지원에 관한 사항
- 주민참여형 지역관광 공동체의 조성 및 육성·지원에 관한 사항

ⓑ 융합관광산업과
- 국제회의 관련 외래관광객 유치 및 지원에 관한 사항
- 국제회의·인센티브관광·컨벤션·전시·이벤트(MICE) 등 분야의 기반 조성 업무
- 음식관광 활성화 및 서비스 개선에 관한 사항
- 의료·웰니스 관광 육성 및 지원에 관한 사항
- 공연관광·스포츠관광 정책 수립 및 상품개발에 관한 사항
- 전통시장 관광활성화에 관한 사항
- 관광유람선업(일반관광유람선업 및 크루즈업을 말한다) 육성 및 지원에 관한 사항
- 카지노산업 육성 및 정책 수립
- 카지노 복합리조트 설립 및 관리 업무
- 카지노업 허가 및 관리·감독에 관한 사항

ⓐ 관광개발과
- 관광개발기본계획 수립
- 권역별 관광개발계획 검토·조정
- 관광지·관광단지의 개발에 관한 사항
- 문화·예술·민속·레저·자연·생태·폐광·유휴자원 등 지역관광자원 개발 및 지원에 관한 사항
- 광역관광자원개발 계획 수립 및 지원에 관한 사항
- 관광자원개발 평가 및 통합정보시스템 구축·운영, 지역관광발전지수에 관한 사항
- 관광개발관련 관계부처·지방자치단체와의 협력 및 조정에 관한 사항
- 지속가능한 관광자원개발에 관한 사항
- 관광레저형 기업도시 개발에 관한 사항
- 국내외 관광 투자유치 촉진 및 지방자치단체의 관광 투자유치 지원에 관한 사항

(2) 관광 관련 단체 20 22 기출

① 한국관광협회중앙회(Korea Tourism Association)
ⓐ 설립목적 : 우리나라 관광업계를 대표하여 업계 전반의 의견을 종합 조정하고, 그 의견을 대표하여 국내외 관련 기관과 상호 협조함으로써 산업의 진흥과 회원의 권익 및 복리증진에 이바지함을 목적으로 한다.

ⓒ 기능(업무)
- 관광사업의 발전을 위한 업무
- 관광사업 진흥에 필요한 조사 · 연구 및 홍보
- 관광 통계
- 관광종사원의 교육과 사후관리
- 회원의 공제사업
- 국가나 지방자치단체로부터 위탁받은 업무
- 관광안내소의 운영
- 위의 규정에 의한 업무에 따르는 수익사업

ⓒ 조 직
- 업종별 협회 : 한국호텔업협회, 한국여행업협회, 한국MICE협회, 한국카지노업관광협회, 한국테마파크협회, 한국외국인관광시설협회, 한국관광펜션업협회, 한국관광유람선업협회, 대한캠핑장협회, 한국PCO협회, 한국휴양콘도미니엄경영협회
- 지역관광협회(시 · 도 단위) : 서울특별시, 부산광역시, 대구광역시, 인천광역시, 광주광역시, 대전광역시, 울산광역시, 세종특별자치시, 경기도, 강원특별자치도, 충청북도, 충청남도, 전라북도, 전라남도, 경상북도, 경상남도, 제주특별자치도관광협회
- 업종별위원회 : 국내여행업위원회, 국외여행업위원회, 관광식당업위원회
- 특별회원 : 한국면세점협회, 한국관광공사, 대한항공, 아시아나항공, 한국국외여행인솔자협회, 한국공예디자인문화진흥원, 한국박물관협회, 한국관광통역안내사협회, 한국의 집 등

② 한국관광공사(Korea Tourism Organization) 14 기출
ⓐ 설립목적 : 관광진흥 · 관광자원 · 국민관광 진흥 및 개발을 위해 1962년 「국제관광공사법」에 의거하여 '국제관광공사'로 설립되었으며, 1982년 한국관광공사로 개칭하였다. 경영혁신본부, 국제관광본부, 국민관광본부, 관광산업본부, 관광디지털본부로 이루어져 있다.
ⓑ 기능(업무) : 관광홍보 · 마케팅 · 컨설팅 · 투자 · 교육 지원과 국민 관광의식 제고, 지역 관광자원 개발, 관광요원의 질적 향상, 판매사업의 효율적 운영 등
ⓒ 주요 사업 : 해외관광마케팅, 국제회의 유치, 국제기구 협력, 관광안내정보 서비스, 지자체 · 유관 기관 협력, 국내관광 수용 태세 개선, 국내관광 진흥, 남북관광교류 등

한국관광공사의 사업(한국관광공사법 제12조 참조) 15 16 20 21 24 기출

- 국제관광 진흥사업
  - 외국인 관광객의 유치를 위한 홍보
  - 국제관광시장의 조사 및 개척
  - 관광에 관한 국제협력의 증진
  - 국제관광에 관한 지도 및 교육
- 국민관광 진흥사업
  - 국민관광의 홍보
  - 국민관광의 실태 조사
  - 국민관광에 관한 지도 및 교육
  - 장애인, 노약자 등 관광취약계층에 대한 관광 지원
- 관광자원 개발사업
  - 관광단지의 조성과 관리, 운영 및 처분
  - 관광자원 및 관광시설의 개발을 위한 시범사업
  - 관광지의 개발
  - 관광자원의 조사
- 관광산업의 연구 · 개발사업
  - 관광산업에 관한 정보의 수집 · 분석 및 연구
  - 관광산업의 연구에 관한 용역사업
- 관광 관련 전문인력의 양성과 훈련 사업
- 관광사업의 발전을 위하여 필요한 물품의 수출입업을 비롯한 부대사업으로서 이사회가 의결한 사업

관광통역안내전화 1330 14 24 기출

- 우리나라의 관광안내 대표전화로, 내 · 외국인 관광객들에게 국내여행에 대한 다양한 정보를 안내해주는 서비스와 관광통역, 관광 불편상담, 코로나 19 관련 3자 통역서비스 지원 등을 하고 있다.
- 실시간 문자채팅 서비스는 4개 언어(한국어, 영어, 일본어, 중국어)를 지원하고 24시간 연중무휴이다.
- 전화 서비스는 8개 언어를 지원하고 한국어, 영어, 일본어, 중국어는 24시간 연중무휴, 러시아어, 베트남어, 태국어, 말레이 · 인도네시아어는 오전 8시부터 오후 7시까지 연중무휴 이용이 가능하다.

한국관광공사의 관광산업 육성 및 지원 `14` `16` `17` 기출

- 베니키아(BENIKEA) : 문화체육관광부의 지원하에 한국관광공사가 추진하고 있는 관광호텔 체인브랜드 사업이다. '베스트 나이트 인 코리아(Best Night in Korea)'의 머리글자를 조합하여 만들었으며, '최고의 휴식을 선사하는 한국의 대표 호텔'이라는 의미를 지니고 있다.
- 여행바우처 : 국내여행에 쉽게 참여하지 못하는 사회적 취약계층에게 여행기회를 제공하여 여행참여 및 관광활동을 통한 삶의 질을 향상시키고자 시행되는 제도이다. 우리나라에서는 2005년부터 시행되었으며, 2014년부터는 기존 여행 · 문화 · 스포츠 바우처를 결합하여 '통합문화이용권(문화누리카드)'이라는 명칭으로 운영되고 있다.
- 세이프 스테이 : 건전한 민박 생태계 조성을 위해 여행자는 합법 숙소를 확인 · 이용하고, 사업자는 안전하고 친절한 서비스를 제공하기 위한 캠페인이다.
- 관광두레 : 지역주민이 주도하여 방문하는 관광객을 대상으로 숙박, 여행알선 등의 관광사업체를 창업하고 자립 발전하도록 지원하는 사업이다.
- 한국관광품질인증제도 : 숙박, 쇼핑 등 관광접점 대상 품질기준을 마련하여 국가적으로 단일화된 품질인증 및 마크를 부여하는 제도이다.

관광마케팅 지원

- MICE : Meeting(회의), Incentive Travel(포상여행), Convention(컨벤션), Exhibition(전시)/Events(이벤트)의 약자로 국내외 다양한 MICE 정보를 제공하는 포털사이트이다.
- 의료관광 : 우리나라의 선진 의료수준과 관광자원이 융복합된 고부가가치 산업이다.
- 관광인재개발실 대관 : 4층 건물에 강의 공간 6개, 기숙사 및 휴게공간 등을 교육, 회의 개최 등 사용목적과 기능에 따라 다양한 용도로 대관하고 있다.

③ 한국문화관광연구원(Korea Culture & Tourism Institute)

　　㉠ 설립목적 : 문화예술의 창달, 문화산업 및 관광진흥을 위한 연구 · 조사 · 평가 추진을 위해 1987년 설립된 정책연구기관이다.

　　㉡ 기능(업무) : 정책 개발 및 연구, 실태 조사, 자료 수집, 국제교류 등

중앙정부 행정부처별 업무 `20` `21` 기출

- 외교부 : 여권발급, 사증(Visa) 면제협정의 체결
- 법무부 : 여행자의 출입국관리
- 보건복지부 : 관광업소의 위생관리
- 환경부 : 국립공원의 지정

6 관광진흥 5개년 계획

(1) 제6차 관광진흥기본계획(2023~2027)

① 계획의 배경
- ㉠ 코로나 이후 '관광은 한국', 5대 수출산업 위상 회복 필요
- ㉡ 국민의 행복과 삶의 질 증진에 기여

② 비전 : K-컬처와 함께하는 관광매력국가

③ 부문별 정책과제
- ㉠ 세계인이 찾는 관광매력국가 실현
- ㉡ 현장과 함께 만드는 관광산업 혁신
- ㉢ 국민과 함께 성장하는 국내여행
- ㉣ 더 자주 더 오래 머무는 지역관광시대 구현

더 알아보기 10대 관광트렌드(2023~2025)

구 분	트렌드
1	K-컬처 시대, 방한여행의 스펙트럼 확장
2	초개인화 시대, 여행경험의 나노화
3	디지털 전환 시대, 신(新) 융합 관광 확대
4	창조의 시대, 스스로 성장하는 지역관광
5	뉴노멀 시대, 새로운 여행 워케이션 확산
6	탈경계 시대, 일상으로 스며든 관광
7	기후변화 시대, 탄소중립 여행의 부상
8	위기 회복 시대, 웰니스 치유 여행 가속화
9	관광할 권리, 모두가 즐기는 여행 실현
10	로컬의 시대, 지역관광의 진화

※ 관광트렌드 분석 및 전망, 한국문화관광연구원(2022)

7 국민관광정책 21 22 기출

(1) 국민관광(National Tourism)의 정의

① 국민관광이란 용어는 1975년 정부가 「관광기본법」을 제정하면서 처음으로 사용되었다.

② 세계관광기구(UNWTO) : 국적에 관계없이 한 나라에 거주하는 사람이 보수를 받는 이외의 목적으로 24시간 이상 또는 1박 이상 자기의 거주지를 떠나 그 나라 지역 내를 여행하는 것이다.

③ 한국관광공사(1990년) : 국민이 일상생활을 벗어나 귀환을 전제로 국내외를 이동하거나 체재하면서 관광하는 행위이다.

④ 국민관광의 주체는 국민 전체이며, 공간적 범위는 국내외로, 자국민의 국내관광과 국외관광을 모두 포함하는 개념이다.

⑤ 국민관광의 목적은 재노동 의욕 고취와 국민복지 증대에 있다.

(2) 국민관광의 발전 18 21 22 기출

① 1970년대부터 국민관광 활성화의 일환으로 관광지를 지정하고 개발

② 1977년에 전국 36개소의 국민관광지를 지정(바가지요금, 교통체증 등 사회문제 야기)

③ 1980년대에 들어서면서 국민관광진흥사업이 본격적으로 추진

④ 1982년 국제관광공사가 한국관광공사로 개칭

⑤ 1989년 해외여행 전면 자유화로 국민들이 해외여행 기회를 갖게 됨

더 알아보기 주요 용어 정리

- 국내여행
  - 여행(또는 관광)은 행정구역상 현 거주지(일상생활권)를 벗어나 다른 지역을 다녀온 모든 여행을 의미
  - 행정구역을 벗어난 경우라도 다음과 같은 경우는 국내여행에서 제외
    ⓐ 단순 영화감상이나 쇼핑만을 목적으로 행정구역을 벗어난 경우
    ⓑ 직장이나 거주지 근처의 산책이나 등산, 취미나 교양생활, 스포츠 등의 일상적이며 규칙적인 여가활동
  - 단순 가족/친지 방문, 출산/성묘/관혼상제 등의 가사목적, 비즈니스 또는 출장 등 업무상 목적, 교육훈련/연수 목적으로 한 여행은 기타(비관광목적) 여행으로 분류
  - 단, 단순 쇼핑이나 개인적인 용무, 업무상 목적 등의 행위와 함께 별도의 여행활동이 수반될 경우, 해당 여행활동은 관광목적 여행에 포함
- 해외여행
  - 순수 관광목적 여행뿐만 아니라 체류기간이 1년 미만인 교육이나 어학연수, 비즈니스 및 업무상 여행, 가족/친구 방문, 종교순례, 쇼핑 등 개인적 용무를 위한 여행도 모두 포함
  - 단, 고용을 목적으로 한 여행, 정기적(규칙적)으로 발생하는 여행 및 해외체류 기간이 1년 이상인 경우는 제외
- 당일여행/숙박여행
  - 집에서 출발 후 여행지(이동과정 포함)에서 여행당일 자정을 넘기면 실제 숙박 여부에 관계없이 숙박여행으로 분류하며, 자정을 넘기지 않은 24시간 미만의 여행은 당일여행으로 분류
  - 단, 여행지에서 거주지로 돌아오는 시간에 자정을 넘긴 경우는 당일여행으로 분류
- 가구여행/개인여행
  - 가구여행 : 표본 가구 내 동거하고 있는 가구원 2인 이상(본인 외 가구원 1인 이상) 동행한 여행
  - 개인여행 : 표본 가구 내 가구원 1인이 '혼자' 또는 '동거 가구원이 아닌 타인'과 함께한 여행

01 국제관광의 발전요인 중 가장 관계가 먼 것은?

① 국민소득 증대
② 여가 증대
③ 세계적 문화유산의 발견
④ 국제교통의 발달

02 다음 중 국제관광의 확대 원인으로 거리가 먼 것은?

① 의식수준의 향상
② 각국의 국민소득 증가
③ 노동시간의 충분한 연장
④ 교통기관의 발달

03 국제관광의 효과와 관계가 먼 사항은?

① 국제친선의 효과
② 국제수지효과
③ 문화의 교류
④ 지역사회의 개발

04 다음 중 국제관광객의 정의에 해당되지 않는 사항은?

① 상용의 목적으로 외국을 여행하는 자
② 건강상의 이유로 해외를 여행하는 자
③ 취업의 목적으로 입국하는 자
④ 회의 참석을 목적으로 여행하는 자

정답 01 ③ 02 ③ 03 ④ 04 ③

05 자국의 국민이 해외여행을 하는 것을 무엇이라 하는가?

① Domestic Tour
② International Tour
③ Outbound Tour
④ Inbound Tour

해설
Outbound Tour
내국인의 해외여행

06 국제관광의 진흥방안과 거리가 먼 사항은?

① 관광시설 확충
② 지역사회의 개발 및 광고 강화
③ 출입국 절차 간소화
④ 해외선전 강화

해설
국제관광의 진흥방안에는 ①·③·④ 외에 외국인 유치를 위한 정부의 지속적인 관광정책과 행정 등이 있다. 지역사회의 개발 및 광고 강화는 국내관광의 진흥방안이다.

07 다음 중 관광수입의 효과가 가장 큰 항목은?

① 국제회의 유치
② 단체 관광객 유치
③ 개인 관광객 유치
④ 참전용사 가족 유치

해설
국제회의는 부대시설의 사용 및 자국의 홍보 등 관광수입의 효과가 매우 크다.

08 다음 중 관광사업의 국제적 측면의 효과와 거리가 먼 것은?

① 세계평화의 수호 등에 관한 효과
② 국제친선 도모에 대한 효과
③ 세수에 대한 효과
④ 국제수지 개선에 대한 효과

해설
세수에 대한 효과는 관광사업의 국내적 측면의 효과이다.

PART 8

정답 05 ③ 06 ② 07 ① 08 ③

09 UNWTO의 기본 목표가 아닌 사항은?

① 각국 간의 관광사업 발전 도모
② 여행업계의 상업적 이익 극대화
③ 국제관광여행을 촉진
④ 각국 상호 간의 관광정보 및 자료 교환

해설

UNWTO(세계관광기구)
각국 간의 관광사업의 발전을 도모하고 다각적인 활동으로 국제 간의 관광여행을 촉진하며, 이를 통해 각 회원국 간의 관광경제를 발전시킴과 동시에 국제 상호 간의 사회·경제·문화적 우호관계의 증진을 목적으로 한다.

10 국민관광에 관한 설명으로 적절하지 않은 것은?

① 국민관광의 목적은 재노동 의욕 고취와 국민복지 증대이다.
② 국민관광의 행위 주체는 일반 국민이다.
③ 국민관광의 속성은 주거지 외 위락활동과 관광행위이다.
④ 국민관광은 가계소득 중 잉여가 발생하고 여가시간이 있을 경우에 성립한다.

해설

국민관광은 관광욕구를 충족시킬 수 없는 청소년·저소득층, 근로 대중들을 정부가 사회정책적으로 지원하는 특징이 있다.

11 최근의 우리나라 인바운드(Inbound) 관광 진흥과 관련된 정책이라고 볼 수 없는 것은?

① 카지노 활성화 사업
② 공연관광 활성화 사업
③ 크루즈관광 활성화 사업
④ 의료관광 활성화 사업

해설

카지노는 1960년대부터 시작되어 온 관광산업으로 최근의 정책이라고 보기는 어렵다.

12 다음 중 관광객으로 보기 어려운 자는?

① 위락, 가정, 건강상의 이유로 여행하는 자
② 해외여행 도중 기항하는 자
③ 회의 참석, 사업상의 목적으로 여행하는 자
④ 24시간 이상을 소요하더라도 체재하지 않고 통과하는 자

해설

관광객
일시 방문객으로서 최소한 24시간 이상 또는 1박 이상을 방문국에서 체류한 자로 여가나 사업, 가족·친지 방문, 회의 참가, 직무상 여행을 목적으로 방문하는 자를 말한다.

13 UNOI 채택한 관광객의 범주에 속하지 않는 자는?

① 방문객(Visitor)
② 회유여행자(Excursionist)
③ 이민자
④ 일시 체류객

해설
관광이란 관광객이 다시 돌아올 예정으로 일상의 생활권을 떠나 타국이나 타지역의 풍물, 제도, 문물 등을 관찰하여 견문을 넓히고 자연 풍경 등을 감상·유람할 목적으로 여행하는 것으로, 정착하여 살기 위한 이민과는 개념이 다르다.

14 국민관광의 발전 과정에 대한 설명으로 맞지 않는 것은?

① 소극적 행위에서 적극적 행위로 발전해 간다.
② 참가자는 발전의 초기 단계에는 가계소득 잉여가 있는 사람이었으나 정책적·제도적 보완 등에 의하여 전 국민에게 파급되었다.
③ 지역적인 면에서 볼 때 국내관광에서 해외여행으로 발전한다.
④ 연령면으로 볼 때 청소년층, 장년층, 노년층으로 발전한다.

해설
국민관광은 시간적·경제적 여유가 없는 장년층에게 유급휴가 등의 복지혜택을 주어 사회·복지적인 의미를 가진 여행으로 발전한다.

15 ASTA와 관계 없는 사항은?

① 미국여행업협회
② 세계 최대의 여행업자 단체
③ American Society of Travel Advisors
④ 우리나라는 가입하지 않았다.

해설
우리나라는 1973년도에 준회원의 자격으로 가입하였다.

16 동아시아 지역의 관광진흥개발을 목적으로 설립된 기구의 이름은?

① UNWTO
② EATA
③ WATA
④ ASTA

해설
② 동아시아관광협회
① 세계관광기구
③ 세계여행업자협회
④ 미국여행업협회

정답 13 ③ 14 ④ 15 ④ 16 ②

PART 8

생태관광은 자연환경의 보전을 주된 목적으로 한 활동이기 때문에 관광자원 개발을 위한 사업이라고 보기는 어렵다.

① 1910년, ② 1932년, ③ 1975년에 각각 창설
ITA(International Touring Alliance)
1898년에 창설되었으며, 국제관광에 관한 회원 간의 이익 유지 및 범세계적인 기구 유지, 각종 비정부기구의 회담 참여의 목적이 있다.

관광계획의 단계
구상계획 → 기본계획 → 실시계획 → 관리계획

국민관광상품권
국내관광과 지역경제를 활성화시키기 위해
2001년부터 문화체육관광부가 후원하고 한국관광협회중앙회가 주관하여 금융기관에서 판매·자금정산을 하는 다목적 상품권으로, 각종 법인이나 단체에서 다양한 용도로 사용되고 있다.

정답 17 ④ 18 ④ 19 ① 20 ③

17 관광자원 개발을 위한 정부의 정책사업이 아닌 것은?

① 관광단지 개발
② 관광특구 개발
③ 관광레저형 기업도시 개발
④ 관광생태지구 개발

18 다음 관광기구 중 가장 오래된 기구는?

① UIA
② IYHF
③ UNWTO
④ ITA

19 관광계획의 단계로 옳은 것은?

① 구상계획 → 기본계획 → 실시계획 → 관리계획
② 기본계획 → 구상계획 → 관리계획 → 실시계획
③ 구상계획 → 기본계획 → 관리계획 → 실시계획
④ 기본계획 → 구상계획 → 실시계획 → 관리계획

20 국민관광상품권의 후원기관과 주관기관과의 연결이 옳은 것은?

① 문화체육관광부 – 한국관광공사
② 한국관광공사 – 문화체육관광부
③ 문화체육관광부 – 한국관광협회중앙회
④ 문화체육관광부 – 한국외식업중앙회

21 현재 우리나라의 관광진흥상 문제점으로 보기 어려운 것은?

① 저렴한 숙박시설 부족
② 고부가가치의 국제회의시설 부재
③ 관광자원의 부족
④ 토산품의 개발 미흡

해설
관광자원이 부족하다기보다는 관광상품의 개발이 미흡하여 관광의 다양성이 부족하다고 볼 수 있다.

22 국제관광정책상의 수립에서 경제적 제약조건이 아닌 것은?

① 공업화 수준
② 노동력
③ 물가수준
④ 기후 및 지리적 조건

해설
기후 및 지리적 조건은 사회적 제약조건이다.

23 국제관광정책 중 Outbound 정책의 의미로 볼 수 없는 것은?

① 국제적인 부의 분배효과
② 외화 획득
③ 고용증대효과
④ 국제친선효과

해설
Outbound 정책이란 내국인의 해외여행행위 또는 그를 다루는 여행업무를 말한다.

24 우리나라 국제관광진흥전략의 기본목표로 옳지 않은 것은?

① 고부가가치 관광산업의 육성
② 상위계층의 복지관광지원 확대
③ 지속가능한 녹색관광육성
④ IT시대에 부응하는 통합마케팅구축

해설
복지관광은 일반적으로 사회취약계층을 주요 대상으로 한다.

정답 21 ③ 22 ④ 23 ② 24 ②

PART 8

PATA(아시아태평양관광협회)의 설립목적
• 아시아 · 태평양지역의 관광진흥 개발
• 유럽과 미국 관광객 유치를 위한 공동 선전활동
• 지역관광 개발

25 유럽과 미국 지역의 관광객을 모집하기 위한 조직은?

① PATA
② EATA
③ ASTA
④ ISTA

1977년 전국 36개소의 국민관광지를 지정하였다.

26 다음 중 국민관광에 대한 내용으로 옳지 않은 것은?

① 국민관광이란 용어는 관광기본법에서 처음으로 사용하였다.
② 1980년 23개소 국민관광지를 지정하였다.
③ 1989년 해외여행이 전면 자유화되었다.
④ 국민관광의 주체는 국민이다.

관광정책의 기본 목적에는 국제관광에 의한 수지 개선, 국민후생, 국민관광이 있다.

27 관광정책의 기본 목적으로 가장 거리가 먼 것은?

① 국민후생
② 국내관광 진흥
③ 국제수지 개선
④ 국민관광

② 아시아관광마케팅협회
③ 아시아태평양관광협회
④ 아세안국가연합관광협회

28 다음 중 미국여행업협회는 무엇인가?

① ASTA
② ATMA
③ PATA
④ ASEANTA

정답 25 ① 26 ② 27 ② 28 ①

29 국제관광의 효과 중 제1의 효과라고 할 수 있는 것은?

① 경제적 효과
② 환경적 효과
③ 문화적 효과
④ 사회적 효과

국제관광의 경제적 효과로는 국민소득 창출, 고용증대, 재정수입 증대, 국제수지 개선이 있다.

30 국민관광과 국제관광의 설명으로 맞지 않는 것은?

① 국민관광은 Domestic Tourism을 포함하는 개념이다.
② 국민관광은 형평성에 더 많은 관심을 갖는다.
③ 국제관광은 효율성에 더 많은 관심을 갖는다.
④ 국제관광은 체재일수를 기준으로 국민관광과 구별된다.

국제관광은 관광목적상 해외여행기간이 장기일 수도 있고, 단기일 수도 있으므로 체류기간보다는 그 목적이 중요시된다.

문화체육관광부의 주요 업무
• 관광진흥장기발전계획 및 연차별계획의 수립
• 관광관련법규의 연구 및 정비
• 지역관광 콘텐츠 육성 및 활성화
• 국제관광분야 정책 개발 및 중장기 계획 수립
• 관광불편해소 및 안내체계 확충
• 관광산업정책 수립 및 시행
• 관광전문인력양성 및 취업지원
• 국제회의 관련 외래관광객 유치 및 지원
• 음식관광 활성화 및 서비스 개선, 관광개발 기본계획 수립

31 우리나라 문화체육관광부의 주요 업무가 아닌 것은?

① 관광진흥장기발전계획 및 연차별 계획의 수립
② 관광관련법규의 연구 및 정비
③ 외래관광객의 비자발급
④ 관광불편해소 및 안내체계 확충

정답 29 ① 30 ④ 31 ③

32 국제관광과 국내관광을 구분하는 기준이 아닌 것은?

① 국적표준주의

② 소비화폐표준주의

③ 이동거리표준주의

④ 거주지표준주의

33 매년 9월 27일을 '관광의 날'로 지정한 기구는?

① PATA

② UNWTO

③ EATA

④ WATA

34 다음 중 캐나다의 몬트리올에 본부를 두고 있는 기구는?

① PATA

② UNWTO

③ ICAO

④ EATA

35 최근 우리나라 관광산업의 환경변화에 관한 설명으로 옳지 않은 것은?

① 의료관광, 영화관광 등 산업 간 융·복합된 관광형태의 급성장이 예상된다.

② 우리나라를 찾는 외래관광객 중 대부분은 단체 여행객이며, 그 비중이 점차 증가하고 있다.

③ 환경과 성장의 가치를 동시에 추구하는 녹색관광이 새로운 트렌드로 자리 잡고 있다.

④ MICE 산업 등이 활발해지면서 비즈니스 관광시장이 부상되고 있다.

PART 9
관광과 환경

CHAPTER 01 관광과 환경과의 관계

CHAPTER 02 환경친화적 관광

CHAPTER 03 지역개발과 환경보전

핵심 실전 문제

관광과 환경 　중요도 ★☆☆

관광통역안내사 관광학개론 기출 빈도표

출제 영역	2024년	2023년	2022년	2021년	2020년
관광의 기초	6	9	10	8	7
관광여행업	1	1	1	1	2
관광숙박업	5	2	2	2	3
관광교통업	–	5	3	1	4
관광객이용시설업	2	2	2	2	1
국제회의업	2	1	1	3	1
관광마케팅	1	1	–	1	1
국제관광 및 관광정책	8	2	6	6	4
관광과 환경	–	–	–	1	2
현황 문제	–	2	–	–	–
합 계	25	25	25	25	25

관광과 환경에서는 지속가능한 관광개발의 개념과 종류, 활동 등에 대해 학습합니다. 출제빈도가 가장 낮은 영역이므로 너무 깊이 공부하기보다는 출제된 부분 위주로 학습하는 것도 좋은 방법입니다.

09 | 관광과 환경

01 관광과 환경과의 관계

1 환경문제

(1) 가정환경

① 가족원은 환경에 둘러 싸여 생활을 영위하고 있으며 환경에 의해 영향을 받을 뿐 아니라 환경에 영향을 주며 끊임없는 상호작용 속에서 성장·발전한다. 이처럼 현대의 가정생활은 복잡화·다양화되고 주위의 영향을 받음과 동시에 이를 관리할 수 있는 가장 기본적인 가정경영을 요구하게 된다. 그러므로 자원에 대한 관리 능력이 필요하게 되는데, 이 중 물적자원은 환경문제와 밀접한 관계를 맺고 있다.

② 현대의 가정생활은 물질적 풍요를 누리고 생활의 질을 높이기 위해 자원을 배분하고 사용하여 많은 쓰레기나 폐기물 등을 처분하고 있는 실정이다. 이러한 쓰레기의 배출량이 자연생태계를 파괴하여 환경을 심각하게 만들고 있다.

③ 환경문제는 각국의 공동 관심현안이 되었고 모든 나라의 상호협조와 이해가 있어야 해결할 수 있다. 따라서 가정에서도 자연자원에 대한 합리적이고 계획적인 이용을 통해 자원고갈을 막고 자원의 지속성을 유지하는 데 힘을 쏟아야 할 것이다.

(2) 자연환경

① 자연생태계는 인류에게 생물학적 균형유지, 공해 정화기능, 수자원 공급, 식량생산, 목재 및 연료공급, 토질형성 등 많은 혜택을 주고 있으므로 자연환경은 인간에게 가장 큰 자원이자 생활의 터전이라 할 수 있다.

② 인구증가와 산업화의 발전에 따라 자연자원에 대한 과도한 이용, 농약 사용, 자연의 파괴·훼손, 야생동식물 남획 등의 문제가 심각한 수준에 이르러 자연생태계가 무너지고 자연재해가 초래되는 위험한 상태에 직면해 있다.

③ 생태계의 균형발전을 이루려면 지구환경적인 차원의 보전·보호가 이루어져야 한다. 그러므로 관광산업의 장기적 성장에 필요한 자원이 남용되거나 고갈되지 않도록 지속적인 계획과 관리가 필요하다.

2 관광사업과 환경적 차원

(1) 관광의 물리적 환경

① 관광의 물리적 환경은 도시구조, 공공기반시설, 건물, 공간, 도시 풍경 등의 건물환경이다.

② 물리적 환경은 관광자에게 주요한 관광매력물이 되며 관광자원의 요소이다.

③ 물리적 환경을 고려하지 않은 관광지 혹은 관광개발은 관광자의 대량유입과 자연환경 파괴로 인한 생태계 파괴를 발생시킨다.

(2) 관광의 사회 · 문화적 환경

① 사회 · 문화적 환경이란 전통문화, 예술, 민속행사, 사회 · 문화적 배경 등을 말한다.

② 관광의 사회 · 문화적 환경은 관광산업으로 인한 사회 · 문화적 영향과 관광환경, 제도 및 사회적 환경에 영향을 받는다.

③ 한 국가의 문화와 전통의식은 외국인 방문객들이 나타내는 관심으로 인해 관광유치국 지역사회에서 소생되고 발전되기도 한다.

(3) 관광의 정치적 환경

① 관광산업의 정치적 환경은 국가의 관광정책과 정치철학 그리고 해당 국가의 정치 · 경제적 상태와 개발의 수준, 기존의 관광개발시설과 관광자원 및 관광개발의 정도에 의존한다.

② 관광의 정치적 환경을 위한 각국 정부의 활동은 관광산업을 지원하고 관광시장을 관리하는 데 목적이 있다.

③ 관광산업의 정치적 환경의 개선조치는 관광산업진흥자금의 융자 확대, 일정 기간의 법인세와 소득세의 감면조치 등이 있다.

④ 국가는 「관광진흥법」, 「문화유산의 보존 및 활용에 관한 법률」, 「자연환경보전법」과 같은 법률을 제정하여 관광자원과 국립공원, 역사적인 사적과 국가 기념물과 같은 문화유산자원을 보호한다.

⑤ 관광의 공적 사업뿐만 아니라 관광사업자에 대한 등록제도, 관광종사원의 자격제도 등을 통해 관광사업을 지도 · 감독하는 역할을 하며 관광객을 보호한다.

1 지속가능한 관광개발

(1) 지속가능한 관광개발의 개념

① 지구환경을 보존하면서 인류의 복지를 증진하고자 하는 바람을 서로 조화롭게 발전시켜야 한다는 새로운 논리, 즉 환경적으로 지속가능한 개발(ESSD ; Environmentally Sound and Sustainable Development)은 전 세계적인 환경규범의 기조가 되며 건전한 환경에 기반을 두고 있는 관광산업도 이 개념을 적극 반영하고 있다.

② 지속가능한 개발의 개념을 처음 정립한 것은 1987년 세계환경개발위원회(WCED ; the World Commission on Environment and Development)의 동경선언에서 채택한 '브룬트란트 보고서(Our Common Future)'이다.

③ 지속가능한 개발이란 '환경보호와 보전을 고려하면서 적정 개발을 통해 관광자원의 지속성을 보장하여 관광객에게 관광경험의 질을 미래에도 지속적으로 제공하며, 관광개발과 활동으로 지역주민에게 경제적 이득을 제공하는 것'을 일컫는다.

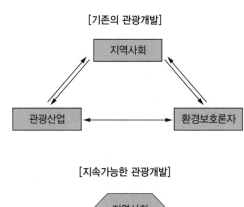

[기존의 관광개발]

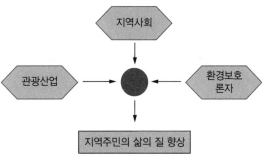

[지속가능한 관광개발]

유엔환경계획(UNEP)이 제시한 지속가능한 개발의 일반 원칙

- 삶의 질 제고
- 경제성장과 환경보전의 추구
- 환경자산의 가치측정과 수용능력에 대한 연구
- 범세계적 환경문제에 대한 국가의 역할 인식과 대응
- 세대 간·현세대 구성원 간의 형평성 추구
- 지속가능한 개발에 필요한 법제와 기구의 정비

(2) 지속가능한 관광개발의 의의

① 방문자 관광경험의 질, 지역사회 삶의 질, 환경의 질을 향상시키거나 보호하는 것이다.

② 관광경험의 질을 적정 수준으로 유지하면서 기본적인 자연자원의 연속성과 지역사회 문화에 대한 연속성을 보장하는 것이다.

③ 관광산업, 환경지지자, 지역사회의 요구를 균형있게 수용하는 것이다.

(3) 지속적 관광개발의 방향

① 우리나라 생태관광의 문제는 자원중심형, 즉 보전적인 입장이 개발의 입장보다 우세한 자원에 대해서도 무분별한 개발을 시도하는 데 있다.

② 자원중심형 관광이 환경에 기초하고, 특히 자연환경의 질에 의존한다는 사실에 비추어 관광개발이 '환경적으로 건전하고 지속가능한 개발'에 부응하도록 하여 사회적으로 책임있고 장기적인 편익시설이 되도록 하는 것이 시대적 요구이다.

③ 갈수록 복잡해지고 산업화되는 사회에서 인간은 자연 속에 몰입하여 자연경관을 즐기려는 욕구가 강해지고, 직접 참여·경험하는 관광패턴이 청소년 세대에서 기하급수적으로 증대할 것이다.

④ 관광개발은 경제적인 측면만 강조하기보다 문화적·환경적으로 국가발전에 기여하는 방향을 정립하여야 할 시기이다.

⑤ 정부의 관광에 대한 전향적인 정책개혁과 범국민적인 인식의 변화가 요구되며, 자연자원의 보존과 이용의 갈등을 해소하고 환경친화적인 국토개발로 생태관광지가 개발·관리되어야 할 것이다.

(4) 지속가능한 관광개발을 위한 방안

① 환경의 측면

　㉠ 기존의 주거 형태 유지

　㉡ 지형과 산림 등을 보전한 자연적 형태로 개발

　㉢ 기존의 시설·자연과 조화를 이루는 시설 개발

　㉣ 자연환경 보존을 통한 생물다양성 유지

　㉤ 생태관광의 가이드라인을 따름

② 지역사회의 측면

  ㉠ 새로운 환경을 조성하기보다는 보수·복원을 통해 기존 환경 최대 유지

  ㉡ 주변에서 획득할 수 있는 재료 사용, 즉 돌·짚·벽돌·목재·흙 등의 자연 재료 사용

  ㉢ 상수, 우수, 지하수 활용

  ㉣ 경우에 따라 전통시설물 보강을 목적으로 눈에 띄지 않는 곳에 시멘트 등의 인공재료 사용 허용

  ㉤ 공동주차장의 설치로 단지 내 교통량 감소

  ㉥ 기존도로를 이용하되 경우에 따라 환경과 조화를 이룰 수 있는 재료로 포장 가능

③ 관광객의 측면

  ㉠ 자연순응형의 관광시설물 조성(산악형, 해안형, 생태관광형 등)

  ㉡ 기존 시설의 관광시설화(민박 활용 등)

(5) 국제협약에서의 지속가능한 관광개발

① 자연환경의 오염 및 훼손 방지와 지속적 보존 측면에서 강조되어 온 관광개발은 지속가능한 개발개념을 도입함으로써 그 방향과 범위가 확대되었다. 즉, 단순한 자연환경의 보존에서 시간적 개념이 강조된 현세대와 차세대 모두에게 환경적, 사회·문화적 혜택을 남겨주는 포괄적 개념으로 발전되었다.

② 지속가능한 관광개발의 개념도 리우선언에서 언급한 내용과 맥락을 같이 하고 있다. 그 중 관광부문과 밀접하게 연관성이 있는 내용은 다음과 같다.

  ㉠ 지속가능한 개발은 인간중심으로 논의되어야 하며, 인간은 자연과 조화를 이룬 건강하고 생산적인 삶을 향유해야 한다.

  ㉡ 개발의 권리는 개발과 환경에 대한 현세대와 차세대의 요구를 공평하게 충족할 수 있도록 실현되어야 한다.

  ㉢ 환경보호는 개발과정의 중요한 일부를 구성하며 개발과정과 분리하여 고려되어서는 안 된다.

  ㉣ 기술의 개발, 이전, 존속, 적용 그리고 전파를 증진함으로써 지속가능한 개발을 위한 내재적 능력을 형성·강화하도록 협력하여야 한다.

  ㉤ 환경문제는 적절한 수준의 모든 관련 시민들의 참여가 있을 때 가장 효과적이라는 인식하에 국가는 정보를 광범위하게 제공함으로써 공동의식과 참여를 촉진하고 증진하여야 한다.

  ㉥ 여성은 환경관리 및 개발에 중대한 역할을 수행하므로 지속가능한 개발을 달성하기 위해서는 여성들의 적극적인 참여가 필요하다.

  ㉦ 지속가능한 개발을 성취하고 모두의 밝은 미래를 보장하기 위하여 전 세계 청년들의 독창성, 이상, 용기가 결집되어 세계적으로 동반자 관계가 되어야 한다.

  ㉧ 토착민과 그들의 사회, 그리고 기타의 지역사회는 그들의 지식과 전통적 관행으로 인하여 환경관리와 개발에 중요한 역할을 수행하므로 각 국가는 그들의 존재와 문화 및 이익을 인정하고 적절히 지지하여야 하며, 또한 지속가능한 개발을 성취하기 위해 그들의 효과적인 참여를 유도하여야 한다.

- 1992년 6월 3일부터 14일까지 브라질의 리우데자네이루에서 '지구를 건강하게, 미래를 풍요롭게'라는 슬로건 아래 개최된 지구 정상회담에서 환경과 개발에 관한 기본원칙을 담은 선언문이다. 1972년 스웨덴 스톡홀름에서 열렸던 국제연합인간환경회의의 인간환경선언을 재확인하면서 헌장으로 발표될 예정이었으나 개발도상국의 반대로 인해 선언으로 조정되어 리우 회의 마지막 날에 채택되었다.
- 리우선언의 전문은 '스톡홀름 선언을 재확인하고 모든 국가와 사회의 주요 분야, 그리고 모든 사람들 사이에 새로운 사회의 주요 분야와 새로운 차원의 협력을 창조함으로써 새롭고 공평한 범세계적 동반자 관계를 수립할 목적으로 모두의 이익을 존중하고, 지구의 환경 및 개발 체제의 통합성을 보호하기 위한 국제 협정 체결을 위하여 노력하며, 우리들의 고향인 지구의 통합적·상호 의존적인 성격을 인식하면서 다음과 같이 선언한다'로 시작하여 총 27개 기본 원칙으로 구성되어 있다.
- 주요 원칙의 내용은, '인간은 지속가능한 개발을 위한 관심의 중심으로 자연과 조화를 이룬 건강하고 생산적인 삶을 향유하여야 하며(원칙1), 환경영향평가 제도가 국가적 제도로 실시되어야 하고(원칙17), 여성은 환경관리 개발에 중요한 역할을 맡으며(원칙20), 국가는 국제연합 헌장에 따라 환경분쟁을 평화적이고 적절한 방법으로 해결해야 하고(원칙26), 각 국가와 국민은 이 선언에 표명된 원칙의 실천을 향하여 성실히 또한 동반자의 정신으로 협력해야 한다(원칙27)'는 내용을 담고 있다.
- 리우선언은 하나의 선언이기 때문에 법적 구속력은 없다. 그러나 지구 환경보전과 관련된 국제적 합의나 협약의 기본 지침이 된다.

(6) 지속가능한 관광개발과 관련된 주요 정책

기존의 지속가능한 관광개발에 관한 이론연구가 지속가능한 관광개발을 위한 전반적인 체계를 어느 정도 제시했으나 세부적인 것까지 확대하여 발전되었다고 볼 수 없으므로, 앞으로의 지속가능한 개발과 관련한 관광분야에서는 더욱 구체적이고 세부적인 실행전략을 수립해야 한다.

① 통합적인 관광자원 관리 구축
  ㉠ 국제기구들은 생태계가 위협받는 지역의 장기보전책으로 통합적 보전·개발사업 접근방식 도입 제시
  ㉡ 지속가능한 관광개발도 자연 및 환경을 보전하려면 정부, 관광자, 지역주민, 투자자, 관광업체 등의 입장을 고려한 통합적인 방법 요구

② 체계적·과학적인 관리운영계획 수립
  ㉠ 관광자원관리는 관광목적지의 강점과 취약점, 관광개발과 관련된 지역주민의 태도, 지역구조의 변화, 관광사업자의 참여 여부 등을 평가하는 피드백(Feedback) 과정을 포함해야 함
  ㉡ 이미 건설된 관광시설을 잘 관리만 해도 같은 시설을 건설하기 위해 소요되는 예산이 절감됨
  ㉢ 청결한 상태와 기능을 그대로 유지
  ㉣ 관광지에 대한 이미지 제고
  ㉤ 체계적인 관광지 관리운영계획의 수립이 필수적으로 요구됨

③ 의사결정에서 지역주민의 적극적 참여유도

    ㉠ 지속가능한 관광의 기본전략은 관광개발사업에 대한 지역주민의 참여에 역점을 두어야 함

    ㉡ 지역의 사회문화자원의 주체는 지역주민이므로 지역의 수공예품, 풍습, 지역축제, 건축물, 예술과 음악, 역사유적지 등의 개발에 지역주민의 참여가 꼭 필요

    ㉢ 관광개발계획 시 또는 개발기간 중이라도 지역주민을 위해 지역경제, 문화, 환경, 사회 등에 미치는 효과에 대해 신뢰할 수 있는 정보제공, 조사, 홍보가 필요

    ㉣ 관광개발의 전 단계를 통하여 지역주민이 변화하는 환경변화에 대처할 수 있도록 구체적 영향평가, 환경감시에 관한 합리적 방안 등을 마련

④ 지역주민의 관광사업에 관한 교육 프로그램

    ㉠ 지역주민을 대상으로 관광사업, 관광자원, 관광객의 특성 등에 대한 올바른 이해와 인식을 높이는 교육 선행

    ㉡ 지역주민은 공동출자, 공동운영방식으로 사업에 참가할 수 있는 일련의 과정에 관련전문가의 조언이나 관련교육이 필요

    ㉢ 지역의 특성에 맞는 관광사업의 업종을 선택

    ㉣ 지역주민에 대한 교육 프로그램 개발을 위해서는 먼저 공공부문부터 정책적 지원이 필요

⑤ 관광사업을 이끌 지도자 선발 : 지역주민을 대표해서 관광사업을 성공적으로 이끌 지도자를 선발 · 양성하거나 이견이 발생했을 경우 이견을 조정할 수 있는 자율적인 의견조정기구가 필요

⑥ 관광객에 대한 적절한 해설 : 방문자들의 경험의 질을 향상하고, 방문자의 행위를 변경시킴으로써 부정적인 사회문화의 환경적 영향을 방지할 수 있으므로 지속가능한 개발에 공헌할 수 있음

⑦ 관광 사업자용의 교육 · 운영지침 · 매뉴얼 작성 필요

    ㉠ 관광객의 관광경험의 질을 높이는 중요한 요소는 관광사업자 또는 관광안내자의 역할과 능력임

    ㉡ 지속가능한 관광형태에서는 관광안내자의 자질과 역량이 더욱 요구되고 있으므로 이들을 위한 교육이나 운영지침 또는 매뉴얼의 개발이 요구됨

⑧ 전 국민적 인식확산 운동으로 전개

    ㉠ 지속가능한 관광개발은 전 국민적인 인식의 확산이 필요

    ㉡ 지속가능한 관광개발은 현세대뿐만 아니라 차세대에도 가치 있는 자원보전과 혜택을 유지할 수 있음

⑨ 여성의 관광개발 참여활동 유도

    ㉠ 여성의 경제력 획득으로 여성의 지위가 크게 향상되어 관광개발에 적극적으로 동참

    ㉡ 사회현상에 대한 충분한 조사연구, 관광지 운영 및 관리분야에서의 여성의 역할 등을 관광지에 보급

    ㉢ 여성에 대한 지속적인 인력관리가 효과적으로 이루어질 수 있도록 공공부문의 정책이 뒤따라야 함

⑩ 청소년층을 위한 관광프로그램 개발 : 청소년층은 미래의 관광자원을 이용하고 관리할 주체이므로 올바른 인식으로 관광자원을 접할 수 있도록 사회경제적 개발 및 자원관리차원에서 정보를 제공해주는 것이 중요

⑪ 관광분야의 사회적 수용력
  ㉠ 관광객 또는 지역주민의 주관적 인지에 의하여 결정
  ㉡ 이상적인 수용력은 경제적인 효과와 관광객의 만족도를 극대화하고 부정적인 사회적 파급효과와 환경훼손을 최소화하는 것
  ㉢ 국제적인 협력과 연구조사, 그리고 국가 간의 비교연구가 필요
⑫ **경제적 영향평가** : 지속가능한 관광개발의 경제적 영향평가도 깊이 연구해야 할 분야로서, 예를 들어 서해안 갯벌을 간척지화했을 때의 경제적 효과와 생태관광으로 이용했을 때의 경제적 효과를 상호 비교하여 미래의 환경변화에 대해 널리 알릴 수 있음

2 대안관광

(1) 대안관광의 개념

관광자의 대량이동과 활동으로 야기되는 사회환경의 부정적 영향을 최소화하고자 하는 관광의 한 형태를 의미한다.

[고인돌]

(2) 대안관광의 특징

① 지역주민과 제한된 접촉, 장기체재와 생활관찰, 교육·홍보를 통한 관광지의 관심분야에 대한 이해 촉진
② 개별적이며 비교적 먼 지역으로의 소규모 관광형태
③ 소규모 시장과 분산적 공간이용
④ 비수기에도 다양한 관광동기 유발
⑤ 환경적·사회적 수용력에 대한 깊은 관심
⑥ 환경친화적인 사회단체로부터 관광객을 유인하기 위한 선택적 마케팅기법 활용

3 생태관광

(1) 생태관광의 개념

환경을 고려하지 않은 무분별한 관광개발과 과도한 관광활동으로 인한 자연 훼손보다는 보존을 우선하면서 인간의 관광욕구를 충족시킬 수 있는 관광활동이다.

(2) 생태관광의 특징

① 자연자원의 한계에 대한 인식을 통해 자연의 피해를 최소화하는 것으로 자연에 바탕을 둔 관광
② 지역의 자본으로 지역주민이 개발을 주도하고 지역주민을 우선 고용하며, 기존의 지역산업을 우선 고려하는 방식의 관광
③ 인간과 자연의 조화를 이루며 개발에 앞서 자연의 수용능력을 인식하고 그 내에서 적절하게 운용하는 관광

- 생태관광학회(Ecotourism Society) : 환경적 · 자연적 · 대체적 · 책임적 성격의 관광이며, 지역문화, 자연사에 대한 이해를 증진하고, 생태계 보전, 경제적 이익 도모, 보전을 통해 혜택을 가져다 주는 관광형태이다.
- 호주보전협회(Australian Conservation Foundation) : 자연 및 문화환경의 교육과 해설을 포함하며, 생태적으로 지속가능하도록 유지되는 관광이다.
- 세계야생동물기금(World Wildlife Fund) : 야생 동식물 서식지, 문화유산을 감상하고 자원절약형의 자연지향적인 관광을 말한다.
- 국제생태관광협회(Ecotourism International) : 관광 · 문화 · 자연의 불가분성을 강조하면서 동시에 책임있는 관광으로서의 생태관광은 환경에 대한 최소의 영향, 지역사회 주민에 대한 최대의 경제적 혜택, 관광객에 대한 최대의 만족, 지역사회문화에 대한 최소의 영향, 최대의 존중의 요건을 갖추어야 한다.

(3) 생태관광의 필요성

① **관광객의 경험적 측면** : 생태관광은 관광경험의 질적 측면의 중시로 적극적인 도입이 요구된다.

② **환경보전적 측면** : 생태관광 목적 중 가장 중요한 부분은 생태관광지의 환경을 보전하는 일로, 적극적인 개발이 아니라 자연의 재생과 회복기능을 중시하는 소극적인 개발로서 최소한의 환경 파괴만을 용인한다.

③ **생명존중 측면** : 생태관광을 통하여 생명체와 접촉함으로써 동식물을 비롯한 생명체와 생명체 간의 연계관계에 대한 이해를 새롭게 한다.

(4) 우리나라의 생태관광

① 생물다양성의 현지 내 보전을 위한 우리나라의 보호지역은 국립공원을 포함한 자연공원과 생태경관보전지역, 조수보호구역, 천연보호림, 천연보호구역, 습지보호지역 등이 있다.

② 생태경관보전지역은 환경부 지정 9개소 249.196㎢, 시 · 도지사 지정 23개소 37.905㎢가 있다.

③ 선진국에 비해 생태관광에 대한 관심이 부족하여 생태관광에 대한 인식이 확산되지 못한 실정으로, 관광자원개발과 관광수요 촉진, 지역사회에 대한 관심이 요구된다.

④ 생태관광 잠재지역으로는 국립공원, 도립공원 등의 자연공원, 철새도래지, 북부접경지역, 바다새 서식지, 동굴, 호수, 계곡, 도서지역, 해안지역, 습지지역, 상록수림 등이 있다.

⑤ 우리나라의 북부 국경지대에는 생태관광 활성화에 도움을 주는 관광자원이 많다.

⑥ 생태관광은 그 지역의 경제, 사회발전에 기여할 수 있어야 하고, 국민의 여가 수요 충족, 문화적 욕구충족에 도움을 줄 수 있도록 관리되어야 하므로, 생태관광 개발은 경제 · 문화 · 자연보호 · 여가활동 등을 동시에 달성할 수 있도록 해야 한다.

(5) 생태관광의 바람직한 접근방향

① 최근 관광과 환경을 접목시킨 관광이 환경에 대한 관심과 자연 속에서의 여가욕구를 충족하기 위한 수단으로 제시되고 있다.

② 현재 세계 각국은 생태관광에 많은 관심을 가지고 있고 생태관광은 21세기를 주도할 차세대 관광패턴의 하나로 각광받고 있다.

③ 우리나라에서도 예외 없이 이에 대한 관심이 고조되고 있고 이를 지역활성화의 주요 수단으로 활용하고 있으며 그 기대 또한 크다.

④ 선진국의 개발수법을 단순히 모방하거나 세계적 유행 속에 휩쓸려 본질과 거리가 있는 맹목적인 도입으로 인한 시행착오를 겪지 말아야 한다.

⑤ 생태관광의 도입에 관한 문제점 및 바람직한 접근방법 등이 검토되어야 한다.

[생태경관보전지역 지정현황(32개 지역, 287.101㎢)]

환경부 지정 : 9개소, 249.196㎢				
지역명	위 치	면적(㎢)	특 징	지정일자
지리산	전남 구례군 산동면 심원계곡 및 토지면 피아골 일원	20.20	극상원시림 (구상나무 등)	1989.12.29
섬진강 수달서식지	전남 구례군 문척면, 간전면, 토지면 일원	1.834	수달 서식지	2001.12.01
고산봉 붉은박쥐서식지	전남 함평군 대동면 일원	8.78	붉은박쥐 서식지	2002.05.01
동강 유역	강원 영월군 영월읍, 정선군 정선·신동읍, 평창군 미탄면 일원	80.426	• 지형·경관 우수 • 희귀 야생동식물 서식	2002.08.09 (2019.12.23)
왕피천 유역	경북 울진군 서면, 근남면 일원	102.841	• 지형·경관 우수 • 희귀 야생동식물 서식	2005.10.14 (2013.7.17)
소황사구	충남 보령시 웅천읍 소황리, 독산리 일원	0.121	• 해안사구 • 희귀 야생동식물 서식	2005.10.28
하시동·안인사구	강원도 강릉시 강동면 하시동리 일원	0.234	사구의 지형·경관 우수	2008.12.17
운문산	경북 청도군 운문면 일원	26.395	경관 및 수달, 하늘다람쥐, 담비, 산작약 등 멸종위기종 서식	2010.09.09
거금도 적대봉	전남 고흥군 거금도 적대봉 일원	8.365	멸종위기종과 특정야생동식물 서식	2011.01.07

시·도지사 지정 : 23개소, 37.905㎢					
시·도	지역명	위 치	면적 (㎢)	특 징	지정일자 (변경일자)
서 울	한강밤섬	서울 영등포구 여의도동 84-4 및 마포구 당인동 314	0.279	철새도래지, 서식지	1999.08.10
	둔촌동	서울 강동구 둔촌동 211	0.030	도시지역의 자연습지	2000.03.06 (2013.07.04)
	방이동	서울 송파구 방이동 439-2 일대	0.059	도시지역의 습지	2002.04.15 (2005.11.24)
	탄 천	서울 송파구 가락동 및 강남구 수서동	1.151	도심속의 철새도래지	2002.04.15
	진관내동	서울 은평구 진관동 282-1 일대	0.017	도시지역의 자연습지	2002.12.30
	암사동	서울 강동구 624-1 일대	0.270	도시지역의 하천습지	2002.12.30 (2021.12.30)
	고덕동	서울 강동구 고덕동 396 일대 서울 강동구 강일동 661 일대 (고덕수변 생태복원지~하남시계)	0.320	• 다양한 자생종 번성 • 제비, 물총새 등 보 호종을 비롯한 다양 한 조류 서식	2004.10.20 (2007.12.27)
	청계산 원터골	서울 서초구 원지동 산4-15 일대	0.146	갈참나무를 중심으로 낙엽활엽수군집 분포	2004.10.20
	헌인릉	서울 서초구 내곡동 산13-1 일대	0.057	다양한 자생종 번성	2005.11.24
	남 산	서울 중구 예장동 산5-6 일대 서울 용산구 이태원동 산1-5 일대	0.705	• 신갈나무군집 발달 • 남산 소나무림 지역	2006.07.27 (2007.12.27)
	불암산 삼육대	서울 노원구 공릉동 산223-1 일대	0.204	서어나무군집 발달	2006.07.27
	창덕궁 후원	서울 종로구 와룡동 2-71 일대	0.441	갈참나무군집 발달	
	봉 산	서울 은평구 신사동 산93-16	0.073	팥배나무림 군락지	
	인왕산	서울 서대문구 홍제동 산1-1 일대	0.258	기암과 소나무가 잘 어우러지는 수려한 자연경관	2007.12.27
	성내천 하류	서울 송파구 방이동 88-6 일대	0.070	도심속 자연하천	
	관악산	서울 관악구 신림동 산56-2 일대	0.748	회양목군락 자생지	2009.11.26
	백사실 계곡	서울 종로구 부암동 산115-1 일대	0.133	생물다양성 풍부	
울 산	태화강	울산 북구 명촌동 태화강 하류 일원	0.983	철새 등 야생동식물 서식지	2008.12.24
강 원	소한계곡	강원도 삼척시 근덕면 초당리, 하맹방리 일원	0.104	국내 유일 민물김 서식지	2012.10.05

전 남	광양백운산	전남 광양군 옥룡면, 진상면, 다압면	9.74	자연경관수려 및 원시자연림	1993.04.26
경 기	조종천상류 명지산 · 청계산	경기 가평군, 포천군	22.06	희귀곤충상 및 식물상이 다양하고 풍부한 지역	1993.09.01
부 산	석은덤 계곡	부산 기장군 정관면 병산리 산101-1	0.02	희귀야생식물 집단서식	2015.06.10
	장산습지	부산 해운대구 반송동 산51-188	0.037	산지습지로서 희귀야생식물 서식	2017.08.09

※ 출처 : 환경부, 2023년 12월 기준

더 알아보기 슬로시티 16 18 19 21 기출

- 1999년 이탈리아의 파올로 사투르니니(Paolo Saturnini) 전 시장을 비롯한 몇몇 시장들에 의해 처음 시작된 것으로, 자연과 전통문화를 보호하고 조화를 이루면서 속도의 편리함에서 벗어나 느림의 삶을 추구하자는 국제운동이다.
- 아시아 최초로 국제 슬로시티에 가입된 지역
  - 전남 완도군 청산도
  - 전남 신안군 증도
  - 전남 담양군 창평면
- 한국의 슬로시티 지정 현황
  - 전남 신안군 증도
  - 전남 담양군 창평면
  - 충남 예산군 대흥면
  - 경북 상주시 함창읍, 이안면, 공검면
  - 강원도 영월군 김삿갓면
  - 충남 태안군 소원면
  - 경남 김해시 봉하마을, 화포천습지
  - 충남 서천군 한산면
  - 경남 하동군 악양면
  - 전북 전주시 한옥마을
  - 경북 청송군 주왕산면, 파천면
  - 충북 제천시 수산면
  - 경북 영양군 석보면
  - 강원도 춘천시 실레마을
  - 전남 장흥군 유치면, 방촌문화마을
  - 전남 완도군 청산도

※ 출처 : 한국슬로시티본부, 2024년 11월 기준

4 습지보전 활동

(1) 습지의 뜻

① 습지 : 담수, 기수 또는 염수가 영구적 또는 일시적으로 그 표면을 덮고 있는 지역으로 내륙습지와 연안습지를 말한다.

② 내륙습지 : 육지 또는 섬 안에 있는 호수, 못, 늪, 하구(河口) 등의 지역을 말한다.

③ 연안습지 : 만조 시에 수위선과 지면이 접하는 경계선으로부터 간조 시에 수위선과 지면이 접하는 경계선까지의 지역을 말한다.

(2) 람사르협약

① 1971년 2월 2일 이란의 람사르(Ramsar)에서 채택되어 1975년 12월 12일 발효된 정부 간 협약으로 그 정식명칭은 '물새 서식지로서 특히 국제적으로 중요한 습지에 관한 협약'이다.

② 옮겨 다니는 철새를 보호하려는 것에서 출발하여 깨끗한 습지를 만든다는 취지로 확대되었다.

(3) 습지가 되기 위한 조건

① 습지의 위치 : 육상과 수생의 전이지대

② 습지생물의 유지조건 : 습지생물의 생존이 유지될 수 있을 정도로 일시적 또는 영구적으로 물이 고여 있는 곳

③ 수분 조건 : 지하수면이 지표면 가까이 또는 이보다 위에 있는 위치

④ 토양 조건 : 물이 배수되지 않고 포화되어 있는 토양

⑤ 서식생물의 조건 : 습지의 특이한 조건에 적응된 습지만의 독특한 생물의 보유

(4) 습지의 역할

① 물을 지하수층으로 송수

㉠ 물이 습지에서 지하수층으로 이동할 때 녹지 않는 물질 등이 여과되어 생활용수, 농업용수, 공업용수 등으로 직접 이용할 수 있다.

㉡ 연안에서는 지하수층으로 염수의 유입을 막고 있으며, 지하수로 이동된 물은 다시 습지로 유출되어 그 습지를 유지한다.

㉢ 수온이나 수량 및 유량의 변화가 적어 생물의 안정된 생식 환경을 구축한다.

㉣ 건기가 있는 지역에서는 그 시기의 습지(하천)의 유지에 중요한 역할을 한다.

㉤ 수성 생물의 생존이 가능하여 어업자원이나 생물의 다양성을 유지한다.

② 유기물 등을 축적 · 운반

　㉠ 풍부한 영양을 함유한 물은 하류나 연안으로 운반되어 생물들에게 영향을 끼친다.

　㉡ 생물의 다양성은 대부분 유기물의 도움을 받는다.

　㉢ 습지 식물의 성장기에 유기물이 축적된다.

③ 가뭄 물공급과 홍수 억제

　㉠ 남은 물을 비축하는 저수지 역할을 하여 가뭄과 홍수를 완화한다.

　㉡ 습지의 물은 적당한 양으로 유출되고, 나머지는 생활용수나 농업용수, 공업용수로 쓰인다.

④ 영양소 보호 · 유지

　㉠ 식물의 성장기 동안 물이 천천히 흐를 때 습지에 축적되어 습지생물의 생존을 돕는다.

　㉡ 농산물의 성장을 촉진한다.

　㉢ 수질을 개선하고, 호수 등의 부영양화를 억제한다.

　㉣ 소규모 생활 폐수처리에 용이하다.

　㉤ 물이 빠르게 흐를 때는 영양소가 습지로부터 유출되어 하류나 연안의 영양원이 된다.

(5) 습지의 가치

① 습지는 지구상에서 가장 생명력이 풍부한 지역이다. 각종 생물들이 **오염원을 정화**하기 때문에 오염을 줄이고 홍수와 가뭄을 해결하기도 한다.

② 습지는 아름다운 경관을 제공할 뿐 아니라 생명의 고귀함과 중요성을 인식하게 함으로써 정서순화에도 큰 도움이 되기 때문에 **생물의 존재 그 자체가 가치**이다.

③ 풍부하고 다양한 자연환경의 집합으로서, 새로운 영감이 떠오르고 나아가 **창조적인 예술과 문화 형성**이 가능하며, 학술연구 및 학습의 자료로도 매우 중요하다.

④ 자연늪은 독특한 생물상을 구성하므로 다양한 생물군집이 존재한다.

⑤ 동물의 생태계 중 중요한 서식환경, 문화 또는 자연유산으로서의 가치가 충분하다.

⑥ 늪지역의 수초들과 뻘은 수질을 정화하고 오염을 제거해 주는 기능이 있으므로 **경제적 가치**가 매우 높다.

(6) 우리나라의 습지보전지역

① 강원도 철원평야

　㉠ 군사시설 보호구역으로 묶여 있던 곳이라 **철새서식지**로서 주요한 곳이다.

　㉡ 4,332㏊에 달하는 저수지와 농경지, 하천으로 이루어져 있으며, 두루미의 서식지로서 중요하다.

　㉢ 군사시설보호구역 및 천연기념물(철원 철새도래지)로 지정되어 지역의 90% 정도가 특별 관리되고 있으므로 그 오염정도가 심각하지는 않다.

② 창녕 우포늪
    ㉠ 낙동강 하류에 위치한 우포늪은 1억 4천만 년 전에 생성된 것으로 현재에도 우리나라 유일의 원시적인 자연늪의 모습을 가지고 있는 곳이다.
    ㉡ 우포는 자연문화유산으로서 매우 중요한 곳으로, 우포늪은 생태자원과 자연학습장으로 활용될 가능성이 높기 때문에 이를 보전해야 한다는 여론이 높아지고 있다.
    ㉢ 개발과 보존 간의 갈등이 존재하고 있고, 행정 당국 또한 구체적인 정책대안 마련에 소극적인 실정이다.

③ 서해안의 갯벌
    ㉠ 세계 5대 갯벌 중의 하나이지만 습지 파괴 문제가 심각하며, 특히 최근 시화호로 인하여 그 심각성이 부각되고 있다.
    ㉡ 시화호로 인하여 사라진 1천 5백만㏊의 경기만 갯벌은 경기만으로 흘러드는 오·폐수를 정화해주며, 각종 어패류를 길러내고 산란장을 제공하는 등 서해를 풍요롭게 하는 모태였다.
    ㉢ 강화도 자연갯벌은 전 세계적으로 규모와 생태의 보전가치가 큰 자원으로 보고되고 있다.
    ㉣ 새만금간척지는 지역개발과 환경보전의 중요성을 인식하도록 하였다.

④ 주남 저수지
    ㉠ 경상남도 창원군에 있는 세계적인 철새도래지로서 약 50,000마리의 새들이 한겨울을 지낸다.
    ㉡ 수십년 동안 습지 조류들인 오리류들 1,500마리를 비롯하여 천연기념물 고니류(큰고니, 고니, 흑고니), 기러기류(큰기러기, 쇠기러기), 천연기념물 재두루미, 천연기념물 노랑부리저어새가 찾아온다.
    ㉢ 가창오리는 세계에서 제일 큰 시베리아의 바이칼 호수 부근에서 번식을 한 후 주남 저수지까지 날아오는데, 지금은 그 수가 많이 줄었다. 한때 주남에 자리를 잡아 많은 수가 찾아왔지만, 지금은 서해안으로 자리를 옮겼다. 전 세계 10여 만 마리 중 대부분이 우리나라를 찾아 겨울을 난다.
    ㉣ 주남 저수지는 물 깊이가 최고 7m에서 최저 1m이기 때문에 여러 가지 식물들이 자라고 물고기와 곤충들이 살기에 적합한 곳이다.
    ㉤ 현재 주남 저수지 인근에 군인아파트가 건립됨으로써 야생조류에 나쁜 영향을 미치고 있어 대책 마련이 시급한 실정이다.

(7) 습지보호지역 지정현황

우리나라의 습지는 해안습지로서 주요한 강화도 및 아산만, 천수만 등의 서해안과 내륙습지인 주남 저
수지와 우포늪 등 경남 일대의 자연늪, 그리고 바다와 강이 만나 특이한 습지를 형성하는 낙동강 하류
등 그 형태가 다양하다. 특히, 경남 창녕의 우포늪은 자연늪으로서 몇 안 되는 주요 습지 중의 하나이기
도 하다. 그동안 습지에 대한 이해부족으로 철새들이 그 서식처를 빼앗겼으며, 지금도 개발이라는 명목
하에 습지가 줄어들고 있는 실정이다.

[습지보호지역 지정현황(56개 지역, 1,679.425㎢)]

지역명	위 치	면적(㎢)	특 징	지정일자 (람사르등록)
환경부 지정 : 32개소, 137.541㎢				
낙동강하구	부산 사하구 신평, 장림, 다대동 일원 해면 및 강서구 명지동 하단 해면	37.718	철새도래지	1999.08.09
대암산용늪	강원 인제군 서화면 대암산의 큰용늪과 작은용늪 일원	1.360	우리나라 유일의 고층습원	1999.08.09 (1997.03.28)
우포늪	경남 창녕군 대합면, 이방면, 유어면, 대지면 일원	8.652	우리나라 최고(最古)의 원시 자연늪	1999.08.09 (1998.03.02)
무제치늪	울산 울주군 삼동면 조일리 일원	0.184	산지습지	1999.08.09 (2007.12.20)
제주 물영아리오름	제주 서귀포시 남원읍 수망리	0.309	기생화산구	2000.12.05 (2006.10.18)
화엄늪	경남 양산시 하북면 용연리	0.124	산지습지	2002.02.01
두웅습지	충남 태안군 원북면 신두리	0.067	신두리사구의 배후습지, 희귀야생동·식물 서식	2002.11.01 (2007.12.20)
양산 능걸산 산지습지	경남 양산시 원동면 대리 산 92-2일원	0.308	희귀 야생동·식물이 서식하는 산지습지	2004.02.20
담양하천습지	전남 담양군 대전면, 수북면, 황금면, 광주광역시 북구 용강동 일원	0.981	멸종위기 및 보호 야생동·식물이 서식하는 하천습지	2004.07.08
신안 장도산지습지	전남 신안군 흑산면 비리 대장도 일원	0.090	도서지역 최초의 산지습지	2004.08.31 (2005.03.30)
한강하구	경기 고양시 김포대교 남단~강화군 송해면 숭뢰리 사이 하천제방과 철책선 안쪽(수면부 포함)	60.668	자연하구로 생물다양성이 풍부하여 다양한 생태계 발달	2006.04.17 (2021.05.21)
밀양 재약산 사자평 고산습지	경남 밀양시 단장면 구천리 산1	0.587	절경이 뛰어나고 이탄층 발달, 멸종위기종 삵 등 서식	2006.12.28
제주 1100고지	제주 서귀포시 색달동, 중문동 및 제주 제주시 광령리 경계 일원	0.126	산지습지로 멸종위기종 및 희귀야생동식물 서식	2009.10.01 (2009.10.12)

제주 물장오리오름	제주 제주시 봉개동	0.610	산정화구호의 특이지형, 희귀야생동식물 서식	2009.10.01 (2008.10.13)
제주 동백동산습지	제주 제주시 조천읍 선흘리	0.590	생물다양성 풍부, 북·남 방계 식물 공존	2010.11.12 (2011.03.14)
고창 운곡습지	전북 고창군 아산면 운곡리	1.930	생물다양성 풍부, 멸종위기 야생동식물 서식	2011.03.14 (2011.04.07)
상주 공검지	경북 상주시 공검면 양정리	0.264	생물다양성 풍부, 멸종위기 야생동식물 서식	2011.06.29
영월 한반도습지	강원도 영월군 한반도면	2.772	수달, 돌상어, 묵납자루 등 총 8종의 법정 보호종 서식	2012.01.13 (2015.05.13)
정읍 월영습지	전북 정읍시 쌍암동 일원	0.375	생물다양성 풍부하고 구렁이, 말똥가리 등 멸종위기종 6종 서식	2014.07.24
제주 숨은물뱅듸	제주 제주시 애월읍 광령리	1.175	생물다양성 풍부하고 자주땅귀개, 새호리기 등 법정보호종 다수 분포	2015.07.01 (2015.05.13)
순천 동천하구	전남 순천시 교량동, 도사동, 해룡면, 별량면 일원	5.656	국제적으로 중요한 이동 물새 서식지이며, 생물다양성이 풍부하고 멸종위기종 상당수 분포	2015.12.24 (2016.01.20)
섬진강 침실습지	전남 곡성군 곡성읍·고달면·오곡면, 전북 남원시 송동면 섬진강 일원	2.037	수달, 남생이 등 법적보호종 다수분포하고 생물다양성이 풍부	2016.11.07
문경 돌리네	경북 문경시 산북면 우곡리 일원	0.494	멸종위기종이 다수분포하고 국내유일의 돌리네 습지	2017.06.15
김해 화포천	경남 김해시 한림면, 진영읍 일원	1.298	황새 등 법정보호종이 다수분포하고 생물다양성이 풍부	2017.11.23
고창 인천강하구	고창군 아산면, 심원면, 부안면 일원	0.722	생물다양성이 풍부한 열린하구로서 노랑부리백로 등 법적보호종이 다수 서식	2018.10.23
광주광역시 장록	광주광역시 광산구 일원	2.735	생물다양성이 풍부하며, 습지원형이 잘 보전된 도심 내 하천습지	2020.12.08
철원 용양보	강원도 철원군 김화읍 일원	0.519	장기간 보전되어 자연성이 뛰어나며, 다양한 서식 환경을 지녀 생물다양성 풍부	2020.12.08

충주 비내섬	충북 충주시 양성면, 소태면 일원	0.920	자연성 높은 하천경관 보유한 하천습지로 다수 멸종위기종 서식 등 생물다양성 우수	2021.11.30
경남 고성 마동호	경남 고성군 마암면, 거류면 일원	1.079	저어새 등 법정보호종이 다수 분포하고, 생물다양성이 풍부	2022.02.03
순천 와룡산지습지	전남 순천 와룡동 산277번지 일원	0.899	폐경작(廢耕作) 이후 자연적 천이에 의해 습지원형으로 복원된 생물다양성 높은 산지습지	2022.12.30
대전 갑천	대전 서구 정림·월평·도안동, 유성구 원신흥동 일원	0.901	하천퇴적층 발달하여 자연상태의 원시성 유지, 멸종위기종 포함 생물다양성 풍부	2023.06.05
철원 이길리	강원 철원군 이길리 일대	1.391	하천의 자연성 우수하며, 철새 주요 월동지로서 생물다양성 풍부	2023.12.29

해양수산부 지정 : 17개소, 1,533.63㎢				
무안갯벌	전남 무안군 해제면, 현경면 일대	42.0	생물다양성 풍부, 지질학적 보전가치 있음	2001.12.28 (2008.01.14)
진도갯벌	전남 무안군 해제면, 현경면 일대	1.44	수려한 경관 및 생물다양성 풍부, 철새도래지	2002.12.28
순천만갯벌	전남 순천시 별량면, 해룡면, 도사동 일대	28.0	흑두루미 서식·도래 및 수려한 자연경관	2003.12.31 (2006.01.20)
보성·벌교갯벌	전남 보성군 호동리, 장양리, 영등리, 장암리, 대포리 일대	33.92	자연성 우수 및 다양한 수산자원	2003.12.31 (2006.01.20)
옹진 장봉도갯벌	인천 옹진군 장봉리 일대	68.4	희귀철새 도래·서식 및 생물다양성 우수	2003.12.31
부안 줄포만갯벌	전북 부안군 줄포면, 보안면 일원	4.9	자연성 우수 및 도요새 등 희귀철새 도래·서식	2006.12.05 (2010.12.13)
고창갯벌	전북 고창군 부안면(Ⅰ지구), 심원면(Ⅱ지구) 일원	64.66	광활한 면적과 빼어난 경관, 유용수자원의 보고	2007.12.31 (2010.12.13)
서천갯벌	충남 서천군 비인면, 종천면 일원	68.09	검은머리물떼새 서식, 빼어난 자연경관	2008.01.30 (2010.09.09)
신안갯벌	전남 신안군	1,100.86	빼어난 자연경관 및 생물다양성 풍부(염생식물, 저서동물)	2018.09.03 (2011.09.01)
마산만 봉암갯벌	경남 창원시 마산 회원구 봉암동	0.1	도심습지, 희귀·멸종위기 야생동식물 서식	2011.12.16

시흥갯벌	경기 시흥시 장곡동	0.71	내만형 갯벌, 희귀·멸종위기야생동물 서식·도래지역	2012.02.17
대부도갯벌	경기 안산시 단원구 연안갯벌	4.53	멸종위기종인 저어새, 노랑부리백로, 알락꼬리마도요의 서식지이자 생물다양성이 풍부한 갯벌	2017.03.22 (2018.10.25)
화성 매향리갯벌	경기 화성시 우정읍 매향리 주변 갯벌	14.08	칠면초군락 등 염생식물과 대형저서동물 등 생물다양성 풍부한 갯벌	2021.07.20
고흥갯벌	전남 고흥군 여자만 주변지역 갯벌	59.43	멸종위기 철새의 서식지 및 대형저서동물 등 생물다양성 풍부한 갯벌	2022.12.29
사천 광포만	경남 사천시 광포만 주변 갯벌	3.46	넓은 염생식물 군락 및 대형저서동물 등 생물다양성 풍부	2023.10.23
제주 오조리	제주 서귀포시 성산읍 오조리 주변 갯벌	0.24	물수리, 노랑부리저어새 등 멸종위기종 서식지로 생물다양성 풍부	2023.12.21
여수갯벌	전남 여수시 여자만 주변 갯벌	38.81	해양보호생물인 노랑부리백로, 저어새, 흰발농게의 서식지로 생물다양성이 풍부	2024.07.30
시·도지사 지정 : 7개소, 8.254㎢				
대구 달성하천습지	대구 달서구 호림동, 달성군 화원읍	0.178	흑두루미, 재두루미 등 철새도래지, 노랑어리연꽃, 기생초 등 습지식물 발달	2007.05.25
대청호 추동습지	대전 동구 추동 91번지	0.346	수달, 말똥가리, 흰목물떼새, 청딱따구리 등 희귀동물 서식	2008.12.26
송도갯벌	인천 연수구 송도동 일원	6.11	저어새, 검은머리갈매기, 말똥가리, 알락꼬리도요 등 동아시아 철새이동경로	2009.12.31. (2014.07.10)
경포호·가시연습지	강원 강릉시 운정동, 안현동, 초당동, 저동 일원	1.314	동해안 대표 석호, 철새도래지 멸종위기종 가시연 서식	2016.11.15
순포호	강원 강릉시 사천면 산대월리 일원	0.133	멸종위기종 Ⅱ급 순채서식, 철새도래지, 생물다양성 풍부	2016.11.15
쌍 호	강원 양양군 손양면 오산리 일원	0.139	사구위에 형성된 소규모 석호, 동발 서식	2016.11.15

| 가평리습지 | 강원 양양군 손양면 가평리 일원 | 0.034 | 해안충적지에 발달한 담수화된 석호로 꽃창포, 부채붓꽃, 털부처꽃 서식 | 2016.11.15 |

※ 출처 : 환경부(2023년 12월 기준), 해양수산부(2024년 7월 기준)

[람사르습지 등록 현황(26개 지역, 203.189㎢)]

지역명(등록명)	위 치	면적(㎢)	등록일자
대암산용늪	강원 인제군 서화면 심적리 대암산 일원	1.360	1997.03.28
우포늪	경남 창녕군 대합면 · 이방면 · 유어면 · 대지면 일원	8.652	1998.03.02
신안장도 산지습지	전남 신안군 흑산면 비리 장도(섬) 일원	0.090	2005.03.30
순천만 · 보성갯벌	전남 순천시 별량면 · 해룡면 · 도사동 일대, 전남 보성군 벌교읍 해안가 일대	35.500	2006.01.20
제주 물영아리오름	제주 서귀포시 남원읍 수망리 수령산 일대 분화구	0.309	2006.11.18
무제치늪	울산 울주군 삼동면 조일리 정족산 일원	0.184	2007.12.20
두웅습지	충남 태안군 원북면 신두리	0.067	2007.12.20
무안갯벌	전남 무안군 해제면 · 현경면 일대	35.890	2008.01.14
제주 물장오리오름	제주 제주시 봉개동	0.628	2008.10.13
오대산 국립공원 습지	강원 평창군 대관령면 횡계리 일대(소황병산늪, 질뫼늪), 홍천군 내면 명개리 일대(조개동늪)	0.018	2008.10.13
강화 매화마름 군락지	인천 강화군 길상면 초지리	0.003	2008.10.13
제주 1100고지	제주 서귀포시 색달동 · 중문동~제주시 광령리	0.126	2009.10.12
서천갯벌	충남 서천군 서면, 유부도 일대	15.300	2010.09.09
고창 · 부안갯벌	전북 부안군 줄포면 · 보안면, 고창군 부안면 · 심원면 일대	45.500	2010.12.13
제주 동백동산 습지	제주 제주시 조천읍 선흘리	0.590	2011.03.14
고창 운곡습지	전북 고창군 아산면 운곡리	1.797	2011.04.06
증도갯벌	전남 신안군 증도면 증도 및 병풍도 일대	31.300	2011.09.01
한강밤섬	서울 영등포구 여의도동	0.273	2012.06.21
송도갯벌	인천 연수구 송도	6.110	2014.07.10
제주 숨은물뱅듸	제주 제주시 광령리	1.175	2015.05.13
한반도습지	강원 영월군 한반도면	1.915	2015.05.13
순천 동천하구	전남 순천시 도사동, 해룡면, 별량면 일원	5.399	2016.01.20
대부도갯벌	안산 단원구 대부남동 일원	4.530	2018.10.25
고양 장항습지	경기 고양시 신평동, 장항동 일원	5.956	2021.05.21
문경 돌리네 습지	경북 문경시 산북면 우곡리 일원	0.494	2024.02.02
평두메습지	광주 북구 화암동 530 일원	0.023	2024.05.13

※ 출처 : 환경부, 2024년 5월 기준

1 지역개발과 환경보전의 관계

(1) 지역개발과 환경보전의 중요성

① 최근 세계 각국의 환경에 대한 관심이 커지고, 개발을 목적으로 한 자연활용에 자원유한성을 느끼게 되면서 지구의 환경을 더 이상 악화시키지 않고 인류의 쾌적한 생활공간을 가꾸고 지키는 것이 무엇보다도 중요하다는 데 인식을 함께 하고 있다.

② 환경친화적인 지역개발을 달성하기 위해서는 자연환경의 훼손을 수반하는 개발을 지양하고 환경용량이 허용하는 범위 내에서 생태계를 파괴시키지 않고 환경과 조화될 수 있도록 해야 한다.

③ 지역주민의 환경의식이 높아짐에 따라 환경친화적 지역개발에 대한 선호가 높아지고 있으며, 지역개발에 대한 주민 참여도 점차 활발해지고 있다.

④ 자연환경의 훼손을 최소화하고 자연자원이 고갈되지 않는 개발을 달성하며, 개발과정에서 주민참여를 보장하고, 개발에 의하여 얻는 이익을 지역주민들에게 공평하게 분배하고 있다.

⑤ 환경복원을 통한 지역개발과 이미 오염되고 버려진 자연을 되살리려는 노력이 필요하다.

(2) 환경친화적인 지역개발

자연을 과도하게 개발하여 자연자원을 고갈시키거나, 생태계의 자정능력의 한계를 초과한 영향이나 충격을 가하면 환경오염이 심해져 엄청난 결과를 불러온다. 그러므로 지역개발은 다음 사항을 고려하여 균형적으로 이루어져야 한다.

① 자연경관이 수려하거나 생태계 보전이 필요한 지역을 '자연환경 보전을 위한 자연생태계 보전지역'으로 지정하여 철저히 보호와 관리를 해야 한다.

② 환경문제는 모든 경제활동, 인간활동과 연관되어 있기 때문에 관련정책의 협의 조정기능을 강화하고 사전 환경성의 충분한 검토가 필요하다.

③ 지속가능한 도시계획기법의 활용과 환경보전형 농업의 확대 보급, 환경친화적 지역개발, 환경친화적 공단조성과 관리 등 개발과 환경을 조화시킬 수 있는 개발모형을 보급해야 한다.

④ 지방자치단체의 책임과 의무를 강화함으로써 지역이기주의적인 행태를 개선하고 지방자치단체의 환경관리수준을 높여야 한다.

⑤ 여러 환경단체들과 지역주민들의 지속적인 감시체제를 유지해야 한다.

2 환경보전 사례

(1) 미국 텍사스의 베이타운 자연센터 계획

① 베이타운 자연센터의 개요 : 약 55만 평에 이르는 텍사스 주의 베이타운(Baytown) 지역은 오랫동안 변화의 손길을 거부하였지만 자연과 인간의 노력이 결합됨에 따라, 오늘날 브라운우드(Brown wood)지역은 지역사회에 의해 황폐화된 주변지역을 습지와 야생생물 서식지로 복원한 좋은 사례가 되었다.

② 프로젝트의 배경 및 계기 : 태풍 카라(1961년)와 허리케인 알리시아(1983년)가 이 지역을 덮쳐서 모든 것이 황폐화되었다. 그 후 야생생물학자 그레그 크로우치(Greg Crouch)가 이 지역을 환경자원으로 개발하기 위해 정부에 제안 검토를 요청하여 자연환경복원 프로젝트가 시작되었다.

③ 자연보호구역과 생태관광지로 복원 : 이 지역의 자연센터는 수달, 미국 악어, 사슴 등의 서식처가 되었다. 또한 지역사회와 각종 협회, 시민단체들도 자연센터 및 공원 조성에 대한 참여와 지원을 하였다.

④ 시사점 : 환경 복원을 통해 버려진 공간을 새로운 생태공간으로 재창조하여 훌륭한 생태관광지가 됨으로써 지역경제에 이익을 주었다.

(2) 일본의 쿠시로(釧路) 국립공원

① 쿠시로 습지 활동의 개요 : 일본 환경청은 1980년에 람사르협약 가입 이후 쿠시로 습지대를 1987년에 쿠시로 국립공원으로 지정했다. 쿠시로 지역주민들은 관광, 어업, 물새를 포함한 야생동물의 서식지, 문화 활동 및 교육 등의 측면에서 습지대의 가치를 인식하고 관광객들에게 환경교육과 감성교육을 수행함으로써 그 가치가 더욱 높아지게 되었다.

② 복원 활동 : 과학적인 가치들을 인식한 주민들에 의해 습지 보존의 필요성을 강조한 결의안이 채택되어 국립공원으로 지정하였고, 람사르협약에 많은 지역주민의 참여를 유도하여 지역주민이 환경보전을 인식하고 지역사회에 자부심을 갖게 하였다. 또한 습지 보존이 지역경제에도 많은 이익을 가져다 주었다.

③ 시사점 : 쿠시로 습지대가 국립공원으로 지정되고 람사르협약에 의해 보전지구로 지정된 것은 습지 보전에 대한 시민들의 관심과 적극적인 참여 덕이다.

01 현대의 가정생활은 자원에 대한 관리 능력이 필요하다. 다음 중 환경 문제와 밀접한 관련을 맺고 있는 자원은?

① 인적자원
② 물적자원
③ 공공자원
④ 동력자원

해설

환경문제와 밀접한 관련을 맺고 있는 자원은 물적자원이다.

02 가정이 자연자원에 대해 합리적 · 계획적으로 힘을 쏟아야 하는 이유가 아닌 것은?

① 생태계의 파괴
② 자원고갈
③ 자원의 지속성 유지
④ 자원의 무한성

해설

환경문제는 각국의 공동 관심현안이 되었고, 모든 나라의 상호협조와 이해가 있어야 해결할 수 있다. 따라서 가정에서도 자연자원에 대한 합리적이고 계획적인 이용을 통해 자원고갈을 막고 자원의 지속성을 유지하는 데 힘을 쏟아야 할 것이다.

03 자연생태계가 인류에게 주는 혜택이 아닌 것은?

① 생물학적 균형유지
② 공해 정화기능
③ 인적자원 증대
④ 식량생산

해설

자연생태계는 인류에게 생물학적 균형유지, 공해 정화기능, 수자원 공급, 식량생산, 목재 및 연료공급, 토질형성 등 많은 혜택을 주고 있다.

정답 01 ② 02 ④ 03 ③

04 다음 중 관광의 사회 · 문화적 환경이 아닌 것은?

① 전통문화
② 공 간
③ 예 술
④ 민속행사

05 다음 중 관광의 물리적 환경에 대한 설명으로 옳지 않은 것은?

① 전통문화, 예술, 민속행사가 물리적 환경이다.
② 물리적 환경은 관광자에게 주요한 관광매력물이 된다.
③ 관광자원의 요소이다.
④ 환경을 고려하지 않은 관광개발은 관광의 물리적 환경을 훼손한다.

06 관광의 정치적 환경을 위한 각국 정부의 활동 목적으로 가장 적합한 것은?

① 인적자원의 육성
② 산업인력의 확보
③ 가정환경의 감시
④ 관광산업의 지원

07 시류에 따라 지구환경을 보존하면서 인류의 복지를 증진하고자 하는 바람을 서로 조화롭게 발전시켜야 한다는 패러다임은?

① 환경보전의 동시 개발
② 환경적으로 지속가능한 개발
③ 보전과 활용의 조화
④ 생물자원의 보호

정답 04 ② 05 ① 06 ④ 07 ②

08 다음 중 지속가능한 개발의 개념을 처음 정립한 것은?

① 리우선언
② 람사르협약
③ 브룬트란트 보고서
④ 미국여행업협회

해설
지속가능한 개발의 개념을 처음 정립한 것은 1987년 세계환경개발위원회(WCED ; the World Commission on Environment and Development)의 동경선언에서 채택한 '브룬트란트 보고서(Our Common Future)'이다.

09 지속가능한 관광개발의 내용이 아닌 것은?

① 국가의 양질의 관광사업
② 방문객에게 양질의 관광경험 제공
③ 지역사회와 방문객을 위한 양질의 환경 유지
④ 지역사회의 생활의 질 향상

해설
지속가능한 관광개발의 내용
• 지역사회의 생활의 질 향상
• 방문객에게 양질의 관광경험 제공
• 지역사회와 방문객을 위한 양질의 환경 유지

10 유엔환경계획(UNEP)이 제시한 지속가능한 개발의 일반 원칙이 아닌 것은?

① 삶의 질 제고
② 범세계적 환경문제에 대한 국가의 역할 인식과 대응
③ 환경자산의 가치측정과 환경의 수용능력에 대한 연구
④ 차별화된 공동책임을 부담

해설
차별화된 공동책임 부담은 리우선언에 대한 내용이다.

11 지속가능한 관광개발과 관련된 주요 정책방향으로 옳지 않은 것은?

① 개별적인 관광자원 관리 구축
② 의사결정에서 지역주민의 적극적 참여유도
③ 관광사업을 이끌 지도자 선발
④ 체계적이고 과학적인 관리운영계획 수립

해설
지속가능한 관광개발은 관광지의 자연 및 사회환경을 보전하는 하나의 전략으로, 정부, 관광자, 지역주민, 관광사업체, 투자자 등의 입장과 역할을 고려한 통합적인 방법이 요구되고 있다.

정답 08 ③ 09 ① 10 ④ 11 ①

12 다음 중 생태관광의 특징으로 옳은 것은?

① 자연자원의 한계에 대한 인식을 통해 자연의 피해를 최대화하는 것으로 인공에 바탕을 둔 관광이다.
② 지역주민보다 방문객들을 개발에 유도하고 방문객들이 개발을 주도하는 등 방문객을 적극 고려하는 관광이다.
③ 개발에 앞서 자연의 수용능력을 인식하고 그 안에서 적절하게 운용하는 관광이다.
④ 인간과 건물의 조화를 이루는 관광이다.

13 우리나라 유일의 원시적인 자연 습지의 모습을 가지고 있는 곳은?

① 주남 저수지
② 낙동강 하구
③ 우포늪
④ 서해안 갯벌

14 다음 생태관광의 필요성 중 생태관광을 통해 생명체와 접촉함으로써 동식물을 비롯한 생명체와 생명체 간의 연계관계에 대한 이해를 새롭게 한다는 측면은?

① 관광객의 경험적 측면
② 생명존중의 측면
③ 환경보전적 측면
④ 환경친화적 측면

15 생태관광을 '자연 및 문화환경의 교육과 해설을 포함하며, 생태적으로 지속가능하도록 유지되는 관광'으로 정의한 기관은?

① 호주보전협회(Australian Conservation Foundation)
② 생태관광학회(Ecotourism Society)
③ 국제생태관광협회(Ecotourism International)
④ 세계야생동물기금(World Wildlife Fund)

정답 12 ③ 13 ③ 14 ② 15 ①

16 우리나라의 생태관광에 대한 설명으로 바른 것은?

① 생태경관보전지역은 환경부 지정 8개소뿐이다.
② 선진국에 발맞추어 생태관광에 대한 인식이 많이 확산되어 있다.
③ 우리나라의 북부 국경지대보다 남부지대에 생태관광에 필요한 관광자원이 더 많다.
④ 관광자원개발과 관광수요 촉진, 지역사회에 대한 관심이 요망된다.

해설
① 생태경관보전지역은 환경부 지정 9개소와 시·도지사 지정 23개소가 있다.
② 선진국에 비해 생태관광에 대한 관심이 부족하여 생태관광에 대한 인식이 확산되지 못한 실정이다.
③ 우리나라의 북부 국경지대에는 생태관광 활성화에 도움을 주는 관광자원이 많다.

17 다음 중 습지가 되기 위한 조건이 아닌 것은?

① 육상과 수생의 전이지대
② 물이 고여 있지 않은 곳
③ 물이 배수되지 않고 포화되어 있는 토양
④ 지하수면이 지표면 가까이 또는 이보다 위에 있는 위치

해설
습지는 습지생물의 생존이 유지될 수 있을 정도로 일시적 또는 영구적으로 물이 고여 있는 곳이어야 한다.

18 다음 중 습지의 역할이 아닌 것은?

① 물을 모아 지하수층으로 보낸다.
② 유기물 등을 축적·운반한다.
③ 범람 억제와 물공급을 한다.
④ 소규모 생활 폐수의 처리에는 이용할 수 없다.

해설
습지는 소규모 생활 폐수의 처리에도 이용할 수 있다.

19 다음 중 습지의 가치를 가장 바르게 설명한 것은?

① 습지는 지구상에서 가장 생명력이 풍부한 지역이다.
② 습지는 아름다운 경관을 제공하기는 어렵다.
③ 학술연구 및 학습의 자료로는 사용하기 어렵다.
④ 오염을 제거해 주지는 않으므로 경제적 가치가 없다.

해설
습지는 지구상에서 가장 생명력이 풍부한 지역으로, 아름다운 경관을 제공할 뿐만 아니라 오염을 제거하여 경제적 가치가 충분하고, 학술연구 및 학습의 자료로도 가치가 있다.

정답 16 ④ 17 ② 18 ④ 19 ①

많이 보고 많이 겪고 많이 공부하는 것은 배움의 세 기둥이다.

- 벤자민 디즈라엘리 -

5개년
실제 기출문제

01 2020년 실제 기출문제

02 2021년 실제 기출문제

03 2022년 실제 기출문제

04 2023년 실제 기출문제

05 2024년 실제 기출문제

※ 본 내용은 2020년 9월 시행된 관광통역안내사의 실제 기출문제입니다.

01 여행업의 특성이 아닌 것은?

① 고정자본의 투자가 크다.
② 계절성이 강하다.
③ 정치, 경제 등의 변화에 민감하다.
④ 노동집약적이다.

해설

여행업은 고정자본의 투자가 적다. 이 외의 특성으로는 비수기와 성수기 수요변화의 차이가 심하고, 인적 판매 비중이 높다는 점 등이 있다.

02 다음 설명에 해당하는 것은?

- 1945년 쿠바의 아바나에서 결성된 국제항공기구
- 각국의 항공사 대표들로 구성된 비정부조직

① IATA
② ASTA
③ ICAO
④ PATA

해설

② 1931년에 설립된 미국여행업협회이다.
③ 1947년에 설립된 국제민간항공기구이다.
④ 1951년에 설립된 아시아 태평양 지역 관광협회이다.

03 관광진흥법상 관광사업이 아닌 것은?

① 테마파크업
② 관광 체육시설업
③ 관광객 이용시설업
④ 관광 편의시설업

해설

관광사업의 종류로는 여행업, 관광숙박업(호텔업, 휴양콘도미니엄업), 관광객 이용시설업, 국제회의업, 카지노업, 테마파크업, 관광편의시설업이 있다.
※ 2025년 8월 시행되는 「관광진흥법」에 맞추어 기존유원시설업의 명칭을 테마파크업으로 변경하여 수록하였습니다.

04 여행업의 주요 업무가 아닌 것은?

① 수배업무   ② 정산업무
③ 여정관리업무   ④ 환전업무

해설

환전업무는 여행업의 주요 업무가 아니다. ① · ② · ③ 외의 특성으로는 수속대행업무, 상담업무 등이 있다.

05 저비용항공사(LCC)의 일반적인 특징이 아닌 것은?

① 좌석클래스의 단일화
② 조직의 단순화
③ 지점 간 노선(Point to Point)의 운항
④ 대형여객기 중심의 운항

해설

중 · 소형여객기를 중심으로 하여 운항한다. ① · ② · ③ 외의 특징으로는 기내서비스의 대폭감소, 물이나 음료의 기내판매 등이 있다.

실제 기출

06 아시아나 항공이 가입하고 있는 1997년 설립된 항공 동맹체는?

① 원 월드(One World)
② 스카이 팀(Sky Team)
③ 스타 얼라이언스(Star Aliance)
④ 유플라이 얼라이언스(U-Fly Aliance)

해설

스카이 팀(Sky Team)에는 대한항공이, 유플라이 얼라이언스(U-Fly Aliance)에는 이스타항공이 속한다.

07 IATA 기준 항공사와 코드의 연결이 옳지 않은 것은?

① AIR BUSAN - BX
② JIN AIR - LJ
③ TWAY AIR - TW
④ JEJU AIR - JL

해설

제주항공의 코드는 7C이다.

08 석식이 포함된 호텔 요금제도를 모두 고른 것은?

ㄱ. European Plan
ㄴ. Full America Plan
ㄷ. Modified American Plan
ㄹ. Continental Plan

① ㄱ, ㄴ   ② ㄱ, ㄹ
③ ㄴ, ㄷ   ④ ㄷ, ㄹ

해설

ㄱ. 유럽식 플랜(European Plan)은 객실요금에 식사요금이 포함되지 않는다.
ㄹ. 콘티넨탈식 플랜(Continental Plan)은 객실요금에 조식만 포함한다.

09 다음 설명에 해당하는 카지노 게임은?

휠(Wheel) 안에 볼(Ball)이 회전하다 포켓(Pocket) 안에 들어간 번호가 위닝넘버(Winning Number)가 되는 게임

① 빅 휠
② 바카라
③ 다이 사이
④ 룰 렛

해설

① 휠이 멈추었을 때 휠 위의 가죽띠가 멈출 곳을 예측하여 고객이 맞히면 이기는 게임
② Banker와 Player 중 카드 합이 9에 가까운 쪽이 승리하는 게임
③ 베팅한 숫자 혹은 숫자의 조합이 셰이커(주사위 용기)에 있는 세 개의 주사위와 일치하면 배당률에 의해 배당금이 지급되는 게임

10 다음에서 설명하는 회의는?

청중이 모인 가운데 2~8명의 연사가 사회자의 주도하에 서로 다른 분야에서의 전문가적 견해를 발표하는 공개 토론회로 청중도 자신의 의견을 발표할 수 있다.

① 포 럼
② 워크숍
③ 패널토의
④ 세미나

해설

① 한 주제에 대해 상반된 견해를 가진 동일 분야의 전문가들이 사회자의 주도하에 청중 앞에서 벌이는 공개 토론회
② 문제해결능력의 일환으로서 참여를 강조하고 30~35명 정도의 인원이 특정 문제나 과제에 관해 새로운 지식·기술·아이디어 등을 교환하는 회의
④ 대개 30명 이하의 규모로 주로 교육목적을 띤 회의

11 관광진흥법령상 2020년 현재 호텔업의 등급 체계는?

① 무궁화 등급

② 별 등급

③ 다이아몬드 등급

④ ABC 등급

관광숙박업 중 호텔업의 등급은 5성급 · 4성급 · 3성급 · 2성급 및 1성급으로 구분한다(관광진흥법 시행령 제22조 제2항).

12 휴양 콘도미니엄 소유형태에 관한 설명으로 옳지 않은 것은?

① 소유권은 양도가 가능하다.

② 공유제는 평생소유가 가능하다.

③ 회원제와 공유제 모두 취득세 대상이다.

④ 시설 이용권은 양수가 불가능하다.

휴양 콘도미니엄업은 관광사업에 해당하기 때문에 시설 이용권은 양수가 가능하다(관광진흥법 제8조 관광사업의 양수 등 참조).

13 국제슬로시티연맹에 가입된 한국의 슬로시티가 아닌 곳은?

① 담양군 창평면

② 완도군 청산도

③ 제주도 성산일출봉

④ 전주시 한옥마을

① · ② · ④ 이 외에도 신안군 증도, 예산군 대흥면 등이 있다.

14 다음에서 설명하는 국제관광기구는?

> 1951년에 설립한 관민(官民) 합동기구로 관광진흥활동, 지역발전 도모 등을 목적으로 하는 국제관광기구이며, 우리나라는 1963년에 가입하여 활동하고 있다.

① APEC

② PATA

③ EATA

④ OECD

① 1989년 설립한 아시아태평양경제협력체이며, 아시아 및 태평양 연안 국가들의 원활한 정책대화와 협의를 목적으로 한다.

③ 1966년에 설립한 동아시아관광협회이며, 동아시아 지역의 관광진흥개발을 목적으로 한다.

④ 1961년에 설립한 경제협력개발기구로, 관광산업의 조사 연구 및 관광통계작업 등을 한다.

15 다음의 사업을 모두 수행하는 조직은?

> • 외국인의 관광객 유치를 위한 국제관광 진흥사업
> • 취약계층의 관광지원을 위한 국민관광 진흥사업

① 한국관광협회중앙회

② 한국문화관광연구원

③ 한국관광공사

④ 유네스코 문화유산기구

① 우리나라 관광업계를 대표하여 업계의 전반적인 의견 종합 및 조정을 수행한다.

② 문화 · 관광 분야의 정책 개발 및 연구와 실태 조사를 수행한다.

16 우리나라와 시차가 가장 많이 나는 곳은?

① 영국 – 런던
② 미국 – 로스앤젤레스
③ 호주 – 시드니
④ 태국 – 방콕

해설

② 17시간, ① 9시간, ③ · ④ 2시간

17 관광의 구조 중 관광매체에 관한 설명으로 옳지 않은 것은?

① 관광객과 관광욕구를 충족시켜 주는 관광 대상을 결합시키는 역할을 한다.
② 철도, 비행기와 같은 교통수단, 도로, 수송시설은 공간적 매체에 해당한다.
③ 기능적 매체로 관광호텔과 같은 숙박, 휴게시설, 유흥 · 오락시설, 쇼핑시설이 있다.
④ 관광대상을 개발하고 관리하는 정부와 같은 공적기관의 역할 또한 관광매체에 포함한다.

해설

숙박, 휴게시설 등은 시간적 매체이다. 기능적 매체로는 관광가이드, 여행알선업자 등이 있다.

18 한국 관광역사에 관한 설명으로 옳은 것은?

① 고려 시대에는 역(驛), 여사(旅舍), 원(院) 등이 설치되어 지역 간 원활한 교류가 이루어졌다.
② 우리나라 최초의 호텔은 서울의 근대식 호텔로 지어진 대불호텔이다.
③ 서울 영업소를 차리고 영업을 개시한 우리나라 최초의 민간항공사는 일본 항공사이다.
④ 1962년 국제관광공사가 설립되어 해외 선전과 외래 관광객 유치를 수행하였다.

해설

① 역(驛), 여사(旅舍), 원(院) 등은 조선시대에 설치되었다.
② 우리나라 최초의 호텔은 인천의 대불호텔로, 서양식 호텔이다.
③ 우리나라 최초의 민간항공사는 대한항공이다.

19 관광관련 행정조직과 관련 업무 연결로 옳지 않은 것은?

① 문화체육관광부 – 여권발급
② 외교부 – 사증(Visa) 면제협정의 체결
③ 보건복지부 – 관광업소의 위생관리
④ 환경부 – 국립공원의 지정

해설

여권발급을 담당하는 우리나라의 관광관련 행정조직은 외교부이다. 문화체육관광부는 관광진흥장기발전계획 및 연차별 계획의 수립, 관광관련법규의 연구 및 정비 등의 업무를 수행한다.

20 세계관광기구(UNWTO)에서 국제관광객 통계를 위해 관광자로 분류되는 자는?

① 외교관

② 군 인

③ 영구적 이주자

④ 항공사 승무원

해설
④ 외에도 비거주자, 해외교포가 있다.

21 관광의 사회적 효과로 옳은 것을 모두 고른 것은?

> ㄱ. 지역 경제개발의 촉진
> ㄴ. 교육적 효과
> ㄷ. 국민의식 수준 제고
> ㄹ. 국제수지 개선

① ㄱ, ㄴ

② ㄴ, ㄷ

③ ㄴ, ㄹ

④ ㄷ, ㄹ

해설
ㄱ · ㄹ. 관광의 경제적 효과에 해당한다.

22 국립공원으로만 묶은 것은?

① 다도해해상 – 두륜산

② 경주 – 한려해상

③ 설악산 – 경포

④ 태안해안 – 칠갑산

해설
두륜산 · 경포 · 칠갑산은 도립공원에 해당한다.

23 관광특구에 관한 설명으로 옳지 않은 것은?

① 관광특구는 시 · 도지사가 신청하고, 문화 체육관광부장관이 지정한다.

② 관광특구는 외국인 관광객의 유치 촉진을 위하여 지정한다.

③ 관광특구는 야간 영업시간 제한을 배제하여 운영할 수 있게 한다.

④ 관광특구로 처음으로 지정된 곳은 제주도, 경주시, 설악산, 유성, 해운대 5곳이다.

해설
관광특구는 시장 · 군수 · 구청장의 신청에 따라 시 · 도지사가 지정한다(관광진흥법 제70조 제1항).

실제 기출

24 관광마케팅믹스의 구성요소와 그 내용의 연결이 옳은 것은?

① 촉진(Promotion) – 관광종사원

② 유통(Place) – 호텔시설

③ 상품(Product) – 항공비용

④ 사람(People) – 관광업체 경영자

해설

① Promotion : 광고, 판매촉진

② Place : 여행 도매업자, 정부, 협회

③ Product : 교통, 관광지, 관광자원

25 다음 설명이 의미하는 것은?

전쟁과 학살 등 비극적 역사의 현장이나 엄청난 재난이 일어난 곳을 돌아보며 교훈을 얻기 위하여 떠나는 여행

① Green Tourism

② Mass Tourism

③ Eco Tourism

④ Dark Tourism

해설

① 녹색관광이라고 부르며, 농촌 지역의 자연, 문화, 생활, 산업 등을 체험하는 관광이다.

② 대중관광이라고 부르며, 대중이 참여하는 대규모의 관광이다.

③ 생태관광이라고 부르며, 생태계 훼손을 최소화하면서 자연을 체험하는 관광이다.

02 2021년 실제 기출문제

※ 본 내용은 2021년 9월 시행된 관광통역안내사의 실제 기출문제입니다.

01 관광의 경제적 효과가 아닌 것은?

① 국제무역수지 개선
② 국제친선 및 평화 증진
③ 고용창출 효과
④ 조세수입 증가

해설

국제친선 및 평화 증진은 관광의 사회적 효과에 해당한다.

02 관광의 일반적 특성이 아닌 것은?

① 관광 후 주거지로 복귀
② 관광지에서 여가활동
③ 일상 생활권의 탈출
④ 구직을 목적으로 방문

해설

관광이란 사람이 다시 돌아올 예정으로 일상의 생활권을 떠나 타국이나 타지역의 풍물, 제도, 문물 등을 관찰하여 견물을 넓히고 자연 풍경 등을 감상·유람할 목적으로 여행하는 것이다.

03 관광의사결정에 영향을 미치는 개인적 요인이 아닌 것은?

① 동 기　　　　② 학 습
③ 지 각　　　　④ 준거집단

해설

관광의사결정에 영향을 미치는 요인
• 개인적 요인 : 학습, 성격, 태도, 동기, 지각
• 사회적 요인 : 가족, 문화, 사회계층, 준거집단

04 서양 중세시대 관광에 관한 설명으로 옳지 않은 것은?

① 십자군 전쟁에 의한 동·서양 교류가 확대되었다.
② 순례자의 종교관광이 주를 이루었으며 숙박시설은 주로 수도원이었다.
③ 동방의 비잔틴문화와 회교문화가 유럽인의 견문에 자극을 주었다.
④ 각 지역의 포도주를 마시며 식사를 즐기는 식도락가인 가스트로노미아(Gastronomia)가 처음 나타났다.

해설

가스트로노미아는 고대 로마 시대에 처음 나타났다.

05 연대별 관광정책으로 옳은 것을 모두 고른 것은?

> ㄱ. 1960년대 – 현 한국관광공사의 전신인 국제관광공사 설립
> ㄴ. 1970년대 – 관광사업진흥법 제정
> ㄷ. 1980년대 – 관광진흥개발기금법 제정
> ㄹ. 1990년대 – 관광업무 담당부처가 교통부에서 문화체육부로 이관

① ㄱ, ㄴ　　　　② ㄱ, ㄹ
③ ㄴ, ㄷ　　　　④ ㄷ, ㄹ

해설

ㄴ. 1960년대 : 관광사업진흥법 제정 및 공포
ㄷ. 1970년대 : 관광진흥개발기금법 제정 및 공포

06 중앙정부 행정부처와 관련 업무의 연결로 옳은 것을 모두 고른 것은?

> ㄱ. 문화체육관광부 – 여권발급
> ㄴ. 외교부 – 사증(Visa) 면제협정의 체결
> ㄷ. 법무부 – 여행자의 출입국관리
> ㄹ. 농림축산식품부 – 국립공원

① ㄱ, ㄴ   ② ㄱ, ㄹ
③ ㄴ, ㄷ   ④ ㄷ, ㄹ

> **해설**
>
> ㄱ. 외교부 : 여권발급
> ㄹ. 환경부 : 국립공원 지정

07 국민관광에 관한 설명으로 옳지 않은 것은?

① 의료관광 활성화를 주요 목표로 한다.
② 1977년에 전국 36개소 국민관광지를 지정했다.
③ 노약자와 장애인 등 취약계층을 지원한다.
④ 내국인의 국내 · 외 관광을 의미한다.

> **해설**
>
> 국민관광의 목적은 재노동 의욕 고취와 국민복지 증대이다.

08 관광관련 국제기구의 연결로 옳은 것은?

① WTTC – 세계여행관광협의회
② ASTA – 아시아여행업협회
③ PATA – 미주여행업협회
④ ICAO – 태평양아시아관광협회

> **해설**
>
> ② ASTA : 미국여행업협회
> ③ PATA : 아시아태평양관광협회
> ④ ICAO : 국제민간항공기구

09 우리나라 인바운드(Inbound) 관광수요에 부정적 영향을 미치는 요인이 아닌 것은?

① 전쟁 및 테러
② 신종 전염병
③ 주변 국가와의 외교적 갈등 고조
④ 미국 달러가치 상승

> **해설**
>
> 미국 달러가치 상승은 우리나라 인바운드 관광수요에 긍정적 영향을 미친다.

10 세계관광기구(UNWTO)의 분류상 국제관광객에 포함되지 않는 자는?

① 승무원
② 주둔 군인
③ 해외 교포
④ 스포츠 참가자

> **해설**
>
> 주둔 군인은 비관광객에 해당한다.

11 다음 ( )에 들어갈 내용은?

> '관광특구'는 특별자치도를 제외한 시장, 군수, 구청장의 신청으로 (ㄱ)이(가) 지정하고, 관광특구 전체 면적 중 관광활동과 직접적인 관련성이 없는 토지가 차지하는 비율이 (ㄴ)일 것을 조건으로 하고 있다.

	ㄱ	ㄴ
①	시 · 도지사	10퍼센트
②	문화체육관광부장관	10퍼센트
③	시 · 도지사	20퍼센트
④	문화체육관광부장관	20퍼센트

해설

관광특구는 특별자치시 및 특별자치도를 제외한 시장 · 군수 · 구청장의 신청으로 시 · 도지사가 지정하고(관광진흥법 제70조 제1항), 관광특구 전체 면적 중 관광활동과 직접적인 관련성이 없는 토지의 비율이 10퍼센트를 초과하지 아니할 것(관광진흥법 시행령 제58조)을 조건으로 하고 있다.

12 매슬로(A. H. Maslow)의 욕구계층 이론의 단계로 옳은 것은?

> ㄱ. 생리적 욕구
> ㄴ. 사회적 욕구
> ㄷ. 안전의 욕구
> ㄹ. 존경의 욕구
> ㅁ. 자아실현의 욕구

① ㄱ → ㄴ → ㄹ → ㄷ → ㅁ
② ㄱ → ㄷ → ㄴ → ㄹ → ㅁ
③ ㄴ → ㄷ → ㄹ → ㅁ → ㄱ
④ ㄷ → ㄱ → ㄴ → ㅁ → ㄹ

해설

매슬로(A. H. Maslow)의 욕구 단계
• 제1단계 : 생리적 욕구
• 제2단계 : 안전의 욕구
• 제3단계 : 소속과 애정의 욕구(사회적 욕구)
• 제4단계 : 존경의 욕구
• 제5단계 : 자아실현의 욕구

13 2021년 9월 현재, 출국 시 내국인의 면세물품 총 구매한도액은?

① 미화 3,000달러
② 미화 4,000달러
③ 미화 5,000달러
④ 미화 6,000달러

해설

출제 당시 정답은 ③이었으나, 2022년 3월 18일 법령이 개정되어 구매한도액이 없으므로 현재 답은 없다.

14 우리나라 최초의 외국인전용 카지노는?

① 호텔인터불고대구 카지노
② 인천 올림포스호텔 카지노
③ 파라다이스롯데제주 카지노
④ 알펜시아 카지노

> **해설**
>
> 우리나라 최초의 카지노는 1967년 개설한 인천 올림포스호텔 카지노로, 외국인 전용으로 허가를 받았다.

15 아시아 최초로 국제 슬로시티에 가입된 지역이 아닌 곳은?

① 신안 증도면
② 완도 청산면
③ 하동 악양면
④ 담양 창평면

> **해설**
>
> 신안 · 완도 · 담양은 2007년 아시아 최초로 국제 슬로시티에 가입되었다. 하동은 2009년 국제 슬로시티에 가입되었다.

16 외교부에서 해외여행을 하는 자국민에게 제시하는 여행경보제도의 단계별 내용으로 옳은 것은?

① 남색 – 여행자제
② 황색 – 여행주의
③ 적색 – 철수명령
④ 흑색 – 여행금지

> **해설**
>
> 여행경보제도 단계
> • 1단계(남색경보) : 여행유의
> • 2단계(황색경보) : 여행자제
> • 3단계(적색경보) : 철수권고
> • 4단계(흑색경보) : 여행금지

17 다음의 국제회의 기준을 제시한 국제회의기구는?

> 국제단체 또는 국제기구의 국내지부가 주최하는 회의로서, 참가국 5개국 이상, 참가자수 300명 이상(외국인 40% 이상), 회의 기간 3일 이상의 조건을 만족하는 회의이다.

① UIA
② AACVB
③ ICCA
④ KTO

> **해설**
>
> UIA(Union of International Associations, 국제회의연합)에서 제시한 국제회의의 조건이다.

18 다음이 설명하는 요금 지불 방식은?

> • 객실요금에 아침, 점심, 저녁 1일 3식 포함
> • Full Pension이라고도 함

① European Plan
② Continental Plan
③ American Plan
④ Modified American Plan

> **해설**
>
> ① 객실요금과 식사요금을 분리하여 별도로 계산하는 방식
> ② 객실요금에 조식만 포함되어 있는 방식
> ④ 객실요금에 1일 2식(아침, 저녁)을 포함하는 방식

19 국제회의 시설과 지역의 연결이 옳은 것은?

① KINTEX – 대구

② EXCO – 고양

③ BEXCO – 부산

④ DCC – 창원

해설
① KINTEX : 일산
② EXCO : 대구
④ DCC : 대전

20 우리나라 면세점에 관한 설명으로 옳지 않은 것은?

① 문화체육관광부장관이 허가한 특허성 사업이다.

② 외국인의 면세물품 구매한도액은 제한이 없다.

③ 면세물품은 반입 · 반출에 엄격한 통제를 받는다.

④ 입국 내 · 외국인의 면세범위는 미화 600 달러까지이다.

해설
① 면세점은 관세청의 특허를 받아야 한다.
④ 입국 내 · 외국인의 면세범위는 미화 800달러이다.
※ 출제 당시 정답은 ①이었으나, 2022년 9월 6일 법령이 개정되어 현재 ④도 정답에 해당한다.

21 다음이 설명하는 회의는?

> 한 가지 주제에 대하여 상반된 동일 분야의 전문가들이 청중 앞에서 공개토론하는 형식으로서 청중들의 참여가 활발하다. 쌍방의 의견이나 토론 내용 요약 시 사회자가 중립적 역할을 한다.

① Seminar

② Forum

③ Panel

④ Congress

해설
① 보통 30명 이하의 규모로, 주로 교육적인 목적을 띠는 회의로서 전문가의 주도하에 특정 분야에 대한 각자의 지식이나 경험을 발표 · 토의한다.
③ 청중이 모인 가운데 2~8명의 연사가 사회자의 주도하에 서로 다른 분야에서의 전문가적 견해를 발표하는 공개 토론회로 청중도 자신의 의견을 발표할 수 있다.
④ 국제규모의 회의로, 유럽지역에서 자주 사용된다.

22 IATA(국제항공운송협회)가 부여한 항공사와 코드의 연결이 옳지 않은 것은?

① KOREAN AIR – KE

② ASIANA AIRLINES – OZ

③ JEJU AIR – 7C

④ JIN AIR – BX

해설
JIN AIR의 IATA 기준 코드는 LJ이다.

23 다음이 설명하는 것은?

> • 내국인의 국내여행
> • 국내거주 외국인의 국내여행

① Intrabound
② Internal Tourism
③ National Tourism
④ Interline Tour

해설
Intra와 Bound를 결합한 것으로, 내국인의 국내여행을 말한다.

24 다음의 연결이 옳지 않은 것은?

① 트윈룸(Twin Room) – 싱글 베드 2개
② 더블룸(Double Room) – 2인용 베드 1개
③ 커넥팅룸(Connecting Room) – 정비가 필요한 방
④ 블로킹룸(Blocking Room) – 예약된 방

해설
커넥팅룸(Connecting Room)은 객실 2개가 연결되어 내부의 문을 이용하여 상호 왕래가 가능한 형태의 객실이다.

25 관광마케팅 믹스의 구성요소와 그 내용의 연결이 옳지 않은 것은?

① 상품(Product) – 항공 기내좌석 및 승무원 서비스
② 가격(Price) – 항공료
③ 유통(Place) – 항공 기내식
④ 촉진(Promotion) – TV 또는 SNS광고

해설
유통(Place)은 여행 도매업자, 정부, 협회 등이 해당한다. 항공 기내식은 상품(Product)이다.

23 ① 24 ③ 25 ③ 정답

03 2022년 실제 기출문제

※ 본 내용은 2022년 9월 시행된 관광통역안내사의 실제 기출문제입니다.

01 관광객이 관광지의 수용력을 초과 방문하여 발생하는 관광현상으로 옳은 것은?

① Over Tourism
② Alternative Tourism
③ Sustainable Tourism
④ Local Tourism

해설

Over Tourism은 관광객이 관광지의 수용력을 넘어설 만큼 방문하여 환경·사회적으로 문제가 발생하는 현상을 말한다. 과잉관광이라고도 부른다.

02 근대시대의 유럽에서 '교육적 효과'를 궁극적인 목표로 삼았던 관광에 해당하는 것은?

① Grand Tour
② Mass Tourism
③ City Tourism
④ Night Tourism

해설

Grand Tour

17세기 중반부터 19세기 초반까지 유럽의 상류층 자제들이 지식과 견문을 넓히기 위하여 유럽의 여러 나라를 순방하는 것을 Grand Tour(교양관광)라고 부른다.

03 세계관광기구(UNWTO)가 규정한 관광객 중 관광통계에 포함되지 않는 것은?

① 해외교포
② 승무원
③ 당일방문객
④ 국경통과자

해설

세계관광기구(UNWTO)의 비관광객
국경통근자, 유목민, 군인, 외교관, 일시적·영구적 이주자 등

04 관광의 발전단계와 핵심 관광동기의 연결로 옳지 않은 것은?

① Tour시대 – 종교 동기
② Tourism시대 – 지식 동기
③ Mass Tourism시대 – 위락 동기
④ New Tourism시대 – 과시 동기

해설

④ New Tourism시대는 관광의 생활화 동기이다.

05 현재 우리나라의 관광사업자단체에 해당하지 않는 것은?

① 한국관광펜션업협회
② 한국관광안내사협회
③ 한국호텔업협회
④ 한국여행업협회

> **해설**
>
> 관광사업자단체(관광협회)
> • 업종별 협회 : 한국호텔업협회, 한국여행업협회, 한국 MICE협회, 한국카지노업관광협회, 한국테마파크협회, 한국외국인관광시설협회, 한국관광펜션업협회, 한국관광유람선업협회, 대한캠핑장협회, 한국PCO협회, 한국휴양콘도미니엄경영협회
> • 지역관광협회(시 · 도 단위) : 서울특별시, 부산광역시, 대구광역시, 인천광역시, 광주광역시, 대전광역시, 울산광역시, 세종특별자치시, 경기도, 강원특별자치도, 충청북도, 충청남도, 전라북도, 전라남도, 경상북도, 경상남도, 제주특별자치도관광협회

06 건전한 국민관광의 발전을 도모하기 위해 최초로 시행된 관광관련 법률은?

① 관광사업법
② 관광진흥법
③ 관광기본법
④ 국민관광육성법

> **해설**
>
> 관광기본법(1975년 제정)
> 이 법은 관광진흥의 방향과 시책의 기본을 규정함으로써 국제친선의 증진과 국민경제의 향상을 기하고 건전한 국민관광의 발전을 도모함을 목적으로 한다(「관광기본법」 제1조).
> ① 1976년 시행되었으며 1987년 관광진흥법으로 제명을 변경 후 폐지되었다.
> ② 1987년 제정되었다.
> ④ 없는 법령이다.

07 문화체육관광부가 국민관광 활성화를 위해 추진한 관광상품 개발 사업에 해당하지 않는 것은?

① 한국관광의 별
② 한국관광 100선
③ 따로 함께 걷는 대한민국
④ 코리아순례길

> **해설**
>
> 문화체육관광부가 추진한 관광상품은 코리아순례길이 아니라 '코리아둘레길'이다. 코리아둘레길은 동 · 서 · 남해안 및 DMZ 접경지역 등 우리나라 외곽을 하나로 이은 약 4,500㎞의 걷기여행길이다.

08 다음 국민관광정책들이 시행되었던 시기 순으로 옳게 나열한 것은?

> ㄱ. 관광진흥법 제정
> ㄴ. 지리산 국립공원 지정
> ㄷ. 대전엑스포 개최
> ㄹ. 해외여행 자유화 실시

① ㄱ - ㄴ - ㄷ - ㄹ
② ㄴ - ㄱ - ㄹ - ㄷ
③ ㄷ - ㄹ - ㄱ - ㄴ
④ ㄹ - ㄷ - ㄱ - ㄴ

> **해설**
>
> ㄴ. 1967년
> ㄱ. 1987년
> ㄹ. 1989년
> ㄷ. 1993년

09 주요 항공사와 IATA코드 연결로 옳은 것을 모두 고른 것은?

> ㄱ. 일본항공 – JL
> ㄴ. 베트남항공 – VN
> ㄷ. 필리핀항공 – FL
> ㄹ. 대한항공 – KE

① ㄱ, ㄴ, ㄷ
② ㄱ, ㄴ, ㄹ
③ ㄱ, ㄷ, ㄹ
④ ㄴ, ㄷ, ㄹ

해설

필리핀항공의 IATA 코드는 PR이다.

10 국제관광기구의 약자와 명칭의 연결로 옳은 것을 모두 고른 것은?

> ㄱ. PATA – 아시아 · 태평양관광협회
> ㄴ. ASTA – 호주여행업협회
> ㄷ. ICCA – 국제회의협회
> ㄹ. APEC – 아시아 · 태평양관광협력기구

① ㄱ, ㄴ
② ㄱ, ㄷ
③ ㄴ, ㄷ
④ ㄴ, ㄹ

해설

ㄴ. ASTA는 미국여행업협회이다.
ㄹ. APEC은 아시아 · 태평양경제협력체이다.

11 다음 관광 형태에 관한 설명으로 옳은 것은?

> 미국인 Smith가 미국에서 출발하여 일본과 우리나라를 관광한 후 미국으로 귀국하는 것

① 국내관광(Domestic Tourism)
② 국외관광(Outbound Tourism)
③ 국제관광(International Tourism)
④ 국민관광(National Tourism)

해설

국제관광(International Tourism)
국외관광(Outbound Tourism, 자국민이 타국에서 관광) + 외래관광(Inbound Tourism, 외국인이 자국 내에서 관광) + 외국인관광(Overseas Tourism, 외국인이 외국에서 관광)

12 관광개발의 섹터에 따른 관광개발 주체의 연결로 옳지 않은 것은?

① 제1섹터방식 – 관광개발기업 주도
② 제2섹터방식 – 민간 주도
③ 제3섹터방식 – 공공 + 민간 주도
④ 혼합섹터방식 – 공공 + 민간 + 지역센터 주도

해설

① 제1섹터방식 : 공공 주도

13 문화체육관광부에서 2020년에 선정한 '지역관광거점도시'에 해당하지 않는 곳은?

① 강원도 강릉시
② 전라남도 목포시
③ 경상북도 경주시
④ 전라북도 전주시

해설

2020년 국제 관광도시는 부산광역시이며, 지역관광거점도시는 전라남도 목포시, 전라북도 전주시, 강원도 강릉시, 경상북도 안동시가 있다.

14 관광진흥법상 카지노가 허가되는 시설로 옳은 것은?

① 국제회의업 시설의 부대시설
② 국내를 왕래하는 여객선
③ 휴양콘도미니엄
④ 가족호텔

해설

카지노업의 허가 요건(관광진흥법 제21조 제1항)
문화체육관광부장관은 카지노업의 허가신청을 받으면 다음의 어느 하나에 해당하는 경우에만 허가할 수 있다.
• 국제공항이나 국제여객선터미널이 있는 특별시·광역시·특별자치시·도·특별자치도(이하 "시·도"라 한다)에 있거나 관광특구에 있는 관광숙박업 중 호텔업 시설(관광숙박업의 등급 중 최상 등급을 받은 시설만 해당하며, 시·도에 최상 등급의 시설이 없는 경우에는 그 다음 등급의 시설만 해당한다) 또는 대통령령으로 정하는 국제회의업 시설의 부대시설에서 카지노업을 하려는 경우로서 대통령령으로 정하는 요건에 맞는 경우

15 다음 설명에 해당하는 기구는?

> 해당 도시나 지역을 대표하여 컨벤션뿐만 아니라 전시회·박람회 및 인센티브 관광 등 MICE와 관련된 행사를 유치하는 데 필요한 업무와 정보를 제공해주는 국제회의 전담기구

① CVB
② UIA
③ ICCA
④ KTO

해설

② UIA(국제회의연합) : 1907년 벨기에에서 설립된 비영리 기구로 국제기관 및 협회 간 정보교류와 발전을 목적으로 창설
③ ICCA(세계국제회의전문협회) : 정기적인 회의로 최소 3개국 이상을 순회하면서 개최되고 참가자가 50명 이상인 회의
④ KTO(한국관광공사) : 관광관련 국민의 삶의 질 향상, 국민의 공익증진을 위한 기관

16 관광진흥법령상 크루즈업의 등록기준 중 ( )에 들어갈 내용으로 옳은 것은?

> • 욕실이나 샤워시설을 갖춘 객실을 (ㄱ)실 이상 갖추고 있을 것
> • 체육시설, 미용시설, 오락시설, 쇼핑시설 중 (ㄴ) 종류 이상의 시설을 갖추고 있을 것
> • 식당·매점·(ㄷ)을(를) 갖추고 있을 것

	ㄱ	ㄴ	ㄷ
①	20	2	휴게실
②	20	3	환전소
③	30	2	휴게실
④	30	3	환전소

해설

크루즈업의 등록기준(「관광진흥법」 시행령 별표 1)
• 일반관광유람선업에서 규정하고 있는 관광사업의 등록기준을 충족할 것
  – 일반관광유람선업 등록기준
    ⓐ 「선박안전법」에 따른 구조 및 설비를 갖춘 선박일 것
    ⓑ 이용객의 숙박 또는 휴식에 적합한 시설을 갖추고 있을 것
    ⓒ 수세식화장실과 냉·난방 설비를 갖추고 있을 것
    ⓓ 식당·매점·휴게실을 갖추고 있을 것
    ⓔ 수질오염을 방지하기 위한 오수 저장·처리시설과 폐기물처리시설을 갖추고 있을 것
• 욕실이나 샤워시설을 갖춘 객실을 20실 이상 갖추고 있을 것
• 체육시설, 미용시설, 오락시설, 쇼핑시설 중 두 종류 이상의 시설을 갖추고 있을 것

17 항공운송사업의 특성으로 옳지 않은 것은?

① 안전성
② 고속성
③ 유연성
④ 경제성

해설

항공운송사업의 특성
서비스성, 안전성, 고속성, 정시성, 쾌적성과 편리성, 노선개설의 용이성, 경제성, 공공성, 자본집약성

18 호텔의 특성에 따른 분류와 호텔 유형 연결로 옳지 않은 것은?

① 숙박기간 – Residential Hotel

② 입지조건 – Airport Hotel

③ 숙박목적 – Commercial Hotel

④ 숙박규모 – Transient Hotel

해설

트랜지언트 호텔은 숙박기간에 의해 분류한 것으로, 주로 1~2일 머무는 단기 체재객들이 이용하는 호텔이다.

19 호텔업의 특성으로 옳지 않은 것은?

① 인적 서비스에 대한 의존성

② 낮은 위험부담

③ 계절성

④ 고정자산 과다

해설

호텔업은 계절에 따라 수입격차가 심하고 환경에 따라서도 크게 영향을 받는 업종이므로 위험부담이 크다.

20 우리나라 카지노산업의 파급효과로 볼 수 없는 것은?

① 지역경제 활성화

② 지역의 고용창출 효과

③ 과도한 이용으로 인한 사회적 부작용

④ 관광진흥개발기금 재원 감소

해설

카지노사업자는 총매출액의 100분의 10의 범위에서 일정 비율에 해당하는 금액을 관광진흥개발기금에 내야 한다(관광진흥법 제30조 제1항). 따라서 카지노산업은 관광진흥개발기금 재원을 확대하는 효과가 있다.

21 스마트관광도시의 사업목표로 옳지 않은 것은?

① 기술 기반 미래관광 서비스 · 인프라 육성

② 혁신 기업의 참여를 통한 새로운 관광산업 발전 기반 마련

③ 지역 경쟁력 강화를 통한 지역관광 활성화

④ 스마트관광 생태계 구현을 통한 웰니스관광 개발

해설

스마트관광도시는 관광 · 기술 요소를 융 · 복합하여 관광객을 대상으로 차별화된 경험 · 편의 · 서비스를 제공하고, 이로 인해 쌓인 정보를 분석하여 지속적으로 관광 콘텐츠 및 인프라를 개선하고 발전시키는 관광도시를 말한다. 스마트관광도시의 목표는 기술 기반 미래관광 서비스 · 인프라 육성, 혁신 기업의 참여를 통한 新관광산업 발전 기반 마련, 지역 경쟁력 강화를 통한 지역관광 활성화이다.

22 관광사업의 기본적 성격에 관한 설명으로 옳지 않은 것은?

① 안전성

② 복합성

③ 입지의존성

④ 공익성과 기업성

해설

관광사업의 특성으로는 복합성, 입지의존성, 변동성, 공익성, 서비스성이 있다.

23 국제의료관광코디네이터의 역할로 옳지 않은 것은?

① 외국인환자 공항 영접 · 환송서비스

② 외국인환자 통역서비스

③ 외국인환자 진료서비스

④ 외국인환자 의료사고 및 컴플레인 관리

해설

진료서비스는 의사만이 가능하다. 국제의료관광코디네이터는 외국인환자의 진료서비스를 지원하는 역할을 한다.

24 다음은 우리나라 여행업에 관한 설명이다. (   ) 에 들어갈 내용으로 옳은 것은?

> • 국내여행업은 다양한 국민관광 수요를 충족하기 위해 1982년 허가제에서 (ㄱ)로 변경되었다.
> • 국내외를 여행하는 내국인 및 외국인을 대상으로 하는 여행업은 2021년 일반여행업에서 (ㄴ)으로 변경되었고, 자본금은 (ㄷ) 이상이어야 한다.

	ㄱ	ㄴ	ㄷ
①	등록제	국내외여행업	1억 원
②	등록제	종합여행업	5천만 원
③	신고제	국내외여행업	1억 원
④	신고제	종합여행업	5천만 원

해설
1982년 국내여행업이 허가제에서 등록제로 변경되었으며, 2021년 법령이 개정되어 일반여행업에서 종합여행업으로 명칭이 변경되었다. 종합여행업의 자본금은 5천만 원 이상이어야 한다.

25 관광의사결정에 영향을 미치는 사회·문화적 요인으로 옳지 않은 것은?

① 문 화
② 동 기
③ 준거집단
④ 가 족

해설
관광의사결정에 영향을 미치는 요인
• 개인적 요인 : 학습, 성격, 태도, 동기, 지각
• 사회적 요인 : 가족, 문화, 사회계층, 준거집단

※ 본 내용은 2023년 9월 시행된 관광통역안내사의 실제 기출문제입니다.

01 다음의 내용에 해당되는 기구는?

> • 컨벤션의 유치 및 유치된 컨벤션 업무를 지원하는 역할을 한다.
> • 국제회의 개최자와 회의 개최에 필요한 시설과 서비스를 제공하는 공급자를 연결시켜주는 역할을 한다.

① CVB
② PCO
③ PEO
④ UIA

해설

② PCO(컨벤션기획업체) : 컨벤션의 기획 · 준비 · 진행 등의 업무를 행사주최자로부터 위탁받아 대행하는 역할을 한다.

③ PEO(국제전시기획업체) : 전시회의 기획 · 준비 · 진행 등의 업무를 행사주최자로부터 위탁받아 대행하는 역할을 한다.

④ UIA(국제회의연합) : 1907년 벨기에에서 설립된 비영리 기구로 국제기관 및 협회 간 정보교류와 발전을 목적으로 창설되었다.

02 크루즈에 관한 설명으로 옳지 않은 것은?

① 대양으로 항해를 하거나 국가 간을 항해하는 것을 해양 크루즈라고 한다.
② 크루즈는 활동 범위에 따라 국내 크루즈(연안 크루즈), 국제 크루즈(외항 크루즈)로 구분된다.
③ 우리나라의 크루즈 형태의 여행상품이 본격적으로 등장한 것은 1970년대이다.
④ 관광진흥법령상 크루즈업은 관광유람선업으로 분류된다.

해설

우리나라에서 크루즈는 1998년에 처음으로 출항하였으며 이후 운항이 중단되었다 재개되었다.

03 국내 최초로 개설된 카지노는?

① 서울 워커힐호텔 카지노
② 제주 칼호텔 카지노
③ 인천 올림포스호텔 카지노
④ 부산 파라다이스호텔 카지노

해설

우리나라 최초의 카지노는 1967년 개설한 인천 올림포스호텔 카지노로, 외국인 전용으로 허가를 받았다.

04 항공사와 여행사간의 항공권 판매대금 및 정산 업무 등을 은행이 대신하는 정산제도는?

① CRS

② BSP

③ PTA

④ OAG

해설

① CRS(Computer Reservation System) : 항공예약시스템

③ PTA(Prepaid Ticket Advice) : 항공여객운임 선불제도

④ OAG(Official Airline Guide) : 항공사와 공항 및 여행사에 항공 관련 정보를 제공하는 영국업체

05 항공예약을 위한 PNR의 필수 구성 요소가 아닌 것은?

① 전화번호

② 승객 이름

③ 여 정

④ 선호 좌석

해설

PNR의 구성 요소

필수 사항	선택 사항
• 여 정 • 승객 이름 • 전화번호	• 특별서비스 • 기타 승객 정보 • 사전 좌석배정 • 마일리지카드 • 참고사항 • 예약 작성자 및 변경 의뢰자 • 항공권 정보

06 International Tourism의 범위로 옳은 것은?

① Inbound tourism / Outbound tourism

② Domestic tourism / Inbound tourism

③ Intrabound tourism / Inbound tourism

④ Domestic tourism / Intrabound tourism

해설

국제관광(International Tourism)의 범위

• 국외관광(Outbound Tourism) : 자국민이 타국에서 관광하는 것

• 외래관광(Inbound Tourism) : 외국인이 자국 내에서 관광하는 것

• 외국인관광(Overseas Tourism) : 외국인이 외국에서 관광하는 것

07 다음이 설명하는 카지노 게임은?

> 회전하는 휠 위에서 딜러가 돌린 볼이 내가 베팅한 숫자의 포켓 안으로 떨어져 당첨금을 받았다.

① 바카라 게임

② 블랙잭 게임

③ 룰렛 게임

④ 다이 사이

해설

① 바카라 게임 : 뱅커(Banker)와 참가자 중 카드 숫자의 합이 9에 가까운 쪽이 승리하는 게임

② 블랙잭 게임 : 카드 숫자의 합이 21을 넘지 않는 한도 내에서 가장 높은 쪽이 이기는 게임

④ 다이 사이 : 베팅한 숫자 또는 숫자의 조합이 셰이커(주사위 용기)에 있는 세 개의 주사위와 일치하면 배당률에 의해 배당금이 지급되는 게임

08 관광진흥법령상 여행업에 관한 설명으로 옳은 것을 모두 고른 것은?

> ㄱ. 여행업은 국내여행업, 국외여행업, 일반여행업으로 분류
> ㄴ. 여행업은 국내여행업, 국내외여행업, 종합여행업으로 분류
> ㄷ. 일반여행업은 자본금 5천만 원 이상
> ㄹ. 종합여행업은 자본금 3천만 원 이상
> ㅁ. 국내여행업은 자본금 1천 5백만 원 이상

① ㄱ, ㄷ

② ㄱ, ㅁ

③ ㄴ, ㄹ

④ ㄴ, ㅁ

해설

여행업의 분류(「관광진흥법 시행령」 제2조 제1항 제1호)
• 종합여행업
• 국내외여행업
• 국내여행업
관광사업의 등록기준(「관광진흥법 시행령」 별표 1)
• 종합여행업 : 자본금 5천만 원 이상
• 국내외여행업 : 자본금 3천만 원 이상
• 국내여행업 : 자본금 1천 5백만 원 이상.

09 IATA 기준 국내 항공사의 코드 연결로 옳지 않은 것은?

① 제주항공 - 7C

② 에어부산 - AB

③ 진에어 - LJ

④ 대한항공 - KE

해설

우리나라 주요 항공사 코드

구 분	ICAO 기준	IATA 기준
대한항공	KAL	KE
아시아나항공	AAR	OZ
제주항공	JJA	7C
에어부산	ABL	BX
진에어	JNA	LJ
이스타항공	ESR	ZE

10 호텔의 프런트 업무가 아닌 것은?

① 인포메이션 업무

② 하우스키핑 업무

③ 등록 업무

④ 계산 업무

해설

호텔의 프런트 데스크에서는 입 · 퇴숙, 예약, 안내, 결제 등의 서비스를 제공한다.

11 호텔 객실과 식사 요금을 별도로 계산하는 제도는?

① American Plan
② Modified American Plan
③ Continental Plan
④ European Plan

해설

① 객실 요금에 1일 3식을 포함한다.
② 객실 요금에 조식만을 포함한다.
③ 객실 요금에 1일 2식을 포함한다.

12 2023년 현재 입국 시 여행자 휴대품 통관 면세 범위는?

① 미화 400달러
② 미화 600달러
③ 미화 800달러
④ 미화 1,000달러

해설

관세가 면제되는 여행자 휴대품 등(「관세법 시행규칙」 제48조 제2항)
여행자 휴대품 통관 면세 범위는 과세가격 합계 기준으로 미화 800달러이다.

13 2023년 웰니스 관광도시로 선정된 도시는?

① 정 선
② 전 주
③ 제 주
④ 여 수

해설

한국관광공사에서는 2023년 올해의 웰니스 관광도시로 정선군을 선정하였다.

14 1980년대 관광에 관한 설명으로 옳은 것은?

① 지리산국립공원 지정
② 대전 엑스포 개최
③ 국민해외여행 전면자유화
④ 고속철도 개통

해설

① 1967년 우리나라 최초의 국립공원으로 지리산이 지정되었다.
② 1993년 대전 엑스포가 개최되었다.
④ 2004년 경부고속철도가 1단계 개통되었다.

15 2023년 문화체육관광부가 내수 활성화를 위해 K-관광마켓 10선을 선정하였다. 이에 해당하지 않는 것은?

① 서울 풍물시장
② 대구 서문시장
③ 인천 신포국제시장
④ 부산 부평깡통시장

해설

문화체육관광부에서는 2023년 K-관광마켓 10선으로 서울 풍물시장, 대구 서문시장, 인천 신포국제시장, 광주 양동전통시장, 수원 남문로데오시장, 속초 관광수산시장, 단양 구경시장, 순천 웃장, 안동 구시장연합, 진주 중앙·논개시장을 선정하였다.

16 다음이 설명하는 국제기구는?

> • 우리나라 1987년 가입
> • 프랑스 파리에 본부
> • 박람회(엑스포)의 남용을 막을 수 있는 제도적 장치의 필요성으로 창립

① ICAO
② BIE
③ UNWTO
④ PATA

해설

① ICAO(국제민간항공기구) : 1947년에 설립된 UN 전문기구로 우리나라는 1952년에 가입하였다. 본부는 캐나다 몬트리올에 있으며, 세계 민간항공의 건전한 발전을 도모하는 것을 목적으로 한다.
③ UNWTO(세계관광기구) : 1925년에 설립된 IUOTO를 전신으로 하여 1975년에 설립된 UN 전문기구로 우리나라는 1975년에 가입하였다. 본부는 스페인 마드리드에 있으며, 각국 관광사업의 발전과 회원국 간의 관계 증진을 목적으로 한다.
④ PATA(아시아 · 태평양관광협회) : 1951년에 설립된 아시아 · 태평양 지역 관광협회로 본부는 미국 샌프란시스코에 있으며, 아태지역의 관광 증대를 목적으로 한다.

17 제4차 관광개발기본계획(2022~2031)의 전략별 추진계획이 아닌 것은?

① 매력적인 관광자원 발굴
② 지속가능 관광개발 가치 구현
③ 편리한 관광편의기반 확충
④ 문화를 통한 품격 있는 한국형 창조관광 육성

해설

제4차 관광개발기본계획(2022~2031) 6대 추진전략
• 매력적인 관광자원 발굴
• 지속가능 관광개발 가치 구현
• 편리한 관광편의 기반 확충
• 건강한 관광산업 생태계 구축
• 입체적 관광연계 · 협력 강화
• 혁신적 제도 · 관리 기반 마련

18 관광의 구조와 예가 바르게 연결되지 않은 것은?

① 관광객체 – 여행업
② 관광매체 – 교통기관
③ 관광객체 – 관광자원
④ 관광주체 – 관광자

해설

관광의 구조
• 관광주체 : 관광객(관광자)
• 관광객체 : 관광자원, 관광시설
• 관광매체 : 교통시설, 휴게시설, 숙박시설, 관광종사원, 관광기념품 판매업자 등

19 2020년 1월 문화체육관광부가 선정한 국제관광도시는?

① 부 산
② 속 초
③ 목 포
④ 안 동

해설

관광거점도시(2020)
• 국제관광도시 : 부산광역시
• 지역관광거점도시 : 강원 강릉시, 전북 전주시, 전남 목포시, 경북 안동시

실제 기출

20 자연적 또는 문화적 관광자원을 갖추고 관광객을 위한 기본적인 편의시설을 설치하는 지역으로 관광진흥법에 의해 지정된 곳은?

① 관광특구
② 관광거점도시
③ 관광지
④ 관광단지

해설

① 관광특구 : 외국인 관광객의 유치 촉진 등을 위하여 관광 활동과 관련된 관계 법령의 적용이 배제되거나 완화되고, 관광 활동과 관련된 서비스·안내 체계 및 홍보 등 관광 여건을 집중적으로 조성할 필요가 있는 지역을 말한다.
② 관광거점도시는 문화체육관광부의 '관광거점도시 육성 사업 추진계획'에 따라 선정된 지역을 말한다. 「관광진흥법」에서는 이에 관해 따로 규정하고 있지 않다.
④ 관광단지 : 관광객의 다양한 관광 및 휴양을 위하여 각종 관광시설을 종합적으로 개발하는 관광 거점 지역을 말한다.

21 다음 설명이 의미하는 관광은?

> 녹음이 풍부하고 자연이 아름다운 장소에서 휴양, 자연관찰, 지역전통문화와의 만남, 농촌 생활 체험, 농촌사람들과의 교류를 추구하는 여행

① Green Tourism
② Over Tourism
③ Mass Tourism
④ Dark Tourism

해설

② 과잉관광이라고 부르며, 수용 가능한 범위를 넘어서는 관광객이 몰려들어 이들이 도시를 점령하게 되면서 주민들의 삶을 침범하는 현상을 말한다.
③ 대중관광이라고 부르며, 유흥과 위락 중심, 대규모 시설 의존형인 것이 특징이다.
④ 전쟁과 학살 등 비극적 역사의 현장이나 엄청난 재난이 일어난 곳을 돌아보며 교훈을 얻기 위하여 떠나는 관광이다.

22 시장세분화 기준 중 심리적 변수로 옳지 않은 것은?

① 사회계층
② 라이프스타일
③ 성 격
④ 종 교

해설

시장세분화 기준
• 지리적 변수 : 지역, 인구밀도, 도시의 규모, 기후
• 인구적 변수 : 성별, 연령, 가족규모, 수입, 직업, 교육, 종교, 인종, 사회
• 심리분석적 변수 : 계층, 사회적 계층, 라이프 스타일, 개성
• 행동분석적 변수 : 구매횟수, 이용률, 추구하는 편익, 사용량, 상표충성도

23 고대 로마시대의 관광이 발전했던 요인이 아닌 것은?

① 화폐제도 발달
② 도로의 정비
③ 치안의 유지
④ 장기(長期)교육여행 발달

해설

로마시대의 관광 발전 요인
• 군사용 도로의 정비
• 치안의 유지
• 화폐 경제의 보급
• 학문의 발달과 지식수준의 향상
• 관광사업의 등장
• 고대의 식도락(Gastronomia)

24 내국인의 국내관광 진흥을 위한 정책이 아닌 것은?

① 한국관광 100선
② 내나라 여행박람회
③ 한국관광의 별
④ 코리아그랜드세일

'코리아그랜드세일'은 관광과 한류가 융복합된 외국인 대상 관광축제이다.

25 관광의 환경적 측면에서의 부정적 효과가 아닌 것은?

① 자연환경 파괴
② 지역토착문화 파괴
③ 환경오염 문제
④ 야생동물 멸종

관광의 부정적 효과
• 경제적 측면 : 물가 상승, 고용 불안정성, 산업구조 불안정성, 기반 시설 투자에 대한 위험 부담 등
• 사회적 측면 : 주민 소득의 양극화, 범죄율 상승, 가족 구조 파괴, 세대 간 갈등 심화 등
• 문화적 측면 : 토착문화 소멸, 문화유산의 파괴 및 상실 등
• 환경적 측면 : 교통 혼잡, 환경오염 문제 발생 등

※ 본 내용은 2024년 9월 시행된 관광통역안내사의 실제 기출문제입니다.

01 관광구조 중 관광매체에 관한 설명으로 옳은 것은?

① 관광수요시장을 형성하는 관광객이다.

② 관광대상을 개발하고 관리하는 정부와 같은 공적기관의 역할이 포함된다.

③ 관광지를 유인하는 관광대상인 동시에 관광객의 욕구를 충족시켜 주는 역할을 한다.

④ 관광자원, 관광시설을 포함한다.

해설

① 관광수요시장을 형성하는 관광객은 관광주체이다.

③, ④ 관광객체에 대한 설명이다.

02 환경보호와 자연보존을 중시하는 지속 가능한 관광의 유형에 해당하는 것은?

① 랜선관광

② 위락관광

③ 녹색관광

④ 도시관광

해설

③ 녹색관광은 환경 피해를 최대한 억제하면서 자연을 관찰하고 이해하며 즐기는 여행 방식이나 여행 문화이다. 생태관광, 연성관광, 농업관광, 농촌관광 등과 비슷한 개념으로 사용된다.

03 관광의 사회적 효과로 옳지 않은 것은?

① 조세수입 증가 효과

② 국위 선양 효과

③ 국민후생복지 효과

④ 국민의식 수준 제고 효과

해설

조세수입 증가 효과는 경제적 효과에 해당한다.

04 다음 설명에 해당하는 관광은?

> 관광지의 수용력을 초과하는 관광객이 관광지에 찾아오면서 환경생태계 파괴, 교통난, 주거난 등의 부작용이 발생하는 관광

① Over Tourism

② Eco Tourism

③ Sustainable Tourism

④ Dark Tourism

해설

② 생태계가 잘 보존되어 있는 지역의 관찰과 학습을 목적으로 하는 관광이다.

③ 지속 가능한 관광이라고도 한다. 자원 소비를 최소화하여 지역 주민과 관광객들이 현재와 미래에 누릴 수 있는 환경 · 문화적 자원을 보호하면서 관광개발을 통한 경제적 이득을 높이는 것이다.

④ 전쟁과 학살 등 비극적 역사의 현장이나 재난이 일어난 곳을 돌아보며 교훈을 얻기 위하여 떠나는 관광이다.

05 관광역사에서 대중관광(Mass Tourism)의 출현이 가능하게 되었던 요인이 아닌 것은?

① 교통기술의 획기적 발전
② 세계경제의 부흥 및 유급휴가제도 실시
③ 호기심과 교육목적의 그랜드 투어 사상 확산
④ 국제 정치적 · 문화적 교류의 증대

해설

③ 그랜드 투어는 17세기 중반부터 19세기 초반까지 유럽의 상류층 자제들이 지식과 견문을 넓히기 위하여 유럽의 여러 나라를 순방하는 것으로 대중관광의 출현 요인이라고 보기 어렵다.

06 2023년 기준 관광동향에 관한 연차보고서에 따른 관광특구에 해당하는 것을 모두 고른 것은?

> ㄱ. 전통대구약령시
> ㄴ. 안면도
> ㄷ. 통일동산
> ㄹ. 강남마이스

① ㄱ, ㄴ
② ㄱ, ㄹ
③ ㄴ, ㄷ
④ ㄷ, ㄹ

해설

2023년 기준 관광동향에 관한 연차보고서에 따르면 통일동산과 강남마이스가 관광특구로 지정되어 있다.
관광특구 지정 요건(「관광진흥법」 제70조 및 동법 시행령 제58조)
- 문화체육관광부령이 정하는 상가 · 숙박 · 공공편익시설, 휴양 · 오락시설 등의 요건을 갖추고, 외국인 관광객의 수요를 충족시킬 수 있는 지역
- 당해 최근 1년간 외국인 관광객이 10만 명(서울특별시는 50만 명) 이상(문화체육관광부 장관이 고시하는 통계전문기관의 통계)
- 임야 · 농지 · 공업용지 · 택지 등 관광활동과 관련이 없는 토지가 관광특구 전체 면적의 10% 이하

07 국제관광 관련 국제기구의 약자와 명칭의 연결이 옳지 않은 것은?

① ASTA - 아시아태평양관광협회
② WTTC - 세계여행관광협회
③ EATA - 동아시아관광협회
④ IATA - 국제항공운송협회

해설

ASTA(American Society of Travel Advisors) : 미국여행업협회

08 1330 통역안내 서비스에 관한 설명으로 옳지 않은 것은?

① 전화 상담과 문자채팅 형식으로 연중무휴 24시간 운영한다.
② 한국어를 포함 총 6개 언어로 운영한다.
③ 질병관리청, 경찰청 등과의 협업을 통해 위급상황에 처한 외국인 대상 긴급통역서비스를 지원한다.
④ 국내외 관광객에게 한국여행정보안내, 관광통역, 관광불편신고상담을 제공한다.

해설

① 문자채팅은 연중무휴 24시간 운영하지만 전화 상담 중 러시아어, 베트남어, 태국어, 말레이 · 인도네시아어는 오전 8시부터 오후 7시까지 운영한다.
② 문자채팅 형식으로는 4개 언어, 전화 통역으로는 8개 언어까지 가능하다.
③ 1330은 공공기관 콜센터 3자 통역서비스를 지원한다.
※ ①, ②, ③번 모두 옳지 않은 내용으로 복수 정답 처리되었다.

실제 기출

09 세계관광기구(UNWTO)의 분류상 관광통계에 포함되는 관광객은?

① 국경통근자

② 군 인

③ 통과승객

④ 스포츠행사 참가자

해설
- 관광객 : 방문국에 1박 이상 체재하는 사람(비거주자, 해외동포, 항공기 승무원 포함)
- 비관광객 : 국경통근자, 군인, 유목민, 통과객, 외교관, 일시적 · 영구적 이주자 등

10 다음의 사업을 모두 수행하는 국내 관광기구는?

- 국제관광 진흥사업
- 관광자원 개발사업
- 국민관광 진흥사업
- 관광산업의 연구 · 개발사업

① 한국관광공사

② 한국문화관광연구원

③ 한국관광협회중앙회

④ 한국여행업협회

해설
② 한국문화관광연구원 : 문화예술의 창달, 문화산업 및 관광 진흥을 위한 연구, 조사, 평가 추진을 위해 1987년 설립된 정책연구기관이다.
③ 한국관광협회중앙회 : 우리나라 관광업계를 대표하여 업계 전반의 의견을 종합 조정하고, 그 의견을 대표하여 국내외 관련 기관과 상호협조함으로써 관광산업의 진흥과 회원의 권익 및 복리증진에 이바지함을 목적으로 한다.
④ 한국관광협회중앙회의 협회 중 한 곳이다.

11 2023년도 우리나라 외래관광객의 입국 동향에 관한 설명으로 옳은 것을 모두 고른 것은?

ㄱ. 방한 외래관광객의 입국 순위는 중국 − 일본 − 미국 순이다.

ㄴ. 방한 외래관광객 수는 약 1,103만 명이다.

ㄷ. 전년 대비 방한 외래관광객의 성장률은 일본이 가장 높았다.

ㄹ. 전체 방한 외래관광객 중 아시아 관광객이 약 74%를 차지했다.

① ㄱ, ㄴ

② ㄱ, ㄷ

③ ㄴ, ㄷ

④ ㄴ, ㄹ

해설
ㄱ. 2023년도에 우리나라 외래관광객 입국 순위는 일본(232만 명) − 중국(202만 명) − 미국(109만 명)이다.
ㄷ. 전년 대비 외래관광객의 성장률이 가장 높았던 곳은 싱가포르(33.6%)이다.

12 문화체육관광부가 지정한 2024−2025년 명예 문화관광축제가 아닌 것은?

① 화천산천어축제

② 영동난계국악축제

③ 안동탈춤축제

④ 광주김치축제

해설
광주김치축제는 예비축제이다.

13 다음에서 설명하는 문화체육관광부 추진 사업은?

> • 지역의 관광 활성화를 위해 인구 감소 위기를 겪고 있는 지역을 대상으로 함
> • 지역방문자에게 관람 · 체험 · 식음료 · 숙박 · 쇼핑 등 할인 혜택 제공

① 유니크 베뉴
② 디지털 관광주민증
③ 관광두레
④ 코리아 둘레길

해설

① 유니크 베뉴 : 컨벤션센터나 호텔 등과 같은 전통적 MICE 회의시설이 아닌 개최지의 독특한 매력을 즐길 수 있는 장소를 말한다.
③ 관광두레 : 지역주민이 주도하여 방문하는 관광객을 대상으로 숙박, 여행알선 등의 관광사업체를 창업하고 자립 발전하도록 지원하는 사업이다.
④ 코리아 둘레길 : 동 · 서 · 남해안 및 DMZ 접경지역 등 우리나라 외곽을 하나로 이은 약 4,500km의 걷기 여행길이다.

14 관광진흥법상 호스텔업 등록기준에 해당하는 것을 모두 고른 것은?

> ㄱ. 가족단위 관광객이 이용할 수 있는 취사시설이 객실별로 설치되어 있거나 층별로 공동취사장이 설치되어 있을 것
> ㄴ. 외국인 및 내국인 관광객에게 서비스를 제공할 수 있는 문화 · 정보 교류시설을 갖추고 있을 것
> ㄷ. 대지 및 건물의 사용권을 확보하고 있을 것
> ㄹ. 욕실이나 샤워시설을 갖춘 객실이 20실 이상일 것

① ㄱ, ㄴ
② ㄱ, ㄹ
③ ㄴ, ㄷ
④ ㄷ, ㄹ

해설

호스텔업 등록기준
• 배낭여행객 등 개별 관광객의 숙박에 적합한 객실을 갖추고 있을 것
• 이용자의 불편이 없도록 화장실, 샤워장, 취사장 등의 편의시설을 갖추고 있을 것. 다만, 이러한 편의시설은 공동으로 이용 가능
• 외국인 및 내국인 관광객에게 서비스를 제공할 수 있는 문화 · 정보 교류시설을 갖추고 있을 것
• 대지 및 건물의 소유권 또는 사용권을 확보하고 있을 것

15 다음 설명에 해당하는 호텔 객실의 유형은?

> 객실이나 침대를 변형시킬 수 있는 형태로 주간에는 응접실(소파), 야간에는 침실(침대)로 만들어 사용할 수 있는 객실

① Studio Room
② Executive Floor Room
③ Triple Room
④ Connecting Room

해설

① Studio Room : 더블이나 트윈 룸에 소파형의 베드가 들어가 있는 객실로, 소파형 베드는 접으면 소파가 되고 길게 펼치면 침대가 되는 형태
② Executive Floor Room : 비즈니스 고객을 위한 특별 전용층에 위치한 객실
③ Triple Room : 싱글 베드가 3개 또는 트윈에 엑스트라 베드(Extra Bed)가 추가된 형태
④ Connecting Room : 객실 2개가 연결되어 내부의 문을 이용하여 상호 왕래가 가능한 형태

16 국내 국제회의 전문시설 명칭과 지역의 연결이 옳지 않은 것은?

① BEXCO – 부산
② CECO – 청주
③ HICO – 경주
④ EXCO – 대구

해설

② CECO는 창원컨벤션센터이다.

17 다음 설명에 해당하는 카지노 게임은?

> 플레이어(Player)와 뱅커(Banker) 가운데 카드의 합이 9에 가까운 쪽에 베팅한 사람이 이기는 게임

① 다이 사이
② 룰렛 게임
③ 블랙잭
④ 바카라

해설

① 다이 사이 : 베팅한 숫자 또는 숫자의 조합이 셰이커(주사위 용기)에 있는 세 개의 주사위와 일치하면 배당률에 의해 배당금이 지급되는 게임
② 룰렛 게임 : 휠(Wheel) 안에 볼(Ball)이 회전하다 포켓(Pocket) 안에 들어간 번호가 위닝넘버(Winning Number)가 되는 게임
③ 블랙잭 : 카드 숫자의 합이 21을 넘지 않는 한도에서 가장 높은 쪽이 이기는 게임

18 다음 설명에 해당하는 회의의 유형은?

> • 발제된 주제에 대해 전문가들이 청중 앞에서 벌이는 공개토론회
> • 포럼에 비해 형식적이고 청중이 질의할 수 있는 기회가 적음

① 컨벤션
② 세미나
③ 심포지엄
④ 워크숍

해설

① 컨벤션(Convention) : 정보전달을 목적으로 하며 가장 일반적인 회의
② 세미나(Seminar) : 교육목적을 띤 회의로 전문가의 주도하에 특정 분야에 대한 각자의 지식이나 경험을 발표 · 토의하며, 발표자가 우월한 위치에서 지식의 전달자로서 역할
④ 워크숍(Workshop) : 컨벤션, 컨퍼런스의 한 부분으로서 특정 문제나 과제에 관한 새로운 지식, 기술, 통찰방법 등을 서로 교환하는 회의로서 강력한 교육적 프로그램

19 관광진흥법령상 호텔업에 해당하지 않는 것은?

① 소형호텔업

② 의료관광호텔업

③ 관광펜션업

④ 수상관광호텔업

관광숙박업의 분류
- 관광숙박업 : 호텔업(관광호텔업, 수상관광호텔업, 한국전통호텔업, 가족호텔업, 소형호텔업, 호스텔업, 의료관광호텔업), 휴양콘도미니엄업
- 관광객이용시설업 : 외국인관광도시민박업
- 관광편의시설업 : 관광펜션업, 한옥체험업

20 우리나라에서 외국인 전용 카지노 영업장이 가장 많은 시 · 도는?

① 서울특별시

② 부산광역시

③ 제주특별자치도

④ 인천광역시

현재 외국인 전용 카지노 영업장은 서울(3), 부산(2), 인천(1), 강원(1), 대구(1), 제주(8)에 총 16곳이 있으며, 내 · 외국인 출입 카지노는 강원도의 강원랜드카지노 한 곳이 있다.

21 여행업의 주요 업무가 아닌 것은?

① 예약 및 수배

② 환전업무

③ 수속대행

④ 여정관리

여행업의 주요 업무로는 여행 상담, 예약 및 수배, 판매, 발권, 정산, 수속대행, 여정관리 등이 있다.

22 문화체육관광부가 선정한 대한민국 테마여행 10선 권역 명칭에 해당하지 않는 것은?

① 드라마틱강원여행

② 추억과함께하는낭만여행

③ 평화역사이야기여행

④ 시간여행101

대한민국 테마여행 10선
전국의 10개 권역을 대한민국 대표 관광지로 육성하기 위한 문화체육관광부와 한국관광공사의 국내여행 활성화 사업이다. 각 권역에 3~4개 지방자치단체는 지역의 특색 있는 관광명소들을 연계하여 여행자들에게 테마가 있는 고품격 관광코스를 제공한다.
- 평화역사이야기여행 : 인천 · 파주 · 수원 · 화성
- 드라마틱강원여행 : 평창 · 강릉 · 속초 · 정선
- 선비이야기여행 : 대구 · 안동 · 영주 · 문경
- 남쪽빛감성여행 : 부산 · 거제 · 통영 · 남해
- 해돋이역사기행 : 울산 · 포항 · 경주
- 남도바닷길 : 여수 · 순천 · 보성 · 광양
- 시간여행101 : 전주 · 군산 · 부안 · 고창
- 남도맛기행 : 광주 · 목포 · 담양 · 나주
- 위대한금강역사여행 : 대전 · 공주 · 부여 · 익산
- 중부내륙힐링여행 : 단양 · 제천 · 충주 · 영월

실제 기출

23 호텔의 프런트 오피스 용어에 해당하지 않는 것은?

① Room Clerk

② Front Cashier

③ Check Out Service

④ House Keeping

House Keeping은 객실 청소 및 관리, 린넨류의 세탁과 보급 등을 담당하는 호텔상품의 생산부서이다.

24 우리나라 의료관광에 관한 설명으로 옳은 것은?

① 표준화된 의료서비스를 제공하기 위해 의료서비스 인증제도가 확산되고 있다.

② 주목적이 의료적인 부분이기 때문에 일반 관광객에 비해 체류기간이 짧고 체류비용이 저렴한 편이다.

③ 2010년 1월 「관광진흥법」 개정으로 외국인 환자 유치행위가 합법화되었다.

④ 휴양, 레저, 문화활동은 의료관광과 관련이 없다.

② 의료관광은 일반관광보다 체류 일수가 길고 비용이 높은 고부가가치산업이다.
③ 외국인 환자 유치행위가 합법화된 것은 2009년 5월이다.
④ 의료관광은 질병을 치료하는 등의 활동을 넘어 본인의 건강상태에 따라 현지에서의 요양, 관광, 쇼핑, 문화체험 등의 활동을 겸하는 것을 의미한다.

25 다음 설명에 해당하는 관광상품 수명주기는?

> • 판매량 증가율이 매우 높아진다.
> • 마케팅 목표는 시장점유율을 극대화하는 것이다.
> • 광고전략은 상표차이와 이점을 강조하는 것이다.
> • 유통전략은 유통경로를 확대하는 것이다.

① 도입기

② 성장기

③ 성숙기

④ 쇠퇴기

② 성장기 : 판매가 급속히 증대되며 수익 수준이 개선되어 경쟁자의 진입이 많아지는 단계
① 도입기 : 서비스가 처음으로 대중에게 소개되는 단계로, 시장에서 기반구축을 위한 많은 촉진과 기타 활동을 하게 되므로 이윤이 생기지 않거나 생겨도 낮은 단계
③ 성숙기 : 매출액의 성장이 크게 둔화되는 단계
④ 쇠퇴기 : 시장수요가 격감하고 뚜렷하게 수요를 반전시킬 기회나 방책이 보이지 않는 단계

좋은 책을 만드는 길, 독자님과 함께 하겠습니다.

**2025 시대에듀 관광통역안내사 필기 4과목
관광학개론 한권으로 끝내기**

개정24판1쇄 발행	2025년 01월 10일 (인쇄 2024년 11월 22일)
초 판 발 행	2000년 08월 05일 (인쇄 2000년 06월 15일)
발 행 인	박영일
책 임 편 집	이해욱
저 자	시대관광교육연구소
편 집 진 행	박종옥 · 오지민
표지디자인	김지수
편집디자인	윤아영 · 임창규
발 행 처	(주)시대고시기획
출 판 등 록	제10-1521호
주 소	서울시 마포구 큰우물로 75 [도화동 538 성지 B/D] 9F
전 화	1600-3600
팩 스	02-701-8823
홈 페 이 지	www.sdedu.co.kr
I S B N	979-11-383-8123-9 (13320)
정 가	24,000원

취향에 맞게! 목적에 맞게!
전략적인 선택이 합격을 좌우합니다!

관광통역안내사를 준비하기 전 Warm-up! 단행본 2종

관광통역안내사 용어상식사전

워너비(Wanna be) 관광통역안내사 – 이론에서 실무까지

합격까지 한 Q에! 단기 완성 2종

관광통역안내사 단기완성 (1권 + 2권)

Win-Q 관광통역안내사 필기

면접에서 최종합격까지! 면접 대비 도서 2종

관광통역안내사 2차 면접 핵심기출 문제집

50일 만에 끝내는 중국어 관광통역안내사 2차 면접

※ 도서의 구성 및 이미지는 변경될 수 있습니다.

대한민국
모든 시험일정 및
최신 출제경향·신유형 문제

꼭 필요한
자격증·시험일정과
최신 출제경향·신유형 문제를
확인하세요!

출제경향·신유형 문제

시험일정 안내

◀ 시험일정 안내 / 최신 출제경향 · 신유형 문제 ▲

- 한국산업인력공단 국가기술자격 검정일정
- 자격증 시험일정
- 공무원·공기업·대기업 시험일정

합격의 공식
시대에듀

벼락합격 Booster
관광학개론 기출족보

- 2024 출제 키워드   3
- 2023 출제 키워드   6
- 2022 출제 키워드   8
- 2021 출제 키워드   10
- 2020 출제 키워드   12
- 2019 출제 키워드   14
- 2018 출제 키워드   17
- 2017 출제 키워드   20
- 2016 출제 키워드   22
- 2015 출제 키워드   26
- 2014 출제 키워드   28
- 2013 출제 키워드   30
- 2012 출제 키워드   32
- 2011 출제 키워드   33
- 2010 이전 출제 키워드   35

관광학개론 기출족보

2024 출제 키워드

핵심 키워드	정답 키워드
관광매체	관광대상을 개발하고 관리하는 정부와 같은 공적기관의 역할
녹색관광	환경보호와 자연보존을 중시하는 지속 가능한 관광의 유형
관광의 사회적 효과	• 국위 선양 효과 • 국민후생복지 효과 • 국민의식 수준 제고 효과
Over Tourism	관광지의 수용력을 초과하는 관광객이 관광지에 찾아오면서 환경생태계 파괴, 교통난, 주거난 등의 부작용이 발생하는 관광
대중관광(Mass Tourism)의 출현 요인	• 교통기술의 획기적 발전 • 세계경제의 부흥 및 유급휴가제도 실시 • 국제 정치적 · 문화적 교류의 증대
2023년 관광특구	• 서울 : 명동 · 남대문 · 북창동 · 다동 · 무교동, 이태원, 동대문 패션타운, 종로 · 청계, 잠실, 강남마이스, 홍대 문화예술 • 부산 : 해운대, 용두산 · 자갈치 • 대구 : 동성로 • 인천 : 월미 • 대전 : 유성 • 강원 : 설악, 대관련 • 경기 : 동두천, 평택시 송탄, 고양, 수원화성, 통일동산 • 충북 : 수안보온천, 속리산, 단양 • 충남 : 아산시온천, 보령해수욕장 • 전북 : 무주 구천동, 정읍 내장산 • 전남 : 구례, 목포 • 경북 : 경주시, 백암온천, 문경, 포항 영일만 • 경남 : 부곡온천, 미륵도 • 제주 : 제주도
국제기구 약자와 명칭	• ASTA : 미국여행협회 • WTTC : 세계여행관광협회 • EATA : 동아시아관광협회 • IATA : 국제항공운송협회
1330	국내외 관광객에게 한국 여행 정보 안내, 관광통역, 관광 불편 신고 상담 제공
세계관광기구의 관광통계 포함 관광객	방문국에 1박 이상 체재하는 사람(스포츠행사 참가자, 비거주자, 해외동포, 항공기 승무원 등)

한국관광공사	• 국제관광 진흥사업 • 관광자원 개발사업 • 국민관광 진흥사업 • 관광산업의 연구 · 개발사업
외래관광객 입국 동향	• 방한 외래관광객 수는 약 1,103만 명 • 전체 방한 외래관광객 중 아시아 관광객이 약 74%를 차지함
2024~2025년 명예문화관광축제	• 광주 : 추억의 충장축제 • 강원 : 화천산천어축제, 평창효석문화제, 춘천마임축제 • 충북 : 영동난계국악축제 • 충남 : 보령머드축제, 천안흥타령축제, 금산인삼축제 • 전북 : 김제지평선축제, 무주반딧불축제 • 전남 : 진도신비의바닷길축제, 함평나비축제, 담양대나무축제 • 경북 : 안동탈춤축제, 문경찻사발축제, 영주풍기인삼축제 • 경남 : 진주유등축제, 하동야생차문화축제, 산청한방약초축제, 통영한 　산대첩축제
디지털 관광주민증	• 지역의 관광 활성화를 위해 인구 감소 위기를 겪고 있는 지역을 대상 으로 함 • 지역방문자에게 관람 · 체험 · 식음료 · 숙박 · 쇼핑 등 할인 혜택을 제공
호스텔업 등록기준	• 배낭여행객 등 개별 관광객의 숙박에 적합한 객실을 갖추고 있을 것 • 이용자의 불편이 없도록 화장실, 샤워장, 취사장 등의 편의시설을 갖 추고 있을 것. 다만, 이러한 편의시설은 공동으로 이용 가능 • 외국인 및 내국인 관광객에게 서비스를 제공할 수 있는 문화 · 정보 교류 시설을 갖추고 있을 것 • 대지 및 건물의 소유권 또는 사용권을 확보하고 있을 것
Studio Room	객실이나 침대를 변형시킬 수 있는 형태로 주간에는 응접실(소파), 야간 에는 침실(침대)로 만들어 사용할 수 있는 객실
국내 국제회의 전문시설	• BEXCO : 부산 • CECO : 창원 • HICO : 경주 • EXCO : 대구
바카라	플레이어(Player)와 뱅커(Banker) 가운데 카드의 합이 9에 가까운 쪽에 베팅한 사람이 이기는 게임
심포지엄(Symposium)	• 발제된 주제에 대해 전문가들이 청중 앞에서 벌이는 공개토론회 • 포럼에 비해 형식적이고 청중이 질의할 수 있는 기회가 적음
관광진흥법령상 호텔업의 종류	관광호텔업, 수상관광호텔업, 한국전통호텔업, 가족호텔업, 소형호텔업, 호스텔업, 의료관광호텔업

지역별 외국인 전용
카지노 영업장
	• 서울(3) : 파라다이스카지노 워커힐점, 세븐럭카지노 강남코엑스점,
	  세븐럭카지노 서울드래곤시티점
	• 부산(2) : 세븐럭카지노 부산롯데점, 파라다이스카지노 부산지점
	• 인천(1) : 파라다이스카지노
	• 강원(1) : 알펜시아카지노
	• 대구(1) : 호텔인터불고대구카지노
	• 제주(8) : 공즈카지노, 파라다이스카지노 제주지점, 아람만카지노, 제
	  주오리엔탈카지노, 드림타워카지노, 제주썬카지노, 랜딩카지노, 메가
	  럭카지노

여행업의 주요 업무	예약 및 수배, 수속대행, 여정관리
문화체육관광부 선정 대한민국 테마여행 10선 권역	• 평화역사이야기여행 : 인천 · 파주 · 수원 · 화성 • 드라마틱강원여행 : 평창 · 강릉 · 속초 · 정선 • 위대한금강역사여행 : 대전 · 공주 · 부여 · 익산 • 중부내륙힐링여행 : 단양 · 제천 · 충주 · 영월 • 시간여행101 : 전주 · 군산 · 부안 · 고창 • 남도맛기행 : 광주 · 목포 · 담양 · 나주 • 선비이야기여행 : 대구 · 안동 · 영주 · 문경 • 해돋이역사기행 : 울산 · 포항 · 경주 • 남쪽빛감성여행 : 부산 · 거제 · 통영 · 남해 • 남도바닷길 : 여수 · 순천 · 보성 · 광양
프런트 오피스 용어	Room Clerk, Front Cashier, Check Out Service

우리나라 의료관광	• 표준화된 의료서비스를 제공하기 위해 의료서비스 인증제도가 확산
	  되고 있음
	• 의료관광은 일반관광보다 체류 일수가 길고 비용이 높은 고부가치산업
	• 외국인 환자 유치행위가 합법화된 것은 2009년 5월
	• 의료관광은 질병을 치료하는 등의 활동을 넘어 본인의 건강상태에 따
	  라 현지에서의 요양, 관광, 쇼핑, 문화체험 등의 활동을 겸하는 것을
	  의미함

성장기	• 판매량 증가율이 매우 높아짐 • 마케팅 목표는 시장점유율을 극대화하는 것 • 광고전략은 상표차이와 이점을 강조하는 것 • 유통전략은 유통경로를 확대하는 것

핵심 키워드	정답 키워드
CVB(컨벤션뷰로)	• 컨벤션의 유치 및 유치된 컨벤션 업무를 지원하는 역할 • 국제회의 개최자와 회의 개최에 필요한 시설과 서비스를 제공하는 공급자를 연결시켜주는 역할
크루즈	• 대양으로 항해를 하거나 국가 간을 항해하는 것을 해양 크루즈라고 함 • 크루즈는 활동 범위에 따라 국내 크루즈(연안 크루즈), 국제 크루즈(외항 크루즈)로 구분 • 우리나라의 크루즈 형태의 여행상품이 본격적으로 등장한 것은 1998년 • 관광진흥법령상 크루즈업은 관광유람선업으로 분류
국내 최초의 카지노	인천 올림포스호텔 카지노
BSP	항공사와 여행사간의 항공권 판매대금 및 정산업무 등을 은행이 대신하는 정산제도
PNR의 필수 구성 요소	• 여 정 • 승객 이름 • 전화번호
국제관광의 범위	Inbound Tourism / Outbound Tourism
룰렛 게임	회전하는 휠 위에서 딜러가 돌린 볼이 내가 베팅한 숫자의 포켓 안으로 떨어져 당첨금을 받는 게임
관광진흥법령상의 여행업	• 여행업은 국내여행업, 국내외여행업, 종합여행업으로 분류 • 종합여행업의 등록기준 : 자본금 5천만 원 이상 • 국내외여행업의 등록기준 : 자본금 3천만 원 이상 • 국내여행업의 등록기준 : 자본금 1천 5백만 원 이상
항공사 코드	• 제주항공 : 7C • 에어부산 : BX • 진에어 : LJ • 대한항공 : KE
호텔 프런트의 업무	• 인포메이션 업무 • 등록 업무 • 계산 업무
유럽식 플랜	호텔 객실과 식사 요금을 별도로 계산하는 제도
여행자 휴대품 통관 면세의 범위	여행자 휴대품 통관 면세 범위는 과세가격 합계 기준으로 미화 800달러
웰니스 관광도시	한국관광공사에서는 2023년 올해의 웰니스 관광도시로 정선군을 선정
시대별 관광의 특성 (1980년대)	국민해외여행 전면자유화

K-관광마켓 10선	• 서울 풍물시장 • 대구 서문시장 • 인천 신포국제시장
BIE(세계박람회사무기구)	• 우리나라 1987년 가입 • 프랑스 파리에 본부 • 박람회(엑스포)의 남용을 막을 수 있는 제도적 장치의 필요성으로 창립
제4차 관광개발기본계획 (2022~2031)	• 매력적인 관광자원 발굴 • 지속가능 관광개발 가치 구현 • 편리한 관광편의기반 확충
관광의 구조	• 관광매체 : 교통기관 • 관광객체 : 관광자원 • 관광주체 : 관광자
국제관광도시	• 국제관광도시 : 부산광역시 • 지역관광거점도시 : 강원 강릉시, 전북 전주시, 전남 목포시, 경북 안동시
관광지의 개념	자연적 또는 문화적 관광자원을 갖추고 관광객을 위한 기본적인 편의시설을 설치하는 지역으로 관광진흥법에 의해 지정된 곳
녹색관광	녹음이 풍부하고 자연이 아름다운 장소에서 휴양, 자연관찰, 지역전통문화와의 만남, 농촌생활 체험, 농촌사람들과의 교류를 추구하는 여행
시장세분화의 심리적 변수	• 사회계층 • 라이프스타일 • 성 격
고대 로마의 관광 발전 요인	• 화폐제도 발달 • 도로의 정비 • 치안의 유지
국내관광진흥책	• 한국관광 100선 • 내나라 여행박람회 • 한국관광의 별
관광의 부정적 효과	• 자연환경 파괴 • 환경오염 문제 • 야생동물 멸종

2022 출제 키워드

핵심 키워드	정답 키워드
Over Tourism	관광객이 관광지의 수용력을 초과 방문하여 발생하는 관광현상
Grand Tour	근대시대 유럽에서 '교육적 효과'를 궁극적인 목표로 삼았던 관광
세계관광기구의 관광통계 포함 관광객	해외교포, 승무원, 당일방문객
발전단계별 핵심 관광동기	• Tour 시대 : 종교 동기 • Tourism 시대 : 지식 동기 • Mass Tourism 시대 : 위락 동기 • New Tourism 시대 : 관광의 생활화 동기
우리나라의 관광사업자단체	한국관광펜션업협회, 한국호텔업협회, 한국여행업협회
관광기본법	건전한 국민관광의 발전을 도모하기 위해 최초로 시행된 관광관련 법률
문화체육관광부 추진 관광상품 개발 사업	• 한국관광의 별 • 한국관광 100선 • 따로 함께 걷는 대한민국
시기별 국민관광 정책	• 지리산 국립공원 지정(1967) • 관광진흥법 제정(1987) • 해외여행 자유화 실시(1989) • 대전엑스포 개최(1993)
항공사와 IATA 코드 연결	• 일본항공 : JL • 베트남항공 : VN • 필리핀항공 : PR • 대한항공 : KE
국제관광기구의 약자와 명칭 연결	• PATA : 아시아 · 태평양관광협회 • ASTA : 미국여행업협회 • ICCA : 국제회의협회 • APEC : 아시아 · 태평양경제협력체
국제관광 (International Tourism)	미국인 Smith가 미국에서 출발하여 일본과 우리나라를 관광한 후 미국으로 귀국하는 것
섹터별 관광개발 주체	• 제1섹터 방식 : 공공 주도 • 제2섹터 방식 : 민간 주도 • 제3섹터 방식 : 공공 + 민간 주도 • 혼합섹터 방식 : 공공 + 민간 + 지역센터 주도
2020년 선정 지역관광거점도시	강원도 강릉시, 전라남도 목포시, 전라북도 전주시
카지노 허가 시설	국제회의업 시설의 부대시설

CVB	해당 도시나 지역을 대표하여 컨벤션뿐만 아니라 전시회 · 박람회 및 인센티브 관광 등 MICE와 관련된 행사를 유치하는 데 필요한 업무와 정보를 제공해주는 국제회의 전담기구
크루즈업 등록기준	• 욕실이나 샤워시설을 갖춘 객실을 20실 이상 갖추고 있을 것 • 체육시설, 미용시설, 오락시설, 쇼핑시설 중 2종류 이상의 시설을 갖추고 있을 것 • 식당 · 매점 · 휴게실을 갖추고 있을 것
항공운송사업의 특성	안전성, 고속성, 경제성
호텔 특성에 따른 분류와 호텔의 종류	• 숙박기간 : Residential Hotel, Trasient Hotel • 입지조건 : Airport Hotel • 숙박목적 : Commercial Hotel
호텔업의 특성	인적서비스에 대한 의존성, 계절성, 고정자산 과다
카지노산업의 파급효과	• 지역경제 활성화 • 지역의 고용창출 효과 • 과도한 이용으로 인한 사회적 부작용
스마트관광도시 사업목표	• 기술 기반 미래 관광서비스 · 인프라 육성 • 혁신 기업의 참여를 통한 新관광산업 발전 기반 마련 • 지역 경쟁력 강화를 통한 지역관광 활성화
관광사업의 기본적 성격	복합성, 입지의존성, 공익성, 기업성
국제의료관광코디네이터의 역할	• 외국인환자 공항 영접 · 환송 서비스 • 외국인환자 통역서비스 • 외국인환자 의료사고 및 컴플레인 관리
여행업	• 국내여행업은 다양한 국민관광 수요를 충족하기 위해 1982년 허가제에서 등록제로 변경 • 국내외를 여행하는 내국인 및 외국인을 대상으로 하는 여행업은 2021년 일반여행업에서 종합여행업으로 변경되었고, 자본금은 5천만 원 이상이어야 함
관광의사결정에 영향을 미치는 요인	• 개인적 요인 : 학습, 성격, 태도, 동기, 지각 • 사회적 요인 : 가족, 문화, 사회계층, 준거집단

핵심 키워드	정답 키워드
관광의 경제적 효과	• 국제무역수지 개선 • 고용창출 효과 • 조세수입 증가
관광의 일반적 특성	관광 후 주거지로 복귀, 관광지에서 여가활동, 일상 생활권의 탈출
관광의사결정에 영향을 미치는 개인적 요인	동기, 학습, 지각
서양 중세시대 관광	• 십자군 전쟁에 의해 동 · 서양 교류 확대 • 순례자의 종교관광이 주를 이루었으며 숙박시설은 주로 수도원 • 동방의 비잔틴 · 회교문화가 유럽인의 견문에 자극
연대별 관광정책	• 1960년대 : 현 한국관광공사의 전신인 국제관광공사 설립, 관광사업 진흥법 제정 및 공포 • 1970년대 : 관광진흥개발기금법 제정 및 공포 • 1990년대 : 관광업무 담당부처가 교통부에서 문화체육부로 이관
중앙정부 행정부처별 업무	• 외교부 : 여권발급, 사증(Visa) 면제협정의 체결 • 법무부 : 여행자의 출입국관리 • 환경부 : 국립공원 지정
국민관광	• 1977년에 전국 36개소 국민관광지 지정 • 노약자 · 장애인 등 취약계층 지원 • 내국인의 국내 · 외 관광을 의미
관광관련 국제기구	• WTTC : 세계여행관광협의회 • ASTA : 미국여행업협회 • PATA : 아시아태평양관광협회 • ICAO : 국제민간항공기구
인바운드 관광수요에 부정적 영향을 미치는 요인	전쟁 및 테러, 신종 전염병, 주변 국가와의 외교적 갈등 고조
국제관광객	승무원, 해외 교포, 스포츠 참가자 등
관광특구	특별자치도를 제외한 시장, 군수, 구청장의 신청으로 시 · 도지사가 지정하고, 관광특구 전체 면적 중 관광활동과 직접적인 관련성이 없는 토지가 차지하는 비율이 10퍼센트일 것
매슬로의 욕구계층 이론	생리적 욕구 → 안전의 욕구 → 사회적 욕구 → 존경의 욕구 → 자아실현의 욕구
2021년 기준 내국인 면세물품 총 구매한도액	미화 5,000달러 ※ 2022년 해당 규정이 폐지되어 구매한도액은 없다.
우리나라 최초의 외국인전용 카지노	인천 올림포스호텔 카지노

아시아 최초 국제 슬로시티 가입지역	신안 증도면, 완도 청산면, 담양 창평면
여행경보제도	• 1단계(남색경보) : 여행유의 • 2단계(황색경보) : 여행자제 • 3단계(적색경보) : 철수권고 • 4단계(흑색경보) : 여행금지
UIA	국제단체 또는 국제기구의 국내지부가 주최하는 회의로서, 참가국 5개국 이상, 참가자수 300명 이상(외국인 40% 이상), 회의 기간 3일 이상의 조건을 만족하는 회의
American Plan	• 객실요금에 아침, 점심, 저녁 1일 3식 포함 • Full Pension이라고도 함
지역별 국제회의시설	• BEXCO : 부산 • KINTEX : 일산 • EXCO : 대구 • DCC : 대전
우리나라 면세점	• 외국인의 면세물품 구매한도액은 제한 없음 • 면세물품은 반입·반출에 엄격한 통제를 받음 • 입국 내·외국인의 면세범위는 미화 600달러 ※ 2023년 기준 입국 내·외국인의 면세범위는 미화 800달러이다.
Forum	한 가지 주제에 대하여 상반된 동일 분야의 전문가들이 청중 앞에서 공개토론하는 형식으로서 청중들의 참여가 활발함. 쌍방의 의견이나 토론내용 요약 시 사회자가 중립적 역할을 함
IATA 기준 항공사 코드	• KOREAN AIR : KE • ASIANA AIRLINES : OZ • JEJU AIR : 7C • JIN AIR : LJ
Intrabound	• 내국인의 국내여행 • 국내거주 외국인의 국내여행
객실 유형	• 트윈룸(Twin Room) : 싱글 베드 2개 • 더블룸(Double Room) : 2인용 베드 1개 • 블로킹룸(Blocking Room) : 예약된 방 • 커넥팅룸(Connecting Room) : 객실 2개가 연결되어 내부의 문을 통해 상호 왕래가 가능한 객실
관광마케팅믹스 구성요소	• 상품(Product) : 항공 기내좌석 및 승무원서비스 • 가격(Price) : 항공료 • 촉진(Promotion) : TV 또는 SNS 광고

2020 출제 키워드

핵심 키워드	정답 키워드
여행업의 특성	• 고정자본의 투자가 적음 • 계절성이 강함 • 정치, 경제 등의 변화에 민감함 • 노동집약적
IATA	• 1945년 쿠바의 아바나에서 결성 • 각국의 항공사 대표들로 구성 • 국제항공기구 • 비정부조직
관광사업	여행업, 관광숙박업, 관광객 이용시설업, 국제회의업, 카지노업, 테마파크업, 관광편의시설업
여행업의 주요 업무	수배업무, 정산업무, 여정관리업무, 수속대행업무, 상담업무, 판매업무, 발권업무, 상담업무
LCC의 일반적 특징	• 좌석클래스의 단일화 • 조직의 단순화 • Point to Point(지점 간 노선) 운항 • 중 · 소형 여객기 중심
항공동맹체	• One World • Sky Team(대한항공 가입) • U-Fly Aliance(이스타항공 가입)
IATA 기준 항공사 코드	• 에어부산 : BX • 진에어 : LJ • 티웨이항공 : TW • 제주항공 : 7C • 일본항공 : JL
호텔 요금제도	유럽식 플랜(European Plan)은 객실요금에 식사요금을 포함하지 않으며, 콘티넨탈식 플랜(Continental Plan)은 조식만 포함함
룰 렛	휠 안에 볼이 회전하다 포켓 안에 들어간 번호가 위닝넘버가 되는 게임
패널토의	2~8명의 연사가 사회자의 주도하에 서로 다른 분야에서의 전문가적 견해를 발표하는 공개 토론회이며 청중도 의견 발표 가능
호텔업의 등급 체계	별 등급으로 5 · 4 · 3 · 2 · 1성급으로 구분
휴양콘도미니엄 소유형태	• 소유권 양도 가능 • 공유제는 평생소유 가능 • 회원제 · 공유제는 취득세 대상 • 시설 이용권 양수 가능

한국의 슬로시티	• 전남 신안군 증도 • 전남 완도군 청산도 • 전남 담양군 창평면 • 경남 하동군 악양면 • 충남 예산군 대흥면 • 전북 전주시 한옥마을 • 경북 상주시 함창읍 · 이안면 · 공검면 • 경북 청송군 주왕산면 · 파천면 • 강원도 영월군 김삿갓면 • 충북 제천시 수산면 • 충남 태안군 소원면 • 경북 영양군 석보면 • 경남 김해시 봉하마을 · 화포천습지 • 충남 서천군 한산면 • 강원도 춘천시 실레마을 • 전남 장흥군 유치면, 방촌문화마을
PATA	• 1951년 설립 • 관민 합동기구 • 관광진흥활동, 지역발전 도모 등을 목적으로 함 • 우리나라는 1963년에 가입
한국관광공사	국제관광 진흥사업 및 국민관광 진흥사업을 수행
우리나라와의 시차	• 런던 : 9시간 • 로스앤젤레스 : 17시간 • 시드니 : 2시간 • 방콕 : 2시간
관광매체	• 공간적 매체 : 도로, 수송수단 • 시간적 매체 : 휴게 · 숙박시설 • 기능적 매체 : 관광가이드, 기념품 판매업자
한국의 관광역사	1962년 국제관광공사가 설립되어 해외 선전 및 외래 관광객 유치 수행
관광관련 행정조직과 역할	• 외교부 : 여권발급 및 Visa 면제협정 체결 • 보건복지부 : 관광업소 위생관리 • 환경부 : 국립공원 지정
UNWTO의 관광객 구분	방문국에서 1박 이상 체재하는 사람(비거주자, 해외교포, 항공사 승무원 포함)을 말함
관광의 사회적 효과	교육적 효과, 국민의식 수준 제고
국립공원	다도해해상, 경주, 한려해상, 설악산, 태안해안 등
관광특구의 지정권자	관광특구는 시장 · 군수 · 구청장의 신청에 따라 시 · 도지사가 지정
관광마케팅믹스	촉진(Promotion), 유통(Place), 상품(Product), 사람(People)
Dark Tourism	비극적 역사 및 재난의 현장을 돌아보며 교훈을 얻는 여행

2019 출제 키워드

핵심 키워드	정답 키워드
소형호텔업 등록기준	• 욕실이나 샤워시설을 갖춘 객실을 20실 이상 30실 미만으로 갖추고 있을 것 • 부대시설의 면적 합계가 건축 연면적의 50퍼센트 이하일 것 • 두 종류 이상의 부대시설을 갖출 것. 다만, 「식품위생법 시행령」에 따른 단란주점영업, 유흥주점영업 및 「사행행위 등 규제 및 처벌 특례법」에 따른 사행행위를 위한 시설은 둘 수 없음 • 조식 제공, 외국어 구사인력 고용 등 외국인에게 서비스를 제공할 수 있는 체제를 갖추고 있을 것 • 대지 및 건물의 소유권 또는 사용권을 확보하고 있을 것. 다만, 회원을 모집하는 경우에는 소유권을 확보하여야 함
관광산업의 공익적 특성 중 경제적 측면	• 외화획득 • 소득효과
바카라	Banker와 Player 중 카드 합이 9에 가까운 쪽이 승리하는 카지노 게임이다.
2019년 기준 출국 내국인의 면세물품 구매한도액	미화 5,000달러 ※ 2022년 기준 해당 규정이 폐지되어 구매한도액은 없다.
국제회의기준을 정한 공인 단체	• 아시아컨벤션뷰로협회(AACVB ; Asian Association of Covention & Visitor Bureaus) • 국제민간항공기구(ICAO ; International Civil Aviation Organization) • 세계국제회의전문협회(ICCA ; International Congress & Convention Association) • 국제회의 연합(UIA ; Union of International Associations)
APIS (Advance Passenger Information System)	출발지공항 항공사에서 예약이나 발권, 탑승수속 시 승객에 대해 필요한 정보를 수집하고 법무부와 세관에 통보하여 미국 도착 탑승객에 관한 사전 검사를 가능하게 함으로써 입국심사에 소요되는 시간을 단축시키는 미국의 사전 입국심사제도
저비용 항공사 운영형태와 특징	• 최소한의 기종을 운용하며 유지 · 관리 비용을 최소화함 • 단거리 노선에 치중하여 서비스 수준의 기대가 높아지는 중 · 장거리 노선을 최소화함 • 인터넷을 적극적으로 활용하여 대행예약의 수수료와 인건비를 줄임 • 교외 소도시의 저가 공항으로 취항하여 비용을 절감함
의료관광	• 질병을 치료하는 등의 활동을 넘어 본인의 건강상태에 따라 현지에서의 요양, 관광, 쇼핑, 문화체험 등의 활동을 겸하는 것을 의미함 • 의료관광은 일반관광보다 이용객의 체류 일수가 길고 비용이 높기 때문에 고부가 가치 산업으로 각광받음

크루즈 산업 발전방향	• 대중들이 크루즈 여행을 즐길 수 있도록 분화하여 상품의 다양성을 확보함 • 계절적 수요에 맞게 탄력적인 운영을 시행함 • 특별한 목적이나 경쟁력 있는 주제별 선상프로그램의 개발을 통해 체험형 오락거리가 풍부한 여행상품으로 개발해야 함 • 간편한 입 · 출항 절차를 마련하여 승객들이 편리성을 제공함
여행상품 가격결정요인	• 여행기간 • 목적지까지의 거리 • 계 절 • 상품 내용(숙박시설, 식사 내용, 방문관광지, 단체의 규모, 관광일정)
관광숙박업의 분류	• 호텔업 : 관광객의 숙박에 적합한 시설을 갖추어 이를 관광객에게 제공하거나 숙박에 적합한 시설을 갖추어 이를 관광객에게 제공하거나 숙박에 딸리는 음식 · 운동 · 오락 · 휴양 · 공연 또는 연수에 적합한 시설 등을 함께 갖추어 이를 이용하게 하는 업 • 휴양콘도미니엄업 : 관광객의 숙박과 취사에 적합한 시설을 갖추어 이를 그 시설의 회원이나 공유자, 그 밖의 관광객에게 제공하거나 숙박에 딸리는 음식 · 운동 · 오락 · 휴양 · 공연 또는 연수에 적합한 시설 등을 함께 갖추어 이를 이용하게 하는 업
여행의 산업적 특성	• 계절성 산업 : 계절의 영향을 받아 영업이 되는 사업으로 해수욕장이나, 스키장 등이 해당함 • 노동집약적 산업 : 생산요소에서 자본이 차지하는 비중이 낮고, 노동력의 비중이 높은 상품을 생산하는 산업을 말함 • 환경민감성 산업 : 여행업은 금융위기나 전쟁, 허리케인, 관광목적지의 보건 · 위생 등에 크게 영향을 받음 • 종합산업 : 여행 산업은 여러 가지 분야의 과정이 종합적으로 작용하는 산업임
국제회의업 등록기준	• 국제회의업을 경영하고자 하는 자는 특별자치시장 · 특별자치도지사 · 시장 · 군수 · 구청장에게 등록하여야 함 • 국제회의시설업(「관광진흥법 시행령」 별표 1 제5호 가목) - 「국제회의산업 육성에 관한 법률 시행령」에 따른 회의시설 및 전시시설의 요건을 갖추고 있을 것 - 국제회의 개최 및 전시의 편의를 위하여 부대시설로 주차시설과 쇼핑 · 휴식시설을 갖추고 있을 것 • 국제회의기획업(「관광진흥법 시행령」 별표 1 제5호 나목) - 자본금 : 5천만 원 이상일 것 - 사무실 : 소유권이나 사용권이 있을 것
국제관광의 분류	• 자국민이 자국 내에서 관광 : Domestic Tourism • 자국민이 타국에서 관광 : Outbound Tourism • 외국인이 자국 내에서 관광 : Inbound Tourism • 외국인이 외국에서 관광 : Overseas Tourism
관광기본법의 역사	1975년 「관광사업진흥법」이 「관광기본법」과 「관광사업법」으로 분리되었음
연대별 관광정책	• 국제관광공사법 제정 : 1960년대 • 관광진흥개발기금법 제정 : 1970년대 • 제2차 관광진흥 5개년 계획 시행 : 2000년대 • 관광경찰제도 도입 : 2010년대

국제관광의 의의	• 현대 국제생활과 밀착된 개념으로서 국제시민생활의 필수적인 일부분으로 정착하여 국제 간의 인간 및 문화교류를 통한 문화생활 향상에 크게 이바지함 • 관광객이 방문하는 지역의 주민과의 접촉을 통하여 국가상호간의 이해증진을 도모하고 국제친선에 기여함 • 일반적으로 생활수준 또는 경제성장률이 높거나 소득격차가 상대적으로 적으면서 인구증가에 따른 도시화와 공업화가 급속히 진행되고 있는 국가에서부터 점차 확대됨
세계관광기구 (UNWTO)	• 1975년 정부 간 협력기구로 설립 • 문화적 우호관계 증진 • 2003년 IUOTO에서 UNWTO로 개칭 • 경제적 우호관계 증진
ATMA (Asia Travel Marketing Association)	동아시아 지역으로 구미주 · 대양주 관광객 유치를 증진하기위해 1966년, 일본의 제의로 한국, 대만, 홍콩, 필리핀, 마카오 등 7개국을 중심으로 설립
마케팅 시장세분화 인구통계적 세부변수	• 성 별 • 종 교 • 가족생활주기
관광매체	• 공간적 매체 : 교통기관, 도로, 운송시설 등 • 시간적 매체 : 숙박, 휴게실 등 • 기능적 매체 : 관광알선, 통역안내, 관광선전 등
전시효과	전시효과란 개인이 사회의 소비수준의 영향을 받아 타인의 소비방식을 따라하려는 심리경향
관광의사결정에 영향을 미치는 요인	• 개인적 요인 : 학습, 성격, 태도, 동기, 지각 • 사회적 요인 : 가족, 문화, 사회계층, 준거집단
유네스코 세계유산에 등재된 산사, 한국의 산지승원	• 양산 통도사 • 영주 부석사 • 안동 봉정사 • 보은 법주사 • 공주 마곡사 • 순천 선암사 • 해남 대흥사
우리나라의 대표적인 컨벤션 시설	• 서울 : COEX, aT센터, SETEC • 대구 : EXCO • 고양 : KINTEX • 부산 : BEXCO • 제주 : ICC Jeju • 창원 : CECO

2018 출제 키워드

핵심 키워드	정답 키워드
2018년 기준 한국관광공사 선정 KOREA 유니크베뉴	• 서울(9곳) : 노들섬, 국립중앙박물관, 문화비축기지, 우리 옛돌박물관, 이랜드크루즈, 저스트케이팝, 플로팅 아일랜드 컨벤션, 한국가구박물관, 한국의 집 • 경기(5곳) : 한국만화영상진흥원, 광명동굴, 한국민속촌, 현대모터스튜디오고양, 현대유람선 • 인천(3곳) : 트라이보울, 전등사, 파노라믹65 • 강원(7곳) : 하슬라 아트월드, 강릉오죽 한옥마을, 원주 한지테마파크, DMZ박물관, 알펜시아 스키점프센터, 인제 스피디움, 남이섬 • 전주(2곳) : 왕의지밀, 한국소리문화의전당 • 광주(1곳) : 국립아시아문화전당 • 경주(2곳) : 황룡원, 국립경주박물관 • 김해(1곳) : 클레이아크 김해미술관 • 논산(1곳) : 선샤인스튜디오 • 천안(1곳) : 독립기념관 • 부산(4곳) : 뮤지엄 다, 누리마루 APEC 하우스, 더베이101, 영화의 전당 • 대구(1곳) : 대구예술발전소 • 제주(3곳) : 생각하는 정원, 본태박물관, 제주민속촌 ※ 2023년 기준 한국관광공사 선정 KOREA 유니크베뉴 • 서울(10곳) : 한국가구박물관, 국립중앙박물관, 노들섬, 문화 비축기지, 우리 옛돌박물관, 이크루즈, 플로팅 아일랜드 컨벤션, 한국의집, SKY31 컨벤션, 국립국악원 • 경기(6곳) : 광명동굴, 한국만화영상진흥원, 한국민속촌, 현대모터스튜디오고양, 아시아출판문화정보센터, 현대유람선 • 인천(3곳) : 전등사, 트라이보울, 오크우드 프리미어 파라노믹65 • 강원(6곳) : 강릉오죽 한옥마을, 남이섬, DMZ박물관, 원주 한지테마파크, 인제 스피디움, 하슬라 아트월드 • 대전(1곳) : 엑스포과학공원한빛탑 • 충북(1곳) : 청남대 • 충남(2곳) : 독립기념관, 선샤인스튜디오 • 대구(1곳) : 대구 예술발전소 • 경북(4곳) : 국립경주박물관, 경주 황룡원, 경주 엑스포대공원, 한국문화테마파크 • 부산(5곳) : 누리마루 APEC 하우스, 뮤지엄원, 영화의 전당, 피아크, 부산 엑스더스카이 • 울산(1곳) : Fe01 재생복합문화공간 • 경남(2곳) : 클레이아크 김해미술관, 통영 RCE세자트라숲 • 광주(2곳) : 국립아시아문화전당, 10년후 그라운드 • 전북(3곳) : 왕의지밀, 한국소리문화의전당, 태권도원 • 전남(1곳) : 예울마루&장도예술의섬 • 제주(4곳) : 본태박물관, 생각하는 정원, 제주민속촌, 9.81파크
바카라	Banker와 Player 중 카드 합이 9에 가까운 쪽이 승리하는 카지노 게임이다.
2017년 기준 UIA (국제협회연합) 국제회의 유치실적 순서	한국 – 싱가포르 – 오스트리아 – 일본 ※ 2023년 기준 벨기에 – 미국 – 일본 – 한국 순이다.

종합여행업에서 기획여행을 실시할 경우 보증보험 가입금액 기준	• 직전사업년도 매출액 10억 원 이상 50억 원 미만 : 2억 원 • 직전사업년도 매출액 50억 원 이상 100억 원 미만 : 3억 원 • 직전사업년도 매출액 100억 원 이상 1,000억 원 미만 : 5억 원 • 직전사업년도 매출액 1,000억 원 이상 : 7억 원 ※ 2021년 9월 24일 법령이 개정되어 일반여행업에서 종합여행업으로 　변경되었다.
관광사업 업종대상과 지정권자 연결	• 관광펜션업 : 특별자치시장 · 특별자치도지사 · 시장 · 군수 · 구청장 • 관광순환버스업 : 특별자치시장 · 특별자치도지사 · 시장 · 군수 · 구청장 • 관광식당업 : 지역별 관광협회 • 관광유흥음식점업 : 특별자치시장 · 특별자치도지사 · 시장 · 군수 · 구 　청장
Continental Plan	호텔 객실요금에 조식만 포함되어 있는 요금제도
국내 컨벤션센터와 지역 연결	• DCC : 대전 • CECO : 창원 • SETEC : 서울 • GSCO : 군산
항공 기내특별식 용어	• BBML : 유아용 음식 • MOML : 이슬람 음식 • KSML : 유대교 음식 • HNML : 힌두교 음식
휴버트 방법	연간 총 경비, 객실 수, 객실 점유율 등에 의해 연간 목표이익을 계산하 여 이를 충분히 보전할 수 있는 가격으로 호텔 객실가격을 결정함
문화체육관광부 선정 대한민국 테마여행 10선	• 평화역사 이야기여행 : 인천 · 파주 · 수원 · 화성 • 드라마틱 강원여행 : 평창 · 강릉 · 속초 · 정선 • 위대한 금강역사여행 : 대전 · 공주 · 부여 · 익산 • 중부내륙 힐링여행 : 단양 · 제천 · 충주 · 영월 • 시간여행101 : 전주 · 군산 · 부안 · 고창 • 남도맛기행 : 광주 · 목포 · 담양 · 나주 • 선비이야기 여행 : 대구 · 안동 · 영주 · 문경 • 해돋이역사 기행 : 울산 · 포항 · 경주 • 남쪽빛감성여행 : 부산 · 거제 · 통영 · 남해 • 남도바닷길 : 여수 · 순천 · 보성 · 광양
BSP	항공사와 여행사가 은행을 통하여 항공권 판매대금 및 정산업무 등을 간소화하는 제도
한국관광 품질인증 대상 사업	• 야영장업 • 외국인관광 도시민박업 • 관광식당업 • 한옥체험업 • 관광면세업 • 숙박업(관광숙박업 제외) • 외국인관광객면세판매장

2018년 문화체육관광부 지정 글로벌 육성축제	• 금산인삼축제 • 무주반딧불축제 • 문경찻사발축제 • 영동난계국악축제 • 진도신비의바닷길축제 • 천안흥타령축제 • 하동야생차문화축제 ※ 문화관광축제 등급제 폐지로 2023년 현재는 문화관광축제와 예비 문화관광축제로 구분한다.
관광의 긍정적 영향	국제수지 개선, 고용창출 증대, 환경인식 증대
서양 중세시대 관광	십자군전쟁에 의한 동 · 서양 교류가 확대됨
관광의 유사 개념	여행, 레크리에이션, 레저
매슬로 (A. H. Maslow)	• 생리적 욕구 • 안전의 욕구 • 사회적 욕구 • 존경의 욕구 • 자아실현의 욕구
Dark Tourism	재난 현장이나 비극적 참사의 현장을 방문하는 관광
2018년 기준 출국 내국인의 면세물품 총 구매한도액	미화 3,000달러 ※ 2022년 해당 규정이 폐지되어 구매한도액은 없다.
국민관광	• 국민관광 활성화 일환으로 1977년 전국 36개소 국민관광지 지정 • 국민관광은 장애인, 노약자 등 관광 취약계층을 지원함
관광의 분류	• Outbound Tourism : 내국인의 국외관광 • Overseas Tourism : 외국인의 국외관광 • Inbound Tourism : 외국인의 국내관광 • Domestic Tourism : 내국인의 국내관광
이탈리아	슬로시티가 세계 최초로 시작된 국가
OECD의 정의	국제관광객은 타국에서 24시간 이상 6개월 이내의 기간 동안 체재하는 자를 의미함
관광 관련 국제기구	• PATA : 아시아태평양관광협회 • IATA : 국제항공운송협회 • ICAO : 국제민간항공기구 • UFTAA : 세계여행협회연맹

2017 출제 키워드

핵심 키워드	정답 키워드
우리나라의 국제공항	인천국제공항, 김포국제공항, 제주국제공항, 김해국제공항, 청주국제공항, 대구국제공항, 양양국제공항, 무안국제공항
패스트트랙	교통약자 및 출입국 우대자는 이용하는 항공사의 체크인카운터에서 대상자임을 확인받은 후 전용 출국장을 이용할 수 있음
드라이아이스	해당 항공운송사업자의 승인을 받고 국토교통부고시에 따른 항공위험물 운송기술기준에 적합한 경우 객실 반입이 가능
항공동맹체	• 스카이 팀(Sky Team) • 유플라이 얼라이언스(U-Fly Alliance) • 스타 얼라이언스(Star Alliance)
관광객체	• 관광객을 유인하는 관광매력물을 의미 • 관광자원이나 관광시설을 포함 • 관광객의 욕구를 만족시키는 역할을 함
UNWTO의 국적과 국경에 의한 관광분류(1994)	• Internal 관광 : Domestic Tourism과 Inbound Tourism을 결합한 것 • National 관광 : Domestic Tourism과 Outbound Tourism을 결합한 것 • International 관광 : Inbound Tourism과 Outbound Tourism을 결합한 것
관광의 경제적 효과 중 소득 효과	• 투자소득효과 • 소비소득효과 • 관광수입으로 인한 외화획득효과
역내관광 (Intra-regional Tourism)의 예	한국인의 일본여행
카지노 산업의 긍정적 효과	• 조세수입 확대 • 외국인 관광객 유치 • 지역경제 활성화
AIO 분석	• 소비자의 관찰가능한 일상의 제반 행동이 측정 대상 • 특정 대상, 사건, 상황에 대한 관심 정도가 측정 대상 • 소비자의 특정 사물이나 사건에 대한 의견을 파악
항해지역에 따른 크루즈 유형	• 해양크루즈 • 연안크루즈 • 하천크루즈
인천 올림포스 카지노	외국인 전용으로 허가받아 개설된 우리나라 최초의 카지노
서양의 중세시대 관광	• 관광의 암흑기 • 성지순례 발달 • 십자군 전쟁 이후 동양과의 교류 확대

2017년 기준 문화체육관광부 지정 올해의 관광도시	• 강원도 강릉시 • 경상북도 고령군 • 광주광역시 남구 ※ 2020년 국제 관광도시는 부산광역시이며, 지역관광거점도시는 전라남도 목포시, 전라북도 전주시, 강원도 강릉시, 경상북도 안동시가 있다.
WTTC	• 관광산업의 사회적 인지도를 증진시키기 위해 1990년에 설립된 민간 국제조직 • 영국 런던에 본부를 둠
관광진흥법령상 국외여행인솔자의 자격요건	• 관광통역안내사 자격을 취득할 것 • 여행업체에서 6개월 이상 근무하고 국외여행 경험이 있는 자로서 문화체육관광부장관이 정하는 소양교육을 이수할 것 • 문화체육관광부장관이 지정하는 교육기관에서 국외여행 인솔에 필요한 양성교육을 이수할 것
관광두레	지역주민이 주도하여 지역을 방문하는 관광객을 대상으로 숙박, 여행 알선 등의 관광사업체를 창업하고 자립 발전하도록 지원하는 사업
제3차 관광개발기본계획 (2012~2021년)의 개발전략	• 품격관광을 실현하는 관광개발 정책 효율화 • 미래 환경에 대응한 명품 관광자원 확충 • 문화를 통한 품격 있는 한국형 창조관광 육성 • 국민이 행복한 생활관광 환경 조성 • 저탄소 녹색성장을 선도하는 지속가능한 관광확산 • 관광 경쟁력 제고를 위한 국제협력 강화
여행업의 기본 기능	• 상담기능 • 예약 · 수배기능 • 판매기능 • 발권기능 • 정산기능 • 수속대행기능 • 여정관리기능
Series Tour	여행목적, 여행기간, 여행코스가 동일한 형태로 정기적으로 실시되는 여행
Turn Down Service	취침 전에 간단한 객실의 정리 · 정돈과 잠자리를 돌보아 주는 서비스
CVB	컨벤션산업 진흥을 위해 관련단체들이 참여하여 마케팅 및 각종 지원사업을 수행하는 전담기구
의료관광	• 치료 · 관광형의 경우 관광과 휴양이 발달한 지역에서 많이 나타남 • 외국인 환자유치를 포함하는 의료서비스와 관광이 융합된 새로운 관광 상품 트렌드 • 환자중심의 서비스와 적정수준 이상의 표준화된 서비스를 제공하기 위해 의료서비스 인증제도가 확산되고 있음
2017년 기준 내국인 국내 면세점의 면세품 구입한도액	미화 3,000달러 ※ 2022년 해당 규정이 폐지되어 구입한도액은 없다.
컨벤션 센터 중 전시면적이 큰 순서	BEXCO – EXCO – ICC Jeju

핵심 키워드	정답 키워드
관광매체	여행사, 관광안내소, 교통수단 등
친구나 친지 방문	매킨토시(R. W. McIntosh)가 분류한 관광동기 유형 중 대인적 동기에 해당
세계관광기구(UNWTO)에서 정한 관광객 범주에 포함되는 자	• 2주간의 국제회의 참석자 • 1개월간의 성지순례자 • 1주간의 스포츠행사 참가자 등
관광의 환경적 측면에서의 효과	관광자원의 보호와 복원, 환경정비와 보전, 환경에 대한 인식증대 등
1970년대 한국관광발전사	• 관광호텔의 등급심사제도 도입 • 세계관광기구(UNWTO) 가입 • 경주 보문관광단지 개장
'Mass Tourism' 시기	• 대상은 대중을 포함한 전 국민 • 조직자는 기업, 국가, 공공단체로 확대 • 조직 동기는 이윤 추구와 국민후생증대 중심 • 생산성 향상, 노동시간 감축, 노동운동 확산 등으로 여가시간이 증가하기 시작 • 과학기술 발달로 인한 이동과 접근성이 편리해져 여행수요 증가가 가능해짐
한국관광공사의 국제관광 진흥사업	• 외국인 관광객의 유치를 위한 홍보 • 국제관광시장의 조사 및 개척 • 관광에 관한 국제협력의 증진 • 국제관광에 관한 지도 및 교육
관광정책과정	정책 의제설정 → 정책 결정 → 정책 집행 → 정책 평가
국민관광	전 국민이 일상 생활권을 벗어나 자력 또는 정책적 지원으로 국내·외를 여행하거나 체제하면서 관광하는 행위로, 그 목적은 국민 삶의 질을 제고하는 데 있음
마닐라 선언	1980년 세계관광기구(UNWTO) 107개 회원국 대표단이 참석한 가운데 개최된 세계관광대회(WTC)에서 관광활동은 인간 존엄성의 정신에 입각하여 보장되어야 하며 세계평화에 기여해야 함을 결의함
외국인 의료관광 지원 (관광진흥법 시행령 제8조의3 참조)	• 문화체육관광부장관은 외국인 의료관광을 지원하기 위하여 외국인 의료관광 전문인력을 양성하는 전문교육기관 중에서 우수 전문교육기관이나 우수 교육과정을 선정하여 지원할 수 있다. • 문화체육관광부장관은 외국인 의료관광 안내에 대한 편의를 제공하기 위하여 국내외에 외국인 의료관광 유치 안내센터를 설치·운영할 수 있다. • 문화체육관광부장관은 의료관광의 활성화를 위하여 지방자치단체의 장이나 외국인환자 유치 의료기관 또는 유치업자와 공동으로 해외마케팅사업을 추진할 수 있다.
동아시아관광협회	EATA

2016년 기준 문화관광 대표축제	김제지평선축제, 화천산천어축제, 자라섬국제재즈페스티벌 ※ 문화관광축제 등급제 폐지로 2023년 현재는 문화관광축제와 예비 　문화관광축제로 구분한다.
관광진흥법령상 여행업 등록을 위한 자본금 기준	• 종합여행업 : 5천만 원 이상일 것 • 국내외여행업 : 3천만 원 이상일 것 • 국내여행업 : 1천500만 원 이상일 것 ※ 2021년 9월 24일 법령이 개정되어 일반여행업에서 종합여행업으로, 　국외여행업에서 국내외여행업으로 변경되었다. 종합여행업의 자본금 　기준도 1억 원에서 5천만 원으로 변경되었다.
인천공항 이용 시 항공기 내 반입 가능한 휴대수하물	휴대용 담배 라이터 1개, 휴대용 일반 소형 배터리, 와인 오프너 등 (2023년 11월 기준)
인천공항을 통한 출입국	• 출국하는 내국인의 외환신고 대상은 미화 1만 달러를 초과하는 경우 　이다. • 입국하는 외국인의 면세범위는 미화 600달러까지이다. • 입국하는 내국인의 면세범위는 미화 600달러까지이다. ※ 2023년 기준 입국하는 내 · 외국인의 면세범위는 미화 800달러까지 　이다.
PCO	국제회의 개최와 관련한 다양한 업무를 주최 측으로부터 위임받아 부분 적 또는 전체적으로 대행해 주는 영리업체
IATA 기준 우리나라 항공사 코드	• 대한항공 : KE • 아시아나항공 : OZ • 제주항공 : 7C • 진에어 : LJ • 이스타항공 : ZE
Transfer	항공기 탑승 시 타고 왔던 비행기가 아닌 다른 비행기로 갈아타는 환승
2015년 변경된 호텔 신등급(별등급)에서 등급별 표지 연결	• 5성급 - 별 5개 - 고궁갈색 • 4성급 - 별 4개 - 전통감청색 • 3성급 - 별 3개 - 전통감청색 • 2성급 - 별 2개 - 전통감청색 • 1성급 - 별 1개 - 전통감청색
저가항공사의 일반적 특성	• Point to Point 운영 • Secondary Airport 이용 • Online Sale 활용
Overbooking	예약한 좌석을 이용하지 않는 노쇼(No - show)에 대비한 항공사의 대 응책
워크숍(Workshop)	문제해결능력의 일환으로서 참여를 강조하고 소집단(30~35명) 정도의 인원이 특정문제나 과제에 관해 새로운 지식 · 기술 · 아이디어 등을 교 환하는 회의로서 강력한 교육적 프로그램

홀마크 이벤트 (Hallmark Event)	• 브라질 리우축제 • 뮌헨 옥토버페스트 • 청도 소싸움축제
내부 마케팅 (Internal Marketing)	관광산업에서 고객에게 직접 서비스를 제공하는 직원을 대상으로 하는 마케팅 용어
쉥겐(Schengen) 협약 가입 국가	그리스, 네덜란드, 노르웨이, 덴마크, 독일, 라트비아, 룩셈부르크, 리투 아니아, 리히텐슈타인, 몰타, 벨기에, 스위스, 스웨덴, 스페인, 슬로바키 아, 슬로베니아, 아이슬란드, 에스토니아, 오스트리아, 이탈리아, 체코, 포르투갈, 폴란드, 프랑스, 핀란드, 헝가리 등
ICCA	컨벤션과 관련분야 산업의 성장을 목적으로 1963년 유럽에서 설립된컨 벤션 국제기구
인천공항에 취항하는 외국 항공사	에티오피아 항공(ET), 체코 항공(OK), 알리탈리아 항공(AZ) 등
Complimentary Rate	호텔에서 판매촉진 등을 목적으로 고객에게 무료로 객실을 제공하는 요 금제
국제 슬로시티 (Slow City)에 가입된 지역	전남 신안군 증도, 전남 완도군 청산도, 전남 담양군 창평면, 경남 하동 군 악양면, 충남 예산군 대흥면, 전북 전주시 한옥마을, 경북 상주시 함 창읍 · 이안면 · 공검면, 경북 청송군 주왕산면 · 파천면, 강원도 영월군 김삿갓면, 충북 제천시 수산면, 충남 태안군 소원면, 경북 영양군 석보 면, 경남 김해시 봉하마을 · 화포천습지, 충남 서천군 한산면, 강원도 춘 천시 실레마을, 전남 장흥군 유치면, 방촌문화마을
바카라	Banker와 Player 중 카드 합이 9에 가까운 쪽이 승리하는 카지노 게임
국내 입국 시 소액물품 자가사용 인정기준 (면세통관범위)	• 인삼(수삼, 백삼, 홍삼 등) 합 300g • 더덕 5kg • 고사리 5kg • 참깨 5kg
국내 크루즈업	법령상 관광객이용시설업에 속함
해외 주요 도시 공항코드의 연결	• 두바이(Dubai Int'l) : DXB • 로스앤젤레스(Los Angeles Int'l) : LAX • 홍콩(Hong Kong Int'l) : HKG • 시드니(Sydney Kingsford) : SYD
코리아스테이 (KOREA STAY)	한국관광공사가 인증한 우수 외국인관광 도시민박 브랜드 ※ 한국관광 품질인증제 도입으로 2018년 지정사업이 종료되었다.
대 만	한국 일반여권 소지자가 무비자로 90일까지 체류할 수 있는 국가
한국 메가스포츠 이벤트와 마스코트 연결	• 1988 서울 올림픽 : 호돌이 • 2002 한일 월드컵 : 아트모 • 2011 대구 세계육상선수권대회 : 살비 • 2018 평창 동계올림픽 : 수호랑

관광구성요소에 관한 설명	• 관광객체는 관광매력물인 관광자원, 관광시설 등을 포함 • 관광객체는 관광대상인 국립공원, 테마파크 등을 포함 • 관광매체는 관광사업인 여행업, 교통업 등을 포함
승무원	세계관광기구(UNWTO)의 국제관광객 분류상 관광통계에 포함되는 자
유네스코(UNESCO) 세계기록유산 등재목록	훈민정음(1997), 조선왕조실록(1997), 직지심체요절(2001), 승정원일기(2001), 조선왕조 의궤(2007), 해인사 대장경판 및 제경판(2007), 동의보감(2009), 일성록(2011), 5·18 민주화운동 기물(2011), 난중일기(2013), 새마을운동기록물(2013), 한국의 유교책판(2015), KBS특별생방송 '이산가족을 찾습니다' 기록물(2015), 조선왕실 어보와 어책(2017), 국채보상운동 기록물(2017), 조선통신사기록물(2017), 4·19혁명기록물(2023), 동학농민혁명기록물(2023)
관광유형	• S.I.T : 특별목적관광 • Fair Travel : 공정여행 • Incentive Travel : 포상여행
소멸성 (Perishability)	관광서비스 특징 중 하나로, 문제점을 극복하기 위한 마케팅 전략으로는 비수기 수요의 개발, 예약시스템의 도입 등이 있음
인바운드 관광수요에 부정적 영향을 미치는 요인	일본 아베 정부의 엔저 정책 추진, 북한의 핵미사일 위협 확대 등
국민의 국내관광 활성화 차원에서 추진한 정책	• 구석구석캠페인 • 여행주간 • 여행바우처 → 2014년부터 '통합문화이용권(문화누리카드)'로 운영
관광(觀光)이라는 단어가 언급되어 있는 문헌	• 계원필경 : 관광육년(觀光六年) • 고려사절요 : 관광상국 진손숙습(觀光上國盡損宿習) • 조선왕조실록 : 관광방(觀光坊) • 열하일기 : 위관광지상국래(爲觀光之上國來)
관광사업진흥법	우리나라에서 최초로 제정된 관광법규(1961년)
한국관광공사의 사업	• 국제관광 진흥사업 • 국민관광 진흥사업 • 관광자원 개발사업 • 관광산업의 연구·개발사업 • 관광 관련 전문인력의 양성과 훈련 사업 • 관광사업의 발전을 위하여 필요한 물품의 수출입업을 비롯한 부대사업으로서 이사회가 의결한 사업

핵심 키워드	정답 키워드
다이 사이	딜러가 셰이커 내에 있는 주사위 3개를 흔들어 주사위가 나타내는 숫자의 합 또는 조합을 알아 맞추는 참가자에게 소정의 당첨금을 지불하는 방식의 게임
세미나(Seminar)	• 대개 30명 이하의 규모 • 주로 교육목적을 띤 회의로서 전문가의 주도하에 특정분야에 대한 각자의 지식이나 경험을 발표 · 토의 • 발표자가 우월한 위치에서 지식의 전달자로서 역할
Connecting Room	객실 2개가 연결되어 있고 내부에 문이 있는 룸
그랜드 투어 (Grand Tour)	• 18세기 유럽에서 유행 • 참여동기는 교육목적이 주류 • 이탈리아, 프랑스, 독일 등이 여행목적지 • 젊은 상류계층이 여행의 주체
외교부 여행경보제도 단계	• 남색경보 : 여행유의 • 황색경보 : 여행자제 • 적색경보 : 철수권고 • 흑색경보 : 여행금지
ASTA	• 미주지역 여행업자 권익보호와 전문성 제고를 목적으로 1931년에 설립 • 세계 140개국 2만 여명에 달하는 회원을 거느린 세계 최대의 여행업 협회
리퍼럴(Referral) 방식	단독경영 호텔들이 체인호텔에 대항하기 위하여 상호 연합한 형태의 호텔경영 방식
European Plan	호텔 객실요금에 식비가 전혀 포함되지 않은 요금제도
여행업의 특성	• 창업이 용이 • 수요 탄력성이 높음 • 노동집약적
프랜차이즈경영	본사와 가맹점 간 계약을 맺어 본사는 상표권과 전반적 시스템 및 경영 노하우를 제공, 가맹점은 그에 따른 수수료를 지불하는 형태로 가맹점의 경영권은 독립성을 유지함
백 오피스 시스템 (Back Office System)	• 인사/급여관리 • 구매/자재관리 • 원가관리 • 시설관리
특별여행경보제도	해외여행을 하는 우리 국민들을 위해 세계 각 국가와 지역의 위험수준에 따라 단기적인 위험상황이 발생하는 경우에 발령
카운터 서비스 (Counter Service)	• 고객이 직접 조리과정을 보면서 식사를 할 수 있는 형태 • 주로 바, 라운지, 스낵바 등에서 볼 수 있음 • 조리사가 요리를 직접 제공함

Junket	공금으로 하는 관용여행 중 호화 유람여행을 일컫는 용어
항공운임 등 총액표시제	• 항공권 및 항공권이 포함된 여행상품의 구매·선택에 중요한 영향을 미치는 가격정보를 총액으로 제공토록 의무화 • 항공운임 및 요금, 공항시설사용료, 해외공항의 시설사용료, 출국납부금, 국제빈곤퇴치기여금 등이 포함 • 2014년 7월 15일부터 시행
자동출입국심사 (Smart Entry Service)	• 사전에 여권정보와 바이오정보(지문, 안면)를 등록한 후 자동출입국심사대에서 출입국심사 진행 • 심사관의 대면심사를 대신해 자동출입국심사대를 이용하여 출입국 심사가 이루어지는 시스템 • 취득한 바이오정보로 본인확인이 가능해야 하며 바이오정보 제공 및 활용에 동의하여야 함
IIT여행 (Inclusive Independent Tour)	여행 출발 시 안내원을 동반하지 않고 목적지에 도착 후 현지 가이드 서비스를 받는 형태
어드조이닝 룸 (Adjoining Room)	• 여행객 갑(甲)과 을(乙)이 옆방으로 나란히 객실을 배정받고 싶을 때 이용 • 객실 간 내부 연결통로가 없음
관광단지	관광객의 다양한 관광 및 휴양을 위하여 각종 관광시설을 종합적으로 개발하는 관광 거점 지역으로서, 관광진흥법에 의해 지정된 곳

2014 출제 키워드

핵심 키워드	정답 키워드
ETA	• Estimated Time of Arrival • 항공사의 Time Table에서 항공기의 도착예정시간
Ethnic Tourism	이(異)문화 존속 및 교류를 지향하는 관광
여행업의 특성	• 고정자본의 투자가 적음 • 노동집약적 사업 • 경기변동에 민감한 사업
STP 전략	• S(Segmentation) : 시장세분화 • T(Targeting) : 세분화된 시장 중 목표 세분시장 선택 • P(Positioning) : 목표세분시장의 뇌리에 브랜드 · 상품 등을 각인시킴
American Service	Plate Service로도 불리며, 고객주문에 따라 주방에서 조리된 음식을 접시에 담아 나가는 서비스
한국관광공사	국제회의 및 인센티브 단체 유치 · 개최지원, 국제기구와의 협력활동 등을 통해 MICE 산업을 종합적으로 지원하는 기관
심포지엄	제시된 안건에 대해 전문가들이 연구결과를 중심으로 다수의 청중 앞에서 벌이는 공개토론회
테마파크의 특성	테마성, 통일성, 비일상성, 종합성 등
관광관련 행정기관의 기능	• 문화체육관광부 : 관광정책 수립 및 홍보, 관광진흥개발기금 관리 • 기획재정부 : 외국환 및 관광관련 정부출연금 관리 • 외교부 : 여권발급, 비자면제 협정 체결
PATA	아시아 · 태평양지역의 관광진흥 활동과 구미관광객 유치를 위한 마케팅 목적으로 설립된 국제기구
Package Tour	여행사가 항공 · 숙박 · 음식점 등을 사전에 대량으로 예약하여 여행일정 및 가격을 책정하여 여행객을 모집하는 여행형태
Educational Tourism	• 관광객의 교양이나 자기개발을 주목적으로 하는 관광 • 그랜드 투어나 수학여행을 포함하는 관광형태
1330	• 우리나라의 관광안내 대표전화 • 내 · 외국인 관광객들에게 국내여행에 대한 다양한 정보를 안내해주는 서비스와 관광불편상담
관광과 유사한 용어	여가, 여행, 레크리에이션 등
관광정책의 특성	공공성, 미래지향성, 규범성 등
베니키아(BENIKEA)	문화체육관광부 지원하에 한국관광공사가 사업을 추진하고 있는 한국형 비즈니스호텔급 체인브랜드

휴양콘도미니엄업	• 관광객의 숙박과 취사에 적합한 시설을 갖추어 이를 당해 시설의 회원, 공유자 기타 관광객에게 제공 • 숙박에 부수되는 음식, 운동, 오락, 휴양, 공연 또는 연수에 적합한 시설 제공
FIT	여행객 단독으로 여행하는 개별자유여행객을 뜻하는 용어
House Use Room	호텔 임원의 숙소로 사용되거나 호텔 사무실이 부족하여 사무실로 사용하는 객실
관광객 구매의사 결정과정	문제인식 – 정보탐색 – 대안평가 – 구매결정 – 구매 후 평가

2013 출제 키워드

핵심 키워드	정답 키워드
하우스키핑 (House Keeping)	호텔의 객실정비(청소 · 설비 · 정비 등), 미니바 관리, 턴다운 서비스 등을 담당하는 부서
국내 저가항공사	이스타항공, 티웨이항공, 진에어, 제주항공, 에어부산 등
관광의 개념적 구성요소	이동성(본질), 탈일상성(이동목적), 회귀성(전제)
Hold Room Charge	• 현재 투숙객이 객실에 수하물을 두고 여행하는 경우 부과 • 고객이 객실을 예약하고 도착이 늦어질 때 부과
중국 단체 관광객의 제주도 무사증입국	1998년부터 허용
우리나라 관광산업의 변화	• 여러 가지 산업이 복합된 관광형태 • 녹색관광 • 단체 관광객 → 개별 관광객 • 비즈니스 관광시장
Russian Service	• 미리 준비된 코스요리를 큰 플레터에 담아 고객에게 보여준 후, 고객의 작은 접시에 직접 덜어서 제공하는 서비스 • 호텔 연회 등에서 주로 이용
국제회의도시	서울, 부산, 인천, 대구, 제주, 광주, 대전, 창원, 고양, 평창, 경주 등
카지노업체	• 내 · 외국인 대상 : 17곳 • 외국인 대상 : 16곳
프랜차이즈 호텔	• 본사와 가맹호텔이 계약을 맺고 운영 • 본사는 가맹호텔에게 브랜드 사용권과 경영 노하우 등을 제공하고 가맹호텔은 본사에 수수료를 제공함
지상수배업자	여행사로부터 숙박 · 식사, 교통, 관광안내, 쇼핑 등 현지의 여행지 수배 업무를 의뢰받고 전문적으로 수행하는 업자
여행바우처	• 국내여행에 쉽게 참여할 수 없는 사회적 취약계층에게 여행기회를 제공하여 삶의 질을 향상시키는 제도 • 우리나라에서는 2005년부터 시행되었으나, 2014년부터는 기존 여행 · 문화 · 스포츠 바우처를 결합하여 '통합문화이용권(문화누리카드)'이라는 명칭으로 운영되고 있다.
무사증체류 적용조건	• 제3국으로 계속 여행할 수 있는 예약 확인된 항공권 소지 • 제3국으로 계속 여행할 수 있는 여행서류 구비 • 상호 간 외교관계가 수립되어 있는 국가
인바운드	• 외국인 관광객을 국내로 유치하는 것 • 외래관광객 접대 및 안내, 산업진흥, 출입국 수속 · 관계시설 정비, 자연 보호 · 문화유산 보존 등

포럼(Forum)	• 한 주제에 대해 상반된 견해를 가진 동일 분야의 전문가들이 사회자의 주도하에 청중 앞에서 벌이는 공개토론회 • 청중이 자유롭게 질의에 참여할 수 있으며, 사회자가 의견을 종합하는 것
국민관광상품권	• 후원 : 문화체육관광부 • 주관 : 한국관광협회중앙회
의료관광의 성장요인	• 건강에 대한 관심의 증가 • 의료서비스 제도 발전 • 의료기술 진보 • 고령인구 증가
마케팅의 발전과정	생산개념 → 제품개념 → 판매개념 → 마케팅 개념 → 사회지향적 개념
프린시펄(Principal)	일반적으로 '여행 소재 공급업자'라고 할 수 있으며, 여행서비스상품의 소재를 직접 생산하여 공급하는 공급자나 시설업자 등의 관광사업체를 말함
프랑스 대표 와인산지	보르도, 부르고뉴
출국 순서	탑승수속 → 수하물 보안검사 → CIQ → 출국라운지 대기 → 탑승
외교부	국외여행을 하고자 하는 국민의 여권을 발급하고 비자면제 협정 체결과 관련된 업무를 수행하는 우리나라 행정기관으로, 외교와 관련된 사무를 관장함
버뮤다협정	1946년 체결된 미국과 영국 간 최초의 항공협정
ASTA	미국여행업협회
관광사업의 특성	• 복합성 • 입지의존성 • 변동성 • 공익성 • 서비스성
Ellsworth Milton Statler	• 1908년 미국 버팔로에 호텔 건립 • 미국의 상용호텔 시대 및 호텔산업을 대중화시킨 인물
그리스 시대 주요 관광동기	종교, 체육, 요양 등

핵심 키워드	정답 키워드
팸 투어 (Familiarization Tour)	관광기관, 항공회사 등이 홍보를 목적으로 여행업자나 보도 관계자를 초대해서 관광지, 여행시설 등을 사찰시키는 사전답사여행
다크 투어리즘 (Dark Tourism)	전쟁·학살 등 잔혹한 참상이 벌어졌던 역사적 장소나 재난과 재해가 일어났던 현장을 돌아보며 교훈을 얻기 위해 떠나는 여행
국가무형유산	• 무형유산 가운데 국가에서 중요성을 인정하여 지정한 유산 • 종묘제례, 종묘제례악, 판소리, 강강술래, 처용무, 영산재, 택견, 줄타기 등
중세관광	중세 유럽의 관광은 세계가 로마 교황을 정점으로 한 기독교 문화 공동체였던 탓에 종교관광이 성행을 이룸
토마스 쿡 (Thomas Cook)	• 1841년 세계 최초의 여행사를 설립하였고, 각종 단체여행·기획여행을 실시하며 '여행업의 출현'을 불러옴 • 여행 안내원(T/C ; Tour Conductor)의 배치, 팸플릿 작성, 수속절차 대행
손탁호텔	1902년 서울에 세워진 서양식 호텔로 독일여성 손탁이 건립
우리나라 항공사 코드	KE(대한항공), OZ(아시아나), 7C(제주항공), LJ(진에어) 등
스위트룸 (Suite Room)	침실에 거실이 딸린 호화 객실로, 적어도 욕실이 딸린 침실 한 개와 거실 겸 응접실 한 개, 모두 2실로 짜여져 있다.
에피타이저 (Appetizer)	• 식욕을 돋우기 위한 요리 • 모양이 좋고 짠맛이나 신맛이 있어 위액의 분비를 왕성하게 하고, 양이 적어야 함 • 차가운 형태와 더운 형태로 구분됨
Turn Away Service	초과예약으로 객실이 부족한 경우 예약손님을 다른 호텔로 안내하는 서비스
QIC	• 입국절차의 순서 • 검역(Quarantine) → 입국심사(Immigration) → 세관검사(Customs)
지속가능한 관광	환경보호와 보전을 고려하면서도 적정 개발을 통해 관광자원의 지속성을 보장하여 관광경험의 질을 미래에도 지속적으로 제공하며, 관광개발과 활동으로 지역주민에게 경제적 이득을 제공하는 것
우리나라 가맹 국제관광기구	AACVB, ASAE, ASTA, EATA, FIYTO, IACVB, IASC, IATA, ICCA, IFWTO, IHA, ISTC, IYHF, PATA, UIA, UFTAA, OAA, OECD, WATA, UNWTO 등
MICE 산업	회의(Meeting)·포상관광(Incentives)·컨벤션(Convention)·이벤트와 전시(Events & Exhibition)의 머리글자를 딴 것으로, 비즈니스 관광이라고도 함
소셜 투어리즘 (Social Tourism)	정부 또는 기업이 금액의 일부를 부담하여 소외 계층을 위해 여행을 지원하는 관광

2011 출제 키워드

핵심 키워드	정답 키워드
관광정책	• 주체 : 국가, 지자체, 공공단체 • 객체 : 관광자원, 관광시설, 관광장소(대상)
관광의 어원	• 고려사절요 • 중국의 「주역(역경)」: '관국지광, 이용빈우왕' • The Sporting Magazine
탈현대화에 따른 관광의 변화	다양화, 개인여행의 증가
매슬로의 욕구 단계설	생리적 욕구, 안전의 욕구, 소속과 애정의 욕구, 존경의 욕구, 자아실현의 욕구(관광동기와 연관)
관광서비스의 특징	무형성, 소멸성, 동시성
우리나라 관광발전사	• 1950년대 : 교통부 육운국 내 관광과 설치 • 1960년대 : 국제관광공사 발족, 최초의 국립공원 지정(1967년 지리산) • 1970년대 : 외래관광객 100만 명 돌파 • 1990년대 : 전국관광지 5대권 분류(중부, 충청, 서남, 동남, 제주) • 2000년대 : 외래관광객 500만 명 돌파 • 2012년 : 외래관광객 1,000만 명 돌파 • 2013년 : 외래관광객 1,200만 명 돌파 • 2014년 : 외래관광객 1,400만 명 돌파 • 2016년 : 외래관광객 1,700만 명 돌파 • 2019년 : 외래관광객 1,750만 명 돌파
관광사업의 경제적 효과	외화 획득, 국내산업 진흥, 지역경제 개발, 교통자본의 고도 이용, 고용 증대, 비용 확대
TC(Tour Conductor)	항공권부터 숙박, 음식까지 여행일정의 전 관리를 맡음
Special Interest Tour	특별한 목적을 가진 관광으로 단순히 명소를 관람하는 것에서 그치지 않고 특별한 관심을 충족시키는 여행
우리나라에 무사증 입국이 가능한 나라	바레인, 일본, 대만, 미국, 캐나다, 아르헨티나 등 약 50여 개국
에어텔(Airtel)	항공편과 숙박편을 묶어서 파는 패키지 상품
Unit Products	항공, 숙박, 관광시설 등을 묶어서 중소여행사에 판 뒤 중소여행사에서 부족한 부분을 채워 판매하는 여행사 간 거래 상품
프린서플(Principal)	여행업자에 의해 대리되는 회사 또는 개인영업자로서 항공회사, 기선회사, 철도·버스 회사, 호텔, 그 밖에 관광객을 대상으로 영업하는 모든 관광관련 업체
메리어트 (Marriott)	미국 최초로 드라이브 인 레스토랑(차로 이동하는 사람을 위해 관광지의 주요 도로 등을 따라서 설치된 레스토랑)을 개발

Continental Plan Hotel	영국에서 시작된 것으로, 객실료에 조식만을 포함한 요금지불제도
풀코스 정식 순서	Appetizer → Soup → Fish → Entree → Roast → Salad → Dessert → Beverage
IATA	국제항공운송협회, 1945년 쿠바 아바나(하바나)에 설립된 항공기구로 항공사 코드 지정기관, IATA 운송회의에서 항공운임 결정
아메리카 항공	최초로 항공마일리지를 도입한 항공사
허브 앤 스포크 (Hub and Spokes)	하나의 중심 거점을 두고 수많은 가지로 연결망을 구축하는 방식의 항공수출
관광마케팅 전략	시장세분화 · 표적화 · 포지셔닝
마케팅믹스	• 일정한 시점을 정해 놓고, 전략적 의사결정에 의해 선정한 다양한 마케팅 수단을 결합하여 마케팅 계획을 작성하는 것 • 4P : Product, Price, Place, Promotion
매카시	• 마케팅믹스 전략의 통제가능 요소를 4P로 제시 • 통제 불가능 요소 : 법률적 수요 · 경쟁, 비마케팅 비용, 유통 기구 등
판매촉진	쿠폰을 나누어주는 등의 방법으로 상품에 대한 판매를 촉진시키는 활동
UNWTO 기준 비관광객	국경통근자, 외교관, 군인, 유목민 등
우리나라를 방문하는 중국관광객의 특징	제1의 목적은 관광이며, 관광 중 느끼는 가장 큰 어려움은 불편한 의사소통
관광체험 단계	기대 → 계획 → 이동 → 참가 → 귀가 → 회상
여행계획 시 가격에 포함할 사항	숙박, 항공, 식사
녹색관광	저탄소 정책으로 지역문화 발전에 기여하는 관광
테마관광	의료관광, 공연관광, 컨벤션 관광 등의 테마를 지닌 관광
U-Tourpia	IT기술을 활용해 지역 관광안내체계의 다양한 정보를 제공하는 선진형 관광안내서비스

2010 이전 출제 키워드

핵심 키워드	정답 키워드
관광의 의의	일상의 생활권을 떠나 다시 돌아올 예정으로 타국이나 타 지역의 풍물, 제도, 문물 등을 관찰하여 견문을 넓히고 자연풍경 등을 감상 · 유람할 목적으로 여행하는 것
관광의 구조	• 관광욕구 : 관광행동을 일으키는 데 필요한 심리적 원동력 • 관광대상 : 관광객의 욕구를 충족시켜 주는 대상 • 관광매체 : 관광욕구와 관광대상을 결부시켜 주는 기능 담당
관광형태	• Old Tourism : 관광경험 적음, 정적 관광과 안정감 추구, 패키지 관광상품, 유명목적지 추구 • New Tourism : 관광경험 풍부, 관광을 통한 자기표현 추구, 새로운 관광상품과 관광지 추구
대중관광 (Mass Tourism)	• 제2차 세계대전 이후부터 현대까지 • 교통수단의 발달, 노동시간 단축에 따른 자유 시간 증대 등으로 일반 국민을 포함한 대중이 참여하는 대규모 관광
관광동기의 유발요인	교육 · 문화적 동기, 휴양 · 오락동기, 망향적(심리적) 동기, 기타 동기(기후적 · 건강유지적 · 스포츠적 · 경제적 · 모험적 등)
관광동기의 결정요인	비용, 시간, 정보
커머셜 호텔 시대 (Commercial Hotel)	• 1908년 스타틀러가 버팔로 스타틀러 호텔 설립 • 일반 서민이 부담할 수 있는 가격으로 세계 최고의 서비스 제공
관광의 발전단계	Tour 시대 → Tourism 시대 → Mass Tourism 시대 → Social Tourism 시대
관광사업의 개념	관광수요를 창출하고 이들의 다양한 관광행동에 적합한 사업활동을 통하여 관광의 다각적인 효과를 거두려는 인류의 평화와 복지를 위한 사업
관광사업의 특성	복합성, 입지의존성, 변동성, 공익성, 서비스성
법률적 관광사업 분류	여행업, 관광숙박업, 관광객이용시설업, 국제회의업, 카지노업, 테마파크업, 관광편의시설업
관광자원의 특성	매력성, 유인성(견인성), 개발성, 보호 · 보존요구성, 가치 변화성, 범위 다양성, 자연과 인공의 상호작용성
관광자원의 분류	자연관광자원, 문화관광자원, 사회관광자원, 산업관광자원, 위락관광자원
관광특구	관광진흥법에 의해 지정된 것으로 자유로운 관광사업을 보장하기 위하여 이와 관련된 법령의 적용이 배제 또는 완화되는 지역
관광권	관광객이 편리하고 값싸게 접근하여 관광욕구를 충족시키고 개발 · 관리 · 보전을 효율적으로 할 수 있도록 설정한 공간 범위

관광관련 기구	• UNWTO : 세계관광기구 • PATA : 아시아태평양관광협회 • ASTA : 미국여행업협회 • WATA : 세계여행업자협회 • EATA : 동아시아관광협회 • UFTAA : 세계여행업자협회연맹
쿡의 법칙	• 관광여행은 가격에 대한 수요의 탄력성이 높기 때문에 요금을 내리면 수요는 증대됨 • 교통기관과 숙박시설은 고정비의 비율이 높으므로 이용자를 늘리면 인당 가격이 내려간다고 해도 수입은 올라감 • 단체할인요금제를 채택하면 이용자 · 교통업자 · 숙박업자 모두 만족할 만한 결실을 얻을 수 있음
여행업의 발전요인	교통기관 발달, 생활수준 향상, 여가 증대, 관광여행 계층 확대, 세계교역 증가
여행업 업무내용	판매 · 대행 · 중개 · 인수 · 안내 · 상담 · 인솔
여행업의 기능	상담 · 예약 · 수배 · 판매 · 발권 · 정산 · 수속대행 · 여정관리
여행업의 구분	일반여행업, 국외여행업, 국내여행업(현재는 종합여행업, 국내외여행업, 국내여행업)
여행의 분류	• 기획자에 따라 : 주최여행, 공최여행, 청부여행(도급 · 주문여행) • 안내 조건에 따라 : IIT(안내원이 관광지만 안내하고 나머지는 여행자 단독 여행), ICT(안내원이 여행 전체를 책임지고 안내) • 안내원의 유무에 따라 : FIT(여행안내원 없이 외국인이 개인적으로 여행), FCT(여행 끝까지 여행안내원이 동행)
여행상품의 특징	무형의 상품, 재고 불가능(공급의 경직성), 수요의 계절과 요일의 파동이 극심함, 효용의 개인차가 큼, 복수의 동시소비가 불가능, 조성에 소비되는 설비투자가 적음, 모방이 쉬움, 배달이 간단함, 상품의 차등화 곤란
여행업의 경영특성	• 고정자본투자가 적음 • 인력의존도가 높음 • 무형상품을 유형화해야 함 • 비수기와 성수기 수요변화 극심 • 인적 판매 비중 높음 • 여행상품에 대한 전문지식 필수 • 사무실 위치의존도 높음
여권에 필요한 증명서	여권, 사증, 국제공인예방접종증명서, 출 · 입국자신고서
사증(Visa)	• 여행하고자 하는 나라로부터 받는 '입국을 허가한다'는 공문서 • 체류사증, 통과사증, 관광사증, 상용사증으로 구분
TWOV (Transit WithOut Visa)	승객이 일정한 조건을 갖추었다면 정식으로 입국허가(Visa)를 받지 않았더라도 일정 기간을 단기 체류할 수 있는 제도
수배업무	개별로 계약을 성사시켜 여행에 필요한 각 요소들을 확보하여 하나의 여행상품을 만들어내는 업무

|---|---|
기획여행	여행업을 경영하는 자가 국외여행을 하고자 하는 여행자를 위하여 여행일정, 여행목적지, 여행자가 제공받을 운송 또는 숙박 등의 서비스 내용과 그 요금 등에 관한 사항을 미리 정하고 이에 참가하는 여행자를 모집하여 실시하는 여행
로마 시대 관광이 활발했던 이유	군사용 도로의 정비, 완벽한 치안 유지, 화폐경제 발달, 지식 발달
여행형태의 발전과정	상업여행(그리스 · 로마 시대) → 종교여행(15~16세기) → 귀족여행(18~19세기) → 대중여행(20세기)
Gastronomia	포도주를 마시며 식사를 즐기는 식도락 관광(미식가식 여행)
Itinerary	여행일정표
관광안내 전화번호	1330
세계 3대 여행사	영국 토마스쿡, 미국 아멕스, 일본 교통공사
대규모 호텔 체인의 출현	2차 세계대전 후 미국에 쉐라톤과 힐튼이 등장하며 호텔업계를 체인화
우리나라 전통숙박시설	역(신라 시대), 객사(고려 시대), 역 · 원 또는 객주(조선 시대)
입지에 의한 호텔 분류	메트로폴리탄호텔, 시티호텔, 서버번호텔, 컨트리호텔, 에어포트호텔, 시프트호텔, 터미널호텔, 비치호텔 등
미국식 호텔	호텔요금 계산 시 투숙객의 객실요금에 식대를 포함해서 하루 총 숙박요금으로 계산하는 방법 사용
유럽식 호텔	객실요금과 식사요금을 분리하여 각각 계산하는 방식으로, 우리나라의 호텔 경영방식
세계호텔업의 경향	컴퓨터화, 시장세분화 및 판매전략, 인사관리, 위탁경영
Hotel Tariff	호텔요금표
관광호텔 경영의 3요소	Service, Sale, Science(3S)
호텔업의 등급	5성급 · 4성급 · 3성급 · 2성급 및 1성급
호텔의 기본조직	객실부문, 식음료부문, 관리부문, 부대사업부문
객실의 종류	Single Room, Double Room, Twin Room, Triple Room, Studio Room, Outside Room, Inside Room, Suite Room, Connecting Room, Adjoining Room
Valet Service	호텔의 세탁소나 주차장에서 고객을 위해 서비스하는 것
Walk in Guest	사전에 예약하지 않고 당일에 직접 호텔에 와서 투숙하는 손님
No Show Guest	예약을 하고 사전통고 없이 오지 않는 손님
교통의 3요소	교통주체, 교통수단, 교통시설

관광교통업의 의의	일상생활을 떠나 매력 있는 관광지 방문의 접근성 제고와 동시에 관광자원의 성격을 지닌 교통수단과 서비스를 제공하여 경제적 · 사회적 · 문화적 이익을 창출하는 사업
관광교통업의 성격	무형재, 수요의 편재성, 자본의 유휴성, 독점성
Economic Coupon	출발부터 도착 시까지 필요한 철도승차권, 숙박권, 관람권이 세트로 되어 있으며 비수기에는 대폭 할인혜택이 주어지는 쿠폰
로텔(Rotel)	다수인의 숙박 · 식사 설비를 갖춘 대형버스
기항지 상륙 여행 (Shore Excursion)	선박 혹은 항공기가 항구나 도시에 도착한 후 출발할 때까지의 기간을 이용하여 일시 상륙 허가를 얻은 여객이 그 부근 도시와 명승지 등을 관광하는 여행으로, 우리나라는 72시간을 한계로 정해놓음
항공운송사업 3대 구성요소	항공기, 공항, 항공노선
국가별 항공사 코드	SQ(싱가폴), CX(홍콩), TG(태국), OM(몽골), CA · CJ · CZ · MU(중국), SZ(중국 서남), KE · OZ(대한민국), JL(일본), SR(스위스), UA(미국연합), NW(미국 서북), CP(캐나다), BA(영국), JS(북한), AF(프랑스), SU(러시아)
Flight Number	• 1st Digit : 운항지역 표시 • 2nd Digit : 여객기인지 화물기인지 구분 • 3rd Digit : 발착지와 도착지의 구분
No Record Passenger	예약이 확인된 항공권을 소지하고 있으나 해당 항공사에는 그 좌석에 대해 확약된 기록이 없거나 예약을 접속한 기록이 없는 승객
Open Ticket	정상요금을 지불하고 구입하였으나 출발일자가 명시되지 않은 항공권으로 1년 이내에 사용 가능
마일리지 시스템의 구성요소	최대허용거리(MPM), 발권구간거리(TPM), 초과거리할증(EMS)
Concierge	호텔의 접객 담당자 또는 안내자
항공운송관련 단체	ICAO(국제민간항공기구), IATA(국제항공운송협회), OAA(동양항공사협회)
관광객이용시설업의 종류	전문휴양업, 종합휴양업, 야영장업, 관광유람선업, 관광공연장업, 외국인관광 도시민박업, 한옥체험업
주제공원	특정한 주제를 중심으로 공원의 전체 환경을 만들면서 공연 · 이벤트 등 다양한 서비스를 갖춘 가족 위주의 창조적 · 문화적 유희의 오락공원
주제공원의 특징	테마성, 종합성, 통일성, 배타성, 비일상성
주제공원의 분류	놀이 · 민속 · 예술 · 생물 · 과학 · 창조 · 자연테마파크
월트디즈니사	• 세계최초의 테마파크 개장 • 테마파크를 비롯한 캐릭터 산업과 영화산업 등의 복합체
우리나라 관광쇼핑상품의 분류	토산품, 민예품, 일반공예품

관광쇼핑업의 발전방안	• 한국적 상징의 관광쇼핑상품 개발 • 관광쇼핑상품에 대한 적극적인 광고 · 선전 • 관광쇼핑상품 유통구조의 현대화 • 한국 쇼핑관광의 이미지 제고
카지노업의 효과	• 긍정적 : 외화 획득, 세수 증대, 고용 창출, 호텔수입 증대, 상품 개발용이 • 부정적 : 범죄 · 부패 · 혼잡 · 투기와 사행심 조장, 지하경제 위험
국제회의의 성격	• 복합성 · 경제성 · 공익성 · 전문성을 동시에 요구 • 개최지역이나 국가에 경제적 · 사회문화적 · 정치적 · 관광적 측면에서 파급효과가 큼

국제회의의 조건	• 국제협회연합(UIA)
	  – 국제기구가 주최 또는 후원하는 회의, 참가자 50명 이상
	  – 국내단체 또는 국제기구의 국내지부가 주최하는 회의, 참가국 5개국 이상, 참가자 300명 이상(외국인 40% 이상), 회의기간 3일 이상
	• 세계국제회의전문협회(ICCA) : 3개국 이상 순회, 정기적 개최, 참가자 50명 이상
	• 아시아컨벤션뷰로협회(AACVB) : 참가자 중 외국인 10% 이상, 방문객이 1박 이상 상업적 숙박시설 이용

국제회의의 효과	• 긍정적 : 외화 획득, 고용 증대, 지역경제 활성화, 최신 정보 · 기술 입수 • 부정적 : 물가 상승, 부동산 투기, 유흥 및 향락업소 성행
국제회의 분류 (형태별)	컨벤션, 미팅, 세미나, 워크숍, 컨퍼런스, 콩그레스, 심포지엄, 패널토의, 원격회의, 포럼
컨벤션 센터의 유형	텔레포트형, 테크노파크형, 리조트형
현대 마케팅	고객지향, 통합적 기업노력, 매출 그 자체보다 기업목적으로서의 이윤 중시
마케팅의 발달 과정	생산지향단계 → 판매지향단계 → 고객지향단계 → 사회지향단계
관광마케팅	관광조직이 목표달성을 위해 관광객 욕구를 충족시킬 수 있는 각종 마케팅 수단을 강구하는 전략적 활동
관광마케팅의 기본 변수	• 관광욕구와 욕망 • 관광수요와 관광시장 • 관광상품과 서비스 • 관광기업과 관광산업
시장세분화	목표시장을 선정하기 위해 전체 시장을 여러 개의 하위시장으로 나누는 것
표적시장	세분화된 시장 중 기업이 집중적으로 전략을 세워서 공략할 시장
포지셔닝	목표시장 내 고객들의 마음에 특정한 위치를 차지하도록 하는 제품서비스 및 마케팅믹스 개발
시장세분화의 요건	측정가능성, 접근가능성, 실질성, 집행력

시장세분화의 기준	• 지리적 변수 : 지역, 인구밀도, 도시규모, 기후 • 인구적 변수 : 성별, 연령, 가족규모, 수입, 직업, 교육, 종교, 인종, 사회 • 심리분석적 변수 : 사회적 계층, 라이프 스타일, 개성 • 행동분석적 변수 : 구매횟수, 이용률, 추구하는 편익, 사용량, 상표충성도
마케팅 전략의 구분	• 시장범위에 따라 : 비차별적 · 차별적 · 집중적 · 시장적소 전략 • 업계지위에 따라 : 시장선도자 · 시장도전자 · 시장추종자 전략 • 상품수명주기에 따라 : 도입기 · 성장기 · 성숙기 · 쇠퇴기 전략
관광마케팅 수단의 3대 요소	관광시장선전, 관광시장계획, 관광시장조사
관광선전	• 관광지를 선전하여 지역 마케팅으로서의 관광객 유치를 목적으로 하고 각종 관광관계 기업에 경제적 이익을 추구 • 기능 : 고지 · 설득 · 반복 · 창조 • 방법 : 광고 · 홍보 · PR
AIDMA (AIDCA)	• A : Attention(주의) • I : Interest(흥미) • D : Desire(욕망) • M : Memory(기억) 또는 C : Confidence(확신) • A : Action(행동)
국제관광	• 인종 · 성별 · 언어 · 관습 · 국경을 초월하여 타국의 문물 · 제도 · 풍속 · 경관 등을 두루 관찰하고, 감상 · 유람하는 것을 목적으로 외국을 순방하는 일련의 활동 • 지역 간 관광(Inter-regional Tourism), 역내 관광(Intra-regional Tourism)으로 구분
여행자 · 방문객	• 여행자 : 관광통계에 포함되지 않는 자와 관광통계에 포함되는 자로 구분하며, 관광통계에 포함되는 여행자를 방문객(Visitor)이라고 규정 • 방문객 – 관람객(Tourist) : 일시 방문객으로서 최소 24시간 또는 1박 이상 방문국에서 체류한 자 – 유람객(Excursionist) : 일시 방문객으로서 방문국에서 24시간 미만 체류하는 자(유람선 여행자 포함)
일시 방문객	24시간 이상 3개월 이내의 기간 동안 방문국의 영토 내에 체재하는 자로서, 이주 이외의 목적으로 체재하면서 체재 기간 동안 어떤 직업도 갖지 않는 자(OECD)
국제관광객 설정범위 기준	국적표준주의, 소비화폐표준주의, 거주지표준주의, 생활양식표준주의
국제관광의 발전요인	국민소득 향상, 여가시간 증대, 국제교통수단 발달
마닐라 선언	1980년 9월 세계관광회의에서 국제관광에 대한 방향과 의무를 밝힘
인바운드	외국인이 자국 내에서 행하는 관광행위 그 자체와 그를 다루는 여행업무
아웃바운드	내국인의 해외여행행위 또는 그를 다루는 여행업무

생태관광	환경을 고려하지 않는 무분별한 관광개발을 지양하는 것으로, 환경보존을 우선시하면서 관광욕구를 충족시킬 수 있는 관광활동 지향
슬로시티	• 공해 없는 자연 속에서 살아가며 느림의 삶을 추구하는 국제운동 • 전남 신안군 증도, 전남 완도군 청산도, 전남 담양군 창평면, 경남 하동군 악양면, 충남 예산군 대흥면, 전북 전주시 한옥마을, 경북 상주시 함창읍·이안면·공검면, 경북 청송군 주왕산면·파천면, 강원도 영월군 김삿갓면, 충북 제천시 수산면, 충남 태안군 소원면, 경북 영양군 석보면, 경남 김해시 봉하마을·화포천습지, 충남 서천군 한산면, 강원도 춘천시 실레마을, 전남 장흥군 유치면, 방촌문화마을

합격의 공식
시대에듀

훌륭한 가정만한 학교가 없고,
덕이 있는 부모만한 스승은 없다.

- 마하트마 간디 -

우리가 해야 할 일은 끊임없이 호기심을 갖고 새로운 생각을 시험해보고
새로운 인상을 받는 것이다.

– 월터 페이터 –